中古時期社邑研究

◎ 郝春文 著

A Study on *She* Associations
in Medieval China

上海古籍出版社

郝春文　歷史學博士，首都師範大學資深教授、國家社會科學基金重大項目首席專家，兼任中國敦煌吐魯番學會會長、《敦煌吐魯番研究》主編、《敦煌學國際聯絡委員會通訊》主編。曾任耶魯大學、臺灣中正大學客座教授，普林斯頓大學、香港中文大學和英國國家圖書館客座研究員，南京師範大學講座教授，蘭州大學兼職教授，敦煌研究院兼職研究員。主要研究敦煌學和魏晉南北朝隋唐五代史。著有《唐後期五代宋初敦煌僧尼的社會生活》、《英藏敦煌社會歷史文獻釋錄》1至15卷（合著）等著作二十多種，發表論文和書評100多篇，承擔或主持國家項目多項（包括國家社科基金重大課題一項），獲省部級以上獎項多項（包括北京市哲學社會科學優秀成果一等獎兩項）。

目　　錄

引言 ……………………………………………………………… 1

上篇　中古時期社邑與佛教的關係

壹　從衝突到融合——傳統社邑與佛教的關係 ……………… 7

貳　專門從事佛教活動的民間團體及其與佛教的關係 ……… 56

叁　結語 ………………………………………………………… 150

下篇　敦煌寫本社邑文書研究

壹　敦煌社邑文書與中古社邑研究 …………………………… 155

貳　唐後期五代宋初敦煌私社的教育與教化功能 …………… 173

叁　再論敦煌私社的"義聚" …………………………………… 189

肆　再論敦煌私社的"春秋坐局席"活動 ……………………… 206

伍　敦煌社邑的喪葬互助 ……………………………………… 220

陸　敦煌的渠人與渠社 ………………………………………… 238

柒　再論北朝至隋唐五代宋初的女人結社 …………………… 252

捌　《唐末五代宋初敦煌社邑的幾個問題》商榷 ……………… 277

玖　再論唐末五代宋初敦煌社邑的幾個問題 ………………… 297

拾　《敦煌社邑文書輯校》補遺 …………………………… 311

附　　錄

附録一　敦煌寫本齋文及其樣式的分類與定名 …………… 389
附録二　關於敦煌寫本齋文的幾個問題 …………………… 401

後記 ………………………………………………………… 414

引　　言

　　本書之"中古時期",係指中國古代的魏晉至北宋初期。

　　社邑(社)是中國古代的一種基層社會組織,自先秦至明代在社會生活中始終起著相當重要的作用。社的名稱、性質、類型、活動內容及在社會生活中的作用,也隨著社會的發展而不斷變化。秦漢時期,社主要是祈年報獲的祀典與組織。漢代,里普遍立社,里名即爲社名,里的全體居民不論貧富都參加,其主要活動是每年春二月和秋八月上旬的戊日祭社神,並舉行聚會飲宴活動。此外,漢代還出現了並非由全里居民組成而是某一地區部分居民自願結成的私社。魏晉南北朝時期,私社得到了很大的發展。首先是傳統的里社合一的制度遭到破壞,里社逐漸私社化,其性質與活動內容實際上已與私社沒有多大差別;其次是出現了以宗族地望關係爲紐帶而結成的"宗社"和按階級、職業結成的私社[1]。這些社邑均深受傳統文化的影響,大多保持著傳統的春秋二社的祭社和聚會飲宴活動。在舉行祭社活動時要殺豬宰羊以爲"血祠之祈"。

　　東晉南北朝時期,在我國北方及南方的一些地區,廣泛流行著一種由僧尼與在家佛教信徒混合組成或僅由在家佛教信徒組成,多數以造像活動爲中心的佛教團體。其名稱以邑、邑義、法義等名目較爲多見,也有的稱爲邑會、義會、會、菩薩因緣等。

　　隋唐五代時期,私社得到很大的發展,其中以從事經濟與生活互助活動的私社最爲引人注目[2]。這類私社的活動是以喪葬互助最爲重要,大多仍保存著春秋二社的祭社風俗。而東晉南北朝時期稱爲"邑、邑義、法義"等的佛教團體自隋唐以來逐漸與從事經濟互助活動的私社相互趨同,這兩類團體在名稱、思想與活動内容等方面都有合流的趨向,後者亦每每自稱爲"邑義",而前者也常以"社"爲名,成爲私社的一種。

所以,本書討論的"社邑",包括以上兩種起初淵源與性質均不相同而最終已難分彼此的民間團體。

本書分上下兩篇。上篇集中探討社邑與佛教的關係,下篇主要是研究敦煌寫本社邑文書的相關成果。《敦煌寫本齋文及其樣式的分類與定名》一文,是在整理"社齋文"的過程中,爲探討齋文文本及其樣式的性質而撰寫的。"社齋文"是齋文的組成部分,因而,上述探討是整理和研究"社齋文"的必要理論準備。《關於敦煌寫本齋文的幾個問題》,則是我對這一問題的進一步思考。這兩篇論文的寫作,緣於整理敦煌社邑文書的需要,其内容也與社邑文書的研究密切相關,可以説是我對敦煌社邑文書整理和研究的有機組成部分。但因其並非專門討論社邑文書,故將其作爲附録收入本書。

本書是我二十多年來有關中古時期社邑研究成果的結集。在此期間,就客觀條件來説,無論是資料的佔有還是學術信息的檢索,都發生了巨大的變化。在資料的佔有方面,在20世紀80—90年代,很多藏在海外的資料我們很難看到,現在,絶大部分資料都已公開出版,這當然爲我們全面地佔有研究資料提供了便利的條件。在學術信息的檢索方面,隨著對外交流的日益頻繁,隨著電腦、互聯網技術的飛躍發展,使得我們可以更加便捷地瞭解國内外的相關研究信息。與20世紀80年代相比,我所掌握的資料和研究信息都大大地豐富了。就主觀方面而言,二十年來,我的認識能力也在不斷提高,本課題的研究成果,記録了我個人的學術成長過程。以我現在的認識水平觀察,我在20世紀80年代、90年代發表的相關研究成果,在選題、研究視角、觀點和論證諸方面都有令人不滿意之處。所以,在這次結集過程中,我對自己有關這一課題的相關研究成果做了通盤的調整和整合。其中上篇是在原來的研究成果基礎上重寫的。重寫的部分,論題雖然相同,但早年的研究是力圖用階級分析的方法解讀社邑與佛教的關係,現在則試圖從文化發展的角度重新觀察這一問題。在概念的使用上,此次重寫更加重視當時人的説法和用法。如在我過去的論文中,將東晉至五代宋初的佛教結社統一簡稱爲"佛社",就這類團體的性質來説,以上簡稱當然是可以的。但"佛社"一詞出現於唐代以後,而東晉南北朝時期的佛教結社時人稱爲"邑"、"邑義"、"法義"等,以稱"邑義"者居多,爲增強歷史感,本書將東晉南北朝時期的佛教結社改稱爲"邑義"。下篇的各題,也都有改動,或補充材料,或訂正錯誤,或調整内容與看法。總之,以往筆者公開發表的與本論題相關的論文,如有與本書不同處,應以本書爲準。

我對此課題的研究始於協助寧可師搜集和整理敦煌社邑文書。我自1983年師從寧可先生以來,就在他的指導下從事敦煌社邑文書的整理和研究。在我參加這個課題之前,寧可先生已經搜集了不少相關資料,並對相關問題進行過比較深入的研究。在寧可先生前期工作的基礎上,我對敦煌社邑文書和石刻資料中的相關材料進行了徹底的調查,所搜集到的材料數倍於初。在此過程中,我深切地感受到先生在發現和確定此課題時所具有的卓越的學術眼光。可以説,如果没有寧可師的安排,這部書稿也就不會存在。在長達二十多年的合作過程中,我們共同完成並出版了《敦煌社邑文書輯校》(江蘇古籍出版社1997年)一書,並聯名或各自單獨署名發表了一批學術論文。寧可先生單獨發表的相關學術論文,後來大多收入了《寧可史學論集》(中國社會科學出版社1999年)。本書所收成果,多由我獨立完成。只有《敦煌社邑的喪葬互助》一文,是我和寧可先生合作的成果。另外,《敦煌社邑文書與中古社邑研究》一文,是由我執筆成稿,但曾與寧可先生聯名發表過。現徵得寧可先生同意,將這兩篇論文也收入書中。需要説明的是,即使由我單獨完成的論文,也都凝結著寧可先生的心血。我在從事此課題的過程中,時時得到寧可先生的指導、幫助和支持,正是通過這個課題,先生把我引領入神聖的學術殿堂。

感謝饒宗頤先生和香港中華文化促進中心在2003年9至12月邀請我到香港中文大學新亞書院從事此課題的研究,使我得以集中精力對書稿進行修改。期間,得到鄭會欣博士和沈建華女士的諸多關照。在從事此課題的過程中，還曾得到很多師友的幫助、鼓勵和支持，在此一併致以衷心的感謝！

註釋：

註1：見寧可師《述社邑》，《北京師院學報》1985年第1期；《記〈晉當利里社碑〉》，《文物》1979年第12期。

註2：見上引《述社邑》。

[上 篇]

中古時期社邑與佛教的關係

　　關於中國古代的社邑，論者頗多，而對其與佛教的關係，尚未見全面、系統的探討，本篇擬對相關資料作初步梳理，並對這些資料反映的問題提出看法，請讀者指正。

壹　從衝突到融合

——傳統社邑與佛教的關係

所謂傳統社邑，在魏晉南北朝隋代是指從事春秋二社祭祀活動的民間社邑（或稱邑社）；在唐五代主要是指保存著春秋二社祭社風俗的私社，也包括主要從事經濟互助活動的私社，統稱爲傳統私社。

魏晉南北朝隋唐五代時期，是佛教在中國得到較大發展和興盛的時期；而傳統社邑作爲一種源遠流長的古代基層社會組織，在民間也仍然具有十分重要的影響。佛教是外來的文化，社邑的組織與活動則是本土傳統文化的結晶。二者在觀念、行爲等方面都存在著明顯的差異，所以，隨著佛教勢力在民間影響的逐步擴大，寺院、僧人與在民間有著長期而廣泛影響的社邑發生碰撞和相互影響是很自然的事情。探討這兩種文化碰撞與交融的歷史過程及其經驗教訓，不僅對瞭解我國傳統文化的形成過程具有積極意義，對於我們確定當今對外來文化所應採取的態度，也可提供有益的借鑒。

但傳統史籍有關這方面記載甚少，所幸佛教典籍和出土的石刻資料、敦煌文獻中保存了一些相關資料，現主要依據這些資料，對上述問題試做探討。

一、魏晉南北朝隋代傳統社邑與佛教的關係

如所周知，佛教以殺生爲第一大戒，這與社邑在傳統社日活動中殺豬宰羊的血祠行爲存在明顯的矛盾。就筆者目前所見到的材料而言，寺院與僧人對社邑施加影響，是從勸止春秋二社社日活動時"殺生"開始的，北齊《邑

社曹思等石像之碑》就是具體的例證。

(一)《天保三年(552)四月八日邑社曹思等石像之碑》研究

1.《邑社曹思等石像之碑》釋文[1]

(以下爲碑陽)

1　夫靈智沖廓,應化之理不測;玄言微妙,悟津之徑難究。是以迷途失馭☐☐

2　劫。心若轉蓬,逐秋風而飄質;隨緣取愛,任著寓化。如浮泡之遊水,等烈☐☐

3　傻。力釣巨鼇,能陷五山,會與陽雪同消,落花俱往,生滅相資,解脫無期。☐☐

4　迸,圓光普照。品衆生如赤子,等萬類於胸中;吐法水以蕩昏心,舉惠燈☐☐

5　☐☐是羣盲啓目,終或僉曉。然則五駒證道於鹿苑之始,須跋獲果於☐☐

6　渡之宜既周,現滅之跡斯顯。於是鷲嶺潛☐☐

7　寶相凝然,曾無去來。但以應現無方,所☐☐

8　現於前周,金色降於後漢,是以像法日☐☐

9　邑社宋顯伯等卅餘人,皆體識苦空,洞☐☐

10　毗救鴿之念,下愍羊嗷屠雕之痛☐☐

11　二八血祠之祈,專崇法社減饍之☐☐

12　菩提之路,禽獸之命,盡修短之壽。☐☐

13　用。今在野王越內廣福寺建碑☐☐

14　閭罕華麗,奇狀罕辟,雕容見相☐☐

15　金儀重見爾。其寺也,房堂☐☐

16　雜樹蔚茂,人居四面,星羅若☐☐

17　響,風馳遐邇。雲會信是元☐☐

壹 從衝突到融合

18　殺啓善,通養性之途;詮乂表況,申慈心之美瑩。茲□
19　大覺沖虛,靈智難測;神變無方,周流百億。一意演說,隨□
20　育王起塔,傳軌中國;歷葉繼蹤,虔誠不惑;息緣去愛,貪□
21　顯顯靈寺,勢置西闉;靜行練僧,像教日隆。朝尋聖旨,夕□
22　羣迷聚會,悟心同發,止殺存生,減饌自罰。潔己檄俗,□

(以下爲碑陰)

1　邑社曹思等石像之碑(碑陰之横額篆書)
2　邑師父法略　邑主野王縣功曹吉貴　邑子□
3　　　　　邑子河内郡五官□和　邑子民□
4　廣福寺主僧寶　邑子太原賁叔□憐　邑子犬□
5　上坐比丘尼惠藏　寧朔將軍左廂菩薩光明主馬周　邑子□
6　上坐比丘尼僧津　邑子開右廂菩薩光明主衛業　邑子南陽□□
7　比丘尼惠姜　使持節高陽戍主開佛光明主梁永　邑子南陽□□□
8　比丘尼僧讚　邑老河内郡前功曹王寶　邑子宋□□
9　比丘尼僧敬　邑老　旨授洛陽令蓋僧堅　邑子嚴□
10　比丘尼僧勝　襄威將軍南面都督石碑主曹思　邑子武威孟市
11　比丘尼僧好　邑子右廂菩薩主王萬儁　邑子嚴洪□
12　南面像主前郡功曹西面都督宋顯伯　邑子趙郡李□
13　比丘尼僧要　蕩寇將軍西面都督左廂菩薩主田思祖　邑子北平田祖悅□□
14　比丘尼僧暉　邑子大齋主胡小買　邑子馮翊吉邕□
15　比丘尼僧相　寧遠將軍帳内都督齋場主孟璨　邑子梁國喬貴□□
16　比丘尼僧援　邑老　旨授野王令張暎族　邑子帳内都督也蛭阿醜□□

17　比丘尼薩花　河內郡光初主簿祭酒從事宋顯　邑子襄陵賈樹仁□□□

18　清信女賈同姬　邑老前□□從事曹忻　邑子河陽鎮司馬樂勒字長恭　邑□

19　比丘尼阿勝洛妃　邑子州□代錄事樂榮　河陽田曹參軍樂修禮□□

20　開佛光明主斛斯妃仁　都維那伏波將軍防城司馬程洛文並書□□□

21　□□女田容仁　大齊天保三年歲次壬申四月八日建□□□

（以下爲碑左側）

1　像主征東將軍府主簿督軹、沁二縣事楊榮
2　　　　開佛光明主妻李和姬

（以下爲碑右側）

1　像主征西將軍長流參軍督溫縣、野王、懷縣、河陽四縣事袁略
2　　　　開佛光明主妻張阿容

2.《邑社曹思等石像之碑》的有關情況及所說明的問題

《邑社曹思等石像之碑》是北齊天保三年四月八日邑社曹思等在懷州河內郡野王縣廣福寺所建造之石像碑，碑文刻於石像碑之上。據記載，此碑在河南沁陽。原碑下半截已殘，所保存的各行文字每有殘缺。上錄碑文雖不完整，仍可向我們提供一些重要的信息。

其一，碑陽第11行有"□□二、八血祠之祈"，這裏的"二、八"指的是春二月和秋八月的祭社活動，應無疑問，說明建造石像碑的邑社是一個從事春秋二社祭祀的傳統社邑，而且至少在以往進行的祭社活動時有"血祠"行爲。

其二，這個邑社只是某一區域部分居民的結合。從碑陰及碑側所載邑社成員的身份來看，這個社邑由高、中、下層文武官吏和平民混合組成。其中屬於武職的有征東將軍一人，正二品[2]；征西將軍一人，正二品；寧朔將軍一人，從四品；寧遠將軍一人，正五品；伏波將軍一人，從五品；襄威將軍一人，從六品；蕩寇將軍一人，從七品；高陽戍主一人，河陽鎮司馬一人，河陽田曹參軍一人，以上三人爲流外。屬於文職的有洛陽令一人，從五品；河內郡五官一人，從九品；野王令一人，從九品[3]；河內郡前功曹一人，前郡功曹一人，河內郡光初主簿、祭酒從事一人，野王縣功曹一人，州□代錄事一人，前□□從事一人，以上六人均爲流外。無官職的平民十六人，因碑文殘缺而身份不明者七人。題名最上一列爲僧尼與清信女，計十八人，似不在邑社成員之數。因碑陽造像記云"邑社宋顯伯等卌餘人"，而現存題名除去最上一列已達四十二人。碑下截還可能殘去數人。如再把僧尼、清信女等計入邑社成員之內，就大大超過了碑陽造像記所載的人數。題名中的官員有三位已不在職。在職者爲官之地以懷州管內居多，但均不在野王，也有的在他州爲官。如洛陽令與高陽戍主就不屬懷州。從保存了籍貫的幾個題名來看，邑社成員的籍貫也分屬不同地區。這樣一些官品有高下，且有的已不在職，爲官之地不同，身份相差懸殊，籍貫不一的人結爲一社，唯一的共同點只能是他們同住在野王縣的某一里（邑）內。由於碑文殘缺，現已無法確知這個邑社所在之里。從碑文所記，這個邑社只有四十餘人。而野王縣是河內郡的郡治所在，一里之居民當不止四十人，則這個邑社可能沒有包括全里居民，只是該里部分居民的自願結合。

其三，這個邑社要改變以往在春二月和秋八月祭社時進行"血祠之祈"的傳統，轉而崇奉"止殺存生"的新觀念。上錄碑陽文字第10行有"下愍羊嗷屠雕之痛"，這是說邑社成員可憐作爲祭品的羊被殺的痛苦。第11行有"□□二、八血祈之祠"，前面所缺的兩個字，結合上文和下文第12行之"菩提之路，禽獸之命，盡修短之壽"，應是"禁止"之類的否定文字。既然同情被殺之羊，並希望禽獸能夠盡其"修短之壽"，自然應該是不再舉行"二、八血祠之祈"。此外，碑陽第19至22行，均爲四字一句，是碑文"讚"的部分。"讚"常常是對前面文字的概括，此篇也是如此。第22行稱："羣迷聚會，悟心同發，止殺存生，減饌自罰。"這裏所表達的意思和前面的碑文是一致的，"止殺存生"也就是不再舉行"血祠之祈"。

那麽，這個邑社爲什麽要改變"二、八血祠之祈"的傳統呢？碑文中說是因爲該邑社成員"皆體識苦空"，也就是接受了佛教的思想。上錄碑陽文字第10行的"毗救鴿之念"，當指佛經《尸毗王本生》所記載的尸毗王捨身救鴿的故事。至於邑社成員是通過什麽途徑接受的"苦、空"思想，是什麽人爲他們講授有關尸毗王感人的故事，碑文雖無直接記載，但也透露了一些蛛絲馬跡。上錄碑陽文字第13行有"今在野王越内廣福寺建磚"等文字一行，由於碑文殘缺，所建爲何物已不得而知，推測應是與該邑社所造石像碑屬於同類的佛教建築，或者石像碑也是立於廣福寺内。不論如何，這個邑社曾在廣福寺内進行建造活動是確定無疑的。此外，在碑陰的題名中，有廣福寺主僧寶。這說明這個邑社與廣福寺有比較密切的聯繫。與僧寶同列題名的還有13位比丘尼，這13位比丘尼都沒有注明所屬寺院，可能都屬於廣福寺，如是，廣福寺就是一座尼寺。這些比丘尼等的名字都題在最上一列，按照當時題名的慣例，最上一列的都是地位比較尊崇的人。則在此邑社成員眼中，僧人的地位是高於征西將軍、征東將軍等朝廷正二品大員的。在寺主僧寶的前面，還有一位邑師父法略。不少學者都認爲南北朝時期佛教團體的興起和發展是邑師指導和勸化的結果[4]。但實際情況比較複雜，邑師在不同的佛教團體中所起的作用並不一樣，這個問題我們留待本篇第二部分再做具體討論。這裏只需說明，邑師也都是出家的僧人，他們大致相當佛教典籍中的化俗法師。這個法略的特殊之處是，他不但是邑師，還是父親，推測應該是碑主曹思的父親。雖然沒有直接證據，但推斷曹思等是在邑師父法略和寺主僧寶等僧人勸化下，逐漸接受了佛教的觀念，改變了在祭社活動中殺生的傳統習俗，應該是符合實際的。

就這個個案而言，可以說是外來文化戰勝了傳統的習俗。

上錄碑文表明，邑師父法略等人的成績並不僅僅是促使曹思等"止殺存生"。這個邑社還開始從事一些佛教活動，可以確知的一是造石像碑，還有在廣福寺內的不知名目的修造活動。二是所謂"減饌自罰",這或者是在一定時間內修持佛教信徒的"過中不食"。另外,上錄碑陰題名第13行還有"邑子大齋主胡小買",則這個邑社還可能舉行了設齋活動。這樣,這個傳統的邑社就變成了寺院的外圍組織,這對周邊民眾的輻射作用無疑是巨大的。

還應該指出,這個石像碑建成的日期也是精心安排的。四月八日是佛誕日[5],僧團一般會在此日舉行規模宏大的法會或行像活動,從現存造像記和寫經題記來看,許多佛教徒從事造像、寫經等功德活動也都選在此日。曹思等邑社將石像碑落成的日子選在四月八日,當然有爲廣福寺造聲勢,增加佛教節日喜慶氣氛的因素。對於廣福寺來說,其宣傳意義已遠遠大於建造一尊石佛像。

以上討論説明,邑師父法略和廣福寺主僧寶等人成功地使曹思等所在的邑社接受了佛教的觀念,改變了傳統的習俗。現在需要進一步追問的是:這個具體事例在當時到底具有多大意義?是個別的孤立的事例,還是具有普遍意義。

可以肯定,《邑社曹思等石像之碑》並非孤立事例和個別現象。據《續高僧傳》記載,北齊僧人釋道紀,"勸人奉持八戒,行法社齋,不許屠殺"[6]。這裏的"法社齋"和不許屠殺聯繫在一起,所勸化也應當是舉行春秋二社祭社活動的傳統社邑。另外,晚些時候的隋代僧人釋普安,看到"年常二社,血祀者多",於是就"周行救贖,勸修法義,不殺生邑,其數不少。嘗於龕側村中,縛豬三頭,將加烹宰。安聞往贖,社人恐不得殺,增長索錢十千。安曰:'貧道見有三千,已加本價十倍,可以相與'。衆各不同,更相忿競"。"安即引刀自割髀肉曰:'此俱肉爾,豬食糞穢,爾尚噉之,況人食米,理是貴也'。社人聞見,一時同放"[7]。與邑師父法略和釋道紀相比,普安的運氣要差一些。社人用"增長索錢"的辦法來對付普安,致使兩種文化的碰撞採取了激烈衝突的形式。至少在這一事例中,普安的勸化形式稍嫌簡單。他沒有像邑師父法略和釋道紀那樣先使邑社成員接受佛教的觀念,然後再勸導他們不要殺生,而是想用金錢贖買的辦法解決問題,遭到"社人"的變相拒絶。普安無奈,只得採用極端的辦法,捨身救豬。製造了尸毗王捨身救鴿的新版本。這種極端的辦法使社人受到震撼而被迫放棄殺生，也使普安的聲名遠揚，"使郊之南西，五十里內，雞豬絕嗣，乃至於今"[8]。

儘管例證不多，而且上引《續高僧傳》關於普安使五十里內雞豬絕嗣的記載還有誇大其詞的嫌疑，我們還是得承認，在北朝和隋代，寺院和僧人試圖改變邑社成員在社日祭祀時殺生的習俗並非個別現象，而是佛教向民間傳播的一個重要切入點。

（二）關於兩晉南北朝隋代法社的推論

細心的讀者可能已經注意到，在前引《邑社曹思等石像之碑》的碑文和《高僧傳》有關釋道紀的記載中，都曾出現"法社"一詞。關於"法社"，南朝方面也有一些零星記載。梁僧祐《出三藏記集》卷4《新集續撰失譯雜經錄第一》中有"《法社經》一卷"[9]。據研究，《出三藏記集》主體部分撰於南齊建武年間（494—497）[10]，則南朝出現法社的記載大大早於北朝。《法社經》應該是法社的典籍依據。此經在僧祐時尚存，但僧祐並未注明此經爲何人所譯。隋費長房在《歷代三寶記》卷6中注明此經是在西晉時由竺法護譯出[11]。在唐代編撰《開元釋教錄》時，以疑僞爲由將《法社經》從"入藏錄"中刪除[12]，以後失傳。在《出三藏記集》卷12《宋明帝敕中書侍郎陸澄撰法論目錄》中尚有"《法社節度序》，釋慧遠"和"《法社建功德邑記》，出《法社經》"[13]。可惜的是，《法社節度》《法社節度序》和出自法社經的《法社建功德邑記》亦均失傳，因而只能依據《邑社曹思等石像之碑》和《高僧傳·釋道紀傳》中的記載來探討法社的性質和活動內容。在《邑社曹思等石像之碑》中，有關法社的兩句是"□□二、八血祠之祈，專崇法社減膳之□"。上文已經說明，"二、八"之前缺失的文字，應是"禁止"之類的辭彙；而下一句所缺失的文字應該是"罰"字。這兩句話的含義也就是後面的文第22行讚中的"止殺存生，減膳自罰"。《續高僧傳·釋道紀傳》關於法社的記載則是"行法社齋，不許屠殺"。從這兩個具體例證來看，法社是與春秋二社祭祀時的殺生聯繫在一起的，其主要宗旨應該是禁止"二、八血祠之祈"。法社在禁止殺生的同時，也從事一定的佛教活動。現在知道的有"減膳自罰"

及設齋(《邑社曹思等石像之碑》題名中有齋主,道紀的記載中則有"行法社齋")。此外就是建功德邑。《邑社曹思等石像之碑》就是邑社建功德邑的實例。碑陰的題名不像《晉當利里社碑》那樣書社民某某,而是書邑主某某,邑子某某,説明他們參加此項活動不是作爲邑社的成員,而是作爲造像邑的成員。邑(造像邑)、邑義和法義等是東晉南北朝時期十分流行的由僧尼與在家佛教信徒混合組成或僅由在家佛教信徒組成,多數以造像活動爲中心的佛教團體。有關情況將在本篇第二部分討論。上引《出三藏記集》中之《法社建功德邑記》,其文雖已不存,推測其内容當亦爲《邑社曹思等石像之碑》之類。另前引關於釋普安的材料,記載普安在制止春秋二社殺生的同時,也"勸修法義"。以上材料和分析説明,所謂法社,當指崇信佛教的傳統里(邑)社,法爲佛法,社爲春秋二社。而已經亡佚《法社經》很可能是一部面向在家佛教信徒的經典。上引《出三藏記集》中《法社建功德邑記》下題云"出《法社經》",已經透露出《法社經》的性質。另《開元釋教録》卷18中,在《法社經》後有兩行按語云:"内題云業報輪轉償債引導地獄慈悲莊嚴《法社經》。"[14]這個按語也表明《法社經》所包含的内容只是佛教對未出家者所宣傳的内容。中國的僧人在傳播佛教的過程中早就認識到對不同的對象所宣傳的内容應該有所不同。《高僧傳》卷13"唱導篇""總論"中云:"如爲出家五衆,則須切語無常,苦陳懺悔;若爲君王長者,則須兼引俗典,綺綜成辭;若爲悠悠凡庶,則須指事造形,直談聞見;若爲山民野處,則須近局言辭,陳斥罪目。"[15]另,《出三藏記集》卷13《康僧會傳》略云:"康僧會,以(孫)皓性凶粗,不及妙義,唯敍報應近驗,以開諷其心焉。"[16]窺基《妙法蓮華經玄讚》卷1云:"佛初成道,爲提謂等五百賈人,但説三歸五戒十善世間因果教。"[17]這些材料所記載的對在家佛教信徒宣傳的内容與《開元釋教録》關於《法社經》的按語所提示的内容大致相同。所以,《法社經》可能不是依據那部佛經譯出的,而是僧人根據需要依據佛經編撰或選抄而成,故後來被列爲疑經。唐開元以後,因被從"入藏録"中删除而失傳。

以上考察表明,法社是佛教傳入我國的過程中,寺院和僧尼試圖改變里

（邑）社傳統習俗的產物。禁止殺生是佛教的重戒，而傳統里（邑）社在舉行春秋二社的祭祀活動時卻奉行"血祠之祈"，二者形成尖銳的對立。春秋二社之祭是中國古老的文化傳統，在民間影響甚大。這種"血祠"的風氣無疑對佛教的傳播不利。於是，西晉譯經名僧竺法護依據佛經編撰或選抄了《法社經》，其内容是比較淺顯的包括殺生在來世會遭報應等的事例和説教，爲寺院和僧人將傳統的里（邑）社勸化爲法社提供了理論依據。東晉時，又有人撰寫了《法社節度》，可能是關於法社的指導思想、活動内容等方面的具體規定，名僧釋慧遠爲之作序。這些都表明，《法社經》和法社在西晉和東晉時期頗受當時的高僧關注。與此同時，一些寺院和僧人依據《法社經》和《法社節度》等爲將傳統的里（邑）社勸化爲法社作出了種種努力。雖然筆者現在能找到的例證僅限於北齊和隋代，但寺院和僧人對傳統里（邑）社的勸化活動相信曾貫穿於兩晉南北朝時期。

由於以往學界未能利用《邑社曹思等石像之碑》等實證材料，故有關法社的推測頗多誤解。日本學者山崎宏等把由佛教信徒組成的以"社"爲名的佛教團體稱爲法社，並認爲法社與南北朝時期廣爲流行的邑、邑義、邑會等佛教團體性質相同[18]。首先，在兩晉南北朝時期的文獻和石刻銘文中，"社"與"邑"是有區別的。傳統的里（邑）社被稱爲社或邑社連稱，尊崇佛教的里（邑）社被稱爲法社，而由僧尼和在家佛教信徒混合組成或僅由在家佛教信徒組成的以造像活動爲中心的佛教團體則稱爲邑、邑義、法義等，並不以"社"爲名。也就是説，至少是在兩晉南北朝時期，並無任何實證材料支持山崎宏先生所規定的"法社"，只有中唐以後人們附會的慧遠建白蓮社故事與之契合，而這個故事的真實性也已爲湯用彤先生的考證所否定[19]。與此相關，一些日本學者據有關慧遠建白蓮社的記載認爲法社是由知識階級、貴族社會組成的看法也就更不能成立了[20]。隋唐以降，在文獻與石刻銘文中，"邑（義）"與"（邑）社"逐漸合流，其含義也逐漸趨同。傳統的社邑以"邑（義）"爲名者並不少見，而由佛教信徒結成的佛教團體也常稱爲"社"，"邑""社"可以互相指稱。有關這方面的具體材料及其背景與意義，我們將留待本篇第二部分進行論證與解説。這裏只想指出，在"社"、"邑"可以互相指稱的歷史背景下，如果再人爲地把由佛教信徒組成的以"社"爲名的團體與以"邑"爲名的團體加以嚴格區分，已無實際意義。此外，山崎宏先生關於法社與邑、邑義、法義等佛教團體性質相同的説法也不確切。就相同處而言，這兩類團體均屬民間團體，都從事佛教活動。其不同處一是來源不同，前者源於傳統的民間組織，曾從事與佛教觀念相衝突的"血祠"活動；後者由信仰佛教的人們結成的新的宗教團體。二是活動不完全相同，前者仍然從事春秋二社的祭祀活動，只不過在活動中不再殺生而已；後者則不組織春秋二社的祭祀活動。

而國內有的學者則把法社當作社寺，即由出家的佛教信徒組成的宗教組織，亦屬誤解[21]。

二、唐五代時期傳統私社與佛教的關係

讀者可能已經注意到，依據上文對傳統社邑的規定，這裏所論傳統社邑的概念比兩晉南北朝隋代有所擴展，名稱亦與上一時期不完全相同。以上調整是爲了適應唐五代時期傳統社邑的發展和變化。唐五代時期，傳世典籍中有關社邑的記載較前代爲多，石刻資料中的相關材料也仍有不少，特別是敦煌文獻中發現了一大批有關社邑的第一手資料。從這些豐富的記載中，我們獲知私社在唐五代時期有了很大的發展，在各類私社中，人們談論最多的，相關記載也最多的就是從事喪葬互助活動的私社（也稱社、社邑、邑社）[22]，而這類私社有相當一部分還保持著春秋二社的祭社習俗（本節將要引用的材料可以證明這一點）。從下文將要引證的類似這類私社的章程的社條來看，這類私社大多深受以儒家爲代表的傳統文化的影響；而且有的這類私社的社條將春秋二社活動當作"舊規"（見下引 S.6537 背中之《社條》），則至少有一部分這類私社是由從事春秋二社祭祀活動的傳統社邑演變而來或有淵源關係。所以，在這一時期把從事喪葬互助的私社當作傳統私社的一部分，應該是符合歷史實際的。隨著私社的盛行，私社的概念在唐五代時期

也開始流行。在當時統治者的眼中，無論從事傳統春秋二社活動的社邑，還是從事喪葬互助的社邑，抑或從事佛教活動的社邑，都屬於私社的範疇[23]，以與國家祭祀的"社"相區別。筆者將唐五代時期的傳統社邑稱爲私社，既是爲了彰顯其本爲私社的本質，也是爲了凸顯其時代特點。之所以稱其爲傳統私社，是爲了與其同時存在的專門從事佛教活動的私社相區别。

　　應該指出，"私社"這一名稱雖然準確地反映了它的本質和特點，也爲當時的統治者所使用，但卻不是其自稱，唐五代時期私社多自稱爲"社司"，亦每稱"社"、"社邑"、"邑義"等（具體材料見下文引證的私社文書）。前文已經提到過，與東晉南北朝時期不同，這一時期專門從事佛教活動的私社和傳統私社在自稱上已經没有區別，這無疑爲我們區別和分辨這兩類私社的材料帶來了困難。由於在這一時期專門從事佛教活動的私社也往往自稱爲"社"，而傳統私社亦往往自稱爲"邑義"，所以我們不能像上一時期那樣依據其名稱確定其性質，只能從材料所記載的該社的活動内容來判斷其性質。筆者採用的判斷標準是：如果該社從事春秋二社活動，不論其是否從事喪葬互助或佛教活動，都將其判定爲傳統私社；如果該社以從事喪葬互助活動爲主，即使同時也從事佛事活動，亦將其視爲傳統私社；如果該社只從事佛教活動，不從事春秋二社與喪葬互助活動，當然應該將其排除在傳統私社之外；該社雖從事喪葬互助活動，但如果是將佛教活動置於主要地位，或有跡象顯示該社是由僅從事佛教活動進而擴展到亦從事喪葬互助活動，亦將其排除在傳統私社之外。最後一條主要是爲了避免將那些原來只從事佛教活動，後來又增加了喪葬互助活動的私社也當作傳統私社。以下的材料將證明，自隋代以來，在傳統私社與從事佛教活動的私社合流的過程中，上述現象是確實存在的。唐五代時期，那些由僅從事佛教活動進而發展到亦從事喪葬互助活動的私社，和那些由僅從事喪葬互助活動進而發展到亦從事佛教活動的私社相比，雖然其名稱和活動内容都已無甚區別，但其淵源終究是不同的。對本論題來說，兩者的意義和所應作出的解釋也不同，故應儘量避免將二者混同。

與前一時期相比，唐五代時期傳統社邑與佛教的關係發生了很大變化。

（一）佛教文化與傳統祭社"血祠"習俗發生衝突記載的消失及其原因的分析

在唐五代時期的傳世文獻、石刻資料和敦煌文書中，關於寺院與僧人制止傳統社邑在舉行春秋二社祭祀時殺生的記載消失了。甚至連《法社經》也在唐代失傳了[24]。這似乎與唐五代時期舉行春秋二社祭祀活動的私社廣爲流行的狀況頗不相稱。是寺院和僧人經過兩晉南北朝隋代數百年的熏染，對春秋二社祭祀時的"血祠"風俗已經習以爲常，採取了寬容的態度？還是舉行春秋二社祭祀活動的團體經過佛教勢力數百年的勸化，已經不再舉行"血祠"？

從相關材料推測，以上兩方面因素似乎都存在。祭社殺生，是國家禮儀，自古而然，唐代也仍然在施行。《全唐文》卷30唐玄宗《祭社復用牲牢詔》稱："春秋祈報，郡縣常禮。比不用牲，豈云血祭。陰祀貴臭，神何以歆？自今已後，州縣祭社，特以牲牢，宜依常式。"[25]也就是説，至少是州縣以上的官府祭社，按規定是要進行"血祭"的。至於私社的祭祀，《全唐文》卷39唐玄宗《加應道尊號大赦文》（天寶七載）略云："況於宰殺，尤加惻隱。自今已後，每月十齋日，不得輒有宰殺。又閭閻之間，例有私社，皆殺生命，以資宴集。仁者之心，有所不忍，永宜禁斷。"[26]可見，在唐玄宗時，曾經一方面要求州縣以上祭社必須"血祭"，另一方面卻禁止私社在"宴集"時殺生。這裏的"宴集"，似應指春秋二社時的飲宴。如果指的是平時的飲宴，春秋二社時的飲宴當然更要殺生了。唐玄宗的禁令從反面證明在唐天寶七載以前私社"血祠"的現象是存在的。

唐玄宗對私社殺生的禁止，與佛教在中國的發展密切相關。隋唐時期，佛教最終完成了其中國化的過程，其社會勢力、經濟勢力都有了更大的發展，在政治上也取得了與儒道並立的地位。對殺生的限制，實際上是最高統治者對傳統文化和外來文化的調和。對私社而言，以往的"血祠"實際是仿效官府的"血祭"。所以,雖有寺院、僧人不斷進行勸化和干預,但還是屢勸不絕。到了唐中葉,官府站到了寺院和僧人一邊,私社的"血祠"的習俗也就只好放棄了。既然私社的殺生問題在唐中葉以後已不再是引人注目的問題,那麼,與之相關的法社和《法社經》也就自然逐漸退出了歷史的舞臺。

在寺院和僧人方面,對國家祭祀的"血祭"自然不敢干預。對民間春秋二社祭祀的殺生則不斷有人反對。唐五代時期,一方面是制止私社殺生的事例不再見於記載。另一方面是出現了寺院、僧人對私社的傳統活動持參與、支援態度的相關記載。如對春秋二社的祭祀與飲宴活動,寺院和僧人就改而採取支持和參與的態度。在敦煌文獻中[27],保存了一批唐五代宋初通知私社成員參加參加春秋二社飲宴活動的社司轉帖(時稱春座局席或秋座局席轉帖)[28],其中36件既具有實用性質[29],又標明了聚會的地點。在這36件社司轉帖中,指明聚會地點在寺院、蘭若和佛堂的有10件(見表一)。也就是說,在唐五代宋初的敦煌,傳統私社的春秋二社活動有約28％是在寺院舉行的(見示意圖一)。

表一:以寺院爲聚會地點的春秋座局席轉帖

材料來源	聚會地點	事由	時間(公元)	其他
P. 3764₁	報恩寺	秋座局席	855(?)	
S. 1453背	節如蘭若	座社局席	886	
S. 329背	靈圖寺	秋座局席	9世紀末	
P. 3391背	靈圖寺	秋座局席	937	
P. 2738背	官樓蘭若	秋座局席	10世紀上半葉	
P. 2738背	淨土寺	常年局席	10世紀上半葉	
P. 3875A	普光寺	秋座局席	10世紀	
P. 3764背	佛堂	秋座局席	10世紀	
P. 2880	永安寺	春座局席	不明	
S. 6008	龍興寺	春座局席	不明	

示意圖一[30]：

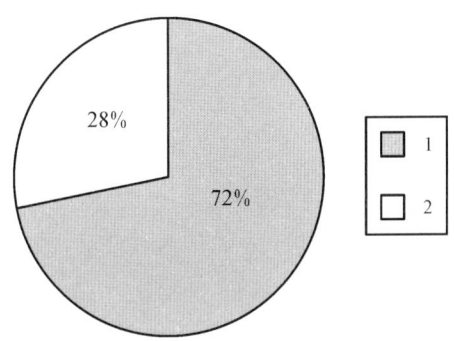

從表一可知，爲私社的春秋二社活動提供場所的寺院有報恩寺、靈圖寺、淨土寺、普光寺、永安寺和龍興寺等六所寺院和兩個蘭若、一個佛堂。唐後期五代宋初，敦煌計有寺院17所[31]，則有三分之一以上的敦煌寺院爲私社的春秋二社活動提供場地。以上是僅就見於記載的寺院而言，實際情況遠不止此，關於這一點，將留待後面再做說明。寺院既然爲周邊私社的春秋二社活動提供聚會場所，表明它們對這項活動是支持的。從傳統私社的社人名單來看，不少私社有僧人參加。這些加入私社的僧人作爲社邑成員，自然要參加社邑舉行的各種活動，包括春秋二社祭祀和飲宴活動。如表一中所列 P.3764₁《乙亥年（855?）九月六日秋座局席轉帖》，在被通知參加秋座局席的私社成員中，就有"社官張闍梨、周闍梨、孫闍梨"。再如 P.3391 背《丁酉年（937）正月春秋局席轉帖》，在被通知參加春秋局席的私社成員中，也有"陰僧政、馮老宿、曹老宿、氾上座、法詮、福證、雲被、法瓊、喜端、善住、惠朗、幅（福）會、福善、應願、潤成、智力、定安、智行、智德、願行、沙彌法瑞、保盈、法俊、法圓、義弘、慶達"等二十多個僧人。類似材料還有一些，不具引。

不僅如此，敦煌的寺院在春秋二社的社日時也組織僧人舉行飲宴活動。如 P.2049 背《同光三年（925）正月沙州淨土寺直歲保護手下諸色入破歷算會牒》第 278 至 279 行有"粟柒斗卧酒，衆僧造春坐局席用"；第 350 至 351 行有"油三勝，春造局席衆僧食用"；第 374 至 375 行"麵壹碩貳斗伍勝，衆僧造春坐局席及貼佛食用"。又，P.2049 背《長興二年（931）正月沙州淨土寺直歲願達手下諸色入破歷算會牒》第 35 至 36 行有"粟七斗卧酒,衆僧秋座局席用";第 299 行有"油肆勝,衆僧造秋坐局席用";第 368—369 行有"麵壹碩壹斗,衆僧造秋坐局席用"。S.5139 則是一件通知僧人參加春座局席的社司轉帖,其文云:

1　社司轉帖　　右緣常年春座局席,人
2　各麵壹斤半,油一合,静(淨)粟伍升。帖至,並限今月
3　十四日辰時於主人靈進保會家送納足。如有於
4　時不納者,罰麥三斗;全不納者,罰麥伍斗。其帖速
5　遞相分付,不得停滯;如滯帖者,准條科
6　罰。帖周卻付本司,用憑告罰。　　四月十三日上座
7　惠貞帖咨。僧政、樂法律、都司法律、
8　張法師、劉法律、郭老宿、龍法律、索
9　法律、閻上座、吴闍梨、張寺主、田禪師、信成、
10　靈進、善淨、寺主法政、保會、海住、願仵、寶達、
11　沙彌善仵、永保、海清、智恩慶之記。

從題名看,這個私社的成員均爲僧人,而且有好幾位是僧政、法律等僧官,並有兩個上座、兩個寺主,很可能不是一所寺院的僧人。這個全由僧人組成的團體,從事的卻是中國傳統的活動。

寺院和僧人支持、參與、組織春秋二社的飲宴之類的傳統活動[32],無疑拉近了這些傳統組織與佛教的距離,使其産生親近的感覺。這和南北朝隋代的僧人採用説教或强制其改變習俗的做法大不一樣。而春秋二社活動一旦在寺院舉行,或者有僧人參加,自然也就不便於再殺生了。這可以説是以參與和支援的方式使私社作出某些改變。與前一時期相比,這種方式不僅更容易令人接受,效果也會更好。

從敦煌文獻中保存的大量社司轉帖來看,敦煌的寺院不僅爲私社的春秋二社活動提供活動場所,私社的其他活動也往往在寺院舉行。依據本篇

表一至表五和示意圖一至五(見第 44—46 頁表三～表五及示意圖三～示意圖五),可以製成私社以寺院為聚會地點和以其他地方為聚會地點的比率表:

事由＼地點	寺院	其他地點	總計
春秋二社	10	26	36
營葬	21	12	33
設齋等	9	6	15
少事商量	10	1	11
其他	12	6	18
總計	62	51	113

雖然從總數字來看,傳統私社以寺院為聚會地點的比率只佔一半略多。但如果除去春秋二社活動,則其他活動都是以在寺院聚會為多,最多的"少事商量"超過了 90%。由此可知,在唐五代宋初,敦煌傳統私社的多數活動都是以寺院作為主要聚會場所。因為以上統計數字並非基於敦煌傳統私社活動的全部檔案,所以數字並不精確,只具有參考意義。但用這些數字來說明一種趨向,應該是可以的。從表一～表五還可以看出,曾為私社提供過聚會場所的寺院達到 14 所,幾乎涵蓋了敦煌的大部分寺院和有名的蘭若。很清楚,無論對寺院還是對私社來說,以上統計都不僅僅是單純的聚會場地問題。這是瞭解私社與寺院的關係具有重大意義的現象。對寺院而言,提供聚會場所意味著他們對這個組織及其活動的認可和支持,同時也是對這個組織進行影響的一種特殊手段或方式,因為私社成員到寺院來,不管從事什麼活動,都會受到佛教文化潛移默化的影響。對私社來說,把寺院作為自己的主要聚會場所,也是對佛教勢力和文化的一種認同,或是接受其信仰的開始。

所以,以上關於私社聚會場地的統計有力地證明,就總的趨勢而言,經過兩晉南北朝隋代的長期磨合,到唐五代宋初,佛教寺院、僧人與傳統私社已經從文化衝突走向和平共處,互相兼容了。以下的討論將進一步證明,這兩種文化在唐五代時期已經不僅僅是和平共處的問題,它們實際上已經開始融合為一體了。

（二）佛教文化與中國傳統文化在私社思想與活動中的融合

從唐後期五代宋初敦煌文獻中保存的類似章程的社條來看，這些傳統私社敍述結社之因時，既強調忠孝禮義及長幼尊卑之序等儒家文化的因素，也在不同程度上受到佛教文化的影響或有明顯的崇佛色彩；社條規定私社所從事的活動，既有春秋二社等傳統活動和互助活動，也往往有佛教活動。請看以下記載：P.3544《大中九年（855）九月廿九日社長王武等再立條件》略云："敦煌一羣（郡），禮義之鄉，一爲聖主皇帝，二爲建窟之因，三爲先亡父母追凶就吉，共結量（良）緣，用爲後儉（驗）。一、社内每年三齋二社，每齋人各助麥一斗，每社各麥壹斗，粟壹斗。其齋正月、五月、九月；其社二月、八月。一、社内三大（馱）者，有死亡，贈肆尺祭盤一，布貳丈，借色布兩匹半。"此社從事春二月和秋八月的祭社活動，爲傳統私社無疑。在敍述立社的緣由時，首先強調的是儒家的"禮義"，然後具體列出三個理由。一是爲"聖主皇帝"，這個理由雖然有點虛，但反映的卻是儒家的忠君思想。二是爲"建窟之因"，這裏的建窟，指的是建造佛教的洞窟，也就是從事崇佛活動。三是爲"先亡父母追凶就吉"，這反映的是儒家的孝道思想。可見這個私社的結社緣由是既保持了儒家的忠孝禮義，又不乏對佛教的尊崇；而其活動内容也是包括傳統的春秋二社祭祀、每年設三次佛教的齋會和喪葬互助。又，S.6537背《某甲等謹立社條》（文樣）略云："竊以敦煌勝境，地傑人奇，每習儒風，皆存禮教。先且欽崇禮典，後乃逐吉追凶，春秋二社舊規，建福三齋本分。逐年正月，印沙佛一日，香花佛食，齋主供備。"此件雖主要強調的是儒家的禮教，其活動最重視的是喪葬互助，但也還保持著春秋二社的"舊規"，並把每年的三大齋作爲"本分"，在正月還要舉行印沙佛活動。又，S.6537背《拾伍人結社文》（文樣）略云："竊聞敦煌勝境，憑三寶以爲基；風化人倫，藉明賢而共佐。家家不失於尊卑，坊巷禮傳於孝宜（義）。一、況沙州是神鄉勝境，先以崇善爲基。初若不歸福門，憑何得爲堅久。三長之日，合意同歡，税聚頭麵淨油，供養僧佛，後乃衆社請齋。一日果中，得百年餘糧。一、春秋二社舊規，逐根原亦須飲讌，所要食味多少，計飯料各自税之。五音八樂進行，切須不失禮度。一、且稟四大,生死常流,若不逐吉追凶,社更何處助佐？諸家若有凶禍,皆須匍匐向之,要車齊心成車,要輿亦須遞輿。"此件將佛法僧等佛教的"三寶"與儒家"明賢"、尊卑之序、孝義等糅合在一起,作爲結社的思想和文化背景,其活動也是將傳統活動與佛教活動並舉。其中之"三長之日",即指三長齋日,也就是前引社條中的正月、五月、九月三大齋的齋日。又,S.6537背《上祖社條》(文樣)略云:"夫邑義者,父母生其身,朋友長其值(志),危則相扶,難則相久(救)。與朋友交,言如(而)信。結交朋友,世語相續,大者如兄,小者若弟,讓議(義)先燈(登)。一、社內有當家凶禍,追胸(凶)逐吉,便事親痛之名,人各贈例麥粟等。如本身死者,仰衆社蓋白耽拽,便送贈例,同前壹般。一、凡有七月十五日造于(盂)蘭盤兼及春秋二局,各納油麵。"此件中之"春秋二局",即春秋二社之飲宴活動,也就是下引S.5629《敦煌郡某乙等社條壹道》(文樣)中的"春秋二社,每件局席"。而盂蘭盆會則爲追度歷代宗親的佛事活動。所以,此件雖強調傳統的"信"和"義",具有明顯的結義性質。但其具體活動仍顧及了喪葬互助、春秋二社和佛事活動三個方面。又,S.5629《敦煌郡某乙等社條壹道》(文樣)略云:"竊以人居在世,須憑朋友立身,貴賤壹般,亦資社邑訓誨。某乙等宿因業寡,方乃不得自由,衆意商量,然可書條。況一家之内,各各總是弟兄,便合識大敬少,互相滑(?)重。今欲結此勝社,逐吉追凶。應有所勒條格,同心壹齊稟奉。一、春秋二社,每件局席,人各油麵麥粟,主人逐次流行。一、若社人本身及妻二人身亡者,贈例人麥粟及色物,准數近(盡)要使用。"此件傳統色彩較爲濃厚,亦帶有明顯的結義性質,所謂"憑朋友立身"和"識大敬少"等,當然都屬於傳統文化。其活動内容也只有春秋二社和喪葬互助,並未規定佛教活動。但其結社的緣由之一卻是"宿因業寡,方乃不得自由",表明這個社條也受到了佛教的影響。又,S.527《顯德六年(959)正月三日女人社社條》略云:"夫邑儀(義)者,父母生其身,朋友長其值(志),遇危則相扶,難則相救。與朋友交,言如(而)信。結交朋友,世語相續,大者若姊,小者若妹,讓語(義)先登。一、社内榮(營)凶逐吉,親痛之名,便於社格。人各油壹合,白麵壹斤,粟壹斗。便須驅驅,濟造食飯及酒者。若本身死亡,仰衆社蓋白耽拽,便送贈例,同前一般。一、社内正月建福一日,人各税粟壹斗,燈油壹盞,脱塔印沙。一則報君王恩泰,二乃以(與)父母作福。"此社是由婦女結成的民間團體,以儒家與朋友相交的"義"字爲立社依據。其活動是以喪葬互助爲主,是以營葬活動爲主的傳統私社,但也從事"建福"、"脱塔印沙(即印沙佛活動)"等佛教活動。可能是因爲其成員均爲女性,所以此社没有規定從事春秋二社活動。又,S.5520《社條》(文樣)略云:"社子並是異性(姓)宗枝,舍俗枝緼,以爲法乳。今乃時登末代,值遇危難,准章呈(程)須更改易。佛法儀誡,誓無有虧,世上人情,隨心機變,若不結義爲因,焉能存其禮樂?所以孝從下起,恩乃上流,衆意商儀(議),遞相追凶逐吉。"此件是以佛教的"末世"思想作爲結社的緣由,而結社(即文中的"結義")的目的又是爲了儒家的"禮樂",其活動内容主要是喪葬互助。

　　對上引的一組社條,有必要略作説明。其一,上引社條中,有幾件並非實用文書,而是社條的文樣。這些文樣能否反映當時的情況?從敦煌文獻中保存的社條文樣和實用社條來看,前者是後者的藍本。私社在立社之初,一般要依據社條文樣制定該社所尊奉的社條。如上引 S.527《顯德六年(959)正月三日女人社社條》的起首總則部分與上引 S.6537 背《上祖社條》(文樣)基本相同,後面的具體規定也有不少相同之處,前者顯然是依據後者草成。所以,社條文樣雖不是實用文書,但對瞭解社邑的情況應與實用社條具有同樣的價值。而且,因爲文樣是應現實生活需要而産生的,是對現實生活的概括和總結,故對瞭解當時的情況比實用社條更具有普遍意義。其二,社條的記載能否真實地反映私社的思想和活動情況?在敦煌文獻中,保存了大量記録私社活動的文書,如上文已經提到過的通知社人參加活動的社司轉帖,此外還有記載私社收支情況的社歷,在私社活動中宣讀的社文和處理私社事務的社狀、牒等[33]。從這些材料來看,社條的規定在私社的活動中確實被認真執行了。如第 20 頁、第 30 頁及第 44—46 頁本章表一～表五所列的各類社司轉帖,就是通知社人參加社條所規定的各種活動。在私社通知社人參加助葬的社司轉帖中,往往申明是"准條"行事。如 P.5003《某年九月四日社户王張六身亡轉帖》略云:"社户王張六身亡,准條合有弔贈。"又

S.5139《公元九二五年前後張員通妻亡轉帖抄》略云："右緣張員通妻亡,准條合有弔酒壹甕。"類似例證還有一些,不備舉。另,幾乎所有社司轉帖中,都有"如滯帖者,准條科罰"的規定。這些都説明社條是私社組織活動、處罰社人的準則,它所記載的内容真實地反映了私社的思想和活動情況。

從前引社條所記載的内容來看,敦煌的傳統私社受儒佛文化的影響雖不盡相同,但這兩種文化確實是已被私社有機地糅合在它的思想和活動之中了。從整體上看,以儒家爲代表的傳統文化的影響還是更大一些,更基本一些。

傳統私社對傳統文化和佛教文化的糅合,在追悼亡者的方式上也有所體現。在敦煌文獻中,既保存了傳統私社用"臨歧設祀"的傳統方式寄托哀思,祭祀去世社人的《祭社文》,也保存了它們用設佛教齋會的方式爲亡者追福的《亡齋文》。如 P.2614 背《甲辰年(824)四月廿九日社官翟英玉等祭蘇氏文》云:

1　維歲次甲辰四月庚辰朔廿九日戊申社
2　官翟英玉等以清酌之奠,敬祭於
3　□□子蘇氏之靈。惟靈柔以懷恩,
4　□能守節,九族來依,六親歸悦。
5　□以全諸母德,義達和人,長居
6　□表,永播慈仁。何圖光移一夕,僉
7　神於春。庭前匪有,地下及塵。
8　英玉等久當陪社,久處親鄰。□
9　以傷嘆之痛憤心魂,莫斯郊外□
10　重茵。　　　尚饗!

類似祭文在《全唐文》中也保存了不少,可知這種弔唁方式完全是我國傳統的方式。祭文中使用的語言也滲透著傳統文化的影響。敦煌文獻中保存的類似私社祭文有 6 件,説明唐五代時這種祭祀亡者的方式在敦煌的私社是比較流行的。

另一方面，唐五代時期，請僧人設齋爲亡者祈福也已成爲時人的習俗。就連素不信佛的姚崇，在給子孫的遺令中，雖然教訓他們，"釋迦之本法，爲蒼生之大弊"，"吾亡後必不得爲此弊法"。但考慮子孫們不敢違背當時習俗，只得又說："若未能全依正道，須順俗情，從初七至終七，任設七僧齋。"[34] 私社在組織營葬活動時，當然也得延請僧人爲亡者做法事。從敦煌文獻中保存的大量齋文來看，唐五代舉行營葬活動，要設亡齋和臨壙齋，初七至終七當然也要設齋，甚至忌辰也要設齋追福[35]。敦煌文獻中保存了傳統私社爲其成員亡考忌辰所設齋會上念誦的齋文一件和起草該類文書的文樣兩件，此引上圖060(812479)《亡考並社邑》(文樣)如下[36]：

1　亡考並社邑　　　然今齋主　公虔跪捧爐所申 意
2　者。一則奉爲先考諱辰追薦，二爲鄉閭邑義之所薰修。有斯二
　　端。□□□
3　會。惟亡考可謂雅量宏遠，清風稟(凜)然，懷溫良恭儉之規，負仁義
4　禮智之節，理應常居人表，永陰(蔭)子孫。何圖大夜俄侵，奄辭白日，居
5　諸奄謝(歾)，遠諱俄臨。至孝等公，以思親義切，罔極情深，思訓育而摧
6　心，想幽明而雨淚。爰於是日，建此清齋。　然邑義諸公等並是三危
7　秀傑，八族名家，追朋十室之間，倍(結)交四海之内。況知身若幻，慕善如流。
8　捨難捨之資財，爲有爲之勝福。欲使禎祥不絕，家國人寧，地久天長，保宜休
9　吉。是日也，飾庭宇，儼尊容，金爐焚海岸之香，玉饌下天廚之味。惚斯多

10　善,無疆勝因,先用莊嚴亡考所生魂路,惟願度一切苦厄,遊十方淨剎,覲

11　百千諸佛,聞十二部經,逍遥常樂之階,偃禦生死之境。又持是福,即用

12　莊嚴合邑諸公等,惟願災殃解散,若高雲之卷白雲;業障逍(消)除,等

13　炎陽而鑠輕雪。又用功德,莊嚴齋主公云云。

筆者在《敦煌寫本齋文及其樣式的分類與定名》(《北京師範學院學報》1990 年第 3 期)指出,敦煌寫本齋文(包括社齋文)實際分爲供起草齋文參考的齋儀和供實用的齋文文本。筆者在《關於敦煌寫本齋儀的幾個問題》(《首都師範大學學報》1996 年第 2 期)一文中進一步指出,一篇完整的齋文文本應分爲號頭(頌揚佛的功德法力)、嘆德(説明齋會事由,讚嘆被追福、祈福者或齋主、施主的美德)、齋意(敍述設齋的緣由與目的)、道場(描繪齋會的盛況)和莊嚴(表達對佛的種種祈求)五個部分。以上《亡考並社邑》無號頭,莊嚴部分亦不完整,應爲《齋儀》中《亡考並社邑》文樣。敦煌文獻中保存了兩件起草《亡考並社邑文》的文樣,説明當時對這類齋文是有一定需求的。我們雖未能從敦煌文獻中找到傳統私社在營葬過程中爲其成員及其家屬設亡齋和臨壙齋的齋文,但既然社邑成員亡考忌辰都要設齋,私社在舉行營葬過程中自然更要設齋了。

傳統私社在營葬過程中設齋,必然要請僧人念誦經文,焚香作法。齋文也是由僧人來宣讀的。如 S.6417 號中保存有《亡考文》《臨壙文》《社齋文》等一組齋文,在各篇齋文後往往題有"戒榮文一本"、"戒榮文本"等。在其中之《社邑文》後題有"貞明陸年(920)庚辰歲二月十、廿日金光明寺僧戒榮裏白轉念"。説明 S.6417 中保存的這組齋文都屬於金光明寺的戒榮,他拿著這些齋文到各種齋會上去宣讀。

在寺院和僧人方面,他們不但積極爲傳統私社的營葬活動提供場地,還儘量在設齋活動中迎合傳統文化的需求。在敦煌文獻中保存的通知傳統私

社成員參加助葬活動的社司轉帖中,具有實用性質的有 33 件,其中有 21 件指明活動場所在寺院、蘭若或佛堂(見表二),也就是說,約 63.6％傳統私社的營葬活動是在寺院舉行的(見以下示意圖)。

表二：以寺院爲聚會地點的喪葬互助轉帖

材料來源	聚會地點	事 由	時間(公元)	其 他
P.5003	官樓蘭若	殯送	吐蕃時期	
P.3070背	蘭若	助葬	897	
S.6981	普光寺	助葬	903(?)	
P.3164	淨土寺	助葬	925(?)	
S.5139背	玄寶蘭若	助葬	925前後	
Дx.2162	蓮台寺	助葬	940(?)	
S.5486	辛蘭若	助葬	942(?)	
國圖殷41	佛堂	助葬	10世紀上半葉	
P.3707	蘭若	助葬	958(?)	
P.5032	新蘭若	助葬	958(?)	
P.3889	蘭若	助葬	10世紀中	
國圖周66	顯德寺	助葬	961	
S.5632	顯德寺	助葬	967	
P.4991	蘭若	助葬	972	
Дx.1439A	報恩寺	助葬	丙戌年	
S.4660	蘭若	助葬	988	
S.7931	普光寺	助葬	未年	
國圖BD12304	報恩寺	助葬	丁卯年	
P.2817背	長太蘭若	助葬	不明	
國圖BD15434	普光寺	助葬	不明	
Дx.1346	顯德寺	助葬	不明	

示意圖二[37]：

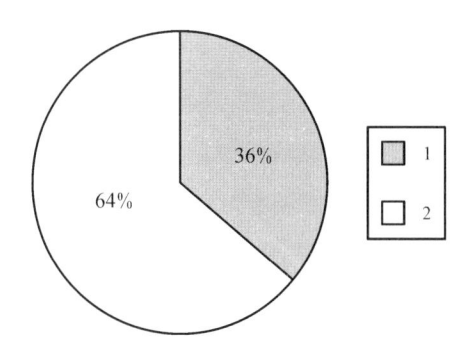

在營葬過程中舉行超度亡者的佛事活動，本身就是爲了傳統文化的"盡孝"服務的。但唐五代時的寺院和僧人並不滿足於此，他們還要在盡孝的佛事活動中糅進一些傳統文化的因素，以博得傳統私社成員在文化上的認同。在上引上圖060(812479)《亡考並社邑》(文樣)中，有一段對亡者的讚美之詞，稱這位亡者是"雅量宏遠，清風禀(凜)然，懷溫良恭儉之規，負仁義禮智之節"。很明顯，這是用以儒家爲代表的傳統文化的眼光和價值尺度來對亡者進行讚美的。而在提到私社成員時，也是説"邑義諸公等並是三危秀傑，八族名家，追朋十室之間，佶(結)交四海之内"。這也是用傳統文化的眼光和價值尺度對設齋者進行讚美，這樣一些讚美會使參加活動的傳統私社成員感到親近和親切，也就更容易接受和更容易參加這類活動。但在上一節我們曾經討論過的《邑社曹思等石像之碑》的碑文中，卻只渲染佛法的廣大，强調造像者對佛教尊崇，沒有用傳統文化的觀點對造像者進行讚揚。這樣一種差異並非個别現象。在唐以前保存的大量造像記中，一般都和《邑社曹思等石像之碑》一樣，只强調施主對佛教的信仰和尊崇，不對施主的出身和是否具有"出忠於國，入孝於家"的世俗品德進行渲染。而唐五代時期在佛教齋會上宣讀的齋文與在其他佛事活動中宣讀的文字則大都和前引《亡考並社邑》一樣。下面再來看看《社齋文》《社邑印沙佛文》和《社邑燃燈文》中的例證。

《社齋文》是在傳統私社所設齋會上宣讀的文字，《社邑印沙佛文》和《社邑燃燈文》則是傳統私社在舉行印沙佛活動和燃燈活動時宣讀的文字。從上引相關《社條》可知，不少傳統私社在正月、五月和九月即所謂三長齋月從事設齋活動，這是唐五代時期私社所舉行的一項重要的佛事活動。從上引社條可知，印沙佛和燃燈也是一些傳統私社所從事的佛事活動。在敦煌文獻中，保存了一大批《社齋文》《社邑印沙佛文》和《社邑燃燈文》以及供起草這些文書參考的文樣。這類文書大多被糅進了一些傳統文化的因素。如P.3545《社齋文》略云："惟諸社衆乃並是高門勝族，百郡名家，玉葉瓊枝，蘭芬桂馥。出忠於國，入孝於家。靈（令）譽播於寰中，秀雅文（聞）於手（宇）內。加以傾心三寶，攝念無生；越憂（愛）染於稠林，悟真如之境界；替（體）榮華之非實，攬（覽）人事之虛無；志在歸依，情存彼岸。"上引文字可分爲A、B兩個部分，"加以傾心三寶"以前，可稱爲A部分，該句以下可稱爲B部分。A部分實際上站在傳統文化的立場上，用以儒家爲代表的傳統文化的價值觀對施主之高貴出身（高門、名家等）和高尚品德（忠、孝、令譽、秀雅等）進行讚揚。B部分纔是站在佛教文化的立場上，用佛教的價值觀讚揚施主對佛教的尊崇和信奉。在唐以前，記述傳統社邑和其他團體從事佛事活動的造像記等一般只有B部分，沒有上引齋文中的A部分。返觀前引上圖060（812479）《亡考並社邑》（文樣），很明顯，該件採用的也是這樣一種A+B的讚揚模式。而P.3765《社文》、S.6923背《社文》、S.5953背《社齋文》、P.4536背《社齋文》（文樣）、和S.5593《義社印沙佛文》中亦均有與上引齋文相同的文字。另，P.2226背《社文》略云："惟合邑人等，氣稟山河，量懷海嶽，璞玉藏得（德），金右（石）固心；秉禮義以立身，首（守）忠孝以成性。故能結以（異）宗兄弟，爲出世親鄰，憑淨戒而洗滌衆愆，歸法門而日新之（諸）善業；冀福資於家國，永息災殃。"顯然，此件也有A、B兩個部分，首先強調的是從事設齋活動的人是"秉禮義，守忠孝"的人。又，S.5573《社齋文》略云："伏惟三官衆社等，高門君子，塞下賢禮資身，寬弘絕代，兩金（全）忠孝，文武兼明；曉知玪幻，飛電不緊（堅）。"又，S.6417《貞明六年（920）二月社子某公爲三長邑義設齋文》略云："爲（惟）合邑人等，並是鄉閭貴勝，四海豪族，衣纓子孫，孝弟（悌）承家，宣陽（揚）令得（德），博達古今，識亮（量）遠明。有知身是幻化，達命爲空。若不崇斯福因，恐刹那將至。"（同號內之《貞明六年或稍後社邑文》中有相同文字)又，S.8178《社齋文》略云："惟諸公等，盛德標奇，有負佐時之才，有懷濟代之量。雖居世網之內，而慮出形體之外。"又，P.3276背《公元928至931年社邑印沙佛文》略云："惟社衆乃天生異質，地傑高才。於家懷存道之心，匡國抱忠佐之意，早智(知)色身不實，夙曉四大非賢(堅)。悦樂真定，敬崇三寶。"又，S.4458《社邑印沙佛文》略云："伏惟諸社衆乃英靈俊傑，應間超輪(倫)；忠孝兩全，文武雙具。曉知五緼，悠忽不停。"類似材料還有一些[38]，但似乎已經用不著一一引證了。上引材料已經足以證明，在唐五代宋初，敦煌的傳統私社的許多佛教活動都已被寺院和僧人糅進了儒家文化的因素，寺院和僧人在佛事活動中對傳統私社成員進行讚揚時，大多使用的是前述A+B模式。這些讚揚的語言雖然往往不能當真，但即使不是高門勝族出身的私社成員，也並非忠孝兩全，文武兼備，聽了這樣的讚頌依然會很高興，會更加樂於組織、參與這類活動。所以，寺院和僧人在佛事活動中糅進傳統文化因素的做法對於佛教在民間的傳播應該是很有效果的。其中有的佛事活動如盂蘭盆會，是依據《佛說盂蘭盆經》而於每年七月十五日舉行的超度歷代宗親的佛事活動，這項活動和為亡者舉行的追福齋會一樣，雖在形式上是佛事活動，實則是借佛的法力來向先人盡孝道。在這類活動中，儒佛兩種文化已經完全融合在一起了。

佛教文化和中國傳統的融合還體現在僧人加入傳統私社的問題上。關於唐五代時期敦煌的一些傳統私社有僧人參加的現象，上文已經提及，並列舉了兩條社內有僧人的材料，旨在說明作為私社成員的僧人，也要參加私社的春秋二社活動。這裏再對這一問題做進一步討論。在敦煌寫本社邑文書中，實用的社條、實用的社司轉帖和社歷都保存了傳統私社成員姓名，一些具有特殊身份的人則標明了身份，這無疑為我們瞭解私社成員的成分提供了方便。筆者依據保存有傳統私社成員題名的文書編制成"表六"(見第47頁表六)，即"有僧人參加的傳統私社一覽表"。"表六"列出有僧人參加的傳統私社資料29件，另有51件保存了全部傳統私社成員題名的材料沒有僧人題名。依據這兩個數字推算，有僧人參加的傳統私社約佔36.2％，沒有僧人參加的約佔63.7％(見第48頁示意圖六)。以上統計當然也是不完全的和不精確的,但用來説明當時僧人參加傳統私社的大致情況仍然具有一定參考價值。

雖然敦煌的傳統私社中有三分之一以上有僧人參加,但僧人成員在私社中所佔的比例並不大,從"表六"可知,多數有僧人參加的傳統私社僅有僧人一到三人,只有少數傳統私社中的僧人所佔比例較大。還有極少社司轉帖所列題名均爲僧人,因無法判定該團體的性質,故未將其計入以上統計數字和相關表、圖。僧人成員在傳統私社中的地位一般比較高。如S.527《顯德六年(959)正月三日女人社社條》中的社官爲"尼功德進";P.3489《戊辰年(968?)正月廿四日女人社社條》中的録事爲"孔闍梨",虞候爲"安闍梨";P.4991《壬申年(972)六月廿四日李達兄弟身亡轉帖》中之社官爲"李僧正";Дx.1349A《丙寅年九月十九日劉員定妻身故轉帖》中的社官爲"劉闍梨",社長爲"鄧闍梨";P.3764₁《乙亥年(855?)九月十六日秋座局席轉帖》中的社官亦爲"張闍梨"。而在S.2041《大中年間(847—860)儒風坊西巷社社條》、P.3707《戊午年(958?)四月廿四日傅郎母亡轉帖》、P.3391背《丁酉年(937)正月春秋局席轉帖稿》、S.11353《某年八月十六日社司轉帖》和Дx.6016《兄弟社轉帖》等文書中,僧人雖非首領,但列名均在最前面,亦顯示了他們在私社中具有較高的地位。

但是,唐五代的僧人不是以其宗教身份加入傳統私社的。與上文引用的《邑社曹思等石像之碑》相比,在該碑上題名的僧人和唐五代時期加入傳統私社的僧人雖然地位都較高,受到社邑成員的尊重。但二者在社内的身份卻有根本區别。在《邑社曹思等石像之碑》上題名的邑師父法略和其他僧人是以"化俗法師"的宗教身份出現的;而唐五代時期的僧人卻是因世俗目的而並非以其宗教身份加入傳統私社的。首先,這些加入傳統私社的僧人要和社中的世俗成員一樣遵守深受儒家文化影響的社條,從"表六"可知,僧人在社條上簽名的材料有五件,而前引相關社條的内容表明,這些社多是以儒家的思想爲主調的。其次,這些在傳統私社内的僧人,自身或家人死亡,也和其他成員一樣,向社司請求幫助。如S.6005《敦煌某社偏案》記載了社人遇到喪葬向社司請求納贈物品的情況,其中有"光善 侄女一贈,阿姑一贈;寶護 父請一贈,身請一贈;紹法母請一贈"。上引光善、寶護、紹法從名字看應均爲僧人,其後的所謂"一贈",是指傳統私社的一次助葬活動。最後,其他人遇到喪事,他們也要以私社一員的身份助葬。"表六"有七件通知社人參加助葬活動,僧人作爲成員名列其中,自然要和其他成員一樣參加活動。在記錄傳統私社成員交納助葬物品的《社司納贈歷》中,我們也確實發現了僧人與其他成員一樣交納物品的記錄。如S.4472背《辛酉年(961)十一月廿日張友子新婦身故聚贈歷》中有"李僧正:粟油柴并(餅);趙法律:粟并(餅)柴,白麂褐二丈;李法律:柴粟麵油,白麂褐二丈;李闍梨:油粟麵柴,白細褐二丈五尺"。按照《社司納贈歷》記載物品的慣例,社人按社條或社司轉帖規定的數量繳納粟(一般是一斗)、油(一般是一合)、柴(一般是一束)、餅(廿枚)等物品,記載時一般不再書寫物品的具體數量。所以,以上的"粟",表示"粟一斗";"油",表示"油一合";"柴"表示"柴一束";"餅",表示"餅廿"。又,S.1845《丙子年(976)四月十七日祝定德阿婆身故納贈歷》中有"程闍梨:并(餅)粟;張闍梨:并(餅)粟,白斜褐一丈二尺,白斜二褐一丈一尺;竹闍梨:并(餅)粟"。又,P.4887《己卯年八月廿四日袁僧定弟亡納贈歷》中有"吳法律:白斜褐貳丈八尺;僧住千;談(淡)青褐壹丈九尺,淘(桃)花斜二褐壹丈三尺"。又,S.2472背《辛巳年(981)十月廿八日榮指揮使葬巷社納贈歷》中有"僧高繼長:粟并(餅)油柴,生絹緋綿綾一丈五尺,當處分付主人",等等。以上各方面記載充分表明,唐五代宋初敦煌地區的僧人加入傳統私社,並非因爲宗教原因,他們在傳統私社內的身份也是非宗教身份,這類僧俗混合的團體是因爲世俗的、傳統的因素使他們結合在一起的。當然,這絕不意味著僧人在傳統私社內對佛教沒有任何意義。僧人並非以"勸化者"的身份,而是以世俗緣由加入私社,拉近了僧人與世俗成員的心理距離。對於僧人來説,因爲都是一個團體內的自己人,所以對社內世俗成員施加影響也就更加容易,不至於像隋代的普安那樣採用動刀子的近乎無賴的手段;在世俗成員一方,大家既然在一個團體內,自然也得考慮尊重各自的信仰和習慣,所以在祭祀、聚會時也就會儘量避免出現讓僧人成員感到不便、尷尬的場面。

　　唐五代宋初敦煌僧人以世俗目的和非宗教身份加入傳統私社,既可以看作是這一時期僧人的世俗化，也可以看作是佛教在這一時期更深地涉入到傳統文化和傳統習俗中。在敦煌文獻中，還保存著僧人抄寫的傳統私社的社條。如 S. 6537 背《某甲等謹立社條》後即題有"正月廿五日淨土寺僧惠信書耳"。而有關傳統私社的 400 多件敦煌寫本社邑文書，也是在佛教寺院的洞窟中發現的，這都是耐人尋味的事情。

以上所列大量材料表明，在唐五代宋初，傳統私社的傳統活動中，有佛教寺院和僧人的支持和參與，而在傳統私社舉行的佛事活動中，寺院和僧人也儘量體現中國的傳統。真可以說是你中有我，我中有你，水乳交融了。

三、傳統私社所從事的佛教活動及其影響

隨著佛教文化與傳統文化在傳統私社的思想與活動中的融合，許多傳統私社逐漸受到佛教的影響，開始從事一些佛教活動。從上文引用的傳統私社的社條可以看出，每個傳統私社所從事的佛教活動雖然各不相同，但大多都要從事這類活動。依據上引社條結合其他相關資料，傳統私社所從事的佛教活動大體包括以下內容：

1. 建齋

建齋是許多傳統私社都要從事的活動。據前引社條，應該是正、五、九月的三長齋最爲流行。敦煌文獻中還保存了十多件通知私社成員參加建齋活動的社司轉帖，有十件保存了建齋的月份，其中在正月的四件，四月的一件，十二月的五件。與社條的記載既有一致之處，如在正月的較多；也有不一致之處，如沒有在五月和九月的。在十二月的五件中有四件均保存在 S. 2894 背，且均爲抄件。從"表三"和"示意圖三"（見第 44 頁表三及第 45 頁示意圖三）可知，多數私社建齋的地點是在寺院。建齋的地點選擇在寺院，既有可能是由傳統私社獨立組織，也有可能是參加寺院組織的齋會。有的私社將建齋的地點選擇在酒店，如 S. 2894 背的四件建齋社司轉帖，通知的聚會地點就都是酒店。S. 4663 背之設齋社司轉帖通知的聚會地點則是

在社人家。在寺院以外從事建齋活動的傳統私社也要從寺院請僧人主持儀式、念誦經文等。S.6417號中就保存一件傳統私社建三長齋的齋文,其中就提到建齋時要"延僧盡於凡聖"。

唐五代時期的傳統私社,與前代相比,組織比較嚴密,紀律也比較嚴明。它們一般以社長、社官、錄事爲首領,稱"三官"。三官由社衆推選。社人入社、退社都有一定手續。社人不參加活動,不按時按數繳納社司規定的物品,都要受到處罰[39]。社人如果不參加建齋活動,當然也要按社條的規定進行處罰。S.1475《申年五月社司請處分狀》就是一例,其文云:

1　　社司　　　　　　　狀上
2　　　五月李子榮齋[40],不到人,何社長、劉元振,並齋麥不送納;
3　　　不送麥,成千榮;行香不到,羅光進。
4　　　右前件人,齋及麥、行香不到,准條合
5　　罰,請處分。
6　牒,件狀如前,謹牒。
7　　　　　　　　申年五月　　日趙庭琳牒
8　　　　　　　　　附案准條處分。庭璘。
9　　　　　　　　　　　　廿一日。

此件最後兩行字體較大,筆跡亦不同,是對該件的批語(時稱判文),要求按照社條的規定對違紀成員進行處罰。

2. 印沙佛

印沙佛就是在河岸沙灘上以印印沙,爲塔形象[41]。佛教認爲舉行這種活動具有與念誦經文一樣的功德。從現有材料看,敦煌的印沙佛活動一般在正月舉行。前引傳統私社的社條中,有兩件規定要在正月舉行印沙佛活動。在敦煌文獻中,保存了八件社邑在舉行印沙佛活動時延請僧人宣讀的《印沙佛文》[42],可見此項佛教活動在敦煌比較流行。S.663等《社邑印沙佛文》中有"請僧徒於福事之前",則印沙佛活動也要請僧人主持。P.4907《寺院入破

歷》4 至 5 行"辛卯年正月九日,孔庫官社印沙佛,粟一斗",此寺院既爲社邑印沙佛支出糧食,説明有的寺院也幫助私社從事該項活動。

3. 參與寺院的盂蘭盆會

上文曾經提到,盂蘭盆會是根據《佛説盂蘭盆經》而於每年七月十五日舉行的超度歷代宗親的佛教儀式,這是唐五代宋初寺院的一項重要活動。《法苑珠林》卷 62《祭祠篇》略云:"國家大寺,如似長安西明、慈恩等寺,每年送盆獻供種種雜物及興盆音樂人等,並有送盆官人,來者非一。"又云:"外有施主獻盆獻供種種雜事。"[43] P. 2049 背《後唐同光三年(925)正月沙州淨土寺直歲保護手下諸色入破歷算會牒》第 335—336 行,"油貳斗三勝,七月十五日煮佛盆用。油壹勝,造破盆用"。P. 2049 背《後唐長興二年(931)正月沙州淨土寺直歲願達手下諸色入破歷算會牒》第 234—235 行,"粟兩碩壹斗,七月十五日破盆、納官、上窟等用"。敦煌寺院入破歷中有關七月十五日盂蘭盆會的支出還有一些,不備引。這些相關支出表明敦煌的寺院每年也要建盂蘭盆會,有的傳統私社也參加此項活動。如前引 S. 6537 背《上祖社條》就提到"凡有七月十五日造盂蘭盤(盆)"。

4. 燃燈供佛

燃燈供佛也是佛教信徒在每年正月、十月、十二月舉行的佛事活動。在敦煌,有以燃燈爲主要活動內容的燃燈社,有關情況將在本篇第二部分介紹。有的傳統私社也從事此項活動。如 S. 5828《社司不承修功德狀》曾透露該社原來規定"每年正月十四日,各令納油半升,於普光寺上燈"。

5. 從事造窟、修窟、繪畫、塑像、建蘭若、建佛塔等活動

在敦煌文獻和莫高窟供養人題記中,保存了一批唐五代宋初私社從事造窟、修窟、繪畫、塑像或建蘭若、建佛塔、修蘭若的資料。由於材料自身的限制,我們無法區分這些材料哪些屬於傳統私社,哪些屬於專門從事佛教活動的私社。但其中有一部分屬於傳統私社是可以肯定的。

上述這些受到佛教文化影響、從事佛教活動的傳統私社實際上已經成爲佛教的外圍組織,在從事佛教活動過程中,不僅使傳統私社成員自身進一步受到佛教的熏染,同時也擴大了佛教在民間的影響。由於傳統私社組織

相對比較嚴密，紀律嚴明，存在時間也比較長[44]。所以它們對佛教在民間的流行和傳播所起的作用要遠遠大於專門從事佛教活動的私社。

傳統私社在唐五代時期由於逐漸受到佛教的影響，並進而從事一些佛事活動，在多數情況應該是自覺自願的行爲。這只是就整體而言，若就個體來說，情況可能就會複雜一些。因爲傳統私社最初成立的目的和主要從事的活動並非佛教活動，在增加了佛教活動以後，由於每個成員受佛教的影響不同，對從事佛教活動的態度也就自然會不同。但傳統私社有嚴明的紀律，其成員必須參加私社所組織的活動，否則就會受到處罰。所以，傳統私社從事佛教活動，對其成員來說，是有強制性的組織活動。在這一點上，傳統私社的成員和專門從事佛教活動的私社的成員有很大的不同。對於專門從事佛教活動的私社的成員而言，如果他受佛教的影響較小，對佛教的信仰不深，他在開始時就不會參加這樣的私社。但傳統私社的成員就沒有這樣的選擇餘地，一是他不可能因爲增加一項佛教活動就退出，那樣也就意味他被迫放棄了自己的其他權利。二是傳統私社強調的是世代相承，不希望其成員中途退社[45]。在這樣的背景下，傳統私社在從事佛教活動時遭到一些成員的反對和抵制就是不可避免的了。S.5828《社司不承修功德狀》稱：

1 在城有破壞蘭若及故破佛堂等。
2 社內先來無上件功德，修理條教。忽然放帖，
3 集點社人，斂索修理蘭若及佛堂。於他衆
4 人等情裏（理）不喜歡修理▢▢▢
5 何不相時，只如本社條件，每年正月十四日各令
6 納油半升，於普光寺上燈，猶自有言語，遂
7 即便停。已經五六年來，一無榮益。近日卻置
8 依前稅油上燈，亦有前卻不到。何況條外抑
9 他布施？從今已後，社人欲得修功德及布
10 施財物，並施力修營功德者，任自商量，

```
11  隨力所造,不關社□□□
12  若有社司所由匠(?)□□□
13  理塔舍,並不在集□□□
14  壹碩,將充社內□□□
```
（後缺）

這個私社已有五六年不從事任何佛教活動,而社司依然正常運營,透露出它原是從事非佛教活動的傳統私社。在此社的社條中,原只規定了一項佛教活動(即每年正月的燃燈供佛),也因有人反對而停了五六年,再度恢復也是有人"前卻不到"。此次又要"集點社人斂索修理蘭若及佛堂",社人又以社條無此規定爲由表示反對。社司無奈,宣佈以後不再組織任何佛教活動,如有人願意施財修營功德,屬於個人行爲,與社司無關。以上的現象恐怕只有在傳統私社之內纔會發生,如上所述,專門從事佛教活動的私社原本是基於對佛教的信仰而想要做功德的人自願組織起來的團體,其成員應對從事佛事活動表現出積極性和熱心纔對,不應該出現反對或抵制的現象。

傳統私社的成員對社司所組織的佛教活動之所以會有不同的態度,除了受佛教文化影響的程度不同以外,可能還有經濟方面的考慮。依據前引社條,每次參加建齋或其他佛教活動,至少要繳納粟一斗。參照敦煌文獻中保存的通知社人參加建齋等佛教活動的社司轉帖,每次繳納粟或麥一斗是最低的標準,不少轉帖都要求參加者繳納粟或麥一斗,再加鑪餅一雙[46],多者如 P.2716 背《年支社齋轉帖抄》要求"人各麥壹斗、粟壹斗,油半升、麵壹斤"。僅以最低標準每齋每人粟一斗計,從事三大齋活動的傳統私社每人每年就需要支出粟三斗。糧食之外,有時恐怕還需要出人工。如上引材料中要求傳統私社幫助修理蘭若和佛堂,可能就包括人力的支援。與專門從事佛教活動的私社成員相比,傳統私社的成員還有其他方面的負擔。春秋二社的祭祀和飲宴活動,據前引社條,每人每次要繳納麥一斗,粟一斗。依據通知社人參加春秋二社活動的社司轉帖,每人每次繳納二斗糧食的社爲數不少,至少每次也要繳納粟一斗[47]。則每年兩次社日活動,每個社人至少要支付二至四斗糧食。每次助葬所需，各社規定不一，但每次至少亦要繳納粟一斗[48]。有的社還規定繳納一定數量的柴、餅、油及織物等[49]。如果每年一社發生兩次喪亡，所需糧食又得兩斗以上。以上各項支出加在一起，對普通民户來説，應該是一筆不輕的經濟負擔。有的傳統私社的成員因爲供應不起上述種種需求而不得不提出退社。S. 5698《癸酉年（853?）三月十九日社司准社户羅神奴請除名狀》載：

1　癸酉年三月十九日，社户羅神奴及男文英、義子三人，爲
2　緣家貧闕乏，種種不員。神奴等三人，數件追逐不得。
3　伏託（乞）三官衆社賜以條内除名，放免寬閑。其三
4　官知衆社商量，緣是貧窮不濟，放卻神奴。寬
5　免後，若神奴及男三人家内所有死生，不關衆社。

所謂"神奴及男三人家内所有死生，不關衆社"，義爲以後神奴家中若有喪亡，社司不再組織助葬活動，表明這是一個以從事喪葬互助活動爲主的傳統私社。神奴等三人申請退社的原因是"家貧闕乏"，對於神奴等的申請，三官與衆社人經過討論，認爲他們確實是"貧窮不濟"，纔批准了他們退社的請求。由此亦可看出傳統私社對社人的退社是十分慎重的。神奴等三人稱"數件追逐不得"，這"數件"雖未明言其内容，但喪葬互助的支出肯定是其中之一"件"，喪葬互助之外，從事佛教活動所需恐怕也在"數件"之中。

站在寺院的角度，一旦遇到難處，向關係密切的傳統私社（或者經常以本寺爲聚會地點、或者該社中有本寺的僧人等）求助，應該是情理之中的事。站在傳統私社成員的角度，情況卻有所不同，關於春秋二社的支出是"舊規"，没有理由不繳納；繳納喪葬互助的糧食和物品則是最終可以獲得回報的，也是應盡的義務和本分；只有從事佛教活動的支出完全屬於額外的負擔。這也就難怪部分社人不講情理，在參加佛教活動時"前卻不到"了。

或者就是因爲以上原因，我們看到，並非所有傳統私社都從事佛教活動。有的雖然受到了佛教的影響，但也不從事佛教活動。如前引 S. 5629

《敦煌郡某乙等社條壹道》(文樣)和 S.5520《社條》(文樣)雖都受到了佛教文化的影響,但在社條中並沒有規定所從事的佛教活動。也有一些傳統私社是既不從事佛教活動,其社條也未受佛教文化的影響。P.3989《景福三年(894)五月十日敦煌某社偏條》就是一例,兹具引如下:

1 景福三年甲寅歲五月十日,敦煌義族後代兒郎,
2 雖(須)擇良賢,人以類聚,結交朋友,追凶逐吉。未
3 及政(正)條,今且執(制)編(偏)條。已後街憛(衢)相見,恐失
4 禮度,或則各自家内有其衰禍,義濟急
5 難。若有凶禍之時,便取主人指撝,不間(問)車舉,
6 便雖(須)營辦,色物臨事商量。立條後,各自識
7 大敬小,切雖(須)存禮,不得緩慢。如有醉亂拔
8 拳充(衝)突,三官及衆社,臨事重有決罰。立
9 此條後,於(如)鄉城恪(格)令,便雖(須)追逐行下。恐衆
10 不知。故立此條,用爲憑記。
11 衆請社長翟文慶(簽押)　　衆請社官梁海潤
12 請録事氾彦宗(簽押)　　梁加進(押)
13 索康三(押)　　陳江慶(押)
14 高什德(簽押)　　張善縁(簽押)
15 梁義深(簽押)　　梁海俊(簽押)
16 索澤子(押)　　渾盈子(押)
17 盧忠達(押)

另,S.8160《公元940年前後親情社社條》、P.3536背《社條》(文樣)、Дx.11038《索望社案一道抄》等社條也與上引社條相同。而S.2041《大中年間(847至860)儒風坊西巷社社條》和P.3489《戊辰年(968?)正月廿四日女人社社條》雖均有僧人爲私社成員,但亦均不從事佛教活動,社條也未受到佛教文化的影響。

有跡象表明，個別傳統私社在從事春秋二社活動時可能仍在殺生。P.3272《丙寅年(966)二月牧羊人元寧狀》載：

1　牧羊人元寧
2　伏以今月十六日李家立社用白羊羯壹口，未蒙
3　判憑，伏請　　處分。
4　　　　　　　　丙寅年二月　日牧羊人元寧。
5　爲憑。十八日（鳥印）。

這裏的李家在立社時用掉了一隻羊，時間又在春二月，不能排除在立社的同時從事祭社活動，而被用掉的白羊既是祭祀時的祭品，又是祭祀後飲宴時餐桌上的美餐。

就目前所能見到的材料而言，唐五代宋初既未受到佛教文化影響、也不從事佛教活動的傳統私社只是少數，至於可能存在殺生現象，也只見到以上引用的一條材料，當屬個別事例。

以上對兩晉南北朝隋唐五代間傳統私社與佛教的關係進行了初步考察，雖然兩晉南北朝隋代的材料較少，但與唐五代比較，區別還是很明顯的。前一階段的主綫是殺生和禁止殺生，即佛教文化與傳統文化在觀念和行爲方式上的對立與衝突；後一階段的主綫是兩種文化的相互寬容和融合。在這一演變過程中，寺院與僧人在態度和策略方面的改變也是很明顯的。前一階段寺院和僧人對中國的傳統文化採取對立的態度，使用各種手段要求或者迫使社邑放棄傳統的觀念和行爲方式，接受外來的觀念和行爲方式。實踐證明，採用這樣一種我優你劣高高在上的態度和求異除異的策略，雖然有效，然而有限。所以，從整體上看，在兩晉南北朝隋代，佛教文化對傳統社邑的影響不是很大，目前所見到的只有幾例。後一階段寺院和僧人轉而對傳統文化採取寬容、支持和參與的態度，所考慮的是能參與些什麼傳統活動或能幫助傳統私社做些什麼，即以接受部分中

國傳統觀念和行爲方式爲媒介,將外來的觀念和行爲方式與傳統的觀念和行爲方式最大限度地糅合在一起。這種平等相待的態度和求同存異的策略所取得的效果是顯著的。佛教文化與中國傳統在私社思想與活動中的融合,原因是多方面的,但寺院與僧人之態度和策略的轉變,應是其中的重要因素之一。寺院和僧人的上述改變也許是無意識的,但他們的教訓和經驗提示我們,在兩種文化、兩種觀念或行爲方式發生碰撞時,雙方都應該採取互相尊重、平等相待的態度,採用求同存異的策略,只有這樣,二者纔有可能和平相處,並進而達到融合的目標。

　　從衝突到融合的現象是從兩晉到唐五代時期傳統社邑和佛教的關係這樣一個具體的事例中提煉出來的,但這樣一個具體事例卻不是個別的、孤立的現象。類似的演變過程在中古時期的諸多領域和諸多方面都有所體現。外來的佛教文化正是在與儒家和道教的思想觀念、行爲方式等方面從衝突到共存、融合的過程中逐漸轉化爲中國傳統文化的一部分。全面探討這一過程是一個很大的課題,還需要大量艱苦細緻的工作。

表三：以寺院爲聚會地點的設齋、設供轉帖

材料來源	聚會地點	事由	時間(公元)	其他
S. 329 背	普光寺	設齋	858—894(?)	
P. 3037	大悲寺	設齋	930(?)	
Дх. 1410	佛堂	壘園牆	950	
P. 2716 背	永安寺	社齋	10 世紀中	
P. 3372 背	端嚴寺	設齋	973	
P. 2825 背	淨土寺	設齋	10 世紀後半葉	
S. 6583 背	蘭若	設供	不明	
Дх. 11073	龍興寺	設齋	不明	
Дх. 11082	普光寺	設供	不明	

示意圖三[50]：

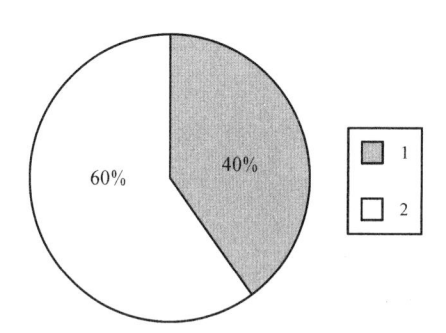

表四：以寺院爲聚會地點的少事商量轉帖

材料來源	聚會地點	事　由	時間(公元)	其　他
P. 3192 背	大乘寺	少事商量	858	
P. 3305 背	靈圖寺	少事商量	869	
S. 4444 背	永安寺	少事商量	9世紀後半葉	
S. 6614 背	多寶蘭若	少事商量	920(?)	
P. 3692 背	靈圖寺	少事商量	922	
S. 214 背	普光寺	少事商量	924(?)	
S. 5631	普光寺	少事商量	980	
P. 3616 背	金光明寺	少事商量	987(?)	
P. 6024	靈圖寺	少事商量	不明	
Дх. 6016	蘭若	少事商量	不明	

示意圖四[51]：

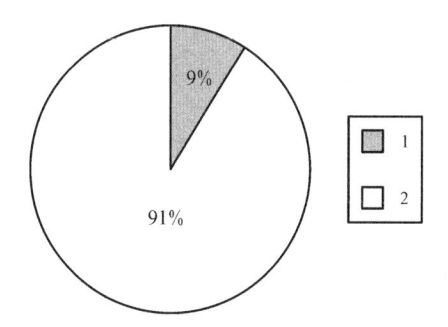

表五：以寺院爲聚會地點的送物、筵設、局席及事由不明轉帖

材料來源	聚會地點	事　由	時間(公元)	其　他
S. 5788	蓮台寺	送物	吐蕃時期	
P. 4821	乾元寺	不明	吐蕃時期	
P. 3666 背	淨土寺	不明	890 年前後	
S. 705	多寶蘭若	不明	9 世紀後半	
S. 1973 背	永安寺	筵設	10 世紀初葉	
P. 2680 背	多寶蘭若	不明	10 世紀中葉	
S. 6066	乾明寺	局席	992	
CH. BM519 背	官樓蘭若	不明	不明	
S. 9814B	大雲寺	不明	不明	
Дx. 11077	金光明寺	不明	不明	
Дx. 5475	蘭若	不明	不明	
Дx. 2449＋Дx. 5176B	官樓蘭若	不明	不明	

示意圖五[52]：

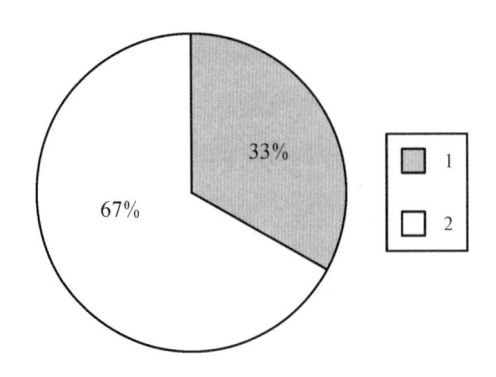

表六：有僧人參加的傳統私社一覽表

材料來源	文書性質	年代(公元)	社內僧人數	社內世俗人數
S.2041	社條	847至860	3	31
S.6005	偏案	10世紀上半	6(不全)	3(不全)
S.527	社條	959	2	13
P.3489	社條	968(?)	2	10
Дx.3128	社條	不明	1(不全)	6(不全)
P.5032	身亡轉帖	10世紀上半	2	39
P.3707	身亡轉帖	958(?)	3	17
P.3889	身亡轉帖	10世紀中葉	1	51
P.4991	身亡轉帖	972	2	35
S.6003	身亡轉帖	972	1(不全)	39(不全)
Дx.1439A	身亡轉帖	丙戌年	2	16
P.4987	身亡轉帖	988	1	18
S.6981	榮親轉帖	壬戌年	2(不全)	9(不全)
P.3764$_1$	局席轉帖	855(?)	3	11
P.3391背	局席轉帖	937	27	30
P.3037	設齋轉帖	930(?)	12	10
Дx.11073	設齋轉帖	不明	1(不全)	15(不全)
Дx.6016	小事轉帖	不明	1	6
S.6066	局席轉帖	992	3	11
S.11353	轉帖	不明	1	2

47

（續表）

材料來源	文書性質	年代(公元)	社內僧人數	社內世俗人數
Дx. 11084	轉帖	不明	13	42(不全)
Дx. 1286＋Дx. 3424	轉帖(?)	不明	1(不全)	6(不全)
P. 2708	社人名單	10世紀後半	9(不全)	10(不全)
P. 4716	社人名單	10世紀後半	1	12
S. 4472背	納贈歷	961	4	47
S. 1845	納贈歷	976	3(不全)	60(不全)
P. 4887	納贈歷	己卯年	2(不全)	7(不全)
S. 2472背	納贈歷	981	1	32
P. 2869$_{3,4}$	納贈歷	不明	4(不全)	3(不全)
總計			114	591

示意圖六[53]：

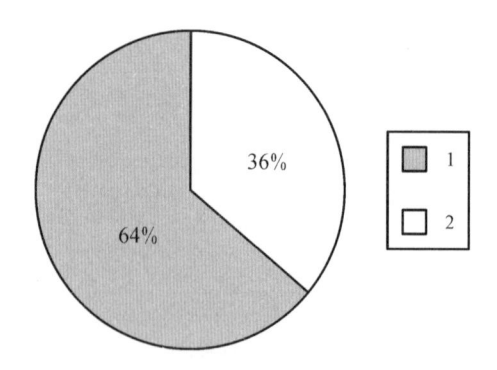

壹 從衝突到融合

圖一

圖二

圖三

圖四

注釋：

注1：釋文據北京圖書館金石組《北京圖書館藏中國歷代石刻拓本彙編》（鄭州：中州古籍出版社1989年版）第7冊，第16—18頁所收拓片及陸耀遹纂、陸增祥校訂《金石萃編續編補正》卷2，第6—7頁（臺北：國風出版社1965年版）所載釋文釋錄，對

《金石萃編續編補正》中的錯誤,依據拓片做了訂正。此件之圖版請參看圖一、圖二、圖三、圖四。

注2：文武官員的秩品據杜佑《通典》(北京：中華書局1988年版)卷38《職官·北齊職品》;《通典》所缺者,據魏收等《魏書》(北京：中華書局1974年版)卷113《官氏志》。《隋書》卷27《百官》中略云"後齊制官,多循後魏"(北京：中華書局1973年版,第3冊第751頁),則《魏書》所載當與北齊相去不遠。

注3：上、中、下縣令秩品不同,因未查到野王縣的等級,姑從諸縣令秩品。

注4：參看山崎宏《作爲在家佛教團體的一種形式的"邑義"》,《佛教》第3卷第4號;小笠原宣秀《支那南北佛教和社會教化》,《龍谷史壇》第10號;塚本善隆《龍門石窟に現れたる北魏佛教》,載水野清一、長廣敏雄《河南洛陽龍門石窟の研究》,東京：座佑寶刊行會1941年版,第221頁;張英莉、戴禾《義邑制度述略》,《世界宗教研究》1982年第4期。

注5：關於佛誕日,還有二月八日的説法。

注6：釋道宣《續高僧傳》卷30《釋道紀傳》,載《歷代高僧傳》,上海書店1989年版,卷50第701頁。

注7：釋道宣《續高僧傳》卷27《釋普安傳》,載《歷代高僧傳》卷50,第682頁。

注8：同上注。

注9：釋僧祐《出三藏記集》卷4,北京：中華書局1995年版,第161頁。

注10：見《出三藏記集》序言,第9—11頁。

注11：費長房《歷代三寶記》卷6,載《續修四庫全書·子部宗教類》,上海古籍出版社1995年版,卷1288第484—486頁。

注12：見智昇《開元釋教錄》卷19、卷20,臺北：中華佛教文化館大藏經委員會1957年影印《大藏經》,第110冊第680—700頁。

注13：釋僧祐《出三藏記集》卷12,第437、479頁。

注14：智昇《開元釋教錄》卷18,第110冊第671頁。

注15：釋慧皎《高僧傳》,北京：中華書局1992年版,第521頁。

注16：《出三藏記集》卷13,第512—515頁。

注17：窺基《妙法蓮華經玄讚》卷1,東京：大正一切經刊行會1929至1934年版《大正新脩大藏經》,卷34第655頁。

注18：山崎宏《隋唐時代に於ける義邑及び法社に就て》,載《史潮》第三年(1933)第二號,第122—165頁,後收入《支那中世佛教の展開》,東京：清水書店1947年版,第765—831頁;小笠原宣秀《支那南北佛教と社會教化》,《龍谷史壇》第10號等。

注19：見湯用彤《漢魏兩晉南北朝佛教史》,北京：中華書局1983年版,第261—264頁。遺憾的是,直到現在,湯用彤先生對慧遠建白蓮社之説的否定仍未能引起佛教史研究者的注意。參看龍泉《漢地教團的建立及早期形態》,《法音》1996年第8期(總144期)。

注20：見小笠原宣秀《支那南北佛教と社會教化》(《龍谷史壇》第10號)及上舉山崎宏

《隋唐時代に於ける義邑及び法社に就て》、塚本善隆《龍門石窟に現れたる北魏佛教》等。直到最近發表的有關中古佛教史的論述,在介紹邑義和法社情況時,仍然沿襲了上舉日本學者的説法。參看龍泉《漢地教團的建立及早期形態》,《法音》1996 年第 8 期(總 144 期)。

注 21：任繼愈主編之《中國佛教史》,北京：中國社會科學出版社 1985 年版,第 2 卷第 177 頁,云釋慧遠著有"社寺節度",其依據是《出三藏記集》和《大宋僧史略》。查以上二書,《出三藏記集》卷 12 中有"《法社節度序》,釋慧遠"(第 437 頁),《大宋僧史略》卷中有"慧遠立法社節度"(見《大宋僧史略》卷中《道俗立制》條,臺北：中華佛教文化館大藏經委員會 1957 年影印《大藏經》,第 107 册第 241 頁)。二書均云"法社節度",而無"社寺節度"。《中國佛教史》作者把"法社"改爲"社寺",説明他們把二者當作一個概念。其實,這種看法不始今。宋代名僧釋贊寧在《大宋僧史略》,雖未把"法社節度"改爲"社寺節度",但從其相關具體敍述來看,他也把"法社節度"看作"社寺節度"。另外,依據上引《出三藏記集》中的材料,只能説明釋慧遠著有《法社節度序》,不能證明《法社節度》也是慧遠所爲。《大宋僧史略》雖明言"慧遠立法社節度",但從贊寧對法社的認識程度來看,他也只是推測,沒有更多的證據。

注 22：韋挺在唐太宗時所上的《論風俗失禮表》中説："又閭里細人,每有重喪,不即發問,先造邑社,待營辦具,乃始發哀。"(《全唐文》卷 154《韋挺》,上海古籍出版社 1995 年版,《續修四庫全書·集部總集類》卷 1636,第 464 頁)。又,唐高宗《禁僭服色立私社詔》略云："又春秋二社,本以祈農。如聞除此之外,別立當宗及邑義諸色等社,遠集人衆,別有聚斂,遞相繩糾,浪有徵求。雖於吉凶之家,小有裨助,在於百姓,非無勞擾。自今已後,宜令官司,嚴加禁斷。"(《全唐文》卷 13《高宗》3,上海古籍出版社 1995 年版,《續修四庫全書·集部總集類》卷 1634,第 253—254 頁)高宗所説的私社,雖然包括"當宗及邑義諸色等"所有私社,但強調的仍是"雖於吉凶之家,小有裨助"的私社。又,唐穆宗長慶三年(823)李德裕奏略云："閭里編甿,罕知報義,生無孝養可記,殁以厚葬相矜。或結社相資,或息利自辦,生業以之皆空。"(《唐會要》卷 38《葬》,北京：中華書局 1955 年版,第 697 頁)李德裕的所謂"結社相資",指的就是以喪葬互助爲主要活動的私社。又,S.778《王梵志詩》卷一中有："遥看世間人,村坊安社邑,一家有死生,合村相就泣。"此條材料也是將社邑與喪葬聯繫在了一起。在敦煌文獻中保存的有關私社的文書中,這方面的材料也最多。

注 23：上引唐高宗《禁僭服色立私社詔》中之所謂"春秋二社",指的是官府在春二月、秋八月的祭祀活動,此外的"當宗及邑義諸色等社",實際包括了正文所述的各類私社,而其關注的是從事喪葬互助活動的私社。又,唐玄宗《飭敬祀社稷詔》載："社爲九土之尊,稷乃五穀之長,春祈秋報,祀典是尊。而天下郡邑所置社稷等,如聞祭事或不備禮,苟崇敬有虧,豈靈祇所降,欲望和氣豐年,焉可致也。朕永惟典故,務在潔誠,俾官吏盡心,庶蒼生蒙福。自今已後,應祭官等,庶事宜倍加精潔,以副朕意,其社壇側近,仍禁樵牧。至如百姓私社,宜與官社同日致祭。"(《全唐文》卷32《玄宗》13,上海古籍出版社1990年版,第1冊第150頁)從此詔看,唐高宗關於禁止百姓立私社的詔書並未落實,而此時私社就合法化了。此詔中之"私社"明顯是指從事春秋二社祭祀的私社。下文所引《全唐文》卷39唐玄宗《加應道尊號大赦文》中的"私社",應指傳統私社。

注24:在傳世文獻和敦煌文獻中,唐代仍有"法社"一詞,但已沒有止殺的含義。如《宋高僧傳》卷15《釋神皓傳》記載神皓"末年工於圓宗,別置西方法社,誦《法華經》九千餘部"(載《歷代高僧傳》卷50,第802—803頁)。此法社之內容不詳,但推測應爲西方淨土崇拜之類的佛教團體,與止殺無涉。另S.6417《貞明六年(920)或稍後社邑印沙佛文》中有"常聞三十三天崇法社,如(而)成勝報;五百王子承〔妙〕業,已得同胎"(S.5593《義社印沙佛文》和P.3122《三長邑義設齋文》中相同內容)。此法社內容亦不詳,從文字上看似應爲因果報應之類的信仰,也可以肯定與止殺無關。

注25:《全唐文》卷30,《續修四庫全書·集部總集類》卷1634,第460頁。此詔所以稱爲《復用牲牢詔》,是因此前玄宗曾有《春秋二祀及釋奠並停牲牢詔》,該詔命"天下諸州府縣"之"春秋二祀及釋奠""並停牲牢,唯用酒脯"(見《全唐文》卷30,《續修四庫全書·集部總集類》卷1634,第455頁),此詔是恢復原來的制度。

注26:《全唐文》卷39,上海古籍出版社1990年版,第184頁。

注27:由於敦煌文獻中保存了400多件有關私社的文書,爲我們探討唐五代宋初傳統私社與佛教的關係提供了大量的第一手資料,所以以下的論證較多使用了敦煌文獻中的材料。因傳統私社在內地和敦煌都普遍存在,所以敦煌文獻中的相關資料對於認識當時全國的情況也應該具有重要參考價值。

注28:關於敦煌文獻中的春座局席和秋座局席轉帖的性質,學術界有不同的認識,經筆者考證確定爲通知社人參加春秋二社飲宴活動的轉帖,詳見下篇有關章節。

注29:敦煌文獻中的社邑文書,可以分爲實用文書和非實用文書兩大類。實用文書是社邑活動的記錄,非實用文書包括文樣、稿、抄和習字。"文樣"是起草社邑文書的藍本,或供學郎(學生)學習、瞭解文書的格式和式樣;"稿"是實用文書的草稿;"抄"的情況比較複雜,有的係學郎或其他人依據實用文書抄錄,有的係各種身份的人(包括學郎)依據文樣或憑記憶隨手所寫;"習字"則是時人練習書法時所寫。在非實用文書中,只有稿和依據實用文書抄寫的"抄"與實用文書具有同等價值,可以當作實用文書使用,其他雖對瞭解社邑亦具有一定價值,但與社邑的實際活動無關。如果對其進行數量統計,並用這種統計數字作量化分析,就不具有任何價值。敦煌文獻中保存的社司轉帖,有相當數量的"文樣"、"稿"、"抄"和"習字"。本書所用社司轉帖編制的量化圖表,均只統計具有實用性質的社司轉帖。所謂具有實用性質的社司轉帖,首先是指實用社司轉帖。這類文書多單爲一紙,且帖後附有社人姓名,不少實用社司轉帖在社人名旁還有"知"字或墨點等類標記。其次是稿,也比較容易區分,稿與實用文書格式內容相同,不過有塗抹修改痕跡。

最後是具有實用性質的"抄",即依據實用文書抄寫的社司轉帖。這類文書有的比較容易分辨,比如那些完整抄錄了社邑成員姓名者,不管該件抄於何處,抄寫質量如何,都可以肯定它是依據實用文書抄錄的。但也有不少社司轉帖"抄"省略了轉帖後面的人名,這樣我們就很難判斷該文書是抄自實用文書,還是依據記憶隨手所寫。對於這類文書,區分的原則是:如果轉帖中有事主的姓名(如某某身亡或次至某某家等),轉帖尾部有發帖者(多爲錄事)的姓名,就按具有實用性質的社司轉帖對待,如無以上兩項,則一律視爲不具有實用性質的社司轉帖。希望這樣一種區分能夠使本書的量化統計更接近當時的實際。

注30:1,黑色部分表示以其他地方爲活動場地的部分的比例;2,白色部分表示以寺院爲活動場地的部分的比例。

注31:唐五代時期敦煌境内有僧寺十一所,即龍興寺、永安寺、大雲寺、靈圖寺、開元寺、乾元寺、報恩寺、金光明寺、蓮台寺、淨土寺、三界寺,五代後晉時又增加一法門寺(此寺後周時又更名爲顯德寺);尼寺五所,即大乘寺、普光寺、靈修寺、安國寺和聖光寺。參看李正宇《敦煌地區祠廟寺觀簡志》,《敦煌學輯刊》1988年第1、2期,第70—85頁。

注32:唐五代敦煌寺院和僧人支援、參與、組織的傳統活動,除春秋二社活動外,尚有寒食節、冬至節等,因與本論題無關,此不展開説明,可參看筆者《唐後期五代宋初中印文化對敦煌寺院的影響》,載項楚、鄭阿財主編《新世紀敦煌學論集》,成都:巴蜀書社2003年版。另外,寺院和僧人受傳統文化影響,當然也不限於敦煌地區。圓仁就曾記載内地的寺院"臘下及沙彌對上座説,一依《書儀》之制"(《入唐求法巡禮行記校注》,石家莊:花山文藝出版社1992年版,第360頁)。這裹的《書儀》,顯然是指儒家學者編纂禮儀範本,這類《書儀》在敦煌文獻中也保存不少。參看趙和平《敦煌寫本書儀研究》,臺北:新文豐出版公司1993年版。

注33:參看寧可、郝春文《敦煌社邑文書輯校》(南京:江蘇古籍出版社1997年版)和本書下篇之《〈敦煌社邑文書輯校〉補遺》。

注34:劉昫等《舊唐書》卷96《姚崇傳》,北京:中華書局1975年版,第9册第3028—3029頁。

注35:黃征、吳偉《敦煌願文集》(長沙:嶽麓書社1995年版)收錄了一些在亡齋、臨壙齋、某七齋和忌辰等齋會上念誦的齋文,可以參看。

注36:另外兩件分别保存於P.2341背和P.3722背。另P.3491《亡妣文》是在爲亡妣某七設齋時宣讀的文本,其中有爲"合邑人等"祈福之語,説明此文本適用於私社成員或私社爲其成員亡妣所設之追福齋會。

注37:1,黑色部分表示以其他地方爲活動場地的部分的比例;2,白色部分表示以寺院爲活動場地的部分的比例。

注38:可參看上舉《敦煌社邑文書輯校》和本書下篇之《〈敦煌社邑文書輯校〉補遺》之相關部分。

注39:S.6537背《拾伍人結社社條》(文樣)略云:"義邑之中,切藉三官鈐鎋。老者請爲

社長,須制不律之徒;次者充爲社官,但是(使)事當其理;更揀英明後(厚)德,智有先誠(成),切齒嚴凝,請爲録事。凡爲事理,一定至終,只取三官獲裁,不許衆社紊亂。"此社條對三官的條件和職責都做了明確的規定,基本反映了當時的實際情況。上引文的"請",就是由衆人推舉。而 P.3989《景福三年(894)五月十五日敦煌某社偏案》(當時的社條,也稱社案,而社條又有正條、偏條之分,偏案就是偏條)正文之後就記録了社衆推舉三官的結果,"衆請社長翟文慶(本人簽押)、衆請社官梁海潤,衆請録事氾彦宗(本人簽押)"。如有人要加入傳統私社,要先書寫《投社狀》,經三官同意後纔能被"收名入案"(參看上舉《敦煌社邑文書輯校》,第700—707頁)。退社則也要書寫《退社狀》,並經三官與衆社人一起討論批准(參看《敦煌社邑文書輯校》第708頁)。每個傳統私社的社條都有關於社人違紀的處罰規定。如 P.3544《大中九年(855)九月廿九日社長王武等再立條件》略云:"其物違時,罰酒一角;其齋社違月,罰麥壹碩,決杖卅;行香不到,罰麥一斗。"另,通知社人參加活動的社司轉帖中也都有"捉二人後到,罰酒一角;全不來者,罰酒半甕;如滯帖者,准條科罰"等的規定,例證甚多,不備舉。敦煌文獻中也保存了社人違紀後被處罰的文書。

注40:傳統私社在建齋時,由私社成員輪流做齋主,負責建齋的具體事宜。依據前文中所引社條,有的私社還要齋主供備"香花佛食"。此件五月齋的齋主是李子榮,故稱李子榮齋。

注41:參看《佛説七俱胝佛母准提大明陀羅尼經》,《大正新脩大藏經》卷20,第174頁。

注42:見上舉《敦煌社邑文書輯校》,第610—636頁。

注43:見臺北:中華佛教文化館大藏經委員會1957年影印本《大藏經》,第106册第750頁。

注44:因爲以喪葬互助活動爲主的傳統私社成員的權力和義務的實現需要一個較長的周期,假定一個私社成員入社時20歲,完全有可能在入社後的20年内家中不發生喪亡,那麼,在這20年内,這個成員就只有爲其他私社成員助葬的義務,而不能享受被助葬的權利。如果這類傳統私社存在時間很短,就會使有的成員只能盡義務,不能實現其權利。所以,這類私社一般存在時間較長,其成員去世後,其權利和義務由後代繼承。如 S.6537《某甲等謹立社狀》(文樣)(P.3730 背有相同抄本)略云:"凡爲立社,切要久居。本身若去亡,便須子孫丞(承)受,不得妄説辭理。格例合追遊,直至絕嗣無人。"另,S.6537《拾伍人結社社條》(文樣)也規定:"立其條案,世代不移。本身若也盡終,便須男女丞(承)受,一准先例,更不改彰(張)。"而 S.2041《大中年間(847—860)儒風坊西巷社條》則記載了這個社從吐蕃管轄敦煌時期到歸義軍時期數十年間多次修改、補充該社社條的情況。

注45:上注所引傳統私社社條強調其成員要"久居"和"世代不移"。另,S.527《顯德六年(959)正月三日女人社社條》略云:"若要出社之者,各人快(决)杖三棒。"Дх.11038《社條抄》亦載:"如言出社之者,責罰共麁豪之人一般,更無別格。"此條中規定對"麁豪之人"的責罰是"人各痛决七棒"。可見對要求退社的人的處罰是很重的。

注46：見上舉《敦煌社邑文書輯校》，第243—280頁。

注47：參看《敦煌社邑文書輯校》，第132—242頁。

注48：參看《敦煌社邑文書輯校》，第67—131頁"身亡轉帖"部分。

注49：參看《敦煌社邑文書輯校》，第67—131頁"身亡轉帖"部分和第404—475頁"身故納贈歷"部分。

注50：具有實用性質且標明聚會場所的設齋、設供社司轉帖一共有15件，其中9件標明聚會場所在寺院、蘭若或佛堂，約佔60%；6件標明在其他地方，約佔40%。此圖1，黑色部分表示以其他地方爲活動場地的部分的比例；2，白色部分表示以寺院爲活動場地的部分的比例。

注51：具有實用性質且標明聚會場所的少事商量社司轉帖一共有11件，其中10件標明聚會場所在寺院或蘭若，約佔90.9%；1件標明在其他地方，約佔9.1%。此圖1，黑色部分表示以其他地方爲活動場地的部分的比例；2，白色部分表示以寺院爲活動場地的部分的比例。

注52：具有實用性質且標明聚會場所的其他類或事由不明的社司轉帖一共有18件，其中12件標明聚會場所在寺院或蘭若，約佔66.6%；6件標明在其他地方，約佔33.3%。此圖1，黑色部分表示以其他地方爲活動場地的部分的比例；2，白色部分表示以寺院爲活動場地的部分的比例。

注53：此圖1，白色部分表示有僧人參加的傳統私社；2，黑色部分表示沒有僧人參加的傳統私社。

貳　專門從事佛教活動的民間團體及其與佛教的關係

中古時期的寺院與僧人在對社邑等傳統的民間團體進行勸化的同時，也在寺院周圍的鄉村和城鎮向民衆宣傳佛教的思想觀念和行爲方式，並將接受其宣傳的民衆組織起來，結成專門從事佛教活動的佛教團體。這類佛教團體多數是由僧人與在家信徒混合組成，也有不少是在僧人指導下由在家佛教信徒自己組成。在東晉南北朝時期，這種佛教團體和本篇第一部分討論的傳統社邑（或稱邑社）在淵源、信仰、活動内容、名稱等方面都有區别，隋唐以降，這類佛教團體也常以"社"爲名，並成爲私社的一種，現對這類團體的有關情況及其與佛教的關係略做考察。

一、東晉南北朝時期的邑義

由僧尼與在家佛教信徒混合組成或僅由在家佛教信徒組成的佛教團體，興起於東晉，盛行於南北朝的北方及南方一些地區，這類佛教團體多數以從事造像活動爲主，其名稱以邑、邑義、法義等名目較爲多見，也有的稱爲邑會、義會、會、菩薩因緣等。爲行文方便，以下將這類團體統稱爲邑義。

關於邑義，國内外學者已從不同角度進行過探討，成果豐碩。最早對邑義資料進行搜集、整理者當推王昶，在其所著《金石萃編》中首次輯録了30多件邑義造像記等石刻文字，並對所搜集的資料做了初步的考

貳　專門從事佛教活動的民間團體及其與佛教的關係

訂和解説。而該書卷39所附之"北朝造像諸碑總論",可以説是有關邑義的第一篇論文[1]。雖然王昶對邑義造像資料的釋讀、考訂和解説在今天看來都不可避免地存在一些問題,但他的工作仍爲後人從事這一課題的研究奠定了初步的基礎。大村西崖的《支那美術史雕塑篇》[2],也搜集了很多有關邑義的資料,這些資料至今仍有一定參考價值。陸增祥《八瓊室金石補正》訂正了《金石萃編》所收録的邑義資料的一些錯誤[3],並補充了一些資料。高雄義堅《北魏に於ける佛教教團の發達に就て》[4],對邑義的淵源等問題進行了開創性研究。小笠原宣秀《支那南北佛教と社會教化》[5],認爲邑義等佛教團體是僧人教化的産物。在南方,這類佛教團體被稱爲"法社",其成員由僧俗混合組成;在北方,則是由邑子組成的邑儀(義),其成員以下層在家男女信衆爲主。此文雖對"法社"的認識並不準確(詳見本篇第一部分),但揭示出了邑義類的佛教團體在南方也同樣存在這一重要歷史現象。山崎宏《作爲在家佛教團體的一種形式的"義邑"》[6],對邑義的性質等問題做了探討。同作者之《隋唐時代に於ける義邑及び法社に就て》[7],亦論及南北朝之邑義,該文首次明確提出邑義源於《提謂波利經》,並考察了邑義首領的名目及其職責。該文還指出法社不僅流行於南方,亦流行於北方,其性質與邑義相同,並認爲其成員以貴族、高官、知識階級爲主,而邑義的成員則是以從事直接生産的下層爲主。本篇第一部分的研究表明,山崎宏對法社之淵源、性質的認識均與事實不符,但其看法影響深遠,至今仍有日本學者沿襲其説。塚本善隆《龍門石窟に現れたる北魏佛教》[8],利用龍門石窟的邑義造像記對邑義做了探討,關於"法社"和"邑義",他基本接受了山崎宏的看法,並對"義邑"成員的各種稱號如邑師、邑主、邑子等做了解釋。由塚本善隆、水野清一和春日禮智合編的《龍門石刻録》[9],則彙集了龍門的大部分有關邑義造像的資料。佐藤智水《北朝造像銘考》[10],全面搜集當時作者所能見到的造像記資料,系統考察了北朝造像記的形式、年代、分佈地域、造像主的身份、所造尊像的種類、造像記祈願的

57

内容等，並附有十幾幅具有很大參考價值的量化表格（其中包括兩幅關於邑義造像的年代和造像內容的表格）。作者指出邑義造像記在北朝造像記中佔有重要地位，也對邑義的情況做了簡單的描述。張英莉、戴禾《義邑制度述略——兼論南北朝佛道混合之原因》[11]，探討了邑義形成的時間，也考察了邑義的首領等問題。這篇論文是中國學者有關此問題的第一篇專文，其主要貢獻是分析了邑義興盛的原因，指出其興盛源於北朝造像的盛行、《提謂波利經》對邑義組織的形成與普及所起的積極作用以及上層社會的積極參與。該文的特點是比較強調《提謂波利經》對邑義形成和發展影響。但與當時的學術背景有關，作者未能參考此前日本學者相關的研究成果（如關於《提謂波利經》對邑義形成、發展的影響，早已爲日本學者所指出），對材料的搜集也不夠完備。劉淑芬《五至六世紀華北鄉村的佛教信仰》[12]，考察了5—6世紀華北鄉村邑義造像盛行的背景及其影響，特別對佛像開光問題做了有價值的探討。同作者之《北齊標異鄉義慈惠石柱——中古佛教社會救濟的個案研究》[13]，利用"北齊標異鄉義慈惠石柱"所載的頌文和題名考察該"義"的歷史，並試圖以此個案說明邑義所從事的救濟活動的背景、意義和社會影響，但作者所討論的"義"與一般的以造像爲中心的邑義成立的緣由和目的都有所不同，因而其結論也就不具有一般意義[14]。顏尚文《北朝佛教社區共同體的法華邑義組織與活動——以東魏〈李氏合邑造像碑〉爲例》[15]，以東魏《李氏合邑造像碑》這一重要個案，探討了以法華思想爲主導的"法華邑義集團"的思想、組織、結構及其活動等。這篇文章對於探討邑義的不同淵源以及某部經典在民間的流傳情況都具有重要意義，但作者認爲該團體已經凝結成嚴密的社區共同體組織，則還需要進一步的證明。僅就《李氏合邑造像碑》所記載的情況而言，也有與作者的論斷相左的證據。正如論者所指出，在此碑上題名的官員有十五位太守、十二位縣令、二位中央武職將領、四位諸侯國的卿官、一位三公府幕僚、二位雜號將軍以及兩位書令史。如此多的官員在各地爲官，多數時間並不居住、生活在這一社區，這些人之所以在《李氏合邑造像碑》上

貳　專門從事佛教活動的民間團體及其與佛教的關係

題名,不過是因爲他們是李氏家族成員或出生在這一社區而已,把包括這些官員在內的團體稱爲嚴密的社區共同體組織,似乎是言過其實了。另一方面,在一個邑義內集中了如此多的官員,在目前所能看到的材料中並不多見,因而《李氏合邑造像碑》是一個比較特殊的個案,不能用它來說明東魏時期北方地區邑義的一般情況。其實,如果參照更多的材料,似乎只能承認邑義這種團體的組織是很鬆散的(詳見下文)。

總之,幾十年來,國内外有關邑義的論述雖然不少,但其著眼點不是限於某一問題,就是僅關注某一方面,或是集中對某一部分資料進行探討;在資料方面,由於相關資料分散難求,且不斷有新資料出土,故有相當數量的重要資料以往的研究者未能涉獵。直到最近發表的有關中古佛教史的論述,在介紹邑義和法社情況時,仍然沿襲上舉日本學者的説法[16]。鑒於以上情況,筆者擬在前人研究的基礎上,廣泛搜集目前所能見到的資料,從整體上對東晉南北朝時期的邑義做一綜合考察,以進一步說明,在東晉南北朝時期,邑義與法社的淵源與性質完全不同。

(一) 邑義的概況與淵源

東晉南北朝時期的邑義,自稱爲邑、邑義的最多,法義次之。這裏的"邑"字,不是地域概念,而是指某一地域内信奉佛教的人結成的宗教團體。這種由信仰佛教的人組成的"邑",在一定程度上帶有結義性質。《北周王妙暉等造像記》略云:"邑子五十人等,宿樹蘭柯,同兹明世,爰託鄉親,義存香火。"[17] 如所周知,"香火"一詞在魏晉南北朝時期常指結義、結盟,上引"香火"與"宿樹蘭柯"相對應,顯然也有結義的含義。由此而來,邑又稱爲"邑義"[18],"義",應該就是結義的意思。而《北魏比丘尼惠澄等造像記》[19]和《西魏合邑四十人等造四面天宮石像記》[20]則均明確自稱其所在邑義爲"香火邑義"。《北齊邑義僧哲等造四面像記》[21]和《北齊僧通等合邑造釋迦大像記》[22]更進一步稱"邑內大小"爲"香火因緣",這就把現世的結義關係又上推到了前世。這種"香火邑義"、"香火因緣",就是唐代白居易參加的"香火社"的前身[23]。

如果説邑、邑義還帶有一些地緣組織的痕跡，"法義"則完全失去了這種色彩。法指佛法，義指結義，法義是崇信佛法的人們的結義組織。故它們通常稱自己的成員爲法義兄弟姊妹[24]。但法義出現的時間比邑、邑義要晚一些[25]。

邑、邑義、法義等雖不是地域概念，但其結合仍是以某一地域爲中心，其中多數是由某一自然村、某一坊巷的部分居民自願組成。如《北齊阿鹿交村合邑七十人造像記》[26]、《北齊大交村邑義母人七十五人造觀音像記》[27]等邑義就是一村之内部分居民組成。也有一些邑義成員分佈區域比一村或一坊要大，如《東魏興化寺高嶺以東諸村法義造像記》[28]、《北齊石艾縣陳神忻合邑子七十二人造像記》[29]等所載之邑義、法義即屬這種情況。有的邑義，其成員甚至可以分屬不同的縣。如《北魏宜君、同官、土門三縣邑子二百五十人造像記》[30]，其成員就分屬三個縣，不過這類材料並不多見。因爲邑義是具有相同信仰的人自願結成的佛教團體，對佛教的崇奉和信仰是維繫邑義成員的基本因素，所以一般情況下人們成爲邑義的成員是自願的，因而大部分邑義是由其所在地區和所跨地區的部分居民組成，並非某一地域的所有居民都參加。上引石艾縣的造像邑僅72人，北魏宜君、同官、土門三縣居民組成的造像邑也只250人，就是明顯的例證。

貳　專門從事佛教活動的民間團體及其與佛教的關係

表一：東晉南北朝邑義情況表①

序號	名稱	紀年	所在地區	人數	首領稱謂、數目	成員稱謂	邑內官員、鄉紳、階級,階層	活動內容	目的	其他	材料來源
1	菩薩因緣會	晉元興元年(402)七月二十八日	江西廬山	123	法師釋慧遠	清信士	內有鄉紳	觀念念佛	修阿彌陀淨土		《出三藏記集》卷15,《高僧傳》卷6《釋慧遠》
2		秦始年間(465-472)	浙東		法師釋超進	僧尼清信男女	東林寺全體僧人		法師與僧尼		《高僧傳》卷7《釋超進》
3	邑	南朝梁之前	江蘇南京	200				造像(彌勒)		題名不全,不知有無僧人	《出三藏記集》卷12
4	邑	太和元年(477)十二月八日	山東黃縣	200	都邑主1,維那1,塔主1	直書姓名		造龕塔	為國家眷屬蒼生	邑師4人為邑之首領	"拓"第3冊第13頁
5	邑義	太和七年(483)八月卅日	山西	54	邑師4	邑人		造像95區(多彌勒,賢,釋迦)	為皇帝,皇太后,太子,國祚,合邑諸人		"拓"3冊14頁
6	邑	太和七年(483)始,景明三年(303)五月廿七日成	河南龍門	200	邑主1,維那15	直書姓名	中散大夫榮陽太守,寧遠將軍中散大夫、穎川太守,新城縣功曹2	造像(釋迦)	為國祚三寶,父母及己身	沒有僧人參與	"萃"卷27,"雕"第192頁,"拓"3冊第54頁,"瓊"卷12,"龍"第299頁,全第2757頁

（續表）

序號	名稱	紀年	所在地區	人數	首領稱謂、數目	成員稱謂	邑內官員，鄉紳，階級，階層	邑內僧人，邑與寺院	活動內容	目的	其他	材料來源
7	邑義	太和十四年（490年）以前	山東青州	78	都維那 3，維那 9	直書姓名	別駕從事1，東陵郡事1	比丘 1，比丘尼 11，（張道果道俗）邑義道俗	造像（彌勒）	爲皇帝、太皇太后、七世父母，因緣眷屬，眾生		"雕"第 187 頁
8		景明元年（500）四月一日		15		邑母			造像	爲皇帝		《史學雜誌》1977 年 86 編第 10 號第 47 頁
9		景明元年（500）			邑正 1，東方口像主，西方阿難主，西方都帥阿陀天主，開明主，都五老塔主							《史學雜誌》1977 年 86 編第 10 號第 47 頁
10	邑	景明元年（500）	河南龍門		邑師 1		都督口長史1，軍奉朝請1					"龍"第 345 頁，"瓊"卷 12
11	邑	景明三年（502）五月卅日	河南龍門	32	邑主 1，維那 1	直書姓名	邑師爲邑首領	無僧人	造彌勒石像一區	爲七世父母，現世眷屬，來身		"拓"3 冊第 55 頁，"瓊"卷 12，"龍"第 300 頁
12	邑	景明三年（502）六月廿三日	河南龍門	21	維那 2	直書姓名			造像（彌勒）	爲七世父母，眾生		"拓"3 冊第 57 頁，"龍"第 193 頁
13	邑	景明四年（503）四月二日	幽州范陽郡（河北）	300	像主，維那	直書姓名		無僧人	造石像	爲皇帝		"拓"3 冊第 62 頁

贰 專門從事佛教活動的民間團體及其與佛教的關係

（續表）

序號	名稱	紀年	所在地區	人數	首領稱謂、數目	成員稱謂	邑內官員、鄉紳、階級、階層	邑內僧人、邑與寺院	活動內容	目的	其他	材料來源
14	邑	景明四年（503）八月五日	河南龍門	34	邑主1,維那2	直書姓名		無僧人	造像（石像一區）	爲皇帝		"拓"3冊第65頁,"瓊"卷12
15	邑	景明年間（500—503）	河南龍門	1	邑主	邑子	輔國將軍,梁州大中正		造像（釋迦）（石像一區）	爲孝文帝		"萃"卷28,"拓"3冊第71頁,"龍"第310頁,"雕"第191頁,"瓊"卷12
16	邑	景明四年（503）四月二日	幽州范陽郡（河北）	300	像主1,維那1,邑主1			比丘7,比丘尼2,		爲皇帝		"涿縣誌"
17	邑	正始元年（504）正月七日		1 000					造塔		題名不清	"拓"3冊第73頁
18	邑	正始元年（504）三月九日	涿縣（河北）	70	維那2				造釋迦石像	爲皇帝		"拓"3冊第76頁,第208頁
19	邑	正始二年（505）九月甘六日	陝西	220		邑子			造石像	爲帝主,諸邑七世,生緣眷屬	以馮姓爲主	"拓"3冊第85頁
20	邑	永平元年（508）十二月三日		28	維那6	邑子	車騎將軍秦州刺史,王府参軍	比丘4	造像（彌勒）	爲合邑己身		"拓"3冊第120頁

(續表)

序號	名稱	紀年	所在地區	人數	首領稱謂、數目	成員稱謂	邑內官員、鄉紳、階級、階層	邑內僧人、邑與寺院	活動內容	目的	其他	材料來源
21	邑	永平二年(509)十一月十六日	河南龍門	6	邑師1,邑主1	直書姓名		邑師	造像(彌勒)	爲國		"拓"3册第127頁,"龍"第303頁,"雕"第204頁
22	邑	永平三年(510)正月十三	山西			邑子			造像			"雕"第209頁
23	邑	永平三年(510)四月四日	河南龍門	23	邑師1,政邑主1,副邑主1,維那1	直書姓名		邑師	造像			"龍"第368頁
24	邑	永平三年(510)閏六月五日	河南龍門	23					造像	爲七世所生父母		"拓"3册第133頁
25	邑義	延昌二年(513)七月			邑師爲首領	邑義人		比丘	造像(迦葉)	爲皇帝、師僧父母		"拓"4册第13頁
26	邑	神龜元年(518)六月十五日	河南龍門	23		直書姓名		邑師1,比丘1	造像(釋迦)	爲七世父母、師僧眷屬,一切衆生		"拓"4册第55頁,"寶"卷13,第306頁,"龍"第216頁
27	邑義	神龜二年(519)二月三日	河南龍門	3	邑老1,邑主1	直書姓名			造像(彌勒)	爲老少衆生		"拓"4册第60頁

貳　專門從事佛教活動的民間團體及其與佛教的關係

（續表）

序號	名稱	紀年	所在地區	人數	首領稱謂、數目	成員稱謂	邑內官員、鄉紳、階級、階層	邑內僧人、邑與寺院	活動內容	目的	其他	材料來源
28	邑	神龜二年(519)三月十五日	河南龍門		邑師1,邑主1,維那2				造像			"雕"第217頁,"龍"第306頁,"瓊"卷13
29	法義	神龜二年(519)九月一日	青州	25		直書姓名			造像		每人錢一百栽佛	"拓"4冊第71頁,"雕"第234頁
30	邑	神龜三年(520)四月八日	陝西耀縣	20	邑師1,邑主1,但邑2,平望2,典錄坐2,典火1	邑子		邑師	造像	為皇帝三寶,合師尊父過母,三界六趣		"拓"4冊第79頁,《考古》1965年3期
31	邑義	神龜三年(520)六月九日	河南龍門	33	邑師1,邑主1,光明主1,都維那3,邑老1,邑正2,都維那2	直書姓名	縣令	邑師惠感(神龜二年參加過兩次造像)	造像(彌勒)	為邑義亡邑子兄弟	此邑義神龜二年二月三日已造一像	"龍"第307頁,"莘"卷28,"雕"第13卷
32	義會	普通三年(521)前	河南洛陽	1000	法師釋法與僧建			兩個僧人為核心	造像4軀			《續高僧傳》卷6
33	邑	正光三年(522)八月五日	陝西陝縣	50	化主1,邑主1,都維那3,但邑正1,典錄3,維那1,香火1	邑子		無僧人	造石像一區		邑子外有清信士八人,當助為造像者	"莘"卷29,"雕"第236頁

（續表）

序號	名稱	紀年	所在地區	人數	首領稱謂、數目	成員稱謂	邑內官員、鄉紳、階級、階層	邑內僧人、邑與寺院	活動內容	目的	其他	材料來源
34	邑	正光四年（523）四月廿六日	陝西涇陽	36	壇主、邑正、邑師、開明主			邑師	造石像	爲邑師並諸邑子		"拓"4册第145頁
35	邑	正光四年（523）七月九日	陝西耀縣	250	都維那1、邑老4、比丘2（雖無名目，但題名在上）、像主都督1、維那1	邑子		有二比丘	造像（四面像）	爲天龍八部、皇帝百官、郡守令長、邑子祖先及己身		"藥"第34頁
36	法義	正光四年（523）七月廿九日	山東歷城	23	維那主4	直書姓名		一位姓釋，疑爲僧人	造像（24軀）		以女人爲邑主	"拓"4册第147頁，"雕"第231頁，"籔"卷16
37	邑義	正光五年（524）四月		1 000								"雕"第237頁
38	邑	正光五年（524）六月日	陝西富平		化主、侍者	邑子			造像			"拓"4册第166頁，"雕"第237頁
39	法義	正光五年（524）八月十一日	青州高陽郡	100		直書姓名		口福寺比丘15人	造像（彌勒）	爲一切衆生		"籔"卷16、"拓"4册第171頁、"雕"第237頁

貳　專門從事佛教活動的民間團體及其與佛教的關係

（續表）

序號	名稱	紀年	所在地區	人數	首領稱謂、數目	成員稱謂	邑內官員、鄉紳、階級、階層	邑內僧人、邑與寺院	活動內容	目的	其他	材料來源
40		正光五年（524）五月十五日	河南輝縣	20	維那2,開佛光明主1,大齋主1	邑子		侍中車騎大將軍領左右武陽縣開國公侯剛、前將軍鄯國伯伏乞賚、武衛將軍景明寺都將元忻	造像	爲七世所生父母		"拓"4冊第162頁
41	法義	正光五年（524）五月三十日	河南洛陽	41	浮圖主9,齋主1,維那主3	邑子			造三級浮圖	爲皇帝、太后、中宮眷僚員、土官、法界有情形	官不是成義員,但題名在前	"拓"4冊第164頁,"龍"第205頁
42	邑	正光五年（524）六月	陝西富平		化主1,邑主2,錄主3,邑胥1,門師1,平涅1,佀信1,侍者1	邑子			造像	爲成佛,眷屬等	姓名可識者30多,均姓魏	"苓"卷32,"續"卷1,"瓊"卷16
43		正光五年（524）十一月廿五日	河南龍門	27		內有邑子一人		稱道俗27人	造像	爲皇帝、皇太后、法界蒼生		"瓊"卷13,"龍"第176頁,"拓"4冊第248頁
44	邑義	正光六年（525）三月十日	河南龍門	1				比丘尼爲邑義成員,個人造像	造像	爲七世父母所生父母,香火邑義,一切衆生		"龍"第275頁

(續表)

序號	名稱	紀年	所在地區	人數	首領稱謂、數目	成員稱謂	邑內官員、鄉紳、階級、階層	邑內僧人、邑與寺院	活動内容	目的	其他	材料來源
45	邑	正光六年(525)八月廿五日	河南龍門	19	像主1,邑老3	邑子		無僧尼	造像(釋迦)	爲皇帝、邑子、七世父母所生父母,因緣眷屬		"拓"4册第185頁,"龍"卷13,"雕"第227頁
46	法義	孝昌二年(526)六月二日	山東臨淄	40	像主	直書姓名		比丘	造像(須彌)	爲皇帝、師僧父母、己身、居家眷屬		"拓"5册第275頁,"雕"第31頁
47	邑義	孝昌二年(526)九月八日		35	都維那(都維那比丘1)4,維那2	直書姓名		都維那比丘一人爲邑首、比丘2人	造像(彌勒)	爲四恩三有法界眾生		"瓊"卷16,"雕"第231頁
48	法義	孝昌三年(527)七月十日	山東歷城	100餘人	都維那2	直書姓名		比丘5(爲邑首一般成員)	造窟、造像	爲帝主、法界蒼生、師僧父母、居家眷屬		"拓"5册第65頁,"瓊"卷16,"雕"第232頁
49	邑義	孝昌三年(527)八月十三日	山東青州	60				比丘3人	造像			"雕"第239頁
50	法義	孝昌三年(527)九月十七日		90	施地主、塔主2、基主1、義主2	直書姓名		無僧人	造塔像	爲七世父母、現在眷屬	命過9人	"拓"5册第67頁,"雕"第239頁

貳 專門從事佛教活動的民間團體及其與佛教的關係

（續表）

序號	名稱	紀年	所在地區	人數	首領稱謂、數目	成員稱謂	邑內官員、鄉紳、階級、階層	邑內僧人、邑與寺院	活動內容	目的	其他	材料來源
51	邑	建義元年（527）七月十四日		50	開佛光明主、像主、檀越主、管事	所當人		比丘僧	造石像	爲皇帝、所生父母、眷屬、一切衆生		"拓"5冊第95頁
52	大像邑	永安三年（530）七月十一日			都維那、邑主	直書姓名	都督	維那、邑主均爲比丘，另有2比丘	造像（釋迦）	爲皇帝、師僧父母，逮及七世		"拓"5冊第139頁
53	法義	永安三年（530）八月九日	山東臨淄	120					造像（彌勒）			"雕"第240頁
54	邑	永安三年（530）			邑主、供養主、像主、石像主、副當陽主、上坎當陽主、維那、齋主、當陽開佛明光主	邑子，比丘		比丘50多人	造像（石像）	爲將來		"拓"5冊第140—143頁，"雕"第241—242頁
55	法義	永熙二年（533）八月廿日	河南龍門	20餘					造石像	爲皇帝、法界有形		"龍"第277頁，"瓊"卷13，"雕"第225頁
56	邑	永熙二年（533）	陝西耀縣	31	邑主1，邑謂1，維那1，邑正1，典録1，香火1	邑子		比丘1，沙彌1，題名在上層	造石像	爲國祚永隆，亡過七世	1，名前均加清信二字；2，背有亡邑主，亡維那，亡邑子	"拓"5冊第178—182頁

(續表)

序號	名稱	紀年	所在地區	人數	首領稱謂、數目	成員稱謂	邑內官員、鄉紳、階級、階層	邑內僧人、邑與寺院	活動內容	目的	其他	材料來源
57	法義	永熙三年(534)三月五日	山東青州	150		直書姓名		比丘尼	造像(彌勒)	爲皇帝、七世父母、居家眷屬		"拓"5冊第194頁
58	邑	永熙三年(534)六月廿八日		30	須彌塔主1,光明主1,邑主1,齋主1,維那2,邑老1	邑子		比丘1,居士1	造塔像	施財崇法	有三個邑子下無人名,說明出資即可刻名	"拓"5冊第199頁,"瓊"卷16,"雕"第244頁
59	邑	孝明帝至胡太后時	陝西耀縣	70	邑師2,錄主2,平埕2,維那1	邑子		有邑師	造像(佛道混合)	爲三聖、皇祚七世先亡		《考古與文物》1984年第5期,"藥"第55—57頁
60	邑	北魏	河南登封	40餘	邑主、像主	邑子			造石像	爲皇帝、風和雨順、民泰、三寶四生		"拓"5冊第207頁
61	邑義	推定在北魏	河南洛陽	100餘	都邑主2,勸化主1,中正2,都維那3,齋主13,邑老2	邑子	邑老定陵太守楊崇	無僧人	造石碑像	爲三寶國祚八方、七世、一切衆生	清信12人,均似女人	"瓊"卷16,《中原文物》1984年第5期
62	邑	疑在北魏		29		邑子			造像		僅存題名	"萃"卷29

貳　專門從事佛教活動的民間團體及其與佛教的關係

（續表）

序號	名稱	紀年	所在地區	人數	首領稱謂、數目	成員稱謂	邑內官員、鄉紳、階級、階層	邑內僧人、邑與寺院	活動內容	目的	其他	材料來源
63	邑	疑在北魏	陝西耀縣		邑師1,邑主2,村老2,邑謂2,侍者、邑正2,典錄2,維那1,平望1,諮官2,彈官2	邑子		邑師	造像		存題名	"藥"第76—77頁
64	邑	疑在北魏	陝西耀縣	50	邑主1,邑正1,平漫1,邑謂1,維那1,錄事1,忠正1,典坐1,侍者1	邑子	趙郡功曹、魯陽郡守、縣令前督		造像	爲皇帝等		"藥"第69—71頁
65	邑	疑在北魏	陝西耀縣		邑師2,邑正2,邑謂2,邑正2,彈官1,都鑒2,僮2,清坐2,維那2,典錄2,典坐2,香火2	邑子		邑師2	造像		有十幾個清信士	"藥"第57—59頁
66	邑	疑在北魏			開光明主、供養主、都像主、都邑主、化主、都邑正、都維那、菩薩主	邑子		比丘	造石像	爲國祚、法界	以陳氏爲邑主	"拓"6冊第198—200頁
67	邑	天平二年(535)四月廿七日		20		佛弟子		比丘二人、排名在最前	造石像1,菩薩2	爲邑子值佛聞法,所求如願		"雕"第253—254頁
68	邑	天平三年(536)正月十三日							造像			"雕"第254頁

（續表）

序號	名稱	紀年	所在地區	人數	首領稱謂、數目	成員稱謂	邑內官員、鄉紳、階級、階層	邑內僧人、邑與寺院	活動內容	目的	其他	材料來源
69	邑	天平三年(536)正月	河南偃師	10	教化主1、邑師1、比丘2、維那	直書姓名		邑師2、比丘2	造塔	爲皇帝、七世父母所生父母、因緣眷屬、邊地衆生		"萃"卷30、"拓"6冊第33頁、"全"第3790頁
70	邑	大統三年(536)四月八日	固城(山東)		檀越主、維那、開光明主、寺僧、兩厢上勸化大檀越主	邑子			造石像	爲業果	施地394畝	"雕"第288—296頁
71	邑	大統四年(537)十二月廿六日		40	維那2、典録、典坐、門師	直書姓名	合邑均爲將軍郡守、都督、成主	無僧人	造四面天宫像	爲師僧父母、七世所生、因緣眷屬		"拓"6冊第6頁
72	邑	天平四年(537)						門師3	造像			"雕"第249頁、"龍"第376頁
73	邑	大統四年(537)	陝西耀縣		邑主1、像主1、邑師1、化主1				造像(觀音)	爲帝主、國家		"藥"第47頁
74	邑	大統五年(538)二月廿五日	富平(陝西)	44	維那	比丘、沙彌、邑子	縣令爲邑主	比丘2、沙彌5	造像	爲帝主及邑子		"萃"卷32、"拓"全"第3790頁
75	法義	元象元年(538)四月廿日		60	大齋主1	法義			造像(釋迦)	爲帝主、師僧父母、法界衆生		"拓"6冊第48頁、"雕"第256頁

貳 專門從事佛教活動的民間團體及其與佛教的關係

（續表）

序號	名稱	紀年	所在地區	人數	首領稱謂、數目	成員稱謂	邑內官員、鄉紳，階級、階層	邑內僧人、邑與寺院	活動內容	目的	其他	材料來源
76	邑	元象元年(538)十二月廿一日	山西	100					造像	爲國主、師僧父母	合邑諸母一百人	"雕"第257頁
77	邑義	元象二年(539)二月五日	元氏	2 000		直書姓名	州長史1、郡太守、縣令若干，還有其他官僚多人		造三級浮圖	爲皇帝、百官、師僧父母	實爲趙融之功德碑	"瓊"卷18
78	邑	大統六年(539)四月廿日	陝西耀縣	28	邑主、化主、彈官、邑謂、邑正、邑老、典坐、典錄、唯那、香火	邑子	大行尚書、北雍州刺史、宜君縣開國公毛遐		造石像	爲天下太平、皇祚七世所生父母、師、因緣眷屬		"藥"第43—44頁
79	文武邑義	大統六年(539)七月十五日	山東青州安平縣	38	邑師1、齋主1、副齋主1	邑子	高涼縣合邑義文武邑義	邑師爲高涼三藏，齋主亦似僧人	造石像	爲皇帝、大丞相、七世所生父母、存亡眷屬、一切衆生		"雕"第289—290頁
80	法義	興和二年(540)十二月九日	山東青州	37	維那2			比丘4	造石像	爲國王帝主、師僧父母、居家眷屬、一切衆生	題名不全	"拓"6冊第69頁、"雕"第258頁、"瓊"卷19

（續表）

序號	名稱	紀年	所在地區	人數	首領稱謂、數目	成員稱謂	邑內官員、鄉紳、階級、階層	邑內僧人、邑與寺院	活動內容	目的	其他	材料來源
81	邑	興和二年(540)		4	施石主	邑子		無僧人	造像	為死者升天,生者饒滿,奴婢解脫,同順豐收	成員均姓程	"寶"卷19
82	邑	興和二年(540)	長葛縣	13	營福都維那長兼都維那	邑子、檀越、施地檀越	州刺史、長史、太守及州郡屬官	沙門統4、沙門都4、大律師、法師、縣維那、寺主	營建僧寺	為皇帝	成員施地一百畝	"苦"卷30、"拓"6册第71—72頁
83	邑義	興和三年(541)□月卅日			無首領,但以安樂王寺僧人為首	直書姓名		九門安樂王寺道遇邑義,以此寺員為	造玉像	為皇家、師僧父母、己身,法界		"雕"第259頁
84	邑	興和四年(542)十月八日	河南	100餘	都金像井義寸主1,天宮主1,像主2,左菩薩主3,維那主2,菩薩碑主1,都維那大像碑主1,開二佛光明主1,八關齋主,都維那1		長樂太守1,昌陽國郎中令1,洛州從事1	無僧人	建寺、造義井、栽樹、造像	為皇祚,合邑先亡,現存,法界	由李氏家族結成的邑成員的邑義	"雕"第260—261頁
85	邑義	興和四年(542)十一月五日		100		比丘,邑子		比丘18排名在最上列,當以某為核心	造石像		以吳姓有十邑,子下邑無人名	"寶"卷19

貳　專門從事佛教活動的民間團體及其與佛教的關係

（續表）

序號	名稱	紀年	所在地區	人數	首領稱謂、數目	成員稱謂	邑內官員、鄉紳、階級、階層	邑內僧人、邑與寺院	活動內容	目的	其他	材料來源
86	邑	大統十年(543)六月八日	陝西	27	邑師1,邑正1,典錄1,維那1,邑主1,化諧1,香火1,典坐1,齋主1	邑子		邑師	造定光佛像	爲國祚、先師、七世所生		"續"卷2
87	邑	武定元年(543)七月廿七日	河南河內	90	開光明主1,定光佛主1,都維那3,邑師1	邑子,邑母,比丘	口州西面部督、前部部從事	邑師、都維那3（亦僧人）,比丘5,當爲此僧人當爲邑之核心	造石像一區	爲皇帝、存亡眷屬		"拓"5册第95頁,"瓊"卷19,"雕"第263—264頁,"續"卷2
88	邑義	武定元年(543)八月	河南洪縣	500餘	都維那齋主1人閻齋主4,邑師,維那48,禪師,菩薩主,光明主	邑子,邑女,比丘	祖曾從事部中正	邑師1,禪師1,比丘48人,當以某寺爲核心	造像	爲國家、國祚、法界所有形		"拓"6册第96—97頁,"雕"第262—263頁
89	邑義	武定二年(544)三月一日	河南						造像	爲崇先、祈福		"萃"卷31,"拓"6册第102頁
90	法義	武定二年(544)二月十六日	山東青州	300	維那主14,維那1,維那主是小頭目,維那是首領	直書姓名,比丘,比丘尼		比丘8,比丘尼25	造像	爲合門眷屬		"雕"第264頁

75

(續表)

序號	名稱	紀年	所在地區	人數	首領稱謂、數目	成員稱謂	邑內官員、鄉紳、階級、階層	邑內僧人、邑與寺院	活動內容	目的	其他	材料來源
91	法義	武定二年(544)十二月四日	東阿縣	59	石像主1,都維1,左廂菩薩主1,右廂菩薩主1	法義,比丘		都維為比丘,另還有一比丘	造石像	為皇帝、州郡令長、僧父母,因緣眷屬,一切眾生		"續"卷2
92	邑義	武定三年(545)五月八日		60		邑子		無僧人	造像(迦葉)	為皇帝、百官、州郡令長、師僧父母,因緣眷屬,法界眾生	女人邑義	"雕"第267頁
93	邑義	武定三年(545)七月十五日	河南河內	70	邑主2,邑師2,多寶像主2,淨施主1	比丘,僧人,直書姓名	冠軍將軍武德太守、寧朔將軍、州主薄、河陰令	眾潤寺主、上座為邑師,還有其他比丘11人,眾潤寺之邑義	造像(天宮)	為福謂合生,祚隆爛,酬功報德		"拓"6冊第124頁,"雕"268—269頁
94		武定四年(546)十月八日	山東泰山郡	20	維那主6,塔主1	直書姓名		無僧人	造塔	為皇帝、州郡令長、世父母居家眷屬,法界眾生		"雕"第270頁
95	邑義	武定五年(547)二月八日						豐樂、七帝二寺邑義	造像	為皇帝、師僧父母		"拓"6冊第141頁

貳　專門從事佛教活動的民間團體及其與佛教的關係

（續表）

序號	名稱	紀年	所在地區	人數	首領稱謂、數目	成員稱謂	邑內官員、鄉紳、階級、階層	邑內僧人、邑與寺院	活動內容	目的	其他	材料來源
96		武定五年（547）六月八日	山東博興	70餘	大維那5	直書姓名			造像	爲皇帝、百僚、七世祖宗，含生		《文物》1983年第7期第38頁
97	邑	武定五年（547）七月三日		50	天宮主1,邑師1,邑主1,大齋主1,邑正1,都維那1,維那1	邑子		邑師	造塔	爲皇帝、三寶、父母、己身、家眷，十方法界		"雕"第271頁，"拓"6冊第142頁
98		武定五年（547）七月四日		134	像主、菩薩主、起像主、光明主、寶塔主、都維那	直書姓名		有比丘15人,以一寺爲核心	造像	爲國祚、七世父母、居家眷屬		"拓"6冊第143頁
99	邑義	武定五年（547）七月十八日	汾州樂平郡（山西）	24	當陽像主1,都維主1,（香）火主1	邑子		無僧人	造石室佛像	爲法、帝、渤海大王、宰官令長、七百官、守國民安、泰民世父母、衆生	當陽像主等不在邑義人數之內，似爲施主	"雕"第271-272頁
100	邑	大統十三年（547）九月八日			邑師1,維那18,邑主1	邑子,比丘尼		邑師,比丘尼19	造石像	爲國祚、人存、表甯泰、亡同生	維那爲小首領	"拓"6冊第12-14頁

（續表）

序號	名稱	紀年	所在地區	人數	首領稱謂、數目	成員稱謂	邑內官員、鄉紳、階級、階層	邑內僧人、邑與寺院	活動內容	目的	其他	材料來源
101	邑	大統十三年(547)十一月十五日	陝西耀縣	80	大都邑主1,大都維那1,都邑主1,維那4,邑中正3,北面上塔像主,北面多寶像主,東面像主2,西面像主1,忠主1,邑主1,塔主1	邑子,邑女	縣令,京兆尹,郡守等,以官員為主	比丘2	造石像	為三寶、師僧父母,因緣眷屬眾生	成員均姓杜	"雕"第291—292頁,"拓"6冊第15—18頁
102	邑	大統十四年(548)四月廿一日		70	像主,化主,邑主,香火,維那,邑師,邑老,典錄,倡首,邑正	邑子		邑師	造如來像	為皇帝大丞相,百官,師僧父母,因緣眷屬,合門大小門徒		"藥"第50—51頁
103	邑義	武定六年(548)九月十二日	河南偃師		邑主				造像	為皇帝		"萃"卷31,"拓"6冊第150頁,"全"第3807頁
104	像邑	武定七年(549)四月八日	河南沁陽		像邑主2,天宮主	直書姓名	郡功曹,民望,都督		造像	為皇帝	邑主下空,無題名,似末賣出者	"拓"6冊第153頁
105	法義	武定七年(549)四月八日	肆州永安郡(山西)	44	沙門都1	直書姓名	廣武將軍8,都將1	沙門都1,比丘10,以一寺為核心	造像	為皇帝,渤海大王,三寶,師僧,現存眷屬		"雕"第274—275頁,"續"卷2

貳 專門從事佛教活動的民間團體及其與佛教的關係

（續表）

序號	名稱	紀年	所在地區	人數	首領稱謂、數目	成員稱謂	邑內官員、鄉紳、階級、階層	邑內僧人、邑師、邑與寺院	活動內容	目的	其他	材料來源
106	邑	大統十五年（549）五月十四日	陝西涇陽		像主、化主、門師、邑師、邑主、邑日、典録、典坐	邑子		門師、邑師、沙彌 4	造像	爲諸邑子	像主一類功德主在邑人之數	"萃"卷32，"雕"293—294頁
107	邑	武定八年（550）三月八日	河南禹縣	14	都邑主、都維那1、都忠正1、維那1、像主2	邑子		無僧人	造石像	爲皇帝、諸邑母、邑主、一切有形		"雕"第279頁，"拓"6册第162頁
108	邑義	武定八年（550）三月			邑主3、維那12、邑老13、像主1	邑母	前郡功曹	比丘	造義井	爲皇帝、羣生	邑主題名在最下列，次序是先邑老後維那	"拓"6册第166—168頁
109	邑	武定八年（550）五月十五日			壇主、齋主、香火主、佛主、大化主、供養主、像圖主	邑子	縣令	無僧人	造像	爲七世所生眷屬		"拓"6册第172—175頁
110	法義	武定（下缺）			施地主	法義					清信佛弟子	"拓"6册第177—178頁
111	邑	疑在東魏			邑主1、維那1	直書姓名		比丘1			殘	"寶"卷17
112	邑	疑在東魏				邑子		比丘			殘	"寶"卷17

（續表）

序號	名稱	紀年	所在地區	人數	首領稱謂、數目	成員稱謂	邑內官員、鄉紳，階級，階層	邑內僧人，邑與寺院	活動內容	目的	其他	材料來源
113	邑	疑在東魏			邑中正1,維那2,右廂菩薩主4,阿難主1,邑主1,供養主1,□像主1	邑子	伏虎都督3,統軍軍師1,縣功曹軍主1,縣主簿別將1		造像		殘	"瓊"卷17,"籠"第320頁
114	邑	疑在東魏			東堪主,供養主				造像		殘	"瓊"卷17
115	邑	疑在東魏		13	邑主1,維那1	邑子						"瓊"卷17
116	邑	疑在東魏		12	邑主1,維那	邑子						"瓊"卷17
117	邑	疑在東魏			邑主1	邑子						"雕"第250頁
118	邑義	天保元年（550）五月卅日		40	邑主1,中正,維那1	清信,比丘		邑主爲比丘,另有比丘8人,以一寺爲核心	造四面像	爲皇帝、邑内大小、香火因緣，七世所生父母師僧、一切眾生		"拓"7冊第1頁
119	邑	天保元年（550）六月八日		80	邑主1	邑子	都督1,州主簿1	無僧人	造釋迦像	爲皇帝、邑内大小、香火因緣，七世所生父母師僧、眾生	都督、州主簿爲首領	"拓"7冊第3頁

貳　專門從事佛教活動的民間團體及其與佛教的關係

（續表）

序號	名稱	紀年	所在地區	人數	首領稱謂、數目	成員稱謂	邑内官員、鄉紳、階級、階層	邑内僧人、邑與寺院	活動內容	目的	其他	材料來源
120	邑	天保元年（550）十月八日	河南洛陽		光明主、施石主	邑子、佛弟子			造石像	爲亡父母，七世先亡，因緣眷屬	張氏一家和邑子	"雕"第7册第6頁
121	邑	天保元年（550）				邑子	雲陽公子	比丘	造像			"雕"第311頁，"瓊"卷21
122	邑	大統十七年（551）四月	陝西耀縣	76		邑子		靈山寺僧	造石像	爲皇祚，天下太平，七世父母，見在眷屬，已身		"藥"第54—55頁，《考古》1965年第3期
123	法義	天保二年（551）七月十五日		17		直書姓名			造像	爲皇帝、邊地衆生		"雕"第315頁
124	邑	天保二年（551）七月十五日	山西孟縣	50	邑主1、維那2、中正2、齋主4、邑主5、天宮主1、當陽主1	直書姓名		道人2	造像	爲皇祚、先亡、現在		"拓"7册第10頁
125	邑	天保三年（552）三月八日		30餘	都邑主1、維那1、中正2、齋主4、邑主3、像主1、當陽主1	邑子		有沙彌	造磚天宮	爲皇祚、實、合邑諸人、師僧父母		"拓"7册第15頁，"雕"第316頁
126	邑	天保三年（550）八月廿日	河南濉縣		都邑師1、開佛光明主1、瀾勒像主1、供養主1	清信男、清信女、比丘尼		比丘尼11、都邑師1，以寺院爲核心	造瀾勒像	爲皇帝、七世、師僧父母		"拓"7册第22頁

81

(續表)

序號	名稱	紀年	所在地區	人數	首領稱謂、數目	成員稱謂	邑內官員,鄉紳、階級、階層	邑內僧人、邑與寺院	活動內容	目的	其他	材料來源
127		天保四年（553）二月廿日		31	維那7	直書姓名			造白玉像	爲生者在佛左右,在過者妙樂口,居時成佛		"雕"第316—317頁
128	邑	天保四年（553）	河南龍門						造像			"龍"第376頁
129		天保五年（554）二月十五日		40	都維那	比丘、佛弟子		比丘27,以一寺爲主	造像(太子)	爲國王帝主、師僧父母,居家眷屬,一切過衆生	稱成員爲維那	"拓"7册第33頁
130	邑義	天保五年（554）四月二日			左菩薩主3,右菩薩主3,石像主2,當陽像主1,東塔像主1,南塔像主1,西塔像主1,天宮主1,光明主1,頂生王主1,齋主1,供養主3,都維那主2,維那3,中正2,邑老1	邑子			造塔、石像	爲皇帝、百官,法界有形		"拓"7册第35頁
131	法義	天保五年（554）五月十四日		20餘	法義主1	直書姓名		比丘尼3,比丘1	造舍那像	爲皇帝、七世、師僧父母,生春眷屬亡過現在		"拓"7册第37頁,"雕"第318頁

貳 專門從事佛教活動的民間團體及其與佛教的關係

（續表）

序號	名稱	紀年	所在地區	人數	首領稱謂、數目	成員稱謂	邑內官員、鄉紳、階級、階層	邑內僧人、邑與寺院	活動內容	目的	其他	材料來源
132	一	天保五年(554)十月廿日	山東無棣	35	維那2、師主1、左廂菩薩主1	主人		故師主比丘1、比丘1、師主比丘1	造像(一佛二菩薩)	爲皇帝、七世父母、居家眷屬	故人2	《文物》1983年第7期第45頁
133	邑	天保五年(554)十一月八日	河南洛陽		邑中正、邑主	邑子			造像			《中原文物》1984年第5期
134	法義	天保五年(554)		11		直書姓名		比丘尼9、僅2俗人	造盧舍那像	爲國祚		"雕"第319頁
135	邑義	天保七年(556)三月一日		51	維那4	直書姓名		比丘僧1	造浮圖	爲國主帝主、師僧父母、邊地衆生		"拓"7册第51頁
136	邑	西魏		30	邑主1				造四面像			"周"第295頁
137	邑	推定在西魏	陝西耀縣		南面像主、邑主、都花那、都香火、北面化主、西面像主、香火	邑子、佛弟子			造四面像			"藥"第77~78頁
138	邑	疑在西魏			邑師1、大都邑師寺主1、大都碑主1、南面邑主4、化主52、淨施主1、大都化主(比丘)1、當陽佛主7、生天主1、金剛主1、邑長45、當陽菩薩主6、梵王主2、都維那3、維那5、供主4、齋主11、邑主2	邑子、邑母、比丘		比丘8、法師1、邑師3、太都邑師1、	造像			"拓"6册第196頁

83

(續表)

序號	名稱	紀年	所在地區	人數	首領稱謂、數目	成員稱謂	邑内官員,鄉紳,階級,階層	邑内僧人,邑與寺院	活動内容	目的	其他	材料來源
139	邑	疑在西魏	陝西耀縣		像主、化主、香火、維那、都維那、坐維那、典坐、邑謂	邑子		無僧人		爲法輪國祚、國土、師僧父母、一切含生		"藥"第82—83頁
140	邑	疑在西魏				邑子		和上1,比丘1			邑子率全家造像	"苹"卷32
141	邑	疑在西魏			都錄主2、發心主2	邑子					一些邑子刻上妻、子之名	"苹"卷32
142	邑	疑在西魏	陝西耀縣		北面像主、南面像主、化主、像主	邑子			造像			"藥"第83—84頁
143	邑	疑在魏末			邑主1、大石像主2、都像主、化主3	邑子	郡守、縣令		造大石像			"瓊"卷19
144	邑	附在魏末			邑師2、香火主2、像主1		橫野將軍員外司馬		造像			"瓊"卷19
145	法義	天保八年(557)三月廿二日		80	塔主1、維那5、施石人1	直書姓名			造塔	爲皇帝、邊方寧太、居眷		"拓"7冊第57頁,"離"第321頁
146	邑義	天保八年(557)六月六日		85	都維那1、維那1	比丘,直書姓名		僅有6個俗人,餘均爲石同寺僧人	造像	爲皇帝、百官、邊地蒼生、師僧父母各爲己身		"拓"7冊第62頁,"離"第321—322頁

貳 專門從事佛教活動的民間團體及其與佛教的關係

（續表）

序號	名稱	紀年	所在地區	人數	首領稱謂、數目	成員稱謂	邑內官員、鄉紳、階級、階層	邑內僧人、邑與寺院	活動內容	目的	其他	材料來源
147	邑義	天保八年(557)十一月廿九日	河南登封		維那8,大維那1,天宮維那1,都邑主1,都邑正1,邑忠正1,都齋主1	邑子,比丘,比丘尼	郡太守	比丘9,比丘尼11	修故塔,造石像	爲羣生,國祚,合邑之人		"拓"7冊第66頁,"雕"第322—323頁,"瓊"卷21
148	邑	天保八年(557)十二月	東兗州		都維那2,維那8	邑人			造石像	爲皇祚,邊寧,存亡含生	邑人均未姓名	"拓"7冊第68頁,"雕"第322頁
149	邑義	天保八年(557)	河南登封	332	大邑師2,邑主1,邑主3,都維那3,維那2,中正1,清淨1,香火1	邑子		大邑師2,邑師1	造像	爲皇祚,尊,七世,見在子孫		"雕"7冊第69頁,"萃"卷33,"瓊"卷21
150	邑義	天保九年(558)九月廿九日	山東無棣	27	大像主2,大維那2,都維那1,大王主1	主人		大王主比丘僧照	造玉像	爲皇帝,百官,邊地衆生		《文物》1983年第7期第46頁
151	邑	天保十年(559)二月廿三日	河北南和	24	維那若干,爲成員名稱	直書姓名			造像	爲皇帝,一切含生		"拓"7冊第81頁
152	邑義	天保十年(559)二月廿五日			都維那像主1,都維那1,像主1,那1	某某母,某某加姓氏		比丘2,比丘尼7	造龍樹思惟像	爲皇帝,萬有含識,受苦衆生	女人結邑	"雕"第325頁

（續表）

序號	名稱	紀年	所在地區	人數	首領稱謂、數目	成員稱謂	邑內官員、鄉紳、階級、階層	邑內僧人、邑與寺院	活動內容	目的	其他	材料來源
153	邑義	天保十年（559）七月三日		71	維那 5	邑子		比丘 3	造石像	爲亡者、邑子己身及所生父母、子孫、國主帝主州郡令長		"雕"第 326—327 頁
154	邑	天保十年（559）七月十五日		1000	大齋主 1,千像主 1	邑子		比丘 1	造千佛	爲亡者		"拓"7 册第 85 頁
155	邑	武成元年（559）十月八日	陝西耀縣	26	邑主,化主,邑師沙門,香火,維那,都邑主,像主,邑謂,典坐,邑正,都錄,邑老	邑子		邑師沙門,比丘尼 3	造釋迦、老君像	……	佛道混合造像	"藥"87—88 頁,《考古與文物》1984 年第 5 期
156	邑	天保十年（559）十月	安徽亳縣	40	邑主 4,維那 1			比丘尼 9,建崇寺邑主	造四面像	爲皇帝,百官,師僧父母,七世亡者,見在眷屬		《文物》1980 年第 9 期第 57 頁
157	邑	武成二年（560）二月八日		50	像主 4,天宫主 2,塔主 3,鐘主 1,邑師 2,化主 6,典坐 7,燈主 4,化主 8,邑謂 5,都維那 4,行香火 3,維那 4,典錄 3,香火 5,燈明主 4,維那,都化主 2,但主	邑子		邑師爲比丘尼	造釋迦像	爲周皇帝,晉周國公,邑子己身及眷屬		"苹"卷 36,"瓊"卷 23,"雕"第 364—365 頁

貳　專門從事佛教活動的民間團體及其與佛教的關係

（續表）

序號	名稱	紀年	所在地區	人數	首領稱謂、數目	成員稱謂	邑內官員、鄉紳、階級、階層	邑內僧人、邑與寺院	活動內容	目的	其他	材料來源
158	邑義	乾明元年（560）四月十五日		75	維那 3	直書姓名		比丘尼 2	造觀世音像	爲皇帝、師僧父母、法界衆生	大文村女人邑義	"雕"第327-328頁
159	邑義	乾明元年（560）七月五日	山東臨沂		都邑主		偏將軍郡丞	比丘僧邑義	造像	爲皇帝、百官等		"叢"卷21，"拓"7册第99頁
160	邑義	乾明元年（560）七月廿五日	山東					比丘僧邑義	造像	爲皇帝		"雕"第328頁
161	邑義	乾明元年（560）八月廿五日	山東長清五峰山		邑義主2、大像主1	邑義		比丘尼 4	造彌勒像	爲皇帝、羣臣牧守、諸師父母、合生之類		"叢"卷21，"拓"7册第100頁，"雕"第328頁
162	邑	皇建二年（561）正月廿九日	河北正定		施地主、都䐗主、柱主、邑母像主、香兒主、都維那、維那 2、父母像主、邑主	直書姓名			造父母像、浮圖	爲皇帝、七世先亡、在師僧父母		"雕"第329頁
163	邑	太寧二年（562）二月八日				邑人	彭城王高信	造碑人比丘僧弁選	造像	爲弘法		"拓"7册第113-114頁
164	邑義	皇建二年（561）四月八日	江蘇吳縣	70					造盧舍那像	爲四恩三有		"拓"7册第107頁

87

（續表）

序號	名稱	紀年	所在地區	人數	首領稱謂、數目	成員稱謂	邑內官員、鄉紳、階級、階層	邑內僧人、邑與寺院	活動內容	目的	其他	材料來源
165	邑義	太寧二年（562）四月十七日	河北定興		施主							"拓"7册第116—121頁
166	邑	武成三年（561）四月	山西	240	都邑主、邑師4、化主、像主、邑長、治主、東西南北面浮圖主、維那、典錄、典坐、香火	邑子			造七級浮圖	爲先帝		"萃"卷36，"雕"第365頁
167	邑	皇建二年（561）五月廿五日	山西	72	八關齋主1、像主5、當陽像主2	邑子		邑師4	造像、造石窟	爲佛法、皇帝、五穀豐登、人民安樂，見存僧父母眷屬		"拓"7册第108頁，"雕"第329頁
168	邑	保定元年（561）七月廿九日	陝西耀縣		平偉1、邑正1、邑主1、維那1、錄事1、香火	邑子	懷州刺史		造像	爲七世先徒父母、一切衆生	邑子均一姓雷	"拓"8册第101—103頁
169	法義	皇建二年（561）十月卅日	山東濰縣	30	像主	直書姓名		比丘1	造盧舍那像	爲國王帝主、師僧父母、居家眷屬		"雕"第329頁，"拓"7册第109頁

貳 專門從事佛教活動的民間團體及其與佛教的關係

（續表）

序號	名稱	紀年	所在地區	人數	首領稱謂、數目	成員稱謂	邑內官員、鄉紳、階級、階層	邑內僧人、邑與寺院	活動內容	目的	其他	材料來源
170	法義	河清元年(562)	濰縣	110餘	像主、香火、邑長、化主、佢官主、邑正、都邑主、維那、典錄、典坐、治律、□樂主、邑主、邑謂、邑老				造定光佛像	為法界含生		"瓊"卷21,"雕"第330頁
171	邑	保定二年(562)	陝西耀縣	100		邑子			造像	為皇帝、七世所生、法界		"藥"第93—95頁,《考古》1965年第3期
172	邑	河清二年(563)二月十七日	山西	70	都邑主1、八關齋主1、齋主12、佛堂主6、維那4	邑子			造石像	為皇帝、七世父母、圖家眷屬、邊地衆生		"拓"7册第124頁
173	邑義	河清二年(563)四月十日	山東	77	寺主1、像主1、維那5	直書姓名		有寺主	造鐵像	為皇帝、州都令長、七世亡父、速及法界衆生		"雕"第358—359頁
174	邑	河清二年(563)	安徽亳縣		都邑主1、中正3、都維那1、維那2、施宅主1、典坐主1	邑子、比丘		比丘6	造石像	為皇帝、百官、甲兵休優、萬品、四生		《文物》1980年第9期第62頁
175	邑	河清二年(563)			邑主				造釋迦、定光、彌勒像			"雕"第331頁

89

（續表）

序號	名稱	紀年	所在地區	人數	首領稱謂、數目	成員稱謂	邑內官員、鄉紳、階級、階層	邑內僧人、邑與寺院	活動內容	目的	其他	材料來源
176	邑	河清三年（564）二月八日	江蘇吳縣	18	邑主1	直書姓名		無僧人	造白玉思惟像			"雕"第332頁，"拓"7册第130頁
177	邑義	河清三年（564）二月八日	山西	100				比丘1	造白玉像	爲皇帝、七祖先靈、合邑己身、眷屬		"雕"第331—332頁
178	邑	河清三年（564）三月八日	益都	7	僧人爲首領（無名目）			比丘	造盧舍那像	爲現世父母、帝主及一切衆生		"拓"7册第133頁，"雕"第332頁，"瓊"卷21
179	邑	河清三年（564）三月廿八日	河南淇縣		都邑主4、都邑中正1、邑中正1、都維那1、維那1、像主1、八關齋主7	邑子			造像			"拓"7册第137頁
180	邑義	河清三年（564）四月十三日	河南新鄭	40	比丘爲首領			比丘僧道政苹邑義	造石像	爲弘佛法	無題名	"拓"7册第138—139頁
181	邑	河清三年（564）四月廿日	河南登封		都邑主14、都邑中正5、都邑維那5、邑師3、東堪像主	邑子		邑師3，有一邑師在孫寺，爲沙門都	造像	爲三寶、七世父母、居家眷屬	邑子之外有清信士	"苹"卷33，"雕"第333頁，"全"第3877頁
182	邑	保定四年（564）六月九日			邑師、邑主、典坐	邑子			造像	爲三寶、邑義衆生亡居眷		"苹"卷36

貳　專門從事佛教活動的民間團體及其與佛教的關係

（續表）

序號	名稱	紀年	所在地區	人數	首領稱謂、數目	成員稱謂	邑內官員、鄉紳、階級、階層	邑內僧人、邑與寺院	活動內容	目的	其他	材料來源
183	邑子	保定四年(564)九月八日	陝西	250	檀越主,北面上堪像主,左廂香火主,東面邑主,無量壽像主,西面香火、彌勒像主,右廂邑主,彌勒化主,西廂香火、都維那、開明主,都維那,觀世音像主,高坐主,觀世音像主,南面上堪像主,南面中堪像主,釋迦像主,開明像主,左廂典坐主,左廂維那,左廂齋主,左廂邑正,左廂邑正,右廂化主,右廂邑正,右廂邑正,右廂維那,右廂典坐,大像主,都邑主,邑長	邑子		比丘為聖母寺造	造四面像	為天龍八部人、皇帝、公卿將士、先師父母、邑人眷屬		"苯"卷36,"瓊"卷23,第366—367頁,"雕"第8冊第114—116頁
184	法義	河清三年(564)十月八日		40	邑師2,碑主1,菩薩光明主1,邑中正1,都邑主1,左廂邑主1,像主2,像光明主1,坎主1,左廂菩薩光明主1,都維那1,典維那2,香爐主1,清淨主1,邑老3	邑子		邑師2	造像	為法義諸人、遷先亡上升、皇帝聖土、彊靜民安		"拓"7冊第142頁

（續表）

序號	名稱	紀年	所在地區	人數	首領稱謂、數目	成員稱謂	邑內官員、鄉紳、階級、階層	邑內僧人、邑與寺院	活動內容	目的	其他	材料來源
185	邑	河清三年(564)			都維那2、大像主2、盧舍那像主2				造盧舍那像			"拓"7冊第144頁
186	邑	河清四年(565)三月四日	博興(山東)	100	邑主2			比丘尼	造塔			"萃"卷33,"拓"7冊第150頁,"雕"第334頁,"全"第3876頁
187	邑	河清四年(565)三月八日			邑師1、都邑主1、邑主1	邑子、比丘		比丘、邑師	造像	爲免三途之苦		"拓"7冊第151—152頁,"雕"第334—335頁
188	法義	河清四年(565)三月廿七日		20	像主、維那、都維那				造盧舍那像	爲皇帝師僧父母、善友知識、普及一切羣生		"雕"第335頁,"拓"7冊第153頁
189	法義	天統元年(565)七月十五日		38	法義主1、維那2	法義		無僧人	造娑羅像	爲皇帝師僧父母、居眷		"雕"第335頁,"拓"7冊第157—158頁
190	邑	天統元年(565)八月	河北平鄉		像主、維那、都維那	邑子	郡主薄、縣令等	比丘尼、比丘僧	造像	爲弘法	柴氏宗族邑義	"拓"7冊第160—161頁
191	邑	天統元年(565)九月六日			大邑主、大經主				造經	爲弘法		"拓"7冊第163頁
192	邑	天統二年(566)四月十日		30餘	大像主2、副像主1、都維那2、光明主1、副維那2、邑政3、維那3	邑人		比丘3	造彌勒像	爲皇家臣庶、父母師僧己身		"雕"第336頁,"拓"7冊第176頁

92

貳　專門從事佛教活動的民間團體及其與佛教的關係

（續表）

序號	名稱	紀年	所在地區	人數	首領稱謂、數目	成員稱謂	邑內官員、鄉紳、階級、階層	邑內僧人、邑與寺院	活動內容	目的	其他	材料來源
193	邑義	天統二年(566)七月			天宮主1,石像主1,當佛主1,西堪主1,東堪主1,邑主1				造像			"雕"第336頁
194	邑義	天統二年(566)十月八日		40	邑師1,邑主1,香火主1,典坐1,典錄1,維那1,邑胃1,邑政1,像主1	邑子			造像	爲佛法		"雕"第336—337頁
195	邑	天和元年(566)十一月廿日	陝西	17		邑子	書生1	邑師爲衍覺寺比丘	造像	爲存亡父母,七世先亡,蒼生		"拓"8册第128—132頁
196	邑	天和元年(566)		128	都維那1,南面化主1,都邑主1,南面光明主1,南面維那1,南面典錄1,邑正1,南面齋主1,南廂侍僮1,左廂侍僮1,右廂侍僮1,都邑化主1,南面邑員1,都邑主1,南面邑主1,當陽像主1	邑子	都督1,虎賁錄事中散大夫1	無僧人	造釋迦像	爲皇帝師僧父母,因緣眷屬,合邑己身		"瓊"卷23
197	邑	天統三年(567)三月十五日	河南偃師	53	邑主2,維那2,香火2,典坐2,中正2,坐主2,邑老3,像主2	邑子,比丘	洛州都督兼洽中奉朝請洛陽郡中正,征東將軍洛州大中正,冠軍將軍洛州金墉鎮前車騎府司馬	比丘11人	造七佛龕並二菩薩	爲國祚,三寶,七世父母,現在眷屬		"萃"卷34,"拓"7册第182頁,"雕"第337—338頁,"全"第3876頁

（續表）

序號	名稱	紀年	所在地區	人數	首領稱謂、數目	成員稱謂	邑內官員、鄉紳、階級、階層	邑內僧人、邑與寺院	活動內容	目的	其他	材料來源
198	邑	天統三年(567)四月八日	河南偃師	22	邑中正(兼大都邑主)1,邑中正1,都邑主1,都維那1,維那3	邑子			造天宮石像	為三寶,七世先靈,見在眷屬		"萃"卷34,"瓊"卷22,"拓"7冊第183頁,"雕"第338—339頁,"全"第3880頁
199	法義	天統三年(567)五月十五日	許州	100	都維那、像齋主、維那	邑子,比丘		比丘十幾人	造丈人大像	為皇帝,師僧品		"萃"卷34,"瓊"卷22,"雕"第339頁,"全"第3876頁
200	邑義	天統三年(567)九月十六日		38	天堂主2,香火主2,上轉輪主2,維那主2,光明主2,大像主2,像主2,天王主2,交龍主2,佛坐主2,飛天主2,大力主2,道場主2,師子主2,中轉主2,花洛主2,都維主2,發心主2,起覺像銘主2,地神香主1,沖天主2,銘坐主1,都邑主1	直書姓名,比丘		比丘35人,以一寺為核心	造石像	為邑人,天龍八部,邑人居眷	以趙姓為最多	"拓"7冊第189頁
201	邑義	天統三年(567)十月八日	河南	40	天宮主1,石像主1,當陽佛主1,西堪主1,邑主1	邑子			造像	為崇佛		"拓"7冊第190頁

94

貳　專門從事佛教活動的民間團體及其與佛教的關係

（續表）

序號	名稱	紀年	所在地區	人數	首領稱謂、數目	成員稱謂	邑內官員、鄉紳、階級、階層	邑內僧人、邑與寺院	活動內容	目的	其他	材料來源
202	邑	天和二年（567）	陝西涇陽	33	邑長、都維那、典錄、典坐、香火	邑子			造像	爲衆生		"萃"卷37,"雕"第369—370頁
203	法義	天統四年（568）九月一日	山東	20餘				比丘1		爲帝主、七世父母		"拓"7册第194頁
204	邑	天統四年（568）九月十五日	河南龍門	15					造釋迦像	爲皇帝、七世父母、已身、眷屬		"龍"第267頁,"拓"7册第195頁
205	邑	天統四年（568）十一月	河南龍門		像主、維那				造釋迦像	爲七世先亡、已身、眷屬		"龍"第262頁,"拓"7册第198頁
206	邑	天統四年（568）			大像主1、塔主1、菩薩主2、都維那11	都維那		比丘尼1、比丘3	造盧舍那像	爲邑內僧俗及眷屬		"雕"第340頁
207	邑	天統五年（569）四月八日		24	法主1、寺主1、大像主1、次像主1、大像佐1、書像主7、開明主2	成員均有稱謂	縣令、郡守、刺史、外兵參軍、州祭酒、州主簿	比丘1、比丘尼2	造像	爲國興福	均姓朱	"拓"7册第199頁,"雕"第341頁
208	邑	天統五年（569）四月八日		70	大像主、都維那				造像	爲皇帝、六道		"拓"7册第200頁

（續表）

序號	名稱	紀年	所在地區	人數	首領稱謂、數目	成員稱謂	邑內邑員、鄉紳、階級、階層	邑內僧人、邑與寺院	活動內容	目的	其他	材料來源
209	邑義	天統五年（569）四月十五日	山東	30	都維那2	邑義			造像	爲衆生		"雕"第341頁，"拓"7册第201頁
210	邑	天和四年（569）八月一日	陝西涇陽	124	香火2,邑主2,化主4,邑長1,東面維那1,邑師1,邑老1,都化主1,唯那1,邑謂2,南面像主1	邑子		邑師3	造石像	爲皇帝、大塚宰、師僧父母	以女人爲邑主	"苯"卷37,"雕"第370—372頁，"全"第3989頁
211	邑義	天統五年九月十四日		60	中正2,起像主5,西龕像主4,北龕像主2	邑義		無僧人	造像	爲皇帝、邑義迴遠		"雕"第342—343頁
212	邑	武平元年（570）正月廿六日	河南登封	40	邑師1,齋主1,勸化主2,北面像主7,都邑主5,開光明主4,大都邑主1,都維那4,忠正2,維那2,邑老1,邑塔合1	邑子		邑師比丘1,比丘尼7	造像	爲皇帝祚，存亡父母，因緣眷屬		"雕"第343—344頁，"拓"8册第2頁
213	邑義	武平元年（570）二月十一日	北京法源寺	16		直書姓名		無僧人	造白玉像	爲皇帝、師僧父母	成員均姓員	"拓"8册第3頁
214	邑	武平元年（570）十一月			邑主1,像主1			邑主爲僧人	造像	爲崇佛		"拓"8册第15頁

貳　專門從事佛教活動的民間團體及其與佛教的關係

（續表）

序號	名稱	紀年	所在地區	人數	首領稱謂、數目	成員稱謂	邑內官員、鄉紳、階級、階層	邑內僧人、邑與寺院	活動內容	目的	其他	材料來源
215	邑	天和六年（571）四月十五日		28	邑師、像主兼邑主、道場主、化主2、邑長2、治律2、典錄2、典坐行維那香火、邑日2	邑子		邑師1	造觀音像	爲天龍八部、帝主人王、師僧父母、因緣眷屬法界衆生	像主兼邑主	"雕"第372頁，"拓"8册第147頁
216	邑	天和六年（571）五月廿一日	陝西西安	45	邑主、像主、邑師、齋主、維那、邑胥、治律、典錄、典香火	邑子	陽烈將軍2、都丞、威將軍、曠野將軍殿中大司馬、大部府朝司馬、横野將軍		造像	爲三寶、天王、國主	除一人外均姓費	"萃"卷37、"雕"第373頁
217	邑義	武平二年（571）五月		200餘				有僧人	造像			"龍"第377頁
218	邑義	武平二年（571）六月廿三	山西					比丘	造彌勒王像		般石合村	"雕"第345頁
219	邑義	武平二年（571）七月	河南沁陽	300	像主、齋主、左右廂菩薩主、都維那、那維、都邑主	邑子	郡中正		造像	爲崇佛		"拓"8册第25頁，"雕"第345頁

97

(續表)

序號	名稱	紀年	所在地區	人數	首領稱謂、數目	成員稱謂	邑內官員、鄉紳、階級、階層	邑內僧人、邑與寺院	活動內容	目的	其他	材料來源
220	邑義	武平二年(571)七月		300				永顯寺法端	造像			"雕"第345頁
221	邑義	武平二年(571)九月十五日			大維那主5	直書姓名			造釋迦像	為追念亡師	成員後列妻、子	"拓"8冊第27頁、"雕"第346頁
222	邑子	武平二年(571)九月十五日	河南偃師	300餘	邑師1,邑主1	邑子		邑師1	造像	為升淨土		"萃"卷34,"全"第3878頁、"雕"第345—346頁
223	邑	建德元年(572)四月八日		80	邑師1,邑主1	邑子		邑師1	造石像	為皇帝、合邑七世父母,見在眷屬		"雕"第374頁
224	邑	武平三年(572)九月十二日	河南龍門	100	邑義主			比丘1,(勸率者)	造石像	為皇帝、國祚、師僧,七世所生父母		"龍"卷34,"雕"第310頁、"夐"卷20
225	邑義	武平三年(572)十二月十六日	兗州	50	邑主1,禪房主1,維那1	直書姓名,邑人,比丘,比丘尼		禪師2,比丘12,比丘尼14	造塔		邑義主下空數字	"萃"卷34,"雕"第348頁、"夐"卷22、"拓"8冊第41頁
226	邑義	武平三年(572)							造白玉阿彌陀像	為皇帝、師僧父母,法界眾生		"雕"第348—349頁,"拓"8冊第43—45頁

貳　專門從事佛教活動的民間團體及其與佛教的關係

（續表）

序號	名稱	紀年	所在地區	人數	首領稱謂、數目	成員稱謂	邑內官員、鄉紳、階級、階層	邑內僧人、邑與寺院	活動內容	目的	其他	材料來源
227	邑	武平四年(573)五月十七日	河北	24	邑主1,都維那1,中正1	邑人		邑主為比丘尼,另有比丘尼2人	造思惟像	為皇帝,七世師僧父母,一切衆生		"雕"第349頁
228	邑義	武平四年(573)七月廿二日	山西						造四面像			"雕"第352頁
229	邑	建德三年(574)二月八日			維那2	邑子		有一邑子比丘	造像		邑子清信	"拓"8冊第162頁
230	邑	武平五年(574)七月八日	安徽毫縣	7	都維那1,都像主1,維那2	邑子		無僧尼	造石像	為國泰民安,戈武不起,普及邊地	施主11人	《文物》1980年第9期第63頁
231	邑	武平五年(574)十月	河南汜水			邑子			造塔	為弘佛法		"苹"卷35,"雕"第353頁
232	邑	武平六年(575)三月	河南龍門	22	邑師1,邑中正1	邑子		邑師1,另有比丘1	造石像	為七世父母,因緣眷屬,法界衆生		"龍"第277頁,"拓"8冊第66頁,"瓊"卷20
233	邑	武平六年(575)六月	河南龍門		都邑師	邑人		邑師1	造釋迦,二菩薩	為邑人已身,師僧父母,皇七世,合生祚		"龍"第295頁,"拓"8冊第68頁,"雕"第310頁,"全"第3876頁

（續表）

序號	名稱	紀年	所在地區	人數	首領稱謂、數目	成員稱謂	邑內官員、鄉紳、階級、階層	邑內僧人、邑與寺院	活動內容	目的	其他	材料來源
234	邑	武平七年(576)正月十五日		50	大齋主,都銘像主,當陽觀音主,左右飛天主,上堪龍像主,副齋主,迦葉主,阿難勒主,思惟主,都邑主,維那,清淨主,上、中、下塔主	直書姓名		比丘16	造石像	為皇帝,師僧父母,因緣眷屬,邊地眾生		"拓"8册第76頁
235	邑	武平七年(576)四月十五日	河南偃師	50	都邑主,邑中正,都維那,供養主	邑子		比丘	造像	為法界有形	有清信	"拓"8册第78頁
236	邑	武平七年(576)十一月廿三日	河南登封	100	邑師1,都邑主1	邑子,比丘		邑師1,另有比丘2	造像	為國家,邊地眾生		"拓"8册第80頁,"蘷"卷22
237	邑	武平九年(578)二月廿八日		8	邑主1	邑子,道民		無僧人	造石像	為皇帝,尊師崇業		"萃"卷35,"全"第8册第82頁,"拓"第3873頁
238	邑	推定在北齊			邑主1,都維那2,維那3	邑子			造像			《文物》1980年第9期
239	邑	推定在北齊	河南偃師	15		邑人			造釋迦像,彌勒10堪	為隊八難		"萃"卷35,"全"第3878頁,"拓"8册第89頁

貳　專門從事佛教活動的民間團體及其與佛教的關係

（續表）

序號	名稱	紀年	所在地區	人數	首領稱謂、數目	成員稱謂	邑内官員、鄉紳、階級、階層	邑内僧人、邑與寺院	活動内容	目的	其他	材料來源
240	邑義	推定在北齊	北徐州					興福寺居士劉道景邑義	造大像	爲弘佛法		"拓"8册第95頁
241	邑	大定元年(581)六月卅日		22	邑主1,維那1				造像	爲亡世父母及現世眷屬		"拓"8册第212頁
242	邑	北周(?)	陝西耀縣		西面化主1,西面都化主1,四面都化主1				造七級浮圖、一佛二菩薩、二觀音			"藥"第118頁
243	邑	北周(?)	陝西耀縣		化(伙)主4,像主5,香火1,典録1,邑主5,維那3,齋主2,都典録2,都像主2,香火主2	邑子			造像(四面像)		佛道混合造像	"藥"第110—112頁,《考古與文物》1984年第5期
244	邑	北周(?)	陝西耀縣		都化主2,都邑主1				造菩薩坐像		都化主,邑主下無題名	"藥"第112—113頁
245	邑	北周(?)	陝西耀縣		邑主,化主,香火謂,都邑主,邑師,邑維那,伯官,典録,洽律	邑子,沙彌		邑師1,沙彌	造四面像			"藥"第115—116頁
246	邑	南北朝			塔主1,像主1,維那4	邑子			造像			"拓"8册第222頁

（續表）

序號	名稱	紀年	所在地區	人數	首領稱謂、數目	成員稱謂	邑內官員，鄉紳，階級，階層	邑內僧人，邑與寺院	活動內容	目的	其他	材料來源
247	邑	南北朝	河北		邑主1,邑老	邑子	衛大將軍，幽州總管參軍，縣丞，蕩逆將軍輔國將軍		造像		清信弟子若干	"拓"8冊第221頁

①表中"材料來源"之略稱爲：
"萃"：王昶《金石萃編》，北京：中國書店1985年版。
"瓊"：陸增祥《八瓊室金石補正》，北京：文物出版社1985年版。
"雕"：大村西崖《中國美術史雕塑篇》，北京：國書刊行會1980年版。
"拓"：北京圖書館金石組《北京圖書館藏中國歷代石刻拓本彙編》，鄭州：中州古籍出版社1989年版。
"龍"：水野清一、長廣敏雄《河南洛陽龍門石窟の研究》，東京：座佑寶刊行會1941年版。
"藥"：曹永斌《藥王山石刻題記紀略》（油印本）。
"續"：陸耀遹匯纂 陸增祥校訂《金石萃編續編補正》，臺北：國風出版社1965年版。

102

貳 專門從事佛教活動的民間團體及其與佛教的關係

從"表一"所搜集到的材料來看，邑義流行的時限，最早出現於東晉元興元年(402)[31]，較晚的在北周大定元年(581)[32]，大部分材料集中在公元500—581年之間。邑義流行的地區也很廣，分佈於現在的河南、陝西、山東、山西、河北、安徽、江蘇、浙江、江西、北京等地。北方流行的較爲廣泛，其中又以河南、陝西、山東等地爲多。以往論者大多把邑義看作北朝的佛教團體，無論從時間還是從地區分佈上看，都是不正確的。

由於邑義流行的時間甚長，分佈的地區甚廣，很難對其組織情況進行概括性描述。依據"表一"所搜集的資料，其規模少者僅三四人[33]，多者可達一二千人[34]，多數在十幾人至百人之間，二三百人的也有一定數量[35]。邑義成員的成分十分複雜。有出家的僧尼、沙彌，也有世俗官僚，更多的是平民百姓[36]。邑義結合的方式，以各階層和僧俗混合結爲一個團體較爲多見，也有一些邑義沒有僧人或官僚[37]，有的邑義則全由地方中下級官吏組成[38]。與兩晉南北朝時期北方不少大族聚族而居有關，由某一大族或以其爲主體組成的邑義爲數不少。如顏尚文曾做過專門探討的《東魏李氏合邑百餘人造像碑》[39]，就是以李氏家族成員爲主體的邑義；《東魏大吳村合邑一百人造像記》[40]，則是以吳姓家族爲主體的邑義；等等。與這一時期婦女社會地位相對較高相關，除了在相當數量的邑義内有女人參加外，由女人自己組織的邑義也有一些。如《東魏鄭清等合邑義六十人造迦葉像記》稱其成員爲"合邑諸母"[41]，則這個邑義是由已有子女的中老年婦女組成。再如《北齊公孫村母人三十一人合邑造像記》[42]和《北齊大交村邑義母人七十五人造觀音像記》[43]所記邑義也都是由女人組成。類似材料還有一些，不備舉[44]。

邑義成員，自稱爲邑子的較多，姓名前不加任何頭銜的也爲數不少。此外還有邑人、邑義人、邑義、邑徒、法義、佛弟子、清信士、清信男、清信、主人、檀越、邑母、邑女、清信女、某某母、某某妻等名目。作爲邑義成員的出家人則稱比丘、比丘尼、沙彌、邑子比丘等（參看"表一"）。

關於邑義的首領，由於情況比較複雜，將在下文專門討論。

邑義的活動包括造像、設齋、建塔(浮圖)、修建僧寺、造石室、造石經、念佛，以及建義井、栽樹等。在這些活動中，造像活動最爲重要（參看"表一"）。

在筆者搜集到的238件能確定其活動內容的邑義材料中，從事造像活動的達215件，佔90%以上。可見，造像是東晉南北朝時期多數邑義所從事的主要活動。

與傳統社邑（邑社）相比，邑義的組織一般來說比較鬆散。相當數量的邑義是爲了從事造像、建塔等活動而臨時組織起來的，佛像或塔造完以後，邑義也就解散了。《北魏大吴村合邑一百人造像記》號稱百人，題名卻不足百，且有10個邑子下未刻人名[45]。《北魏韓顯祖等合邑造像記》的題名中亦有4個邑子下未刻人名（見圖版五、圖版六）[46]。這大概是組織者預先規定繳納一定數量的錢財即可成爲邑子，均有在石碑上邑子下的空白處刻上自己姓名的權利。工匠事先把邑子按行刻好，無論是誰，只要繳納足了規定的錢財，就可在邑子之下刻上姓名。上引二例邑義的組織者可能事先比較樂觀，預刻的邑子較多，但後來並沒有那麼多人來參加，於是就剩下了一部分邑子之下沒有姓名。

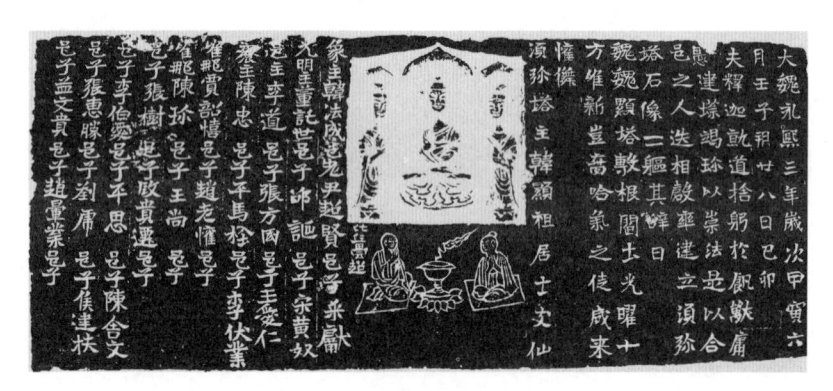

圖版五

在《北周王妙暉等合邑五十人造像記》中，雖碑文稱"合邑子五十人"，但碑陰的題名卻超過了70人[47]。這應是參加造像的人數超出了組織者事先的估計。《北齊董洪達等合邑造像銘》碑陰有"武平二年十一月廿七日，用錢五百文買都像主一區（軀），董伏恩"[48]。董伏恩用錢五百文買到了被刻爲都石像主的資格，這一實例亦可證明以上的推測大致不誤。像這類出錢即可列名的邑義，其組織自然不太穩固，參加者的隨意性也較強。錢財一旦湊足，

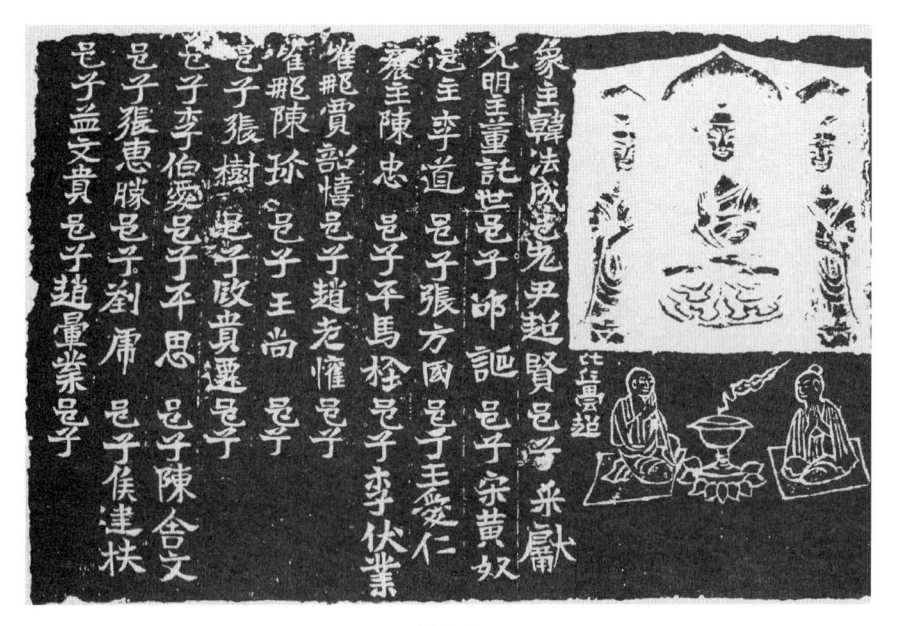

貳　專門從事佛教活動的民間團體及其與佛教的關係

圖版六

石像完工，其組織也就不復存在了。有材料表明，甚至有的邑義不過是臨時湊錢買一座已經造好的石像。組織者把錢財收齊後，將錢財和出錢財者的名單一併交給工匠，工匠在已造好的石像預先留出的空白處刻上姓名，再舉行一個安置石像的慶像儀式，這個邑義的使命也就完成了。在《東魏邑主造像訟（頌）》中，邑主之下留有大約容納 8 個字的空白，碑陰也沒有成員的題名[49]。這應是已經造好準備賣給邑義但未能賣出的石像。對於上述以造像爲目的的邑義來說，参加的人愈多，個人分攤的錢財就愈少。故這類邑義的組織者會儘量勸導更多的人參加，致使有的邑義達百人、數百人甚至千人以上。如此眾多的人在短期內結成一個團體，恐怕也很難有嚴密的組織。

另一方面，有材料表明，也有一些邑義存續時間較長，它們在造像之外也從事其他佛教活動。《北魏邑主孫道務等合邑二百人造像記》稱這個邑義造像始於"太和七年（483）"，至"景明三年（502）歲在壬午戊子朔廿七日造訖"[50]，則這個邑義至少存續了 19 年。又《北魏夫蒙氏合邑造像記》的題名中有"亡邑主清信田歸香、亡邑主清信儶蒙□護永、亡惟納清信党姬香、亡邑子清信同褅文姬、亡惟那清信同褅龍姜、亡邑子清信田文姜"等題名[51]，這個邑義自組織起來到造完像時已有數人亡故，説明它存續的時間也不短。從邑義的造像、造塔題名中還可看到，有20多個邑義設有齋主一職（見表一），説明一些邑義還從事設齋活動。固然這些邑義可能只從事一次設齋活動，即在佛像或塔完工後所舉行的一次慶祝齋會，而後解散，題名中的齋主就是邑義僅有的一次齋會的齋主。但也有一些邑義中的齋主是八關齋主[52]。八關齋又叫八齋戒，它是要求信徒奉持不殺、不盜等八戒和過中不食齋戒的一種修煉方法。由於八關齋戒要長期奉持，所以設有八關齋主的邑義在造完像後應不會解散。《北魏錡氏合邑廿人造像記》中稱將供養所造的石像"四時不厥"[53]，則這個邑義成立的目的不僅僅是爲造像，還要長期供養所造之像，佛像安置之處也就成了他們以後舉行佛教活動的場所。設有八關齋主的邑義所造之像應當也是爲了派這個用場。

此外，還有一些邑義中有清信士。前已述及，有的邑義成員自稱清信、清信士、清信男、清信女等。這裏所説的清信士與作爲邑義成員的清信士不同，他們不是邑義成員。如《北魏嚴桃等合邑五十人造像記》的題名爲："清信士嚴顯樹、清信士靳元秀、清信士靳雙□、清信士史萇受、清信士靳世奇、清信士嚴崇慶、清信士史千牛、清信士嚴四王、邑子嚴雙禄(?)、都維那靳令廬、香火靳韶歡、邑胥靳國珍、邑胥嚴毛德、維那嚴國昌、□□□隨公、邑子史玉保、邑子嚴桃生、香火靳神熾、典録袁承達、邑子嚴屯女、邑子袁法明、邑子史神□、邑子史思□、邑子嚴□興、邑子嚴退、邑子靳神達、邑子嚴萬歲、邑嚴□□、邑子嚴輔□、邑子嚴□族、邑子嚴被□、邑子張買得、□政袁陽德、邑政袁達、但官袁洪珍、典録東鄉暎周、邑子袁天受、邑子□□□、邑□袁神□、邑子東鄉□□。"[54] 此件之題名，除有頭銜的首領外，邑義成員題名爲邑子，但在邑子之外又有清信士8人，像這樣的材料，還有幾件。這些清信士很可能就是因爲他們出資幫助造像而得到了題名的資格。在顧炎武生活的時代，把出財布施的人稱爲"信士"[55]，大概就是這種古老傳統的遺留。清信士的姓名既被題在邑義興造的石像上，但又不把他們稱爲邑子，不外乎以下兩個原因：其一，這個邑義除造像外，還有其他佛教活動，清信只參加了造像

貳　專門從事佛教活動的民間團體及其與佛教的關係

活動，故不能被稱爲邑子。其二，加入邑義可能需要一定的手續，並不是出一份錢財就可成爲邑義成員。這手續雖不一定像後世的唐代入社那樣複雜（要寫入申請投社狀，並經社邑的首領批准等）[56]，但可能要比上文提到的香火盟誓複雜一點。上文提到過的《東魏興化寺高嶺以東諸村法義造像記》中稱在組織其團體時曾"共相要約"，說明可能有類似後世社條一類的規定。依據以上材料和分析，似可推斷，邑子之外仍有清信士的邑義，並不是造完像就解散，其組織也要比從事一次性造像活動的邑義要嚴密一些。

以上論述說明，東晉南北朝時期的邑義大致可以分爲兩類，一類只從事造像、造塔等一次性活動；另一類在造像之外還從事其他佛教活動。後一類一般存續時間較長，組織也比較嚴密。

中外學者都認爲邑義源於《提謂波利經》，它最早出現於北魏[57]。這種看法的根據是《續高僧傳》卷1《釋曇曜傳附曇靖傳》中的一段話，其文稱："隋初開皇關壤，往往民間猶習《提謂》，邑義各持衣鉢，月再興齋，儀範正律，遞相監檢，甚具翔集云。"[58] 以上材料說的不是北朝的情況，論者把這條材料當作根據，用逆推的方法，認爲"隋初即如此，北朝當不會相差太遠"[59]。應該承認，在缺乏直接證據的情況下，採用逆推的方法在一定程度上是可行的。而且《提謂波利經》確是編撰於北朝初期，又是一部面向在家佛教信徒的經典[60]。所以，據此推論北朝邑義源於《提謂波利經》，應該說有一定道理。但是，這種推斷僅僅是一種可能，要把這種可能變成肯定的結論，還需要直接的證據。而論者恰恰是在沒有找到直接證據的情況下就作出了肯定的結論。更何況上引材料中講的並不是整個北方的情況，只是"隋初開皇關壤"，用隋初關中的情況來推論北朝的整個北方，這個推論的風險是可以想見的。筆者無意否定《提謂波利經》作爲邑義淵源之一的可能性，卻也發現了一些邑義的確不是源於《提謂波利經》。正如論者所言，受《提謂波利經》影響的邑義應奉持五戒。但前面已經提到，一些邑義中設有八關齋主，這些奉持八戒加一齋戒的邑義顯然與提倡五戒的《提謂波利經》沒有關係。

其實，不僅《提謂波利經》不是邑義的唯一淵源，邑義也不是最早在北魏出現。《高僧傳》卷6《釋慧遠傳》略云："（釋慧遠）於是率衆行道，昏曉不絕。

釋迦餘化，於斯復興。既而謹律息心之士，絕塵清信之賓，並不期而至，望風遙集。彭城劉遺民、預章雷次宗、雁門周續之、新蔡畢穎之、南陽宗炳、張萊民、張季碩等並棄世遺榮，依遠遊止。遠乃於精舍無量壽像前，建齋立誓，共期西方。乃令劉遺民著其文曰：'惟歲在攝提（402）格，七月戊辰朔，二十八日乙未，法師釋慧遠貞感幽奧，宿懷特發，乃延命同志息心貞信之士百有二十三人，集於廬山之陰，般若雲臺精舍阿彌陀像前，率以香華，敬薦而誓焉。惟斯一會之衆，夫緣化之理既明，則三世之傳顯矣；遷感之數既符，則善惡之報必矣。……今幸以不謀而僉心西境……然其景績參差，功德不一；雖晨祈云同，夕歸彼隔。即我師友之眷，良可悲矣，是以慨焉。胥命整衿法堂，等施一心，亭懷幽極，誓兹同人，俱遊絶域。'"[61] 上引材料中記載的慧遠與123位崇信佛教的僧俗之士於東晉時期結成的宗教團體雖不是中唐以後人們傳言的白蓮社[62]，卻是本篇第二部分所討論的邑義一類的佛教團體，而且是迄今所見到的最早的專門從事佛教活動的佛教團體。其理由如次：首先，這個團體的成員都是信奉佛教的僧俗二衆，法師釋慧遠是這個團體的首領。其次，這個團體在佛像前舉行了類似香火盟誓的發願儀式。再次，這個團體結合的目的是爲了共赴西方淨土，達到這一目的的手段是觀念念佛。這種以往生淨土爲目的的佛教團體，在北方也不乏其例。如《北魏崔永高等三十六人造像記》中説他們造像的目的是"爲往淨方"[63]，《北齊邑主暈禪師等合邑造阿彌陀玉像記》中説他們是爲"俱投淨土"[64]，《北齊殷恭安等合邑造石像記》中也説他們是爲"今生有福，來生淨國"[65]。可見，釋慧遠組織的佛教團體與北方的邑義等佛教團體在成員成分、結合程式、結合目的等基本點上都是一致的，唯一不同點是達到目的的手段不同，一是通過觀念念佛，一是通過造像等興福活動。但這無關宏旨，因爲如前所述，北方一些從事造像的邑義也通過設齋等其他方式作爲達到目的的手段，到隋唐時期，造像已不是專門從事佛教活動的佛教團體的主要活動。所以，釋慧遠組織的佛教團體應是目前所知我國最早出現的邑義一類的組織。至於這個佛教團體的名稱，上引材料中有"惟斯一會之衆"一語，這裏的"會"，當然可以理解爲齋會、法會，但在晚些時候的材料中，也有把邑義一類的團體稱爲"會"的現象。北魏初年譯出的《雜寶藏經》中載:"爾時舍衛國,有諸佛弟子、女人作邑會,數數往至佛邊。"[66] 又,《續高僧傳》卷6《釋法貞傳》略云:"(釋法貞)與僧建齊名,時人目建爲'文句無前',目貞爲'入微獨步'。貞乃與建爲義會之友,道俗斯附,聽衆千人。隨得儭施,造像千軀,分佈供養。"[67] 聯繫這些材料,"會"也許就是慧遠組織的佛教團體的名稱。

此外,《高僧傳》卷7《釋超進傳》略云:"(釋超進)停止浙東,講論相續,邑野僧尼及清信男女,並結菩薩因緣,伏膺戒範。"[68] 這是一個名爲菩薩因緣的邑義類佛教團體,此事發生在南朝劉宋泰始年間(465—472)以前。很明顯,釋慧遠和釋超進兩位高僧組織的佛教團體都和《提謂波利經》沒有關係。另,上文曾提到顏尚文考定東魏《李氏合邑造像碑》所反映的是以法華思想爲主導的"法華邑義集團"。

可見,把《提謂波利經》作爲專門從事佛教活動的民間團體的唯一淵源的説法是不能成立的。其實,東晉南北朝時期的民間佛教團體應該是多源的。這是因爲,向世俗士庶做通俗的佛教宣傳,是佛教寺院和僧人擴大影響,增強社會、經濟勢力的重要途徑。一些僧尼依據佛經編撰了適合世俗官僚和百姓接受的經典,《提謂波利經》不過是這類經典中的一部。其他如《續高僧傳》卷31《釋道紀傳》記載北齊僧人釋道紀也曾編撰並向士女廣爲宣講《金藏論》,"一帙七卷,以類相從。寺塔幡燈之由,經像歸戒之本,具羅一化,大啓福門"[69],這也是一部與《提謂波利經》具有相同性質的作品。在東晉南北朝時期民間流行同類作品,並不止這兩部。這些經過中國僧人改造的作品對廣大士庶瞭解以至信奉佛教、組成佛教團體起了不小的作用。更加值得注意的是,還有爲數衆多的僧尼雖然沒有編撰《提謂波利經》《金藏論》之類的著作,但他們依據佛經,加上自己的體會,向周圍士庶進行通俗的宣傳。這類宣傳對民間佛教團體的産生是至關重要的。前面提到的釋慧遠、釋法貞、釋超進等,都是由於他們的宣傳,纔使得一些僧俗二衆聚集在他們周圍,結成了佛教團體。在我們目前所能見到的材料中,像這種在僧尼勸化下組織起來的邑義爲數不少。

另一個不容忽視的因素是當時寺院對世俗社會的一般宣傳(如齋講之類)和影響對邑義的產生也起了一定的作用。東晉南北朝時期雖然還沒有像唐代那樣的專門面向世俗百姓的"俗講",但對不同聽衆宣傳不同的內容,卻早已引起佛教界的重視。《高僧傳》卷13《唱導》略云:"夫唱導所貴,其事四焉,謂聲辯才博。若能善兹四事,而適以人時。如爲出家五衆,則須切語無常,苦陳懺悔;若爲君王長者,則須兼引俗典,綺綜成辭;若爲悠悠凡庶,則須指事造形,直談聞見;若爲山民野處,則須近局言辭,陳斥罪目。"[70] 當時面向百姓的齋講,連不識字的幼兒也能聽懂。《續高僧傳》卷6《釋真玉傳》云:"釋真玉,姓董氏,青州益都人,生而無目。……年至七歲……後鄉邑大集,盛興齋講,母攜玉赴會,一聞欣領。曰:'若恒預聽,終作法師。'"[71] 寺院正是通過這類通俗的宣傳,使不少世俗官僚和百姓逐漸瞭解並開始信奉佛教,成爲在家佛教信徒。"表一"的統計表明,有20多個邑義沒有僧尼參加,這些佛教團體可能就是受寺院和僧人的一般宣傳與當時的社會風氣等因素影響組織起來的。

(二) 關於邑義的首領

由於邑義流行的時間較長,地域廣闊,使得其首領的情況相當複雜。最突出的特點是名目繁多。不僅不同時期、不同地區邑義的首領往往名稱不一,甚至同一時期,同一地區的不同邑義的首領有時名稱也不一致。如《北魏尹愛姜等合邑二十一人造彌勒像記》[72]與《北魏邑主高樹等卅二人造石像記》[73],兩像地點同在龍門,又同在景明三年(502),但前者的首領是維那,後者的首領是邑主,維那則爲副首領。第二個特點是同一名稱在不同邑義中的地位和作用也不完全一致。如維那一稱,在多數情況下是作爲邑主或像主的助手,是邑義的副首領。但在上引《北魏尹愛姜等合邑二十一人造彌勒像記》和《北魏當陌村維那高洛周等七十人造像記》[74]中,維那就是正首領。在《北魏邑主孫道務等合邑二百人造像記》[75]中,有邑主1人,維那15人,題名分15列,維那在各列之首。似乎一列是一組,維那是組長。在《北齊道潤等造像記》[76]的題名中,有維那數十人,直接題姓名者數十人。在這裏,維那似乎又是邑義成員。此外還有大維那、都維那、大都維那、維那主、行維那等名目,這些名目在各個邑義中的地位和作用也不盡相同。第三特點是各個邑義首領的數目也有很大差別,同一個頭銜在一個邑義中也不只一人。有的邑義只有一個首領,有的邑義有兩個,有的則有十幾個,多者如《魏大都邑主曇和等合邑造像題名》[77]中各種名稱的首領超過了150人。而在《北周王妙暉等合邑造像記》[78]的題名中,邑子僅19人,不同頭銜的首領卻有57人。像這樣的邑義,還不止一兩個。有的邑義是每個成員都有頭銜。如《北齊宋氏道俗邑人造像記》[79]的題名,有法主1人,大像主1人,次像主1人,起大像主1人,書佐1人,像主7人,寺主(寺邑主之略稱,下詳)6人,開明主2人,沒有頭銜而題爲邑子則一個也沒有。這裏的像主與寺主,大概也就相當其他邑義的邑子了。但也有一些邑義從題名上看沒有首領。如《東魏道遇等邑義十三人造像記》[80]和《北齊比丘明空等邑義造盧舍那像記》[81]等都是只題成員姓名,沒有首領名目。沒有首領名目並不是真的沒人負責組織工作。像以上兩條材料所載之邑義一個稱爲"九門安樂王寺道遇邑義"[82],則這個邑義當由安樂王寺的道遇負責組織;另一個既以比丘明空爲首,則他也就是這個邑義的沒有頭銜的主事人。

在筆者搜集到的近250條有關東晉南北朝時期邑義的材料中,有192條題名或在造像記的行文中有邑義首領的頭銜,茲將這些材料中出現的頭銜及其在不同邑義中出現的次數略作統計,製成"表二"。

表二:東晉南北朝邑義首領稱謂一覽表

邑主類	邑主75、都邑主28、大都邑主3、大邑主1、政邑主1、副邑主1、南面邑主1、西面邑主1、左廂邑主1、都邑金像義井主1、像邑主1、寺邑主1、寺主1、邑義主1、法義主2、法主1、義主1
維那類	維那99、都維那51、維那主6、大維那3、行維那2、直維那1、大都維那1、大維那1、副維那1、南面維那1、左廂維那1、右廂維那1、都邑維那1、邑維那1、營福都維那1、長兼都維那1、都維那大像碑主1、都維那像主1、都維那齋主1

（續表）

化主類	化主21、都化主7、大化主2、勸化主2、元心勸化主1、大都化主1、四面都化主1、南面化主1、北面化主1、西面化主1、左廂化主1、右廂化主1、教化主1、發心主2、發心起像主1
邑師類	邑師42、都邑師2、大邑師1、大都邑師1、法師3、門師3、禪師3
香火類	香火22、左廂香火1、都香火1、侍香1、香火主7、南面香火主1、左廂香火主1、地神香主1
典坐典錄	典坐19、左廂典坐1、右廂典坐1、典坐主1、典錄19、都典錄1、南面典錄1、侍者6、左廂侍幢1、右廂侍幢1、治律4、洽(治)律1
齋主類	齋主18、八關齋主5、副齋主2、大齋主1、都齋主1、像齋主1、南面齋主1、左廂齋主1、右廂齋主1、道場主2、清淨主2、清淨1、清官1
像主類	像主40、大像主8、都像主5、石像主5、大石像主1、金像主1、副像主1、次像主1、當陽像主1、當陽佛主3、當陽主2、副當陽主1、上坎(龕)當陽主1、釋迦像主1、當佛主1、佛主1、東堪(龕)像主2、東面像主2、西堪(龕)像主2、西面像主1、南堪(龕)像主1、南面像主3、南面上堪(龕)像主1、南面中堪(龕)像主1、北堪(龕)像主1、北面像主2、北面上堪(龕)像主1、像圖主1、多寶像主1、北面多寶像主1、彌勒像主2、彌勒主1、無量壽像主1、盧舍那像主1、開明像主1、千像主1、定光佛主1、思維主1、父母像主1、菩薩主6、當陽菩薩主1、左廂菩薩3、左菩薩主2、右廂菩薩主3、右菩薩主1、當陽觀音主1、觀世音像主1、迦葉主1、阿難主1、西方阿難主1、西方兜率陀天主1、梵王主1、頂生王主1、天王主2、飛天主1、左右飛天主1、二金剛主1、大力主1、交(蛟)龍主1、龍像主1、上堪(龕)龍像主1、師(獅)子主1
光明主類	開佛光明主3、開光明主4、開明主3、光明主8、像光明主1、開二佛光明主1、都開光明主1、南面光明主1、左廂菩薩光明主1、右廂菩薩光明主1、彌勒開明主1
塔龕主類	塔主8、浮圖主2、須彌塔主1、寶塔主1、南面浮圖主2、北面浮圖主1、東面浮圖主1、西面浮圖主1、佛堂主2、天宮主9、禪房主1、天堂主1、大經主1、基主1、堪(龕)主1、坎(龕)主1、東堪(龕)主1、西堪(龕)主1、上堪(龕)主1、中堪(龕)主1、下堪(龕)主1、都五老堪(龕)主1、佛坐主1、高坐主1、坐主1、生天主1、沖天主1、上轉主1、中轉主1、花洛主1、香几主1、香爐主1、柚柱主1、鐘主1、幢(幢)主1、登(燈)明主1、登(燈)主1、起覺像銘主1、銘像主1、都銘像主1、碑主1、大都碑主1、供養主8、供主1、施主1、淨施主2、檀越主3、兩廂上勸化大檀越1、施宅主1、施地主1、施石主2、施石人1、起像主2、起大像主1
邑中正類	邑中正10、邑忠正1、右廂邑中正1、邑正17、邑政2、南面邑正1、左廂邑正1、右廂邑正1、都邑正2、都邑中正1、中正10、忠正3、都中正1、都忠正1

貳　專門從事佛教活動的民間團體及其與佛教的關係

（續表）

其他	邑長6、邑老16、邑老管舍1、村老1、都鑒2、錄事1、錄主2、都錄主1、都錄1、書佐1、但官6、彈官4、靜官1、平望1、平湟3、平徨1、平惶1、邑肎1、邑謂9、邑胃3、邑眥1、邑謁1、邑日2、但日主1、都縮主1、都官主1、都邑員1、南面邑員1

說明：
1. 上表中每個稱謂後的數字係指這個稱謂在東晉南北朝時期在不同邑義中出現的次數。
2. 由於有關邑義的石刻材料十分分散，未公開刊佈者所在多是，搜求不易，故上表中所列稱謂難免會有遺漏。但那些在邑義中流行較廣，影響較大的稱謂被遺漏的可能性很小。所以，上表所列稱謂大致能反映出此期邑義首領的一般情況。同理，表中每個稱謂後所附的數字，亦不可能十分精確，但些數字仍能反映出每個稱謂在邑義中流行情況的大致趨勢。

　　從"表二"所列頭銜及每個頭銜後所附的數字可以看出，東晉南北朝邑義的首領雖然名目繁多，但真正流行較廣的並不是很多。其中只在個別邑義中出現過一兩次的頭銜就在 200 以上，接近總數的 80%。另還有相當數量的頭銜是從一個名稱演變而來，如維那欄內的 18 個名目，都是由維那發展變化而來；邑主欄內的 13 個名目，也都是從一個名目演變而來；像主欄內的 60 餘個名目，嚴格說來，都可歸入像主類，等等。

　　這些名目繁多的邑義首領頭銜，大致可以將其分爲兩類。一類是爲佛教建功德而產生的功德主，在"表二"中，從齋主到起大像主之間的 100 多個頭銜都屬此類；功德主以外的是第二類，我們可把這一類看作真正的邑義首領。從淵源來說，"表二"中所列的所有頭銜都是受佛教和世俗官職的名稱影響而來。在受佛教影響而來的名目中，有一部分是受僧官影響而來，"表二"中自邑主至洽（治）律大致可歸入這一類；另一部分是從佛教寺院爲出錢財建功德者所加的種種頭銜移植而來的，"表二"中自齋主至大像主均屬此類。自邑中正至書佐都是受世俗官職名稱影響而來的。書佐以下的但官等十幾個名目，雖似受世俗官職名稱影響而來，但尚未查到證據，待考。

　　以下，依次對"表二"所列頭銜中，在不同邑義中出現次數較多或影響較大邑義首領略作考辨。

1. 邑主

　　邑主是邑義中較爲多見的首領之一。在 192 條有邑義首領的材料中，有 99 條有邑主（包括都邑主等）。邑主源於寺院的寺主。至遲在西晉時，佛

113

教寺院內已有寺主一職[83]。由佛教寺院、僧人或接受寺院、僧人影響而組織起來的邑義,也很自然地會仿效寺院的主事人名稱而將他們的首領稱爲邑主。在有的邑義中,甚至將邑主稱爲寺邑主。如《西魏宋法進等合邑造像記》的題名中有"寺邑主伏波將軍南陽、新野二郡太守趙文榮,寺邑主伏波將軍國子博士南陽太守固城都鑒軍張□字恩達(以下還有11人,略)"[84]。寺邑主這一頭銜,既反映了寺院與邑義關係,也透露了邑主的淵源。還有的邑義將寺邑主略稱爲寺主。《北齊宋氏道俗邑人造像記》的題名有"寺主平昌令宋安宗、寺主□州刺史宋安舍、寺主安國令宋安集、寺主趙郡太守趙領宗、寺主比丘僧法、寺主外兵參軍宋景和"[85]。這些寺主,多是俗人,不可能是寺院中的寺主,只能是寺邑主的略稱。

　　一般說來,邑主一職在邑義中的地位較高,作用也較重要。在有邑主的邑義內,大多由邑主負總責。如果一個邑義內有兩個以上首領,邑主的題名一般題在其他首領之前,在邑義成員題名前的"造像記"中也常由邑主作邑義的代表。如《北齊邑主曇禪師等合邑造阿彌陀玉像記》,在造像記中只提到了邑主曇禪師1人,題名也是曇禪師在最前,其後是禪房主,再後是比丘、維那與邑人等[86],在造像記中作爲邑義的代表標名和題名的順序都反映出了曇禪師在這個邑義中的地位和作用。類似例子還有一些,不備引。但是,邑主在有的邑義中也有可能不是主事人。如《北魏常岳等合邑一百餘人造像碑》,都邑主雖然題名在最前,但在造像記中卻稱"勸化主常岳率邑義一百餘人"[87]。這說明常岳實際是這個邑義的主事者,都邑主雖然地位最高,卻不是這個邑義的代表。又《北魏韓顯祖等造塔像記》的題名順序爲"須彌塔主韓顯祖、像主韓法成、光明主董託世、邑主李道、齋主陳忠、維那賈韶憘、維那陳珍(以下是邑子,略)"[88],從這個題名的順序來看,邑主似乎也不是主事人。如果邑義內有邑師,邑主的題名一般要在邑師後面。如《北魏邑主趙阿歡等造像記》的題名是"邑師惠感、邑主趙阿歡、光明主張惠普、都維那王呂宜、維那韋智達、維那賈婆羅門、維那張惠勝、邑正許惠但、邑老張伏保、邑主孟蓑命(以下是成員題名,略)"[89]。此件雖然邑師題名在最前,表明其地位較高,但他不一定是主事者。如上引《造像記》正文中稱:"是以闕□趙阿歡諸邑卅三人,體生滅之際,識去流(留)之分,知身是浮雲,命如霜露。故各竭家財,造彌勒像一區(軀)。"⁹⁰ 正文中稱趙阿歡諸邑卅三人,不稱惠感等卅三人,說明代表這個邑義的主事者是邑主而非邑師。

邑主之上,還有都邑主、大都邑主,大邑主等頭銜。如果以上頭銜同時出現在同一邑義中,一般說來,都邑主大於邑主,大都邑主又大於都邑主。如《西魏大都邑主杜照賢合邑造像記》⁹¹ 的題名中,題名在最前的是大都邑主杜照賢,造像記正文中也只提到了杜照賢和大都維那杜慧進。都邑主的題名排在大都維那的後面,邑主的題名被安排在了石碑的側面。又如《北齊上官僧度等合邑造像記》的提名也是邑主題在都邑主之後⁹²。這樣的安排和題名順序反映了不同的頭銜在邑義中的作用和地位。但上述頭銜並不常在同一邑義中出現。從"表二"所列首領名稱後所附的數字看,大都邑主、大邑主在邑義中很少見,都邑主雖在28個邑義中出現過,但卻不一定與邑主同在一個邑義。如《北魏都邑主梁英才等合邑二百人造靈塔銘》的題名中⁹³,就只有都邑主而沒有邑主。《東魏都邑主杜文雄等合邑造像記》的題名也是如此⁹⁴,類似例子還有一些,不備舉。

邑主與都邑主、大都邑主、大邑主等頭銜之間的關係如此,其他如維那與都維那、大都維那、大維那,邑師與都邑師、大都邑師、大邑師,化主與都化主、大都化主、大化主,像主與都像主、大像主等頭銜之間的關係都與此相類,以下不再一一論列。

2. 維那

維那是邑義中流行最廣的首領頭銜,在筆者搜集到的192條有關邑義首領的材料中,有維那(包括都維那等)的達132條,接近總數的70%。

作爲邑義首領的維那來源於僧官的維那。維那作爲寺院的執事,早在東晉、十六國時期就已出現⁹⁵。北魏孝文帝時,維那成爲昭玄寺的副長官,是沙門統的助手。職責是輔助沙門統管理僧徒名籍、印牒等,並執掌戒律的執行和檢查⁹⁶。受僧官維那的影響,作爲邑義首領的維那,也常是副首領。維那這一頭銜在邑義中地位和作用的幾種不同情況,上文已做過探討。這裏只想提醒讀者注意區分石刻資料中作爲僧官的維那與作爲邑義首領的維那。將二者相混的錯誤始於王昶,但至今仍有人沿襲。王昶在《金石萃編》卷27《孫秋生等造像記》的按語中,首次將造像記題名中的維那解釋爲僧官。現將該造像記題名中維那略引如下:"維那程道起、維那夏侯文德、維那高伯生、維那孫鳳起、維那吳靈□、維那王承□、維那賈道柱、維那馮靈恭、維那傅定香、維那衛方意、維那米法興、維那董光祖、維那孫僕伯、維那朱安盛、維那朱祖香。"[97] 以上15個維那題寫的都是俗名,但按照當時僧尼題名的慣例,一般只題法號,且法號前多要加比丘、比丘尼等,很少有題俗名者。若是僧官,更要寫明屬於哪一級僧官,決不會只題維那某某。如《東魏禪靜寺刹前銘》的題名中有一些僧官,此略引如下:"潁州沙門統慧元、潁州沙門都道業、長社縣維那法嵩、潁縣維那道顯、潁川郡維那僧度、許昌郡維那法炬、陽翟郡維那道希。"[98] 可見,《孫秋生等造像記》中的維那只能是邑義中的小首領,不可能是僧官。在邑義造像記題名中,絕大多數是邑義首領,作爲僧官的維那爲數甚少。

3. 化主

佛教徒把勸化信徒布施以供三寶者稱爲化主,邑義內的化主也是負責教化、勸化,以保證邑義在舉行佛教活動時有足夠的錢財。

上文曾經指出,東晉南北朝時期的邑義大致可以分爲兩類。一類是爲了造像、造塔等臨時組織起來的,像、塔建完以後,邑義也就自行解散。這類邑義的組織比較鬆散,不論是誰,只要繳納一定的錢財,即可成爲邑義的成員。另一類在造像的同時還從事其他佛教活動,它們造像常常是爲了供養、禮拜。這類邑義一般組織比較嚴密,存在時間也較長。作爲邑義首領的化主在以上兩類邑義中的作用不太一樣。在第一類邑義中,化主的職責是勸人布施,誰布施誰就是邑義成員。所以,化主往往成爲這類邑義的發起人和組織者。他們在這類邑義中的地位較高,作用也較大。如《東魏教化主王方略等合邑造像記》的題名順序是"教化主王方略、邑師法顯、邑師道寶"[99],又如《都化主魏洪達等合邑造像記》中的首領全是化主[100]。在第二類邑義中,由於邑義成員比較穩定,化主的任務是在從事佛教活動前到邑義外去勸人布施,以減輕邑義成員的負擔。如上文提到過的《北魏嚴桃等合邑五十人造像記》的題名中,除了邑義首領邑主、化主、邑正和邑子外,另有 8 個清信士的題名[101]。這 8 個人能與邑義成員一起出資造像,當是化主勸化的結果。但由於這類邑義從事佛教活動的費用主要來自原有的邑義成員,所以化主所起的作用比在第一類邑義要小一些,因而其地位也低一些,一般不能成爲主要首領。但有時也有例外,如前面提到的勸化主常嶽就是一例。

依據"表二",化主一職在邑義中流行並不廣泛,僅約有 16％的邑義設有化主一職[102]。但勸化工作卻是每個邑義都必不可少的。在沒有化主的邑義中,化主的工作常由主事的首領如邑主、邑師、像主等擔當。

4. 邑師

邑師源於佛教寺院的法師。他們是邑義內的法師,是邑義的精神領袖,是邑義成員與佛的中間媒介。因此,邑師與邑義成員也就有了師徒的名分。在有邑師的邑義造像記中,大多有爲"師僧"祈福的文字[103],有時邑義成員還自稱"邑徒"。如《北齊大都邑主董洪達等造像記》略云:"是以都邑主董洪達遂率邑徒四十人等敬寫靈儀。"[104] 由於身份特殊,使得邑師在邑義中的地位高於一般首領,其題名大多在最前面或顯要位置上。但他們在不同邑義中所發揮的作用卻不大一樣。在一些邑義中,邑師是發起人和組織者。如《邑師僧敬道俗卅八人等造龕記》正文中有"是以邑師僧敬等道俗卅八人等"[105],這表明這個邑義的代表是僧敬,他應是這個邑義的主事人。又《北齊邑師道略等三百人造像記》中代表邑義的也是邑師[106]。在另一些邑義中,邑師又不過是名譽首領,真正主事的是邑主或其他首領。如上文提到的《北魏邑主趙阿歡造像記》就是一例。另《東魏邑主朱永隆、唐豐七十人造像記》,邑師僧惠、法合雖題名在前,甚至在造像記正文中也被提到,但接著説"邑主朱永隆、唐豐七十人等,普相率勵,敦崇邑義"[107],説明實際組織這個邑義的仍是邑主。又《北齊在孫寺造像記》的題名也是三名邑師在最顯要位置,但造像記正文卻只提到了都邑主張暎族、薛景略[108],未提邑師,説明這個邑義的代表是都邑主而非邑師。在有的邑義中,邑師甚至在題名中也排在其他首領之後,前面提到的《東魏教化主王方略造像記》就是一例。

以往論者大多認爲東晉南北朝時期邑義之類的佛教團體的興起、發展是邑師指導、勸化的結果[109]，這就有意無意地誇大了邑師的作用。以上所列材料表明，邑師在邑義中的地位雖高，但他們在不同邑義中所起的作用並不一樣，其中有的邑義中的邑師並不是邑義的發起人和組織者。更重要的是，邑師不過是邑義中的一部分僧尼。據"表二"的統計，有邑師的邑義不過佔有僧尼的邑義的30%左右。也就是說，在邑義中活動的多數僧尼並未稱邑師。這些在邑義中不稱邑師的出家人，大致可以分爲以下三種情況。

第一種是作爲邑義的一員，他們是作爲施主參加邑義的。如《北周邑子郭興等合邑造像記》的題名中，有一個成員題爲"邑子比丘"[110]。還有許多比丘、比丘尼的題名前雖未加"邑子"二字，但他們的身份仍是邑義中的普通成員。如前面提到過的《北齊邑主暈禪師等合邑造阿彌陀玉像記》的題名，題在突出地位的是邑主暈禪師、禪房主因禪師。以下還有比丘12人，比丘尼14人[111]，與邑人題在一起，這20多個僧尼與邑人的身份應是一樣的。再如《北魏道俗法義兄弟姊妹一百人造彌勒像記》記載□福寺寺主道充是這個邑義的發起人和組織者。在題名中，除了道充以外，還有□福寺的14個比丘[112]。這個邑義既名爲道俗法義，這十幾個比丘也就當然是此法義的成員。像這種以一寺僧人爲主體的邑義，或一個邑義内有較多的僧人，普通僧尼就只能以邑義成員的身份出現在其團體中。類似材料還有20多件，不備引。

第二種是雖不稱邑師，卻在邑義内擔任首領，不少是邑義的主事人。如上文提到的邑主暈禪師就是一例。再如《北齊比丘都維那曇淵等道俗邑義八十五人造像記》中的都維那曇淵、維那惠平都是石同寺的僧人，這個邑義又只有這兩個首領[113]，所以，他們應是這個邑義的主事人。又《北齊慧雙等合邑造釋迦像記》中的維那與邑主也都是比丘[114]。據筆者搜集的材料，像這樣由比丘、比丘尼擔任首領的邑義並不算少。

第三種是既不稱邑師，也未標任何首領頭銜，但他們仍是邑義的組織者。上文提到的□福寺寺主道充就是一例。另《北齊道政等邑義四十人造像記》内稱這個邑義是經比丘僧道政的勸化而組織起來的[115]，《北齊合邑修塔造像碑並兩側》所記邑義也是僧靜明"東西勸化"的結果[116]。

由於邑義屬於自發的民間佛教團體，並非整齊劃一的基層佛教組織，再加其流行的時間長遠,地域廣泛,故其首領頭銜的名目及其分佈具有很大的隨意性。從"表二"可以看出,邑師這一頭銜在邑義中出現的頻率並不是特別高,反映出它在邑義中流傳並不廣泛。可能在某一時間、某一地區邑師這一頭銜比較流行,而在另一時間、另一地區可能並不知道邑師這一稱呼。這大概就是前述□福寺寺主等僧人雖然實際上起的是邑師的作用,但卻未被稱爲邑師的原因。

5. 像主、塔主等

"表二"中自像主起至大像主之間的 100 多個頭銜,是從佛教爲出錢財建功德者所立的名目移植而來的,是邑義內的功德主。在多數情況下這些頭銜並不是邑義的首領,只是邑義成員在造像、建塔等佛教活動中出資多少的標志。爲了鼓勵邑義成員在從事佛教活動中多出錢財,一些邑義制定了如果比普通邑義成員多出錢財,就可成爲各種像主等功德主的辦法。如上文提到過的《北齊董洪達等合邑造像銘》陰面有"武平二年十一月廿七日,用錢五百文買都石像主一區(軀),董伏恩",即是例證。但也有一些邑義內的功德主特別是有的像主和塔主實際上是邑義的發起人和組織者,上文提到過的《北魏韓顯祖等造塔像記》就是一例。再如《北魏像主蘇胡仁合邑十九人造釋迦像記》略云:"正光六年歲次乙巳,□月廿五日,像主蘇胡仁合邑十九人造釋加(迦)一區(軀)。"石像後面的題名也是蘇胡仁在最前,後是邑子[117],説明蘇胡仁是這個邑義的主事者。另,《北魏邑義四十人造須彌像記》的首領也只有像主一人[118]。

6. 齋主、香火、典坐、典録

由於一部分邑義在造完像後或在興造的同時還從事設齋活動,所以這部分邑義中設有齋主一職。東晉南北朝時期的齋主一般要負責齋會所需的一切費用,所以齋主實際上也就是功德主。邑義中的齋主是否與社會上的齋主負擔一樣,由於材料所限,難以確言。但唐五代時期私社的齋主是由社人輪流擔任,齋會所需由社人分攤,齋主只負責香花和佛食[119]。

設齋或舉行其他佛教儀式都需要香火,故一部分邑義又有香火一職。香火源於寺院的香火。魏晉南北朝時期的寺院中有香火一職,掌管燒香、點燈等事宜,是法師講經時不可缺少的助手[120]。邑義內的香火當亦負責邑義在舉行佛事活動時有關香火的事宜。在設有香火的邑義中,我們還經常見到典坐、典錄二個頭銜,但其職掌不明,或者是負責維持紀律、安排座次、記錄成員參加活動的情況等事宜。

7. 邑中正、邑正、邑長、錄事、邑老

邑中(忠)正源於魏晉南北朝職官中負責選拔官吏的中正。有的邑義則徑稱中(忠)正。邑正(政)當是邑中正的簡稱。依據現有資料,邑中正或邑正在邑義中的地位一般都不高,多數情況下這類頭銜只是邑義內數十個首領中的一個,而且不是主要首領。如前面引用過的《北魏邑師惠感邑主趙阿歡等卅人造彌勒像記》的首領題名[121],邑正排在邑師、邑主、光明主、都維那、維那之後。從這個造像記的正文我們知道這個邑義的主事者是邑主趙阿歡,指導者則有邑師,協助邑主的副首領有都維那、維那。排在最後的邑正,不僅在諸多頭銜中地位最低,其作用恐怕也只是具名而已。在有邑中正或邑正的邑義中,多數和以上情況相類。但在有的邑義中,也可由邑中正或邑正擔任主要首領。如《北齊邑師僧寶等合邑廿二人造石像記》中,邑中正鞏舍雖題名在邑師之後,但造像記正文稱"鞏舍合邑廿二人等敬造石像一區(軀)"[122],此造像記既以邑中正作爲該邑義的代表,可見他是這個邑義的主事者。但這樣的實例爲數不多。

邑長源於北魏的鄰長、里長、黨長等三長。這個頭銜在邑義中出現較晚,多流行於西魏、北周轄區。目前在有關邑義的材料中所見到的有關邑長的材料僅有6條,可見這一頭銜在邑義中流傳不廣。從這些有關邑長的資料來看,邑長在邑義中的地位和作用與邑中正等差不多,經常是許多首領頭銜中的一個[123]。

邑老源於鄉里的"三老",在邑義造像記的題名中常與首領題在一列,可能是對邑義中年老有資望的人的尊稱,並不負責具體事務。錄事當源於官府的錄事,有關記載只見到一條[124],其職責可能亦爲掌管文書,舉彈善惡。

以上考察表明,東晉南北朝時期邑義首領的頭銜主要源於僧官名稱,這類頭銜不僅在數量上佔據優勢,在邑義中的地位和作用也同樣佔據著優勢。

源於世俗官職名稱的邑義首領頭銜不僅數量少、流行不廣、影響不大,而且在邑義中的地位也不高。這從一個側面反映出邑義是佛教團體,是佛教寺院的外圍組織。

(三) 邑義的性質及其與佛教的關係

邑義作爲佛教寺院的外圍組織,是佛教存在、發展的重要社會基礎。佛教寺院組織、控制、利用邑義常常是通過士庶所歡迎的高僧或名僧,如上文提到過的釋慧遠、釋法貞、釋超進等。又如《北魏道充等法義兄弟姊妹一百人造彌勒像記》稱這個法義是在寺主道充"率化"下建立起來的[125],上文曾提到《北齊合邑修塔造像碑並兩側》所記邑義也是僧静明"東西勸化"的結果[126]。類似材料還有一些。這些高僧或名僧利用自己的影響,把一些僧俗二衆團結在自己周圍,並通過類似結義的"香火盟誓"把他們組織起來,指導他們從事造像或其他佛教活動。這些邑義成員也就成了這些高僧或名僧所在寺院的基本信徒。

還有一些邑義是在某所寺院的影響下建立起來的。這些邑義與寺院往往有密切的聯繫,有時它們就被稱爲某寺的邑義。如《北齊建崇寺邑主夏侯顯穆等合邑造四面像記》[127]、《東魏豐樂、七帝二寺邑義人等造像記》[128]等。這些受某所寺院或高僧、名僧影響建立起來的邑義,通常以寺院爲核心,寺内的僧或尼都是邑義成員。如《北齊殷恭安等合邑造像記》的題名中有比丘35人[129],《北齊比丘尼僧嚴等合邑造像記》的題名有比丘尼11人[130],《北齊合邑五十人造石像銘》的題名中有比丘16人[131],等等。有時僧尼甚至成爲邑義的主體。如《北齊比丘惠教等道俗邑義八十五人造像記》的題名中,有79人是石同寺的比丘,俗人只有6人[132]。

據"表一"的不完全統計,大約有84%的邑義中有僧人。這些在邑義内的僧人雖然不一定都是邑義的發起人和組織者(其中確有不少人是邑義的普通成員),但聯繫上引材料,似乎可以認爲大部分邑義是在寺院或僧人的影響下建立起來的。

當然,如上文所述,也有一部分邑義中没有僧人(約佔15%),它們可能不是在某所寺院或某個僧人的影響下建立起來，但仍然是受佛教文化的影響建立起來的，仍屬佛教僧團的外圍組織。

邑義特別是那些受寺院與僧人影響組織起來的邑義，有時還是寺院經濟與勞動力的來源。如《東魏僧惠等造天宮像記》載邑主朱永隆、唐豐等70人曾出資幫助某寺造天宮像一軀[133]；《北齊韓山剛等法義造像碑》載他們造像的地點在崇修寺中[134]；上文提到的北齊建崇寺邑主夏侯顯穆等合邑所造的石像，也應當是爲建崇寺所造。還有的邑義參加了興建寺院活動。如《東魏李氏合邑百餘人造像碑》載他們曾在村中建了一所寺院[135]。東魏禪靜寺也是由邑義集資重修的，邑義成員還向寺院施地100畝[136]。西魏中興寺亦爲邑義所建，並施地284畝[137]。但從整體上看，東晉南北朝時期的邑義作爲佛教寺院經濟和勞動力來源的色彩還不太鮮明。大部分邑義是出於信仰而從事造像、造塔等功德活動。

邑義成員參加建寺或爲寺院造像以及向寺院施捨土地或其他物品，一般說來是出於自願。在魏晉南北朝時期戰亂頻仍的歷史條件下，飽受戰爭之苦的百姓（有時甚至包括上層）不能掌握自己的命運。他們信仰佛教，加入邑義，希望能夠得到佛的庇佑，祈求來世獲得解脱。參加造像、建寺以及其他佛教活動自然要花費錢財，卻可使他們苦難的心靈得到暫時的慰藉。但有時普通百姓向寺院施捨、參與佛教活動也不一定是出於自願。寺院和僧人不時編造一些神話故事，恫嚇那些不願出資施捨的人們。如《洛陽伽藍記》卷4略云："南陽人侯慶有銅像一軀，可高丈餘。慶有牛一頭，擬貨爲金色。遇急事遂以牛他用之。經二年，慶妻馬氏忽夢此像謂之曰：'卿夫婦負我金色，久而不償，今取卿兒醜多以償金色焉。'悟覺，心不遑安。至曉，醜多得病而亡。慶年五十，唯有一子，悲哀之聲，感於行路。醜多亡日，像自然金色，光照四鄰。一里之内，咸聞香氣，僧俗長幼，皆來觀覩。"[138] 有的僧人則假借造作經像掠奪財物。《洛陽伽藍記》卷2記載一個比丘死而復生的故事說，這個比丘曾見到閻羅王，閻羅王批評一些僧人"雖造作經象，正欲得它人財物；既得它物，貪心即起；既懷貪心，便是三毒不除"[139]。這個故事自是荒誕不經，是佛教内部不同派系的僧人爲反對異己而編造出來的，但故事中所說的現象，在當時卻是普遍存在。所以北魏統治者得知此事後,做了一番調查,然後下詔:"不聽持經象沿路乞索,若私有財物造經象者任意。"[140] 在這樣的社會風氣下,邑義成員加入邑義、參加佛教活動也就很難説是完全出於自願了。

邑義成員參加一次造像活動所需費用因像有大小、邑義人數有多少而各不相同。就筆者所見,一條材料是上文提到過的,若想成爲都石像主需錢 500 文;《北魏崔懃造像記》略云:"法儀(義)兄弟廿五人,各錢一百,裁佛金色。"[141] 這是他人造像,邑義負責塗金,花費當比造像要少;又《北齊張龍伯兄弟等合邑造石像記》稱"有牛一頭,願造像,今得成就"[142]。折衷一下,邑義成員參加一次造像活動,大約需錢三、四百文。而南北朝時期出賣勞動力者,每日約得 30 錢[143],則每參加一次造像活動的負擔並不算輕。

邑義與邑義成員還往往會成爲世俗統治者和豪强富户的陪襯。這一方面表現在邑義之内的富人和官僚往往會憑藉自己的地位和財富影響邑義,使邑義的活動對自己有利。他們常借組織邑義從事造像活動爲自己樹碑立傳。如《楊大眼造像記》,雖然題額爲邑子像,但起首第一句即爲"邑主仇池楊大眼爲孝文 皇帝造像記",似乎此像是這位輔國將軍梁州大中正一人所造,後面的文字也主要是吹捧楊大眼[144]。像這樣的造像活動,既討好了皇帝,又頌揚了自己的功德,可謂名利雙收。又如《東魏凝禪寺三級浮圖頌碑並兩側》,該文記述的是居士趙融(其祖曾任州刺史,他本人是官宦後代)組織 2000 人的邑義造三級浮圖凝禪寺,但碑文主要部分是追述趙融的祖先,頌揚趙融"棲心文史"、"不窺玉帛之門,不踐縉紳之户"等美德[145]。再如《東魏禪靜寺刹前銘》,本應記述東魏驃騎大將軍潁州刺史顯儁組織邑義重修禪靜寺之事,但銘文的大部分卻是記述顯儁的先世及生平政績,簡直可以説是顯儁的個人傳記[146]。有的富人發起建立邑義的目的就是爲了自己。如《北齊周雙仁等合邑造像記》載,寧遠將軍前吏部令史文海珍妻周雙仁,要爲其亡夫追福而建造一座石佛像,因"力不獨濟",纔"勸率"合邑 71 人共造,這個造像記實際上成了周雙仁亡夫的追福功德記[147]。

還有一些地方官本來不是邑義成員,也硬要在邑義所造石像上題上姓名。如《北魏劉根等法義四十一人造三級磚浮圖記》,在法義成員題名前有"侍中車騎大將軍儀同三司右衛將軍御史中尉領左右武陽縣開國公侯剛、前將軍武衛將軍領細作令寧國伯乞伏寶、武衛將軍景明寺都將元衍、冠軍將軍中散大夫□林都將領左衛司馬孟永"等[148]。按照邑義成員題名的慣例，這些官員如果是邑義成員，應該冠以"邑子"或邑義首領的頭銜，這些人未冠任何頭銜，應不屬此法義成員。在筆者搜集到的有關邑義的材料中，類似上舉的例子並不算少。

東晉南北朝時期邑義的興起和發展，主要是這一時期佛教迅速向世俗社會各階層滲透的結果，同時又與統治者的放任與支持密切相關。總的説來，這一時期的統治者對佛教是採取扶植、支持的態度。北朝雖然發生過兩次滅佛事件，但北魏太武帝滅佛時北魏的邑義尚未興起，只有北周武帝的滅佛對邑義的發展產生了影響。其他時期，不論是北方還是南方，統治者一般認爲佛教的傳播有利於社會穩定，因而放任寺院與僧人發起與組織邑義。不少地方統治者還親自參加或組織邑義，如上文提到的輔國將軍、梁州大中正楊大眼，驃騎大將軍、穎州刺史顯儁等就是典型的例子。統治者的放任與支持促進了邑義的發展。在北方，自公元500年以後，邑義始終保持發展的勢頭。據"表一"的統計，自500年至周武帝下詔滅佛(574)的70多年間，北方幾乎每年都有邑義從事造像、造塔等活動。特別是北齊統治下的地區，由於統治者提倡佛教、支持邑義，有時在一年内就有七八個邑義從事修造等活動[149]。但在周武帝滅佛期間(574—579)，北周統治區再也沒有發現邑義活動的材料。北齊在公元577年被北周吞併，此後直至579年，原北齊轄區也再未發現邑義活動的痕跡。這足以説明，統治者對佛教的態度，對邑義的興衰有至關重要的影響。

二、隋唐五代時期佛教結社的演變

（一）兩類不同性質的民間團體的相互趨同及所從事的佛教活動之内容和目的的變化

隋唐五代時期，傳統私社和專門從事佛教活動的佛教團體都發生了顯著的變化,其中最引人注目的變化就是這兩類民間團體的逐漸合流。這種合流首先表現在二者在名稱上逐漸可以互稱。東晉南北朝時期,"社"與"邑"有著完全不同的含義。上文所討論的專門從事佛教活動的佛教團體,稱爲"邑、邑義、法義"等,絕不以"社"爲名;而從事傳統的春秋二社祭祀活動的民間團體則稱爲"社"或"邑社"連稱,亦絕不以"邑、邑義"等爲名。這在筆者搜集到的近250條相關材料中無一例外。但到了隋唐五代,這種情況逐漸發生了變化。請看以下材料:"天寶十一載二月八日文安郡石經邑社官孫倩録事邢昌合邑二百人等造經八條。"[150]"天寶十載二月八日石經社人武沖子、趙堪舉、冀元禮合邑人等造經八條供養。"[151] 這兩條材料是唐代人造石經的題記。兩個同是從事造經活動的佛教團體,但一個自稱爲石經邑、一個自稱爲石經社;石經邑的首領稱社官,石經社的成員稱邑人。很明顯,上引兩條材料中的"邑"與"社"表示相同的含義,已無分別。在房山石經題記中,這樣的例子很多。如果説僅靠房山石經題記不足以反映當時整個社會的情況,以下再來看看敦煌文獻中的相關記載。S.527《顯德六年(959)正月三日女人社社條》略云:"蓋聞至城(誠)立社,有條有格。夫邑儀(義)者,父母生其身,朋友長其值(志)。"這是一個由女人組成的以營葬活動爲主的傳統私社,但既將其團體稱爲"社",同時也自稱"邑義"。又P.3730《某甲等謹立社條》(文樣)稱:"某甲等謹立社條……凡爲邑義,先須逐吉追凶。……凡爲立社,且要久居。"此社條文樣也是既自稱爲"邑義",又自稱爲"社"。類似例證還有一些。

因爲"邑義"内涵的變化,我們不能再用這一稱呼作爲專門從事佛教活動的佛教團體的統稱,而唐五代時期的敦煌文獻中有"佛社"一稱出現[152],準確地反映了這類團體的實質。所以,在本時間段,改用佛社指稱專門從事佛教活動的私社,以與傳統私社相區别。

從"社"、"邑"有别到"社"、"邑"不分,絕不僅僅是名稱的變化,它實際是東晉南北朝的(邑)社與邑(義)至隋唐五代時期在活動内容和性質發生變化的表徵。

兩晉南北朝是中國佛教的迅速發展時期。但這一時期佛教的中國化過

125

程尚未完成,其社會勢力、經濟勢力也還不夠強大。所以,在這一時期,佛教寺院、僧人雖然已能勸化一些人在自己的周圍結成邑義,並已不斷對傳統社邑等民間團體施加影響,但本篇的探討表明,從整體上看,在兩晉南北朝隋代,佛教寺院、僧人對傳統社邑的影響不是很大,反映二者關係的材料也不多,這一時期大量流行的是邑、邑義、法義等有僧俗佛教信徒組成的佛教團體。

唐五代時期,佛教最後完成了其中國化過程,它的政治、經濟、社會勢力也日益強大,非兩晉南北朝時期所能比擬。這就爲佛教寺院和僧人對傳統社邑等民間團體施加影響提供了有利條件。與此同時,佛教寺院和僧人對傳統社邑的態度和策略也發生了變化,轉而對傳統文化採取平等相待的態度和求同存異的策略,使佛教文化和中國傳統在私社的思想與活動中逐漸融合。本篇第一部分的討論表明,至遲在唐後期,已有相當一部分傳統私社在保持春秋二社的祭祀或經濟互助等傳統活動的同時,也從事佛教活動。由於傳統私社組織嚴密,源遠流長,所以他們對佛教在民間的流行與傳播所起的作用要遠遠大於佛社。在這樣的背景下,佛社在唐五代時期呈逐漸衰落、萎縮的趨勢。反映這類團體的資料與前一時段相比也大大減少。

另一方面,受當時民間廣爲流行的以經濟和生活互助爲主要活動的傳統私社的影響,一些佛社也開始從事喪葬互助活動。如《隋開皇元年（581）李阿昌等廿家造像碑》略云:"維開皇元年歲辛丑,四月庚辰朔,廿日壬寅,佛弟子李阿昌等廿家去歲秋合爲仲契,每月設齋,吉凶相逮。"[153] 此團體成員自稱"佛弟子",他們"合爲仲契"的首要目的是爲了"每月設齋",設齋之外,還從事造像活動,可知這是一個以從事佛教活動爲主的佛教團體。但這個團體的活動除了造像、設齋外,還有"吉凶相逮"的規定,這是前所未見的材料。這個"吉凶相逮"當與上文所引傳統私社社條中的"逐吉追凶"一樣,指的是社邑成員在遇到喪葬或其他急難時,全社成員都要援助。又《唐顯慶三年（658）或以前粲阿婆等社條》,先列粲阿婆名,名下有她們每月設齋時輪流爲齋主的次第序號,其後規定在每月的齋日每人應繳納的大麥的數量。顯然,這也是一個以佛教活動爲主要活動的團體。但這個團體在佛教活動之外,亦有"衆阿婆等中有身亡☐☐☐麥壹斗,出餅五個"等規定[154]。另P.4525₁₁《太平興國七年(982)二月立社條一道》云:

1　竊以閻浮衆凡上生,要此福因。或則浮生躭福,或則胎生罪重,
2　各各有殊。今則一十九人發弘後(厚)願,歲末就此聖嵓,燃燈齋食,捨
3　施功德。各人麻壹斗,先須秋間齊遂,押磑轉轉主人。又有新年建福一日,
4　人各爐餅一雙,粟一斗,然(燃)燈壹盞,團座設食。或若社衆等儘是凡夫種
5　子,生死各續,掩就黃泉,須(雖)則一朝死亡之間,便須心生親恨,
6　號叩大哭。或若榮葬之日,不得一推一後,須榮勿(物)。臨去之日,
7　盡須齊會。攀棺擎上此車,合有弔酒壹甕,隨車澆酹,就
8　此墳墓,一齊號叩。(下略)

此社是受佛教思想影響建立的,其主要活動也是燃燈、設齋等佛教活動,但也有關於喪葬互助的規定,是一個以佛教活動爲主兼及喪葬互助的私社。

又北新882《博望坊巷女人社社條稿》云:

1　丙申年四月廿日,博望坊巷女人因爲上窟燃燈,衆坐商儀(議)。
2　一齊同發心,限三年
3　願滿。每年上窟所要
4　物色代(帶)到,錄事帖行,衆社齊來,停登稅聚。
5　自從立條已後,便須齊齊鏘鏘,接
6　禮歌歡,上和下睦,識大敬小。三年滿後,任自取(集)散,不許
7　錄事三官把勒。衆社商量,各發好意,不壞先言,
8　抹破舊條,再立條。日往月來,此言不改。今聚集

（紙背）
9　得一十三人具列名目已（於）後。

此件爲草稿，多有塗抹修改處，未列社人姓名。這個私社是專門從事燃燈供佛的佛社，但社條中之"上和下睦，識大敬小"則明顯受到了儒家文化的影響。以上幾個實例，起於隋朝，跨越唐五代，下延至宋初，其共同特點是均非源自傳統私社，其立社緣由或是受佛教思想影響，或是以佛教活動爲主要活動，但由於受到當時廣泛流行的以喪葬互助爲主要活動的傳統私社的影響，故也從事喪葬互助活動或受到傳統文化的影響，這是在東晉南北朝時期所未見的現象。

正是由於傳統私社與佛社至隋唐五代時期在活動内容上有合流的趨向，纔導致了"（邑）社"與"邑（義）"在名稱上逐漸可以混用。一些日本學者由於不瞭解上述變化，纔對慧遠建白蓮社的附會之説堅信不疑，並據之想像出南北朝時期在南朝流行一種稱爲"法社"的佛教團體，其成員主要是貴族、官僚和士大夫，與北方的邑義注重造像不同，他們偏重自身的修行[155]。事實已如本篇第一部分所論，法社在兩晉南北朝是指尊崇佛教的傳統里（邑）社，與專門從事佛教活動的邑義在淵源和活動内容上都有區别。慧遠身處"（邑）社"與"邑（義）"尚未合流的時代，他所創建的邑義一類的佛教團體不可能以"社"爲名。

隋唐五代時期，傳統私社和佛社所從事的佛教活動的内容也發生了變化。其一是所從事的佛教活動的範圍比前一時期更加廣泛，包括設齋、燃燈供佛、行像、印沙佛、建盂蘭盆會、造窟、修窟、造像、建僧塔、建寺、修寺、建佛堂、修佛堂、造經幢、素畫、造寺鐘、買土地、寫經、刻石經，等等。其二是造像活動已不像前代那樣突出，而設齋活動卻日益成爲最受重視的活動。東晉南北朝時期雖也有一些邑義從事設齋活動，但在當時這種活動並不普遍，多數有關邑義的材料中没有齋主一職。敦煌文獻中的材料表明，在唐後期五代宋初，從事設齋活動的私社可以同時從事其他活動，但只從事其他佛教活動而不從事設齋的私社卻爲數不多。這一時期最受人們重視的是每年三長月的三長齋。

另一方面，私社從事佛教活動的目的也發生了變化。在《北魏張道果率邑義造彌勒像記》中，記述他們造像的目的是："上爲皇帝陛下，太皇太后，後爲七世父母，因緣眷屬，普願一切衆生，咸同斯福。"[156] 而敦煌文獻保存的五代宋初私社設齋文記述他們設齋的目的是："以資(此)設齋功德，無限勝因，先用莊嚴上界四王、下方八部，伏願威光熾盛，護國求(救)人，使主千秋，年豐歲稔；伏持勝善，次用莊嚴諸賢社即體，惟願災殃珍滅，是福咸臻，天仙降靈，神祇效恥，菩提種子，配佛〔性〕以開牙(芽)，煩惱稠林，惠風飄而葉落；又持勝福，次用莊嚴持盧(爐)施主即體，惟願福同春卉，吐葉生花，罪等浮雲，隨風變滅；然後三界六趣，有形無形，俱休(沐)勝因，齊成佛果。"[157] 上引兩條不同時期的材料的區別在於，前一條材料沒有提到爲邑義成員自身祈福，後一條材料則主要是爲私社成員自身祈福，卻沒有提到他們的"七世父母"。參照其他邑義造像記，"七世父母"指的是從自己的父母往上推6代已經亡故和未亡的7代祖先[158]。這兩條材料的上述差別並非個別現象，據不完全統計，在東晉南北朝記有邑義從事佛教活動目的的材料中，向佛的祈求相當繁雜，但有70多條材料包括爲7世父母和已故先人祈福，而包括爲邑義成員自身祈福的僅20多件；在敦煌文獻中保存的唐後期五代宋初記有私社從事佛教活動目的的材料中，卻沒有一條忘記爲社人自身祈福，爲已故先人祈福的已不多見。這個變化反映出生活在動蕩時代的東晉南北朝時期的人們，對現世的生活缺乏信心，他們把希望更多地寄託在來世，以至於在求佛保佑時也往往會忽略了自身，而更加關注已故的人；隋唐時期，社會相對穩定，經濟得到發展，人們對現實生活充滿信心，在向佛祈求保佑時也就比較重視自身和活著的人。

（二）佛教結社自身的發展變化

如本篇第一部分所述，東晉南北朝時期的邑義大致可以分爲兩類，一類只從事造像、造塔等一次性活動，組織比較鬆散；另一類在造像之外也從事其他佛教活動，此類一般存在時間較長，組織也比較嚴密。雖然我們無法統計出以上兩類邑義的準確比例,但第一類在數量佔有絕對優勢,是邑義的主體,則是可以斷言的。隋唐五代宋初仍然存在只從事一次性佛教活動的佛社。如《金石萃編》卷38《隋王伏女等造像記》[159]、《金石萃編》卷38《隋都邑主杜乾績等造像記》[160]、《金石萃編》卷39《隋王女暉等造像記》[161]、《八瓊室金石補正》卷63《唐藥師像讚》[162] 等都是反映從事一次性造像活動的佛社的材料。但在隋與唐初,從事造像活動的佛社與南北朝相比已大爲減少,唐中葉以後就更少了。五代時期則有從事一次性造經幢活動的佛社,如《金石萃編》卷121《後唐羅漢邑陀羅尼幢題記》就是一例[163]。在五代和宋初的敦煌,也仍然存在這類佛社。如 S.3540《庚午年(970)正月廿五日社長王安午等一十六人修窟憑》就是一例,其文云:

1　庚午年正月廿五日立憑:比丘福惠、社長王安午、將頭羅乾祐、鄉官
2　李延會、李富進、安永長、押衙張富弘、閻願成、
3　陳千實、張佛奴、崔田奴、馬文斌、孔彥長、都頭羅祐員、
4　羅祐清、賈永存等壹拾陸人發心於宕泉
5　修窟一所。並乃各從心意,不是科牽。所要
6　色目材梁,隨辦而出。或若天地傾動,此願
7　不移。祇二帝以同盟,請四王而作證。衆内
8　請鄉官李延會爲錄事,放帖行文以爲綱首;
9　押衙閻願成爲虞候,祇奉錄事條式。比至修窟
10　罷日,斯憑爲驗。
11　又比丘願澄充爲祇食納力,又胡住兒亦隨氣力所辦應逐。

這是一個修窟社,結社的目的是修窟,大家出修窟所需的材料,並選出社的首領錄事和虞候負責組織與修窟相關的事宜。文書最後特意注明"比至修窟罷日,斯憑爲驗",也就説,這個憑據的有效期只限於修窟期間,窟修成後,這個社的使命也就完成了。所以,這個修窟社與以上那些只從事造像、造經幢等一次性活動的邑義是一樣的。又,P.4960《甲辰年(944)五月廿一日窟

貳　專門從事佛教活動的民間團體及其與佛教的關係

頭修佛堂社再請三官憑》云：

1　甲辰年五月廿一日,窟頭修佛堂社,先秋教化
2　得麥拾伍碩叁斗,內濤兩碩伍斗磑,乾
3　麥壹碩伍斗磑。又教化得麻伍拾束。又和
4　得布丈柒。又和得羅鞋壹兩,准布壹
5　疋,在惠法未入。又赤土貳拾併(餅),
6　太傅及私施計得細色叁量。已上物色等,
7　伏緣錄事不聽社官件件衆社不合,功德
8　難辦,今再請慶度爲社官,法勝爲社長,
9　慶戒爲錄事。自請三官已後,其社衆並
10　於三人所出條式,專情而行,不得違背。
11　或有不稟社禮,□□上下者,當便
12　三人商量罰目,罰膿臘一筵,不得
13　違越者。

此社成立的目的是在窟頭修建一所佛堂,因以前的首領辦事不力,所以決定重新推選社官、社長和錄事等三官。顯然,這也是一個從事一次性佛教活動的佛教結社。以上兩例的共同點是都由全體成員共同制定了類似社條的憑據,並推選了首領,其組織似比造像、造經幢的佛社正規、嚴密一些。

從總體上看,在唐五代宋初的傳世文獻、石刻資料和敦煌文書中,像以上所舉只從事一次性活動的佛社的記載比東晉南北朝時期大爲減少,而存在時間較長、組織也比較嚴密的佛社的材料明顯增多。這類佛社有的是長期從事一種佛教活動,有的是以從事一種佛教活動爲主,也兼行其他佛教活動,還有的是長期供養一所寺院。如隋唐之際的釋智聰(550～648),曾在揚州附近創立"米社",《高僧傳》稱:"聰以山林幽遠,糧粒難供。乃合率揚州三百清信,以爲米社。人別一石,年別送之。由此山糧供給,道俗乃至禽獸,通皆濟給。"[164] 這個佛社——米社的經濟色彩比較明顯,其主要任務就

是長期供應寺院所需的糧食。像這樣由佛教信徒結成的私社供養一所寺院的現象在敦煌文獻中也有反映。如P.2614背《某寺狀》稱："西幢□寺：右前件寺今爲牆壞，先是□□張時(?)等一十八人供養，今爲牆壞社內重□□修治，無人知□道□使帖其社內□録□至商量請本(下略)。"此件殘損嚴重，但從殘存文字仍可看出某寺是由一個18人組成的私社長期供養，現在是寺院的牆壞了，請該社邑幫助修理。另P.4044《公元905至914年敦煌修文坊巷社再緝上祖蘭若標畫兩廊大聖功德讚並序》記載該坊巷社"綴緝上祖蘭若"，則這個蘭若是由此坊巷社世代供養的。

長期從事一種佛教活動的佛社如唐初的釋寶瓊，"晚移州治(益州——引者)，住福壽寺。率勵坊郭，邑義爲先。每結一邑，必三十人。合誦《大品》，人別一卷。月營齋集，各依次誦。如此邑義，乃盈千計。四遠聞者，皆來造款。瓊乘機授化，望風靡服"[165]。釋寶瓊組織的邑義可以稱爲誦經邑，以誦經爲主，除個人誦經外，還有每月的"齋集"，集體誦經。既然每月都有集體活動，當然不會只從事一次活動就解散。還有的佛社是專門誦讀某部佛經。如《八瓊室金石補正》卷79《後梁惠光舍利銘》中有"念金剛經社女弟子維那梁師智、師因、師汶、師文、師惠，尼師全、師思、師道、師順、師堅、師太"[166]，此佛社既名爲"念金剛經社"，其活動當以誦讀《金剛經》爲主。再如《金石萃編》卷107《唐憲超塔銘》中有"法華邑人史清、趙杞、房慎疑、牛雲、劉興、韋牧、宗悦、張政、敬鐶等"[167]，這個佛社自稱爲"法華邑"，應與前舉顔尚文所探討的東魏時期的法華邑義有相似之處，應是受《法華經》影響組織起來的，其活動很可能是以誦讀《法華經》爲主。而上文提到過的在隋初關中地區流行的邑義是"月再興齋"[168]，即每月設兩次齋。隋唐之際的釋法通一也是"多置邑義，月別建齋"[169]，像這類"月再興齋"和"月別興齋"的佛社，都屬於長期從事建齋活動的佛教團體。而唐越州嘉禪寺釋智琰，"與州内檀越五百餘人，每月一集，建齋講觀，勝輪相踵，將逾十載"[170]。這個堅持達十年之久佛教團體，雖無名目，但其成員爲僧俗信徒，每月建齋一次，當然應屬於長期建齋的佛社。再如《八瓊室金石補正》卷73《唐佛峪金剛經會碑》記載濟州歷城縣南靈臺山禪大德僧□組織"功德主及都維那邑人等一百一十人結金剛經邑會,每會書經一卷。每至正月十八日、九月十五日設齋一中,以表眾緣"[171]。僧□去世以後,佛社成員爲了紀念他,還"造彌勒像一軀,侍菩薩兩軀"[172]。這是一個長期存續的從事寫經、設齋和造像等多種佛事活動的佛社。又據傳,在唐"開元初,同州界有數百家,爲東西普賢邑社,造普賢菩薩像,而每日(據下文當爲"月"——引者)設齋。東社邑家青衣以齋日生子,於其齋次名之曰普賢。年至十八,任爲愚豎。廁役之事,蓋所備嘗。後因設齋之日,此豎忽推普賢身像,而坐其處。邑老觀者咸用怒焉。既加詬罵,又苦鞭撻。普賢笑曰:'吾以汝志心,故生此中。汝見真普賢不能加敬,而求此土像何益?'於是忽變其質爲普賢菩薩身,身黃金色,乘六牙象,空中飛去,放大光明,天花綵雲,五色相映,於是遂滅。邑老方悟賢聖,大用驚慚"[173]。上引故事雖荒誕不經,但其背景應有現實依託,此普賢社亦爲長期從事設齋活動(每月設齋)的佛社,而且在設齋之外還造普賢菩薩像。從以上兩例我們看到,在唐五代時期,造像往往只是長期存續的佛社所從事的佛教活動之一。而唐代房山的造經社(邑),也有一些是在不同年份反復造經。如天寶十載(751)"石經邑平正馬元超錄事郭思禮一百九人等同上經一條"[174],"天寶十一載(752)二月八日團柳村石經社錄事郭禮平正馬超合邑等上經一條"[175],"天寶十二載(753)二月八日平錄郭禮馬超合邑人等上經二條"[176],"天寶十四載(755)邑人錄事郭思禮等上經一條"[177]。上引材料中之馬超爲馬元超之略稱,郭禮爲郭思禮之略稱,平錄爲平正錄事之略稱,應無疑問,這些材料表明郭馬二人所在的佛社曾在數年間反復從事造經活動。此外還有,"范陽郡無量壽邑人等每載上經二條"、"范陽郡無量邑人每載上經二條"[178],則這兩個佛社是每年都要從事造經活動。這些都說明在唐五代時期,部分原來只從事一次性修造活動的佛社也有轉化爲長期存續的宗教團體的趨向。

在敦煌,則有長期專門協助僧團舉行燃燈供佛活動的燃燈社。與上文提到過的從事燃燈活動的傳統私社不同,燃燈社在燃燈日要負責莫高窟所有佛教洞窟的燃燈事務。敦煌研究院藏《庚戌年(950)十二月八日夜社人遍窟燃燈分配窟龕名數》載:

1　庚戌年十二月八日夜□□□社人遍窟然(燃)燈

2　分配窟龕名數：

3　田闍梨　北大像已北至司徒窟計六十一盞,張都衙窟兩盞,大王天公主
　　窟各兩盞,大像下層兩盞,司徒兩盞,大像天王四盞□□□□

4　李禪　司徒北至靈圖寺六十窟瞿家窟兩盞,社衆窟兩盞,
　　宋家窟兩盞,文殊堂兩盞□□□□

5　張僧政　崖下獨煞神至狼子堂六十盞,
　　獨煞神五盞□□□□

6　陰法律　第二層陰家窟至文殊窟上層令狐社衆窟六十五盞,
　　內三聖小龕各然(燃)一盞□□□□

7　羅闍梨　弟(第)三層太保窟至七佛堂八十二窟,內有三聖剎
　　心,各然(燃)一盞□□□□

8　曹都頭　吳和尚以南天龍八部窟計八十窟剎心
　　內龕總在裏邊□□□□

9　索幸者　第二層至第三層□家八金光窟八十內□□
　　龕剎心總在裏邊

10　陰押衙、梁僧政　弟(第)二層普□窟至文殊堂,又至靈圖寺窟至□□
　　陳家窟六十三窟有三聖龕總在裏邊

11　王行者　南頭弟(第)二層六十二窟何法師窟兩盞,剎心佛堂兩盞,□□
　　大像上層四盞,至法花

12　安押衙、杜押衙　吳和尚窟至天王堂卅六窟吳和尚窟三盞,七佛
　　七盞,天王堂兩盞

13　□□郎□　陰家窟至南大像五十二窟,□八龕陰家窟三盞,王家兩盞。宋家
　　窟兩盞,李家窟三盞,大像四盞,吳家窟四盞,大像天王四盞。

14　右件社人依其所配,好生精心注灸,不得懈怠

15　觸穢。如有闕然(燃)及穢不淨者,匠人罰布一疋,

16　充爲工(公)廨；匠下之人,痛決尻杖十五,的無容免。

17　　　　　　　辛亥年十二月七日釋門僧政道真。

此燃燈社的成員有僧有俗,僧人居多數,應爲自願結成的佛社。但分配窟龕名數的是沙州都僧統司屬下的僧政而非社司,又透露出燃燈社是由僧政直接負責。在燃燈活動中,社人如有虧職守要受到處罰,說明這項活動對社人來說帶有強制性。這個僧政道真,很可能是都僧統司下屬的燈司的負責人。《沙州文錄補》保存了一件《辛巳年(921?)六月十六日社人拾人於燈司倉貸粟歷》,其文云：

1　辛巳年六月十六日社人拾人于燈司倉貸粟歷：

2　法會貸粟柒斗□(押)　　索都頭粟七斗

貳　專門從事佛教活動的民間團體及其與佛教的關係

3　願僧正貸粟柒斗□（押）
4　吳法律貸粟柒斗水（押）
5　宋法律貸粟柒斗悉（押）
6　保弘貸粟柒斗悉（押）
7　保祥貸粟柒斗李（押）　　　入粟伍斗
8　大阿耶粟柒斗大（押）
9　王進　粟柒斗□（押）
10　蠅歌粟柒斗大（押）
11　索萬全粟柒斗□（押）
12　右件社人，須得同心同意，不得道東説西。
13　擾亂，罰酒壹甕；後到，罰酒壹角；全不來，
14　罰酒半甕。的無容免者。

　　這裏的燈司，應該就是上引文書中的僧政道真所掌管的在都僧統司之下的負責燃燈供佛的機構。這裏的社人，也是包括僧俗二衆，推測應該是燃燈社的社人，他們既有協助僧團遍窟燃燈的義務，也可以從燈司倉貸糧。按當時貸糧的慣例，一般要注明應還本、息的數量[179]，此件並未注明，很可能是無息的借貸。此外，在敦煌淨土寺的入破歷中，也有燃燈社向其提供糧食的記載。P.2049背《長興二年（931）正月沙州淨土寺直歲願達手下諸色入破歷算會牒》第43—44行，"麥三斗，正月燃燈社入"；第106—107行，"粟三斗，正月燃燈社入"。這説明燃燈社與淨土寺也有聯繫。

　　與燃燈社情況差不多的是敦煌的行像社。行像活動是由僧團組織的，用車載或抬著經過裝飾的佛像巡行街衢以紀念佛祖的活動。敦煌地區的行像活動，由都僧統司屬下的行像司組織。協助行像司舉行行像活動的行像社與行像司的關係自然十分密切。S.4812《天福六年（941）辛丑歲二月廿一日行像司麥粟算會憑》載：

1　天福六年辛丑歲二月廿一日算會，行像司善德所

2 欠麥陸碩柒斗,粟叁碩,餘者並無交加。爲
3 憑。　　　社人兵馬使李員住(押)
4 　　　　　社人兵馬使李賢定(押)
5 　　　　社人氾賢者(押)
6 　　　　社人押衙張奴奴(押)

聯繫上引《社人拾人於燈司倉貸粟歷》並參照 S.474 背《戊寅年(918)三月十三日行像司算會分付紹建等斛斗數記録》,這裏算會的麥粟應該屬於行像司倉,而在算會憑上署名的社人應該是行像社的社人。看來燃燈社和行像社的社人不僅可以從燈司倉、行像司倉借貸糧食,還參與倉糧的管理。值得注意的是,行像社與敦煌的淨土寺也有密切的聯繫。從淨土寺的入破歷中我們看到,行像社不時向淨土寺提供糧油等物品。如 P.2032《後晉時代淨土寺諸色入破歷算會稿》第 594 行有"麥伍碩,行像社入";P.2049 背《長興二年(931)正月沙州淨土寺直歲願達手下諸色入破歷算會牒》第 129—130 行有"米伍勝,行像社入";P.3234 背《淨土寺油入破歷》第 1 行有"行像社聚物得油一勝"。參照其他記載,以上糧油很可能是行像社在行像活動期間爲寺院募集的。敦煌地區的行像日是二月八日,由於行像活動屬於一年之中比較重大的佛事活動,許多佛教信徒在此期間要向寺院施捨糧食等物品。如 P.2032《後晉時代淨土寺諸色入破歷算會稿》第 2 行"麥肆碩,二月六日七日沿(緣)行像散施入",第 33 行"粟三碩貳斗,二月六日七日沿(緣)行像散施入";P.2049 背《同光三年(925)正月沙州淨土寺直歲保護手下諸色入破歷算會牒》第 42 行"麥三斗,二月八日沿(緣)佛散施入",第 124 行"粟伍斗,二月八日沿(緣)佛散施入";另 P.2049 背《長興二年(931)正月沙州淨土寺直歲願達手下諸色入破歷算會牒》第 45 行"麥三碩,二月六日沿(緣)行像施入",第 107—108 行"粟陸碩捌斗,二月六〔日〕沿(緣)行像施入",第 138 行"豆柒斗,二月六日沿行像施入"。又 P.2040 背《後晉時期淨土寺諸色入破歷算會稿》第 109 行"粟肆碩八斗,二月六〔日〕七日八日沿行像散施入",第 130—131 行"麥陸碩陸斗,二月六日七日沿行像散施入",第 420—421 行

貳　專門從事佛教活動的民間團體及其與佛教的關係

"粟三碩陸斗,二月七日沿行像散施入",第531—532行"麥兩石柒斗,二月七日沿行像散施入"。以上材料説明,每年的二月六、七、八三日,淨土寺都會因行像活動得到數量不同的布施。這些布施很可能是由行像社代爲接收的,時稱"聚物"或"送物"。如P.2032《後晉時代淨土寺諸色入破歷算會稿》第216—217行"麵二斗伍升、油一升造食,行像社送物看人用",第439—440行"麵貳斗柒勝,油壹勝,行像社聚物齋時用"。又P.2040背《後晉時期淨土寺諸色入破歷算會稿》第298行"油壹升,行像社聚物看用"。另P.3234背《癸卯年(943)正月一日已後淨土寺直歲沙彌廣進麵破》第41行"麵肆斗造食,看行像社聚物用"。上引文書中的所謂"看",是招待的意思,行像社在"聚物"、"送物"時得到淨土寺的招待,當然是因爲行像社所從事的活動和淨土寺有關。所以,上文所引行像社交給淨土寺的糧油,應該就是他們所聚的"物"。在行像活動期間,即使没有"聚物"活動,行像社也時常受到淨土寺的招待。如P.2049背《同光三年(925)正月沙州淨土寺直歲保護手下諸色入破歷算會牒》第320—321行"粟肆斗,二月七日與行像社沽酒用";P.2032《後晉時代淨土寺諸色入破歷算會稿》第113—114行"麵一石八斗,油四升半,粟一石八斗五升卧酒,二月八日社人及僧齋時用";P.2049背《長興二年(931)正月沙州淨土寺直歲願達手下諸色入破歷算會牒》第201—203行"粟兩碩壹斗卧酒,二月八日齋時看行像社人及助佛人衆僧等用",第272—273行"油肆勝壹抄,二月八日造粥齋時煮餺飥看社人衆僧等用",第333—336行"麵壹碩貳斗,二月八日造粥齋時胡餅氣餅餺飥看社人及擎小佛子兼衆僧等食用";P.2040背《後晉時期淨土寺諸色入破歷算會稿》第227—228行"粟壹碩貳斗,支與行像社人七日用;粟兩碩一斗卧酒,二月八日看社人及第二日屈人用"。以上有幾處未注明是行像社人,但因時間都是在行像日(二月八日),估計所招待的都應該是行像社的社人。行像社爲何與淨土寺關係如此密切,依據現有材料尚不能作出明確的判斷,推測很有可能是行像司就設在淨土寺。

　　隨著存續時間較長的佛社的增多,這類佛教團體的組織形態在隋唐五代時期也漸趨規整。首先,佛社在成立之初大多要制定類似章程的社條。

如前引《唐顯慶三年(658)或以前衆阿婆等社條》和P.4525₁₁《太平興國七年(982)二月立社條一道》,是以從事佛教活動爲主,兼行喪葬互助的私社的社條;而前引北新882《博望坊巷女人社社條稿》,則是一個約定在三年之内舉行燃燈供佛活動的佛社的社條。從事一次性活動的佛社的社條,則有上文所舉S.3540《庚午年(970)正月廿五日社長王安午等一十六人修窟憑》。甚至重新推選佛社的首領,也有保留文字依據,上舉P.4960《甲辰年(944)五月廿一日窟頭修佛堂社再請三官憑》就是例證。參照上文所引用的佛社社條和傳統私社的社條,這種類似章程的文獻一般要對結社的目的、緣由,私社的組織、活動内容,社人的權利、義務及罰則做出規定。利用社條這類文字憑據來規範私社的組織和活動,是唐五代傳統私社和佛社的共同特點,也是私社作爲一種民間團體在組織上成熟的重要標志之一。

佛社組織形態漸趨規整的第二個表現是其首領名稱繁多的現象逐漸消失,各社首領的名稱逐漸趨同。如上文所述,東晉南北朝時期邑義首領的名稱名目繁多,不僅是各社不同,一個邑義内的首領人數和頭銜的名目也往往很多。而隋唐五代時期佛社首領的名目和數量卻是日益減少。當然,佛社首領名稱的減少經歷了一個較長的歷史過程。如在上文提到過的《隋王伏女等造像記》和《隋王女暉等造像記》所在的佛社中,首領名目繁多的現象仍然存在。隨著唐初以來設齋活動日益受到人們的重視,造像活動日趨減少,使得自南北朝以來曾廣泛流行的像主一類的功德主頭銜在佛社中逐漸消失。與造像活動相關,南北朝的一些邑義内的首領還分爲兩廂、四面(即同一個頭銜在同一個邑義中要設兩個或四個,以分別負責在同一塊像石的不同側面雕刻的佛像),這種現象也因活動内容的變化而消失。在佛社首領名稱的名目大量減少的同時,各社首領的數量也逐漸減少。在唐中後期(開元年間至乾寧初年)的房山石經題記中,佛社首領名稱出現較多的有邑主、社官、録事(邑録、平録)、平正等[180],此外還有經主、邑官、社長、經邑頭、都勾當維那等,且每社的首領一般是一至三人之間[181],不論是首領名稱的名目還是每個佛社内的首領人數都比東晉南北朝時大爲減少。在這一過程中,另一引人注目的變化是佛社首領與傳統私社的首領也逐漸趨同。在西晉至南北朝時期,從事春秋二社祭祀的社邑的首領稱社正、社掾、社史、社老等[182],與邑義首領名稱不相混用。從敦煌文獻中保存的大量材料來看,到唐後期五代宋初,敦煌的傳統私社和佛社的首領已大致固定爲三官——社長、社官、錄事[183]。不難判斷,私社首領名稱的趨同應該是由兩類私社活動内容的合流使然。隋唐五代時期佛社首領名稱變化的另一特點是:源於佛教僧官的名稱逐漸減少,最後終以由邑長變化而來的社長、隋唐時期新出現的社官和北周時期纔出現的錄事佔據了主導地位。這三個名稱的共同特點就是它們都源於世俗官職名稱。南北朝時期那些源於僧官名稱的並曾廣泛流行的邑主、維那等名稱都逐漸淡化、消失,甚至既是邑義成員又是佛與邑義成員中間媒介的邑師也不再見於記載。佛社首領名稱的世俗化反映了隋唐五代時期佛社的世俗化趨勢,這一現象和部分佛社開始從事喪葬互助等傳統活動的趨向是一致的。這説明傳統私社在這一時期在民間仍然擁有巨大的影響。

佛社組織形態漸趨規整的第三個表現是每個佛社的人數也因組織較爲嚴密而有所減少。從石刻資料和敦煌文獻中的社人題名來看,隋唐五代時期佛社的人數一般在10到60人之間,100人以上的已爲數不多。如果參加的人過多,則組成若干佛社或分成若干組。如上文提到的釋寶瓊,"每結一邑,必三十人。……如此邑義,乃盈千計"。雖然他組織的人很多,但每個佛社内的人並不多。又如上文提到的《唐佛峪金剛經會碑》記載濟州歷城縣南靈臺山禪大德僧□組織"功德主及都維那邑人等一百一十人",但這110人又被分成8個金剛邑會[184]。再如《八瓊室金石補正》卷73所載之《唐九品往生社碑》,成員雖有1250人,也是被分成9個組(品)[185]。

以上三個方面的表現説明,佛社作爲一種民間團體在組織上已經日趨成熟。

(三) 佛社與佛教的關係

隋唐五代時期佛社的性質及其與佛教寺院的關係的實質與東晉南北朝時期是一樣的,它仍然是佛教寺院的外圍組織。與東晉南北朝時期一樣,不少佛社是在士庶所歡迎的高僧或名僧的影響下建立起來的。如上文提到過的"米社",是在隋唐之際的高僧釋智聰的影響下組織起來的;而在唐初高僧釋寶瓊影響下組織起來的佛社"乃盈千計"[186];上文提到過的"金剛經邑會"也是在唐濟州歷城縣南靈臺山禪大德僧□影響下組織起來的;前引 P. 4960《甲辰年(944)五月廿一日窟頭修佛堂社再請三官憑》,新選出的三官——社官、社長和録事也都是僧人,足見該社也是以僧人爲主導;等等。有的佛社如敦煌的燃燈社是由地方僧官機構組織、管理的;而敦煌行像社則是既由地方僧官組織和管理,又與淨土寺有密切的聯繫。以上兩種情況均爲前代所未見。當然,這一時期也仍然存在未受僧團或某個僧人的直接影響而自發成立起來的佛社,這類佛社出現的原因與前代相同,其性質仍屬佛教僧團的外圍組織。

與東晉南北朝時期的邑義一樣,唐五代時期的佛社仍然既是佛教寺院的社會基礎,又是其經濟、勞動力的重要來源。如釋智聰所組織的"米社",其目的就是爲了解決寺院的糧食問題。釋法通組織的佛社也有此目的,"但有沙門,皆延村邑,或有住宿,明旦解齋,家別一槃,以爲通供"[187]。而上文提到過的唐越州嘉禪寺釋智琰組織的佛社,其成員原本就是該寺的施主[188]。另前引敦煌文獻中 P. 2614 背《某寺狀》和 P. 4044《公元 905 至 914 年敦煌修文坊巷社再緝上祖蘭若標畫兩廊大聖功德讚並序》所記載的由某佛社供養某寺的材料,也應該是爲其所供養的寺院提供經濟和勞動力方面的支援。而敦煌的燃燈社和行像社則是在燃燈活動和行像活動中爲僧團提供勞動力。《八瓊室金石補正》卷 25《隋南宮令宋景建尼寺銘並陰側》[189],是佛社幫助修建寺院的實例;前引 P. 4960《甲辰年(944)五月廿一日窟頭修佛堂社再請三官憑》,是佛社幫助寺院修建佛堂的實例[190]。而白居易《華嚴經社石記》記載"杭州龍興寺僧南操……於是攝之以社……又於(社)衆中募財,置良田十頃,歲取其利,永給齋用"[191],這是一個向佛社成員募財購買土地的例證。以上事例説明,在隋唐五代時期,僧團和僧人組織佛社的經濟色彩比東晉南北朝時期更爲明顯。佛社的存在不僅可以爲佛教的傳播和發展提供重要的經濟支持,由於其成員都是程度不同的佛教信徒,所以,佛社的存在也便利了佛教的廣泛傳播。一所寺院組織的佛社愈多，其經濟和社會影響也就愈大。因此，佛社對佛教社會勢力的增長也起著重要的作用。對佛社的這種重要作用，宋初名僧贊寧看得十分清楚，他說："社之法以衆輕成一重，濟事成功，莫近於社。"[192]

但佛社成員向僧團提供經濟和勞動力支援的自願色彩卻比東晉南北朝時期有所淡化。佛社成員起初加入佛社或許是出於對佛教的信仰。但因這一時期存續時間較長的佛社增多，這類佛社與東晉南北朝時期大量存在的只從事一次造像活動就解散的邑義大不一樣，其組織比較嚴密，紀律嚴明，"條約嚴明，愈於公法"[193]。加入佛社以後，即使以後不想再參加佛社組織的佛教活動了，恐怕也得被動地或者是被迫地去參加。所以，對於隋唐五代時期長期存在的佛社來說，由於有社條的約束，參加佛教活動或施捨對其成員來說具有明顯的強制性色彩。如釋法通組織的佛社，"有僧投造，直詣堂中，承接顔色，譬若親識"[194]。只要僧人到家，不管自願不自願，都得當作親人來接待。"化誘所急，切於官徵；法事所須，嚴於制敕！"[195] 以上雖是狄仁傑對僧人向百姓募集施捨物的描述，但對於佛社成員而言，有時也是完全適用的。

注釋：

注1：王昶《金石萃編》，北京：中國書店1985年版，卷39第4—5頁。

注2：此書初版由國書刊行會出版於1917年，1980年由國書刊行會重印，更名爲《中國美術史雕塑篇》，但内容没有變動。本書所依據的是1980年重印本。

注3：此書版本甚多，本書所用爲文物出版社1985年出版的斷句縮印本。

注4：《龍谷大學論叢》第297卷，後收入《中國佛教史論》，京都：平樂寺書店1952年版，第25—36頁。

注5：《龍谷史壇》第10號，第18—27頁。

注6：《佛教》第3卷第4號。

注7：《史潮》第三年(1933)第二號，第122—165頁，後收入《支那中世佛教の展開》，東京：清水書店1947年版，第765—831頁。

注8：水野清一、長廣敏雄《河南洛陽龍門石窟の研究》附録一，東京：座佑寶刊行會1941年版，第141—242頁；又《塚本善隆著作集》第二卷，東京：大東出版社1942版，第305—374頁。

注9：上舉《河南洛陽龍門石窟の研究》附録二，第243—363頁。

注10:《史學雜誌》第八十六編第十號(1977年),第1421—1467頁。中文譯文載劉俊文主編《日本中青年學者論中國史·六朝隋唐卷》,上海古籍出版社1995年版,第56—115頁。

注11:《世界宗教研究》1982年第4期,第48—55頁。

注12:《中研院歷史語言研究所集刊》第六十三本第三分(1993年),第497—544頁。

注13:《新史學》第五卷第四期(1994年),第1—47頁。

注14:盧建榮《欠缺對話的學術社羣文化——二十世紀石刻史料與中國中古史的建構(一九三五~一九九七)》(《中華民國史專題論文集第四屆研討會》,第335—408頁)對1997年以前大陸和臺灣學者有關邑義的論文大多有所評介,其批評意見大多頗有見地,缺點是對研究者的成績肯定不足。特別是其中關於大陸和臺灣學者"在論及佛教信仰活動方面,大體是重複了日本學者多年來的研究成果"説法,並不符合實際。事實是,多數大陸和臺灣學者的論著注意到了日本學者早年的研究成果,研究角度和層面與早年日本學者的成果有所不同,而且,由於大量新材料的出現,即使與早年日本學者關注的是同一問題,其深度和廣度也大大超越了早年日本學者的研究成果。

注15:《佛學研究中心學報》第1期(1996年),第167—184頁。

注16:龍泉《漢地教團的建立及早期形態》,《法音》1996年第8期(總144期)。

注17:《金石萃編》卷36,第6—7頁;《八瓊室金石補正》卷23,北京:文物出版社1985年版,第144頁。

注18:有的學者將邑義稱爲"義邑",甚至把"義邑"作爲通稱,實際上"義邑"是唐以後纔出現的。

注19:上舉《河南洛陽龍門石窟の研究》,第275頁。

注20:北京圖書館金石組《北京圖書館藏中國歷代石刻拓本彙編》,鄭州:中州古籍出版社1989年版,第6册第6頁。

注21:《北京圖書館藏中國歷代石刻拓本彙編》,第7册第1頁。

注22:《北京圖書館藏中國歷代石刻拓本彙編》,第7册第3頁。

注23:見白居易《唐江州興果寺律大德湊公塔碣銘並序》,《白居易集》卷41,北京:中華書局1979年版,第3册第917頁。

注24:見《北魏法義兄弟姊妹等造像記》《北魏法義兄弟姊妹一百人造彌勒像記》,載《北京圖書館藏中國歷代石刻拓本彙編》,第4册第147、171頁。

注25:現知"邑"在南方出現在梁代之前,上引梁僧祐之《出三藏記集》卷12就有關於"邑"的材料;在北方出現於北魏太和元年(477)(見《北京圖書館藏中國歷代石刻拓本彙編》,第3册第13頁)。而有關"法義"最早的材料是在北魏神龜二年(519)(見《北京圖書館藏中國歷代石刻拓本彙編》,第4册第71頁)。

注26:《北京圖書館藏中國歷代石刻拓本彙編》,第7册第124頁。

注27:大村西崖《中國美術史雕塑篇》,第327—328頁。

注28:《北京圖書館藏中國歷代石刻拓本彙編》,第7册第108頁;大村西崖《中國美術史

貳　專門從事佛教活動的民間團體及其與佛教的關係

雕塑篇》,第 274—275 頁。
注 29：大村西崖《中國美術史雕塑篇》,第 329 頁。
注 30：見曹永斌《藥王山石刻重勘紀略》,油印本第 34 頁。
注 31：見《出三藏記集》卷 15,北京：中華書局 1995 年版,第 566—570 頁；《高僧傳》卷 6《釋慧遠傳》,北京：中華書局 1992 年版,第 214—215 頁。
注 32：見《北周邑主高樹等二十二人造像記》,《北京圖書館藏歷代石刻拓本彙編》,第 8 冊第 212 頁。"邑義"一詞在隋唐五代時期仍然存在,但其含義已與南北朝時不盡相同,有關情況將在下文討論。
注 33：見《北魏趙阿歡造彌勒像記》,《北京圖書館藏中國歷代石刻拓本彙編》,第 4 冊第 60 頁；《東魏程榮合邑造像記》,《八瓊室金石補正》卷 19,第 112 頁。
注 34：見《北魏法雅與宗那邑一千人造塔碑》,《北京圖書館藏中國歷代石刻拓本彙編》,第 3 冊第 73 頁；《凝禪寺三級浮屠頌並兩側》,《八瓊室金石補正》卷 18,第 105—109 頁。
注 35：依據"表一",記有人數或能依據題名統計出人數的有 160 條,其中 10 餘人至 100 人的有 125 條,佔 78% 以上,200 人到 300 多人的有 14 條。
注 36：在邑義造像記的題名中,有官職的人都要把官職刻在姓名前,僧尼也都把比丘、比丘尼、沙彌等身份刻在法號前,僅題姓名者一般是平民。從大量的題名來看,平民在邑義中明顯佔多數。
注 37：在"表一"中,能確定有無僧人的材料有 157 條,其中由僧俗混合組成的 132 條,約佔 84%；沒有僧人的 25 條,約佔 15%。沒有官僚參加的邑義所佔的比例要更大一些。
注 38：見《西魏始光等合邑造像記》,載《中國美術史雕塑篇》,第 289—290 頁。
注 39：載《中國美術史雕塑篇》,第 26—261 頁。
注 40：載《八瓊室金石補正》卷 19,第 113—114 頁。
注 41：載《中國美術史雕塑篇》,第 267 頁。
注 42：載《中國美術史雕塑篇》,第 316—317 頁。
注 43：載《中國美術史雕塑篇》,第 327—328 頁。
注 44：參看寧可、郝春文《北朝至隋唐五代間的女人結社》,《北京師範學院學報》1990 年第 5 期,第 16—19 頁。
注 45：見《八瓊室金石補正》卷 19,第 113—114 頁。
注 46：見《北京圖書館藏中國歷代石刻拓本彙編》,第 5 冊第 199 頁。
注 47：見《中國美術史雕塑篇》,第 364 頁。
注 48：見《中國美術史雕塑篇》,第 344 頁。
注 49：王昶《金石萃編》,卷 31 第 4—5 頁。
注 50：見《北京圖書館藏中國歷代石刻拓本彙編》,第 3 冊第 54 頁。
注 51：見《北京圖書館藏中國歷代石刻拓本彙編》,第 5 冊第 179—182 頁。
注 52：見《北齊石艾縣陳神忻合邑七十二人造像記》,《北京圖書館藏中國歷代石刻拓本彙編》，第 7 冊第 108 頁；《北齊阿鹿交村合邑七十人造像記》，《北京圖書館藏歷代石刻拓本彙編》，第 8 冊第 124 頁。類似材料還有一些，不備舉。

注 53：見《北京圖書館藏中國歷代石刻拓本彙編》，第 4 冊第 79 頁。

注 54：王昶《金石萃編》，卷 29 第 5—6 頁。

注 55：見《偃師金石遺文記》，王昶《金石萃編》，卷 34 第 1 頁。

注 56：參看第一部分之相關論述及注 41 所引之材料。

注 57：見前注所引山崎宏、張英莉、戴禾文。

注 58：見釋道宣《續高僧傳》卷 1《釋曇曜附曇靖傳》，載《歷代高僧傳》，上海書店 1989 年版，卷 50 第 428 頁。

注 59：見前注所引山崎宏、張英莉、戴禾文。

注 60：參見湯用彤《漢魏兩晉南北朝佛教史》，北京：中華書局 1983 年版，第 428 頁；塚本善隆《支那在家佛教特別是庶民佛教的一經典——提謂波利經的歷史》，載《東方學報》(京都) 第 12 冊第 3 分。

注 61：見釋僧祐《出三藏記集》卷 15，第 566—570 頁；釋慧皎《高僧傳》卷 6《釋慧遠傳》，第 214—215 頁。

注 62：文中所引材料傳至中唐以後，被附會成為釋慧遠與十八高賢立白蓮社，入社者百二十三人，另有不入社者三人。參看湯用彤《漢魏兩晉南北朝佛教史》，第 261—264 頁。但湯用彤先生對慧遠建白蓮社之說的否定未能引起佛教史研究者的注意，晚近仍有中外學者在討論法社時引用慧遠建白蓮社的材料。參看山崎宏《隋唐佛教史の研究》，京都：法藏館 1967 年版，第 294 頁；龍泉《漢地教團的建立及早期形態》，《法音》1996 年第 8 期 (總 144 期)。

注 63：見《北京圖書館藏中國歷代石刻拓本彙編》，第 4 冊 145 頁。

注 64：見《北京圖書館藏中國歷代石刻拓本彙編》，第 8 冊第 43—45 頁。

注 65：見《北京圖書館藏中國歷代石刻拓本彙編》，第 7 冊第 189 頁。

注 66：《雜寶藏經》卷 5，《大正新脩大藏經》，東京：大正一切經刊行會 1929 至 1934 年版，第 4 冊第 473 頁。

注 67：見《歷代高僧傳》，第 474 頁。

注 68：釋慧皎《高僧傳》卷 7《釋超進傳》，第 297 頁。

注 69：見《歷代高僧傳》，第 701 頁。

注 70：釋慧皎《高僧傳》卷 13，第 521 頁。

注 71：見《歷代高僧傳》，第 475 頁。

注 72：見《北京圖書館藏中國歷代石刻拓本彙編》，第 3 冊第 57 頁；《中國美術史雕塑篇》，第 193 頁；《河南洛陽龍門石窟の研究》，第 300 頁。

注 73：見《北京圖書館藏中國歷代石刻拓本彙編》，第 3 冊第 55 頁；《中國美術史雕塑篇》，第 193 頁；《河南洛陽龍門石窟の研究》第 300 頁；《八瓊室金石補正》卷 12，第 70 頁。

注 74：見《北京圖書館藏中國歷代石刻拓本彙編》，第 3 冊第 76 頁；《中國美術史雕塑篇》,第 208 頁。

注 75：見《北京圖書館藏中國歷代石刻拓本彙編》,第 3 冊第 54 頁；《河南洛陽龍門石窟の研究》,第 299 頁；《中國美術史雕塑篇》,第 192 頁；《金石萃編》,卷 27 第 5—6 頁；嚴可均《全上古三代秦漢三國六朝文》,北京：中華書局 1958 年版,第 2757 頁。

注 76：見《北京圖書館藏中國歷代石刻拓本彙編》,第 7 冊第 81 頁。

注 77：見《北京圖書館藏中國歷代石刻拓本彙編》,第 6 冊第 196 頁。

注 78：見《金石萃編》,卷 36 第 6—7 頁；《八瓊室金石補正》卷 23,第 144 頁；《中國美術史雕塑篇》,第 364—365 頁；嚴可均《全上古三代秦漢三國六朝文》,第 3989 頁。

注 79：見《北京圖書館藏中國歷代石刻拓本彙編》,第 7 冊第 199 頁；《中國美術史雕塑篇》,第 332 頁。

注 80：見《中國美術史雕塑篇》,第 259 頁。

注 81：見《北京圖書館藏中國歷代石刻拓本彙編》,第 7 冊第 133 頁；《中國美術史雕塑篇》,第 332 頁；《八瓊室金石補正》卷 21,第 132 頁。

注 82：見《中國美術史雕塑篇》,第 259 頁。

注 83：參看謝重光《晉—唐僧官制度考略》,載何茲全主編《五十年來漢唐佛教寺院經濟研究》,北京：北京師範大學出版社 1986 年版,第 323—350 頁。

注 84：《中國美術史雕塑篇》,第 286—288 頁。

注 85：見《北京圖書館藏歷代石刻拓本彙編》,第 7 冊第 199 頁；《中國美術史雕塑篇》,第 341 頁。

注 86：見《北京圖書館藏中國歷代石刻拓本彙編》,第 8 冊第 43—45 頁；《中國美術史雕塑篇》,第 348—349 頁。

注 87：見《八瓊室金石補正》卷 16,第 94 頁。

注 88：見《八瓊室金石補正》卷 16,第 93—94 頁；《中國美術史雕塑篇》,第 244 頁；《北京圖書館藏中國歷代石刻拓本彙編》,第 5 冊第 199 頁。

注 89：《中國美術史雕塑篇》,第 217 頁；《河南洛陽龍門石窟の研究》,第 307 頁；《金石萃編》,卷 28 第 7 頁。

注 90：同上注。

注 91：《北京圖書館藏中國歷代石刻拓本彙編》,第 6 冊第 15—17 頁；《中國美術史雕塑篇》,第 291—292 頁。

注 92：見韓自強《安徽亳縣咸平寺發現北齊石刻造像碑》,《文物》1980 年第 9 期,第 57—58,62 頁。

注 93：《北京圖書館藏中國歷代石刻拓本彙編》,第 3 冊第 13 頁。

注 94：《北京圖書館藏中國歷代石刻拓本彙編》,第 6 冊第 162 頁；《中國美術史雕塑篇》,第 279 頁。

注 95：參看謝重光《晉—唐僧官制度考略》,載何茲全主編《五十年來漢唐佛教寺院經濟研究》，第 323—350 頁。

注 96：參看白文固《南北朝隋唐僧官制度探究》，《世界宗教研究》1984 年第 1 期。

注 97：《金石萃編》，卷 27 第 5—6 頁。

注 98：《北京圖書館藏中國歷代石刻拓本彙編》，第 6 冊第 71—72 頁；《金石萃編》，卷 30 第 6—7 頁。

注 99：《北京圖書館藏中國歷代石刻拓本彙編》，第 6 冊第 33 頁；《中國美術史雕塑篇》，第 254 頁。

注 100：見曹永斌《藥王山石刻重勘紀略》，油印本第 118—120 頁。

注 101：《金石萃編》，卷 29 第 5—6 頁；《中國美術史雕塑篇》，第 236 頁。

注 102：在筆者搜集到的 192 條有首領的邑義材料中，設有化主的僅有 32 條。

注 103：見《北魏邑師慧暢等廿三人造釋迦像記》，載《北京圖書館藏中國歷代石刻拓本彙編》，第 4 冊第 55 頁；《河南洛陽龍門石窟の研究》，第 306 頁；《中國美術史雕塑篇》，第 216 頁；《八瓊室金石補正》卷 13，第 74 頁；《北魏錡氏合邑廿人等造像記》，《北京圖書館藏中國歷代石刻拓本彙編》，第 4 冊第 79 頁；《藥王山石刻重勘紀略》，油印本第 30 頁；《北魏崔永高等合邑三十六人造像記》，《北京圖書館藏中國歷代石刻拓本彙編》，第 4 冊第 145 頁；等等。

注 104：見《北京圖書館藏中國歷代石刻拓本彙編》，第 8 冊第 2 頁；《中國美術史雕塑篇》，第 343—344 頁。

注 105：見《河南洛陽龍門石窟の研究》，第 294 頁。

注 106：見《金石萃編》，卷 34 第 7 頁；《中國美術史·雕塑篇》，第 345—346 頁；嚴可均《全上古三代秦漢三國六朝文》，第 3878 頁。

注 107：見《北京圖書館藏中國歷代石刻拓本彙編》，第 6 冊第 124 頁；《中國美術史雕塑篇》，第 268—269 頁。

注 108：見《金石萃編》，卷 33 第 8—9 頁；《中國美術史·雕塑篇》，第 333 頁。

注 109：見前注所列中外學者相關論文。

注 110：見《北京圖書館藏中國歷代石刻拓本彙編》，第 8 冊第 162 頁。

注 111：見《北京圖書館藏中國歷代石刻拓本彙編》，第 8 冊第 43—45 頁；《中國美術史雕塑篇》，第 348—349 頁。

注 112：見《北京圖書館藏中國歷代石刻拓本彙編》，第 4 冊第 171 頁；《八瓊室金石補正》卷 16，第 91 頁。

注 113：見《北京圖書館藏中國歷代石刻拓本彙編》，第 7 冊第 62 頁；《中國美術史·雕塑篇》，第 321—322 頁。

注 114：見《北京圖書館藏中國歷代石刻拓本彙編》，第 5 冊第 139 頁。

注 115：見《北京圖書館藏中國歷代石刻拓本彙編》，第 7 冊第 138—139 頁。

注 116：見《北京圖書館藏中國歷代石刻拓本彙編》，第 7 冊第 66 頁；《中國美術史雕塑篇》，第 322—323 頁；《八瓊室金石補正》卷 21，第 126 頁；陸耀遹纂、陸增祥校訂《金石萃編續編補正》卷 2，臺北：國風出版社 1965 年版。

貳　專門從事佛教活動的民間團體及其與佛教的關係

注117：見《北京圖書館藏中國歷代石刻拓本彙編》，第4册第185頁；《河南洛陽龍門石窟の研究》，第275頁；《八瓊室金石補正》卷13，第76頁；《中國美術史雕塑篇》，第227頁。

注118：見《北京圖書館藏中國歷代石刻拓本彙編》，第5册第31頁。

注119：參看本篇第一部分相關敘述和注42。

注120：參看筆者《釋"香火"》（署名曉文），《北京師範學院學報》1992年第5期。

注121：《中國美術史雕塑篇》217頁、《河南洛陽龍門石窟の研究》，第307頁；《金石萃編》，卷28第7頁。

注122：見《北京圖書館藏中國歷代石刻拓本彙編》，第8册第66頁；《八瓊室金石補正》卷20，第125頁；《河南洛陽龍門石窟の研究》，第277頁；《中國美術史雕塑篇》，第310頁。

注123：見《北周邑主趙富洛等造觀世音像記》，《北京圖書館藏中國歷代石刻拓本彙編》，第8册第147頁；《中國美術史雕塑篇》，第372頁。《北周顏那米等合邑造像記》，《金石萃編》，卷37第4—5頁；《中國美術史雕塑篇》，第370—372頁；嚴可均《全上古三代秦漢三國六朝文》，第3989頁。

注124：見《北周雷氏合邑造像記》，《北京圖書館藏中國歷代石刻拓本彙編》，第8册第101—103頁。

注125：見《八瓊室金石補正》卷16，第91頁。

注126：見《北京圖書館藏中國歷代石刻拓本彙編》，第7册第66頁；《中國美術史雕塑篇》，第322—323頁；《八瓊室金石補正》卷21，第126頁；陸耀遹纂、陸增祥校訂《金石萃編續編補正》卷2。

注127：見韓自強《安徽亳縣咸平寺發現北齊石刻造像碑》，《文物》1980年第9期，第57頁。

注128：見《北京圖書館藏中國歷代石刻拓本彙編》，第6册第141頁。

注129：見《北京圖書館藏中國歷代石刻拓本彙編》，第7册第189頁。

注130：見《北京圖書館藏中國歷代石刻拓本彙編》，第7册第22頁。

注131：見《北京圖書館藏中國歷代石刻拓本彙編》，第8册76頁。

注132：見《北京圖書館藏中國歷代石刻拓本彙編》，第7册第62頁。

注133：見《北京圖書館藏中國歷代石刻拓本彙編》，第6册第124頁。

注134：見《北京圖書館藏中國歷代石刻拓本彙編》，第7册第14頁。

注135：見《中國美術史雕塑篇》，第260—261頁。

注136：見《北京圖書館藏中國歷代石刻拓本彙編》，第6册第71—72頁。

注137：見《中國美術史·雕塑篇》，第286—288頁。

注138：范祥雍《洛陽伽藍記校注》，上海古籍出版社1978年版，第205—206頁。

注139：范祥雍《洛陽伽藍記校注》，第80頁。

注140：范祥雍《洛陽伽藍記校注》，第81頁。

注141：見《八瓊室金石補正》卷15，第86頁。

注142：見《北京圖書館藏中國歷代石刻拓本彙編》，第7册第6頁。
注143：參見周一良《魏晉南北朝史劄記》"久喪不葬"條，北京：中華書局1985年版，第189—190頁。
注144：見《北京圖書館藏中國歷代石刻拓本彙編》，第3册第71頁。
注145：見《八瓊室金石補正》卷18，第105頁。
注146：見《北京圖書館藏中國歷代石刻拓本彙編》，第6册第71—72頁。
注147：見《中國美術史雕塑篇》，第326—327頁。
注148：見《北京圖書館藏中國歷代石刻拓本彙編》，第4册第164頁。
注149：見《北京圖書館藏中國歷代石刻拓本彙編》，第7册第130、133、137、138、139、142、144頁；《中國美術史雕塑篇》，第331—332頁；《金石萃編》，卷33。
注150：見北京圖書館金石組、中國佛教圖書文物館石經組《房山石經題記彙編》，北京：書目文獻出版社1987年版，第94頁。
注151：同上注。
注152：Дх.10269《便粟麥歷》中有"新佛社人便粟兩石五斗"，"新佛社"當係時人對新成立的民間佛教團體的稱呼。
注153：秦明智《隋開皇元年李阿昌造像碑》，《文物》1983年第7期，第48—49頁。
注154：見寧可、郝春文《敦煌社邑文書輯校》，南京：江蘇古籍出版社1997年版，第60—63頁。
注155：見前注所舉諸日本學者的相關論著。
注156：見《中國美術史雕塑篇》，第187頁。
注157：P.3545《社齋文》。
注158：見《北齊成真虎等邑義造父母像浮圖記》，《中國美術史雕塑篇》，第329頁；《北齊薛貳姬等邑義造丈六鐵像記》，《中國美術史雕塑篇》，第358—359頁。
注159：見中國東方文化研究會歷史文化分會《歷代碑誌叢書》，南京：江蘇古籍出版社1998年版，第4册第630—632頁。
注160：見中國東方文化研究會歷史文化分會《歷代碑誌叢書》，第4册第647—648頁。
注161：見中國東方文化研究會歷史文化分會《歷代碑誌叢書》，第4册第655—656頁。
注162：見中國東方文化研究會歷史文化分會《歷代碑誌叢書》，第10册第305—306頁。
注163：見中國東方文化研究會歷史文化分會《歷代碑誌叢書》，第6册第650—651頁。
注164：見釋道宣《續高僧傳》卷29《釋智聰傳》，載《歷代高僧傳》，卷50第595頁。
注165：見釋道宣《續高僧傳》卷28《釋寶瓊傳》，載《歷代高僧傳》，卷50第688頁。
注166：見中國東方文化研究會歷史文化分會《歷代碑誌叢書》，第10册556頁。
注167：見中國東方文化研究會歷史文化分會《歷代碑誌叢書》，第6册第242—243頁。
注168：見釋道宣《續高僧傳》卷1《釋曇曜附曇靖傳》，載《歷代高僧傳》，卷50第428頁。
注169：見釋道宣《續高僧傳》卷24《釋法通傳》，載《歷代高僧傳》，卷50第641頁。
注170：見釋道宣《續高僧傳》卷14《釋智琰傳》，載《歷代高僧傳》，卷50第532頁。
注171：見中國東方文化研究會歷史文化分會《歷代碑誌叢書》，第10册第454—456頁。

貳　專門從事佛教活動的民間團體及其與佛教的關係

注172：同上注。
注173：《太平廣記》卷115"普賢社"條，北京：中華書局1961年版，第800頁。
注174：北京圖書館金石組、中國佛教圖書文物館石經組《房山石經題記彙編》，第93頁。
注175：北京圖書館金石組、中國佛教圖書文物館石經組《房山石經題記彙編》，第94頁。
注176：北京圖書館金石組、中國佛教圖書文物館石經組《房山石經題記彙編》，第96頁。
注177：北京圖書館金石組、中國佛教圖書文物館石經組《房山石經題記彙編》，第102頁。
注178：北京圖書館金石組、中國佛教圖書文物館石經組《房山石經題記彙編》，第94頁。
注179：參看唐耕耦《唐五代時期的高利貸》，《敦煌學輯刊》1985年第2期；《敦煌寫本便物歷初探》，《敦煌吐魯番文獻研究論集》第5輯，北京大學出版社1990年版。
注180：平正當即北朝邑義中的中正，係避隋諱所致。
注181：參看北京圖書館金石組、中國佛教圖書文物館石經組《房山石經題記彙編》。
注182：參看寧可師《記〈晉當利里社碑〉》，《文物》1979年第12期。
注183：三官以外，在有的社還可以看到社老、虞候、月直等名稱，但多數私社常設的首領是三官或只置三官中的某個、某兩個名目。
注184：見中國東方文化研究會歷史文化分會《歷代碑誌叢書》，第10冊第454—456頁。
注185：見中國東方文化研究會歷史文化分會《歷代碑誌叢書》，第10冊第464—465頁。
注186：見釋道宣《續高僧傳》卷29《釋寶瓊傳》，載《歷代高僧傳》，卷50第688頁。
注187：見釋道宣《續高僧傳》卷25《釋法通傳》，載《歷代高僧傳》，卷50第641頁。
注188：見釋道宣《續高僧傳》卷14《釋智琰傳》，載《歷代高僧傳》，卷50第532頁。
注189：見中國東方文化研究會歷史文化分會《歷代碑誌叢書》，第9冊第429—434頁。
注190：另段成式《酉陽雜俎》續集卷5（北京：中華書局1981年版，第250頁）略云："觀音堂在寺西北隅，建中末，百姓屈儼患瘡且死。夢一菩薩摩其瘡曰：'我住雲華寺'。儼驚覺汗流，數日而愈。因詣寺尋檢，至聖畫堂見之，菩薩一如其覯。傾城百姓瞻禮，儼遂立社，建堂移之。"
注191：《全唐文》卷676《白居易》，上海古籍出版社1990版，第3060頁。
注192：釋贊寧《大宋僧史略》卷下，見臺北：中華佛教文化館大藏經委員會1957年影印本《大藏經》，第197册第241頁。
注193：見釋贊寧《大宋僧史略》卷下（第197册第241頁），此語為贊寧描述宋初佛社的情況，但亦符合唐後期五代時期佛社的實際，如正文中所述，唐五代時期的佛社也都立有社條。
注194：見釋道宣《續高僧傳》卷25《釋法通傳》，載《歷代高僧傳》，卷50第641頁。
注195：《狄仁傑疏》見《唐會要》卷49《像》，北京：中華書局1955年版，第857頁。

叁 結　語

　　以上分兩部分對中古時期作爲民間團體的社邑與佛教的關係進行了探討。兩晉南北朝時期，佛教寺院與僧人對傳統邑社施加影響的主要切入點是禁止殺生，進而"勸修法義"，雖然取得一定成就，但從整體上看，成效不大。只是在一定的時間和一定的範圍内獲得了成功。自東晉以來，寺院和僧人採取向寺院周圍的鄉村和城鎮民衆宣傳佛教的思想觀念和行爲方式，並將接受其宣傳的民衆組織起來，結成專門從事佛教活動的佛教團體——邑義，至南北朝時期，這一工作取得了巨大的成功。遍佈南北的邑義成爲佛教寺院的主要信徒羣體和最重要的社會基礎。至唐五代時期，隨著佛教中國化的完成，佛教寺院和僧人對傳統社邑的態度和策略也發生了變化，轉而對傳統文化採取平等相待的態度和求同存異的策略，使佛教文化和中國傳統在私社的思想與活動中逐漸融合，致使相當一部分傳統私社在保持春秋二社的祭祀或經濟互助等傳統活動的同時，也從事佛教活動。由於傳統私社組織嚴密，源遠流長，所以他們對佛教在民間的流行與傳播所起的作用要遠遠大於佛社。在這樣的背景下，佛社在唐五代時期對佛教寺院的作用相對淡化，其地位也相對降低了，反映這類團體的資料也比南北朝時期大爲減少。

　　受到佛教寺院影響、從事佛教活動的傳統私社和佛社一樣，都是佛教寺院的外圍組織。這兩類民間團體是唐五代時期佛教寺院的基本信徒羣體和基本社會基礎。本書所列舉的材料表明，幾乎所有寺院都和傳統私社或佛社（邑義）具有不同程度的關係。有的寺院甚至和幾個或多個私社具有密切聯繫。像釋寶瓊組織的私社"乃盈千計"，難免有誇張之嫌。但唐濟州歷城縣南靈臺山禪大德僧□就組織了八個金剛經邑會，則是有名有姓，確定無疑。與敦煌淨土寺有聯繫的私社據本篇所引證的材料有行像社、燃燈社，此外還有安押衙社[1]。另 P.4907《某寺庚寅年辛卯年入破歷》記載與該寺有聯繫的私社有達家夫人大社、小社和孔庫官社、安押衙社。可以斷定，通過組織或影響各類私社，已經成爲唐五代時期佛教寺院和僧人向民間傳播佛教的重要途徑。

注釋：
注 1：P.3234 背《淨土寺應慶手下麥粟油入破歷》第 2 行有："安押衙社麥四斗。"

下 篇

敦煌寫本社邑文書研究

壹　敦煌社邑文書與中古社邑研究

在敦煌莫高窟發現的 6 萬多件古代文獻中，社邑文書只是其中的一小部分。據我們不完全的統計，這類文書僅有 480 多件。但這 400 多件文書對歷史研究者來說卻有十分重要的價值。

社邑（社）是中國古代的一種基層社會組織。它源遠流長，自先秦至明清，在社會生活中始終起著相當重要的作用。社的性質、類型、活動內容、所反映的階級關係及在社會生活中的作用，也隨著社會的發展而不斷變化[1]。對於這樣一種在中國古代起過重要作用的社會組織加以研究，無疑有助於全面認識古代社會。但傳世文獻有關這方面的記載較少，且很零散，使人們難於對這個課題進行深入的研究。特別是曾在中古時期發揮過重要作用的私社，史籍中保存的材料就更少。幸賴敦煌文獻中保存了數百件社邑文書而且絕大多數爲私社文書，這批內容豐富的第一手資料，爲學術界對唐五代宋初社邑特別是私社的具體情況進行深入的探索和細緻的描述提供了可能。所以，我們完全有理由認爲，敦煌文獻的發現使中國古代社邑的研究進入了一個新的階段。

以下對敦煌寫本社邑文書的內容及其價值作一概要介紹。

一、敦煌寫本社邑文書的內容及其價值

截止到目前爲止，我們共搜集到 480 多件社邑文書，其中包括複本或內

容相同的寫本 60 多件。

這 480 多件社邑文書，從性質上可分爲實用文書和非實用文書兩大類。後者包括文樣、稿和抄。文樣是起草社邑文書的藍本。它雖與實用文書不完全相同，但包含了該類文書的基本内容，故對研究社邑亦有重要參考價值。稿是實用文書的草稿，與實用文書最爲接近，其價值應與實用文書相同。抄的情況比較複雜，有的係學郎或其他人依據實用文書抄録，有的是各種不同身份的人（包括學郎）隨手書寫。前者抄録的目的是學習文書的寫法，故多抄録了文書的主要部分，但往往省略了實用文書的人名和一些抄録者認爲不重要的内容；後者一般只書寫一兩行。就抄寫質量來説，"抄"往往錯漏較多。但"抄"所依據的是實用文書，即使隨手書寫的"抄"，雖不一定是依據某件實用文書抄録，但也是社會現實的反映，對於我們研究當時的社會，當然也有參考價值。在"社文"中，有一種"社齋文"既可看作實用文書，又具有文樣的某些性質。我們姑將其稱爲社齋文文本。這種社齋文文本是依據社齋文文樣寫成的，僧人可以拿著它到某個社邑舉辦的齋會上去念誦。就這一點來看，應該説它具備實用文書的性質。但這種社齋文文本往往不是爲某個特定的社邑的某次齋會起草的。文中在説明齋會主辦者時，通常並不寫明某個具體社邑的名稱，而只曰"社邑"、"社子某公"、"三長邑義"，説明它適用於一類甚至一切社邑所設的齋會、僧人拿著它既可到甲社所設的齋會上去念誦，也可以到乙社所設的齋會上去念誦，等等。就這個意義上説，它又具有文樣的某些特點。

如果依内容劃分，社邑文書又可分爲"社條"、"社司轉帖"、"社歷"、"社文"、"社狀、牒"等五大類。

(一) 社條

社條又稱"社案"、"社格"、"條"、"條件"、"條流"、"約"、"憑"等，是社邑組織和活動的規約。

我們共搜集到敦煌寫本社條 27 件，還有一件可能是社條的尾部。這 28 件中有複本 3 件，實用文書 14 件，"抄" 3 件，"稿" 1 件，文樣 6 件，學郎模仿成人結社的習俗寫的結會記1件。從這些社條來看,唐後期五代宋初敦煌的私社在立社之初一般要依據社條文樣制定該社所遵奉的社條。如 S.527《顯德六年正月三日女人社社條》的主要内容與 S.6537 背《上祖社條》文樣基本相同,顯係依據這個文樣草成。當然,實用社條並不是完全照抄社條文樣,通常是根據該社活動内容的需要抄錄某個社條文樣的一部分,並按具體情況作一些變動,故實用社條往往比社條文樣簡略。社條文樣没有社邑成員名單,實用社條一般要在社條正文後(有些在正文前)列上參加該社的成員名單,有些在社人姓名下還有本人的簽押。

各社所立社條詳略不同,一般首部爲總則,述結社目的、立條緣由,然後規定組織、活動内容、罰則等具體條款。

一些社將立社之初制定的社條稱爲"大條"、"正條"或"祖條",大條或祖條平時要封印保存,若不遇到衆社人難以決斷的大事,不能隨便開封。如 S.8160《親情社社條》,就是一件當時被"封印"的社條,該條在展開前是被卷成一卷封粘起來的,在封口處寫著社條的名稱和"封印"者錄事王慶住等社邑首領的題名。

既然大條或祖條平時不能開封,社邑在活動中遇到"不在開條之限"的事又不能無所遵循,於是只得在大條或祖條之外另制偏條或偏案。S.6005《敦煌某社偏案》就是這方面的實例。該條載:"伏以社内先初合義之時,已立明條,封印訖。今緣或有後入社者,又未入名,兼錄三馱名目。若件件開先條流,實則不便。若不抄錄者,伏恐陋(漏)失,互相泥寞。遂衆商量,勒此偏案。""餘有格律,並在大條内。若社人忽有無端是非行事者,衆斷不得,即須開條。若小段事,不在開條之限。故立此約。"這個社邑將在大條之外新制定的補充社"約"稱爲"偏案"。"偏案"也可稱爲"偏條",如 Дx.11038《社條抄》中有"更有碎磨格式,偏條所錄也"。雖然我們還不能確知"碎磨"的涵義,但可以知道這個社邑有關"碎磨"的規定是記載在"偏條"中。"偏案"和"偏條"應該都是相對"正條"而言的。

也有的社是在制定"大(正)條"之前先制定"偏條"。如 P.3989 云:"景福三年甲寅歲五月十五日,敦煌義族後代兒郎,雖(須)擇良賢,人以類聚,結交朋友，追凶逐吉。未及政(正)條，今且執(制)編(偏)條。"這裏的"政(正)條"，應該就是我們前面所説"大條"或"祖條"。但我們在過去整理這件文書時尚未認識到這一點，也未認識到社條有正條、偏條之分，因而也就未能發現上録文字中的"政"應該是"正"的通假字、"執編"應該是"制偏"的通假字。所以，在《敦煌社邑文書輯校》中錯誤地將該文書的標題定爲"景福三年五月十五日敦煌某社社條"。現在看來，這件文書的正確名稱應爲"景福三年五月十五日敦煌某社偏條"。

還有一些社邑在經過一個時期以後要重新制定一次社條，這往往是在因戰亂造成社邑活動停頓，或社邑成員有較大變動（死亡、離散、新入社、退社等），或隨著時間推移，原社條已顯得不夠完備，不能適應實際情況的時候。如 P. 3544《大中九年社長王武等再立條件》、S. 527《顯德六年正月三日女人社再立條件》即屬上述情況。S. 2041《大中年間儒風坊西巷社社條》則記録了這個社邑從吐蕃管轄敦煌時期至歸義軍初期幾次修改補充最初制定的社條的情況。

此外，有的社邑還在活動中根據實際需要在社條之外另制補充規定，以補原立社條的不足。如 S. 2472 背《辛巳年十月廿八日榮指揮使葬巷社納贈歷》後就有經社人商量後做出的關於納贈方面的規定，S. 8160《親情社社條》背面也寫有有關社人營葬方面的補充規定。S. 1475 背《申年五月社人王奴子等狀》則是社人在參加齋會時制定的關於餪腳的"條件"。凡此種種，均説明社條對社邑來説是非常重要的，它對於研究社邑的組成、組織和活動情況都具有重要價值。

（二）社司轉帖

社司轉帖是社邑通知社人參加活動的通知單。我們共搜集到這類文書 265 件，其中包括複本或内容相同者 30 件，實有 235 件。這 235 件多數係抄件，相當數量原未抄完，實用者僅 90 多件。

社司轉帖一般要寫明因何事、帶何物、在什麽時間、到什麽地點去取齊，遲到者、不到者以及遞帖延誤者的罰則，發帖的時間和發帖者的職務、姓名等。多數實用社司轉帖在帖文後(有的在帖文前)要列上被通知者姓名。被通知者接到轉帖後,在自己的姓名右下角寫上"知"字(少數)或在姓名右側加一墨點(多數)等表示已知的記號,再轉給下一個人。如此依次接力式下傳,直至最後一個人,再"轉"回到發帖者手中。有的實用社司轉帖在社人姓名旁還有社司的勘驗符號。如 S.5632《丁卯年二月八日張憨兒母亡轉帖》,一些社人姓名右上角有勾劃,右側另有一圓圈,一墨點。疑墨點爲社人自己所標,表示已知,圓圈和勾劃爲社司所加,表示到場及納物與否(見圖一)。

圖一

按事由劃分,社司轉帖可以分爲身亡轉帖,春座、秋座、座社等局席轉帖,建福、設齋、設供等轉帖,少事商量轉帖,渠社、渠人轉帖及有關渠人文書。身亡轉帖是通知社人參加營葬活動的轉帖,就數量而言,敦煌文獻中保存此類轉帖不是最多,但多爲實用轉帖,反映出喪葬互助活動是唐後期五代宋初敦煌社邑最重要的活動。春座、秋座、座社等局席轉帖是通知社人參加春秋二社等會聚、飲宴等活動。春秋二社是一項傳統活動,由來已久。這類轉帖保存下來的數量最多，表明此項活動在人們的觀念中影響較深。但這類轉帖多爲不完整的抄件，實用者較少；說明春秋二社活動在社邑的實際運營中也許不如喪葬互助重要。建福、設齋、設供等轉帖是通知社人參加齋會、設供及其他與佛事、寺院有關的活動。少事商量轉帖是通知社人聚會議事。社司轉帖的最後一類是渠社、渠人轉帖及有關渠人文書。敦煌文獻中的"渠人"是唐後期五代宋初敦煌地區承擔"渠河口作"力役的百姓，其職責是防水、平水、修理渠堰、橋樑等。渠人轉帖就是通知渠人去從事上述活動。而渠社轉帖則是通知其成員參加喪葬互助和春秋座局席等活動。因渠社是渠人的組織，故上述兩類不同性質活動的組織者都是渠社。據此，我們把表面上與社邑無關的渠人轉帖和渠社轉帖歸爲一類。爲便於研究，在這一類中還收錄了兩件有關渠人的文書。

社司轉帖在各類社邑文書中數量最多，分量也最重。從表面上看，這批文書格式相同，內容雷同，似乎價值不大。但不同事由社司轉帖數量的多寡可在一定程度上反映社邑各種活動的頻度和重要程度；不同時間、地點以及不同的人名也都包含著不同的學術信息。而這些都是我們對社邑進行深入的研究、細緻的探討所必須的。

(三) 社歷

社歷是社邑的收支記錄，共計 60 件，絕大多數是實用文書（僅有抄件二件）。社歷中最重要的是"身故納贈歷"。"身故納贈歷"是社邑成員或其親屬亡故時社人依據社條的規定或社司的臨時決定向社司繳納物品的記錄。其中備載社人所納物品的名稱和數量（餅、粟、油、柴等如按規定繳納則不書數量）。多數在社人所納織物右上角有社司所作的勘驗符號，有的在最後還有將社人所納物品支付給凶家的記錄。

身故納贈歷之外，較爲重要的是社司便物歷。多數可以確定爲是社人向社司借貸麵、油、粟、麥、黃麻等物品，爲研究私社的公共積累提供了重要材料。

此外，還有社人欠物、納物、社司罰物、社司破歷等。

(四) 社文

社文共有 107 件，其中複本 29 件，實有 78 件。

這類文書可分為"社日相迎書"、"請賓頭盧波羅墮上座疏"、"社齋文"、"社邑印沙佛文"、"社邑燃燈文"、"社司功德記"、"社祭文"、"祭社文"等八種。

社日相迎書是在春秋二社社日時邀請社人參加聚會的通知書的文樣。現知的兩種社日相迎書（每種都有複本）均保存在《書儀》中。

請賓頭盧波羅墮上座疏是社邑在舉行設供活動前書寫的疏文，以祈該羅漢駕臨。

比較複雜的是社齋文、社邑印沙佛文和社邑燃燈文，它們分別是社邑舉辦齋會、印沙佛和燃燈活動時念誦的文字。這幾種社文有文樣和文本之分。文樣均保存在《齋儀》中，齋儀與書儀一樣，是供起草齋文的人參考的文樣。它們大多是以書的形式出現的，一般包括序、目錄和正文三部分，社齋文、社邑印沙佛文和社邑燃燈文的文樣均是某部齋儀的一部分。它不能直接拿到社邑所設齋會等活動中去念誦。據文樣寫成的社齋文、社邑印沙佛文、社邑燃燈文文本，由於已具有實用性，可以獨立成篇，也可以由數篇、十幾篇乃至數十篇組成齋文文本集。我們搜集到的上述三種社文文本，多數保存在齋文文本集中，也有的僅存單篇或一兩篇。在敦煌，齋儀並非只有一種。僅不同齋儀中保存的"社邑"文樣，我們就搜集到了八種，由於還有不少社齋文文本所依據的文樣沒有找到，這八種並非全部。另一方面，一種齋儀中的文樣可以衍生出幾種文本。如 P. 3545、P. 3765、S. 5573、S. 6923 背等號中的社齋文文本的主要部分大體相同，只是開頭的引語和結尾或有不同。這幾種文本就很可能是出自一個齋儀中的"社邑"文樣。齋儀和齋文文本還有中原本和敦煌地方本之分。無論齋儀還是齋文文本，最早大約都是由中原流傳去的。這些文書在敦煌流行一個時期以後，便出現了具有敦煌地方特色的齋儀和齋文文本。由於上述情況，使得敦煌遺書中保存的社齋文、社邑印沙佛文和社邑燃燈文十分豐富。每類文本都有數種、十幾種乃至二十多種不同系統的寫本。我們搜集到的一些社齋文文樣和社齋文、社邑印沙佛文、社邑燃燈文等文本有複本，多者達三個複本。但社齋文文樣的複本並不意味著它們所在的齋儀也是複本；同樣，上述幾種社文文本的複本也不意味著它們所在的齋文文本集是複本。據我們掌握的材料，內容完全相同的齋儀或齋文文本集極少。

社文的第六種是社司功德記，記述社邑素佛畫、修塔、修建洞窟、修建蘭若、造佛像等佛事功德。這類功德記都是稿或抄件，因爲在實際生活中，修窟功德記是書於窟壁，修建寺、塔功德記是刊刻在寺、塔的碑上。

社祭文是社邑用傳統方式祭祀亡故社人或親屬時念誦的文字。

祭社文僅一件，保存在 S.1725 背中（P.3896 背也保存了祭社文的部分內容）。該卷內容分爲兩部分，第一部分爲祭諸神文，包括"釋奠文"、"祭社文"、"祭雨師文"、"祭風伯文"等；第二部分是向有司申報上述幾項祭祀所需人、物的牒文。祭社文與《通典》卷 121《開元禮纂類》16《諸州祭社稷》所載祝文略同，很可能是沙州祭春秋二社時行用的文書。

上述八種社文對瞭解敦煌社邑的活動內容以及思想、觀念等都具有重要價值。

（五）社狀、牒

社狀、牒共有 24 件，複本一件，實有 23 件。是社邑處理投社、退社及其他事務時使用的文書。

投社狀是社邑成立以後，又有欲加入者向社司遞交的入社申請。

退社狀則是社邑成員向社司遞交的退社申請。爲保持社邑的穩定，各社一般都對社人退社規定了較爲嚴厲的罰則。故退社現象較爲少見，我們見到的退社狀僅有一件。

社狀、牒類還有 P.3899 背《開元十四年二至四月沙州勾徵開元九年懸泉府馬社錢案卷》，這件文書實爲官府文書，但因涉及馬社，馬社爲唐代官社的一種，且其中有符、有牒、有判，故暫將其附於社狀牒之後；P.2942《沙州祭社廣破用判》,此件是河西巡撫使判文集中的一通,因其内容涉及沙州官府祭社,且原判當係針對有關狀牒,故亦附於社狀、牒後。P.3379《顯德五年二月社録事都頭陰保山等團保牒》,上鈐"瓜沙等州觀察使新印",是官社文書,與一般社狀、牒不同。

社狀、牒類文書對於瞭解社邑的活動以及社邑在組織活動時的具體運轉情況具有重要價值。

從以上簡要介紹不難看出,敦煌寫本社邑文書的絶大多數是私社文書,涉及官社的僅有幾件,反映了唐五代宋初敦煌地區私社的興盛。

這批社邑文書原有年號紀年者僅21件,其中最早的是開元十四年(726),最晚的是太平興國七年(982)。到目前爲止,原有年代的文書加上被考出的年代的文書已達230多件。在這230多件中,在吐蕃管轄敦煌(786)以前的10件,吐蕃時期(786—848)18件,歸義軍張氏時期(848—914)36件,歸義軍曹氏時期(914—1002)150多件,歸義軍時期11件,唐後期五代宋初一件。絶大多數是歸義軍時期的文書,歸義軍時期又以曹氏時期居多。依據這個統計數字,似乎可以説,那些未能確定年代的社邑文書的時代的大致可框定在唐後期五代宋初,多數應在歸義軍時期。

敦煌寫本社邑文書的學術價值是多方面的。它首先爲研究中國古代社邑提供了大量生動而具體的材料,人們不僅可以據之對唐五代宋初社邑(主要是私社)的具體情況進行深入的探索和細緻的描述,還可以借助從這批文書中獲得的認識對漢至唐及唐以後社邑發展的脈絡做進一步考察。

同時,社邑文書的内容還涉及中古時期的政治、軍事、經濟、文化等諸多領域,如P.3899背《開元十四年二至四月沙州勾徵開元九年懸泉府馬社錢案卷》,其内容就涉及唐代馬社、勾徵、折衝府、州府(折衝府)縣的關係等諸問題。又如許多社邑文書中的人名見於其他官私文書等等。可以説,這批文書對研究唐後期五代宋初敦煌地區的政治、經濟乃至整個社會的全貌都有重要參考價值。

二、六十多年來(1938—2006) 敦煌寫本社邑文書研究述評

我們可以將半個多世紀以來中外學者對敦煌社邑文書的研究劃分爲兩個階段。在 1980 年以前，從事這一課題研究的主要是國外學者。

日本學者那波利貞是從事此項課題研究的開拓者。早在 1938 年，他就發表了《關於唐代的社邑》(載《史林》第 23 卷第 2、3、4，1938 年 4—10 月)一文，這是國內外最早利用敦煌文獻研究中國古代社邑的文章。在這篇文章中，那波先生首先對我國自先秦至明清從官府到民間的春秋二社祭祀活動進行了考察。而後依據敦煌文獻並結合傳世文獻中的有關記載，指出在中晚唐五代時期，在中國存在著三種不同類型的社邑。

第一種是以佛教信仰爲中心，由在家的佛教信徒組成的佛教社團。他利用敦煌文獻中的春秋座局席社司轉帖和建福社司轉帖說明南北朝時期廣爲流行的以從事造像活動爲中心的佛教社團在中、晚唐五代時期大量存在。但其名稱已由邑義、邑會等改稱社邑、邑社等；其活動內容已由造像變爲以支援寺院的俗講爲主。這就向日本學者山崎宏等所主張的南北朝時期的佛教社團入唐以後逐漸衰落、唐後期至宋初完全消失的觀點提出了有力的挑戰。

第二種是從第一種派生出來的社邑，但兩種社邑又存在根本區別。佛教社團以佛教信仰爲紐帶，以從事佛教活動爲主，第二種社邑則以共同出錢崇佛造像發展爲平時成員間的互助活動，從單純組織每年二次的祭社活動發展爲平時成員間互相教育，這就使它成爲一種與佛教完全無關的由百姓自願結成的民間互助團體，對這種社邑的論述，是那波此文的核心。他利用敦煌文獻中保存的社條、社狀、社歷、社文、社司轉帖等大量文書和文獻資料說明這類社所從事的主要活動是喪葬互助、社人遠行與回歸的慰勞，以及提高成員品德修養，加強成員間的友誼，並在祭社時殺生宴樂等。總之，這類私社雖是從佛教社團派生出來的，但從立社宗旨到活動內容都與佛教無關，

甚至加入這種私社的僧人,其身份也不是佛教信徒,而是作爲互助團體的一員。這種帶有近世風尚的私社在中、晚唐五代時期流行於整個中國,到宋代得到了進一步發展。

第三種社邑兼具第一、二種社的特點,既從事祭社、互助活動,又從事奉佛活動,但它仍是由佛教信徒組成的組織。

1939年,那波利貞先生又發表了《關於按照佛教信仰組織起來的中晚唐五代時期的社邑》(載《史林》第24卷第3、4,1939年7—10月)。這篇文章的重點是研究前一篇文章中提出的三種社邑中的第一種,他利用敦煌文獻中保存的社條和在社邑從事設齋活動時念誦的社齋文以及社邑的修窟、造窟、素畫等功德文,進一步論證原來南北朝的佛教社團在中、晚唐時期仍然大量存在,不過其名稱已由義邑、邑會等改爲社邑、邑社,其首領由邑師、邑主、邑長、邑維那等改爲社僧、社長、社官、社老、虞候,其成員名稱由邑義、法義、邑人、邑子改稱社人、社子、社户,等等。名稱雖然發生了變化,但這種團體的實質未變。

那波先生還進一步對這種佛教社團與寺院的關係進行了探索。指出這類社邑通常是從屬於某一寺院,接受寺院的指導和經濟援助,同時它們又是寺院的社會基礎和經濟、勞動力的來源之一。他還依據敦煌文獻中的有關材料推算出在一所寺院控制下的社人達二三百人之多。那波先生指出這類以佛教信仰爲紐帶的社邑的活動包括:幫助寺院舉行正、五、九月的三次大齋會;支援寺院的俗講;幫助寺院正、二、十月的燃燈供佛活動。同時,他們自己還從事修窟、造窟、印沙佛等佛教活動。

那波利貞的這兩篇著名論文對中國古代社邑乃至整個唐代社會生活史的研究的影響是深遠的。

首先,在這兩篇長文中,那波先生刊佈了大量的敦煌文獻,僅有關社邑的文書即達64種之多,其中包括社條、社狀牒、社歷、社文、社司轉帖等,其內容涉及目前我們所知的有關社邑的各類文書。這就使海內外學者得以對這類"雜文書"及其價值開始有所瞭解。

其次,那波先生並沒有局限於對某一篇文書的個案研究,而是力圖利用一類文書來考察這一歷史現象的發展趨勢和變化規律。他利用這種方法取得了高水準的研究成果。直至20世紀80年代初，它仍是我們進一步工作的起點。他的一些基本觀點，如對三種不同類型社邑的劃分，在今天看來仍爲不刊之論，他對佛教社團與寺院關係的論述對我們進一步的研究也有借鑒意義。

當然，在我們今天看來，那波先生的研究也存在著明顯的不足。

首先是從文獻學角度對敦煌文獻的整理工作做得不夠。在其引用的社邑文書中，在釋文、定性、定年方面都存在一些問題。作者雖然搜集了較多的有關社邑的文書，但仍有一批重要的社文書(特別是保存在英藏敦煌文獻中的)沒有接觸到，就是已接觸到的文書，也未能進行分類整理，這使他的研究受到了限制。比如那波先生認爲是社邑通知社人支援寺院俗講的春秋座局席社司轉帖，其實是通知社人參加一項與佛教無關的活動。作者由於對這類文書缺乏過細的整理和研究，做出了錯誤的判斷。

其次，那波先生雖在文獻與文書的互證方面做了不少工作，但對文獻資料的發掘還很不夠，這就使他的文章推論較多，其中不免偏頗甚至錯誤。比如他認爲作爲互助團體的社邑源於佛教社團，實際上，私社早在漢代即已出現，在魏晉南北朝時期得到發展，至唐代達到其興盛階段，它比佛教結社的出現要早得多。又比如佛教結社的名稱自南北朝至唐五代時期的變化，那波先生雖指出了這種現象，但也未能利用文獻材料對這種現象出現的原因以及它所反映出的問題做進一步的考察。

最後，作者雖對佛教社團與寺院的關係有所論述，卻未能對這種關係的實質進行分析。

繼那波利貞之後，法國著名漢學家謝和耐於1956年發表了《中國五—十世紀的寺院經濟》一書。在這部書中，他用一節對自南北朝至唐五代時期的佛教結社作了考察。謝和耐先生指出：從五世紀末到唐初，在中國北方流行的佛教結社稱爲"義邑"、"邑會"等，自七世紀中葉，出現了被稱爲社的佛教團體，到了隋代，"邑"和"社"已成爲同義語。中國式的民間團體——從事春秋二社的祭祀活動的社在一定條件下可以轉化爲佛教的"社"、"義邑"、

"邑會"等佛教結社和敦煌文獻中記載的"社"、"社邑",儘管在組織、活動內容上都有區別,但它們都從事佛教活動。他認爲那波利貞把敦煌的社區分爲與佛教無關的民間互助團體和只從事佛教活動的宗教團體沒有意義,因爲敦煌所有社邑都在不同程度上受到了佛教的影響,都從事互助和崇佛兩方面的活動。

謝和耐還對南北朝時期的佛教結社與敦煌社邑作了比較。指出這些宗教結社都是以結義的方式來維繫成員。他們常常是在出家人的倡議下建立起來的,且都有自己的佛教法師,這就是南北朝佛教結社中的邑師和敦煌社邑中的僧尼。這些社內的僧人不但爲社內成員説法,還爲社帶來了聖性,且使社的佛教活動得到了加強。但這兩個時期的社邑也有區別。即南北朝時期的佛社成員在從事佛教活動時出資多少取決於個人信仰程度和財產的多寡,其組織也較鬆散;敦煌社邑成員出資多少則是由社條規定的,違者受罰,這時的布施已不是自發的了。而且敦煌社邑在許多方面具有中國傳統的以從事春秋二社祭祀爲主要活動的社的特點,他們在從事齋會、行像、轉經、燃燈等佛教活動的同時也從事喪葬互助、遠行、回歸的慰勞等活動。這些佛教結社促進了佛教的傳播,他們提供的經濟援助,爲一些地區的僧人提供了生存條件。

謝和耐先生對社邑的研究在一些方面比那波利貞有所前進,如他的社在一定條件下可轉化爲佛教結社的觀點就極富啓發性,爲弄清楚從"邑"、"社"有別到"邑"、"社"不分的歷史現象提供了綫索,但由於他不同意那波利貞關於存在三種類型社邑的正確觀點,使得他有關唐五代時期社邑的整體論述顯得過於籠統而不夠準確,他把敦煌社邑中的僧尼都看作是社邑的佛教法師也與事實不符。

1964年,日本學者竺沙雅章發表了《敦煌出土"社"文書研究》(載《東方學報》35)。這是繼那波利貞之後日本學者的又一篇有關社邑文書的重要論文。竺沙雅章先生依據照片對那波利貞利用較少的英藏敦煌文獻中的社邑文書進行了全面清理,並利用那波利貞刊佈的藏於巴黎的社文書,對社文書中的社司轉帖和社條分別進行了細緻的整理。在對文書的形態、性質、作用的探討以及文字的釋錄、年代的考證等方面對比那波利貞前進了一大步。對那波利貞注意不多的作爲文樣、習字或原件抄件、草稿等社文書的性質、用途也作了論述，並與實用文書作了比較。在此基礎上，他對社邑的活動與組織情況重新作了探討。指出社邑的互助活動以喪葬互助最爲重要，並對喪葬互助的具體過程進行了考察。關於社邑的首領，他糾正了那波利貞的一些錯誤，補充了一些名目。他還考察了社邑成員的身份，並指出社邑雖爲互助組織，但由於活動較多，也成爲社邑成員一項不輕的負擔，致使一些貧窮社人因此而退社。

總之，竺沙雅章先生在文書整理以及對一些具體問題的論述，如喪葬互助、社邑成員的負擔等都比以往的研究者前進了一大步。但由於他沒有把社文書放在古代社邑發展史這樣一個大的背景下進行考察，關於社邑的分類又持與謝和耐相同的觀點，故他的研究對社邑的總體把握上沒有超過那波利貞。

20世紀80年代以後，對敦煌寫本社邑文書的整理和研究進入了一個新的階段。隨著大量敦煌文獻的刊佈，人們有可能對社邑文書進行全面搜集，系統整理。所以，這一階段對社邑文書作文獻學的整理成爲一項重要工作。

最早開展這項工作是唐耕耦和陸宏基先生。1986年，唐耕耦、陸宏基編撰的《敦煌社會經濟文獻真蹟釋錄》第一輯問世，這是一部帶有影印原件和釋文的資料集。該書的第五部分是社邑文書，其中收錄立社條16件，請求入社退社狀8件，社司牒狀及處分8件，各種轉帖87件，納贈歷13件，收支帳與憑據7件，其他10件，共計149件。這在當時是國內外對社邑文書的一次最大規模最細緻的整理工作，其釋文比那波利貞、竺沙雅章等的釋文更接近文書原貌。他們的工作爲學術界利用與研究這類文書提供了極大的便利。

令人遺憾的是，該書所收的社邑文書遠非全部，還不足目前我們所知的社邑文書的二分之一，對已收入的部分，文書情況也未作介紹，多數年代未作考訂，在釋文方而也仍然存在一些問題。所以，對社邑文書的整理工作還遠未完成。

與唐耕耦等同時開始搜集、整理敦煌寫本社邑文書的,還有日本的土肥義和與石田勇作,筆者也在20世紀80年代初與寧可師合作從事敦煌社邑文書整理和研究。

我與寧可師合作的整理成果《敦煌社邑文書輯校》已於1997年由江蘇古籍出版社出版。這部著作有以下三個特點值得稱道。一是齊全,共收集398件,比唐耕耦等的多一倍以上。這個數字雖比我們現知的社邑文書還差一些,但所遺漏的絕大部分是後公佈的,當時已公佈的敦煌文獻中的社邑文書幾乎全部收錄了。爲了搜集社邑文書,我們不僅一次地研讀了當時所能見到的敦煌文獻(一般學者主要是依據目錄)。二是釋文準確,所有文書的釋文都經過反復查核。而且北圖、英圖和法圖的大部分查核過原件。許多圖版或縮微膠片模糊不清的文書或朱筆都得到了盡可能的處理。三是整理與研究結合。在整理敦煌社邑文書過程中,我們陸續發表了有關社邑的系列論文。特別是對社邑文書作了細緻的排年工作(主要由筆者完成)。在原有工作的基礎上又新考出了一百多件文書的年代。如所周知,確定史料的年代是歷史學的基礎工作和從事研究的前提。所以,筆者的排年工作爲進一步深入研究敦煌社邑文書奠定了基礎。

土肥義和與石田勇作的整理成果("*Tun-Huang and Turfan Documents Ⅳ She Associations and Related Documents* (A)(B)",(A)The Toyo Bunko,1989,(B) The Toyo Bunko,1988)雖然書上標明的出版時間分別爲1988年和1989年,但實際出書應該在公元2000年以後(參看孟憲實相關書評,載《敦煌吐魯番研究》第五卷,北京大學出版社2001年版,第414頁)。這本資料集的主要優點是同時印行了文書的圖版(B)和釋文(A),圖版相對比較清晰,便於使用者查對。其二是附有英文的導言、凡例、敍錄和目錄,便於英語世界的學者使用。但此資料集所收集的社邑文書不全,尤其是"社文",遺漏較多。同時,還收錄了一批如《當寺轉帖》《官齋歷》等與社邑無關的文書。

在社邑文書的研究方面,20世紀80年代以後發表的論文有幾十篇。

1980年,日本學者編纂的《講座敦煌·2·敦煌的歷史》出版,在由土肥義和先生撰寫的第五章第五節中,對敦煌文獻與石窟題記、發願文中有關歸義軍時期社邑修窟、建窟、造龕、修佛堂、塑像等情況進行了考察。在同年晚些時候出版的《講座敦煌·3·敦煌的社會》第三章中,由長澤和俊先生撰寫的第三節也談到了敦煌平民生活與社的關係,但只是依據那波利貞、竺沙雅章(主要是後者)的研究成果對社邑的組織、活動等做了簡單的介紹。

郭鋒在1983年發表的《敦煌的"社"及其活動》(《敦煌學輯刊》第4期),是我國學者專門研究敦煌寫本社邑文書的第一篇文章。這篇論文首次向我國學界介紹了敦煌民間結社的情況,其中關於敦煌社邑淵源和唐五代社邑特徵的論述比外國學者有所前進。但是,與當時大陸敦煌學處於重新起步的階段相關,作者在文書的整理方面顯得不夠細緻,對國外學者的研究成果也注意不夠。

胡同慶《從敦煌結社探討人的羣體性以及個體與集體的關係》(《敦煌研究》1990年第4期),試圖從敦煌的生存環境這樣一個新的角度解釋敦煌社邑長期存在的原因;劉永華《唐中後期敦煌的家庭變遷和社邑》(《敦煌研究》1991年第3期),則試圖從敦煌家庭變遷的角度解釋敦煌私社盛行的原因;但以上兩文均忽略了唐五代時期以經濟和生活互助爲主要活動的私社在全國其他地區也很盛行的歷史背景。

筆者和寧可師在整理敦煌社邑文書的過程中,也聯名或分別獨自署名發表過二十多篇相關論文,主要涉及以下一些方面。一是考證文書的年代(如郝春文《敦煌寫本社邑文書年代彙考》(一)、(二),《首都師範大學學報》1993年第4、5期等);二是探索敦煌社邑的一些重要活動,如喪葬互助活動,春秋座局席等(如寧可、郝春文《敦煌社邑的喪葬互助》,《首都師範大學學報》1995年第6期;郝春文《敦煌遺書中的"春秋座局席"考》,《北京師範學院學報》1989年第4期等);三是探討了中古時期社邑與寺院的關係(如郝春文《東晉南北朝時期的佛教結社》,《歷史研究》1992年第1期;《隋唐五代宋初傳統私社與寺院的關係》,《中國史研究》1991年第2期等);四是試圖解釋古代社邑發展演變的過程與原因(如寧可《述"社邑"》,《北京師範學院學報》1985年第1期等)。近年,筆者試圖從文化的衝突與融合的角度重新解讀中古時期社邑與佛教的關係(《從衝突到兼容——中古時期傳統社邑與佛教的關係》,《普門學報》第二十四期)。

敦煌文獻中保存了一些關於女人結社的材料,而北朝至隋唐間的石刻資料中也保存了一些相關記載。筆者據之寫成《北朝至隋唐五代間的女人結社》,於1990年與寧可師聯名發表(《北京師範學院學報》1990年第5期)。此文主要討論女人結社流行的時代、性質、活動內容及其演變,其中使用的材料引起婦女史研究者的注意,在相關著作中得到引用。黃霞《北圖藏敦煌"女人社"規約一件》(《文獻》1996年第4期),對國圖收藏的一件女人社社條做了介紹。楊森《晚唐五代兩件〈女人社〉文書劄記》(《敦煌研究》1998年第1期),新意不多。林艷枝《唐五代敦煌地區的女人結社》(《中國文化月刊》243期,2000年6月),所引用的材料均在此前發表的論文範圍之内,對材料解說亦無新意。余欣《唐宋敦煌婦女結社研究——以一件女人社社條文書考釋爲中心》(東京都立大學《人文學報》第325號,2002年),重點對社條中涉及的"走橋"風俗進行了探討,別具一格。孟憲實《試論敦煌的婦女結社》(《敦煌吐魯番研究》第八卷,北京:中華書局2005年版,第89—104頁),從社會史的視角探討了婦女結社的社會功能。

孟憲實利用社會史方法重新解讀敦煌寫本社邑文書的文章近年接連發表了數篇。除上舉關於女人結社之文,尚有:《敦煌社邑的分佈》(載郝春文主編《敦煌文獻論集》,瀋陽:遼寧人民出版社2001年版)、《試論唐宋時期敦煌民間結社的組織形態》(《敦煌研究》2002年第1期)、《唐宋時期敦煌的官人結社——公私對立說時代的別樣行爲》(載劉澤華主編《公私觀念與中國社會》,北京:中國人民大學出版社2003年版,第133—150頁)、《唐宋之際敦煌的民間結社與社會秩序》(《唐研究》第十一卷,北京大學出版社2005年版)、《論唐宋時期敦煌民間結社的社條》(《敦煌吐魯番研究》第九卷,北京:中華書局2006年版)。這些論文都能在前人搜集的材料的基礎上,從新的角度對材料加以解說。

20世紀80年代以後,國外學者發表的有關社邑研究論文有:土肥義和《唐·宋間の"社"の組織形態に關する一考察》(《堀敏一先生古稀紀念——中國古代の國家と民眾》,東京:汲古書院1995年版),重新概括描述了唐宋間社邑組織形態的概況。石田勇作《敦煌"社文書"研究序說——轉帖を中心として——》(《堀敏一先生古稀紀念——中國古代の國家と民眾》),是 *Tun-Huang and Turfan Documents IV She Associations and Related Documents* 書英文解說的日文版,重點對社司轉帖做了介紹。高田時雄《藏文社邑文書二三種》(《敦煌吐魯番研究》第三卷,北京大學出版社1998年版),最值得注意,該文通過藏文社邑文書提出了敦煌漢族藏化的重要問題。

　　經過近70年的努力,學術界在對敦煌社邑文書和中古社邑的研究方面都取得了顯著的成績。在資料整理方面,基本任務已經完成,雖然我們還可以從新公佈的敦煌文獻中發現新的社邑文書,或者發現一些現存整理本的問題,但從整體上看,都只能屬於修修補補的工作了。但在研究方面我們還有許多工作可做,比如將敦煌社邑文書與傳世文獻、石刻資料融會貫通,撰寫出貫穿古今的中國古代社邑發展史,就是一項十分重要的工作。此外,我們還可以用新的方法或從新的視角來對這批文書進行深層次解讀。

注釋:

注1:關於中國古代社邑的一般情況,請參看寧可師《述"社邑"》,《寧可史學論集》,北京:中國社會科學出版社1999年版,第440—457頁。

貳　唐後期五代宋初敦煌私社的教育與教化功能

據筆者的不完全統計，敦煌文獻中保存的社邑文書有480多件，就件數而言，不到敦煌文獻的1‰。自20世紀30年代至今，經過中外學者近70年的辛勤耕耘[1]，對敦煌社邑文書的整理和研究已經取得了巨大的成就，社邑文書的文本整理工作也已基本完成[2]。文本整理工作的完成爲進一步的研究提供了便利，人們可以利用新的方法或從新的角度對這批文書所蘊含的學術信息進行深層次發掘。

最近，孟憲實先生在《試論敦煌的婦女結社》一文中[3]，首次對敦煌婦女結社的功能進行了探討。作者指出按照結社的具體功能可以將敦煌的婦女結社分爲佛教供養結社、喪葬互助性質的結社和包括以上兩方面內容的複合型結社三種類型。作者雖然討論的是女人結社，但同時指出，就結社的具體功能而言，女人結社和其他結社看不出"任何差異"。作者還指出，結社的功能不限於以上兩個方面，作者在該文的另一部分還探討了社邑的倉儲功能。探討社邑的功能是社會史的視角，對於敦煌社邑文書的研究來說，這是一個新的研究視角。作者主要是通過社邑的活動內容來說明其具體功能，這種方法也是有效的。關於社邑的活動內容，以往已有比較充分的討論。所以，從社會史的視角討論社邑的功能，與過去對社邑活動的探討有重疊或交叉的部分，但因視角不同，這種重疊或交叉並不影響作者相關論述的獨特價值。用這樣的視角或思路來檢索敦煌社邑文書，會發現唐後期五代宋初敦煌的私社還有一項重要功能值得探討，這就是它的教育和教化功能，而以往對敦煌社邑活動的探討，主要關注的是經濟互助活動、佛教活動和祭社活動等,也幾乎没有涉及這個問題[4]。

敦煌社邑文書可分爲社條、社司轉帖、社歷、社文、社狀牒等五大類,有關私社教育和教化功能的記載主要保存在社條和社文中。社條是私社組織和活動的規約,類似章程,其内容對私社成員具有約束力,是私社組織活動、處罰社人的準則,因而其所記載的内容可以真實地反映私社教育和教化的實際情況。敦煌文書中的社條可分爲實用社條和社條文樣兩類,因社條文樣是起草實用社條的藍本,故其内容對瞭解私社的情況與實用社條具有同樣的價值[5]。社文包括"社日相迎書"、"請賓頭盧波羅墮上座疏"、"社齋文"、"社邑印沙佛文"、"社邑燃燈文"、"社司功德記"、"社祭文"、"祭社文"等8種,部分"社齋文"、"社邑印沙佛文"、"社邑燃燈文"、"社司功德記"中記有社邑教育和教化的資料。這幾種社文都是社邑在從事佛事活動使用的文字。"社齋文"是社邑在舉行佛教齋會時念誦的文字,"社邑印沙佛文"和"社邑燃燈文"是社邑在舉行印沙佛和燃燈供佛活動時念誦的文字,"社司功德記"則是記述社邑素佛畫、修塔、修建佛教洞窟、修建蘭若、修建佛像等佛事功德的文字。這幾類社文一般是由僧人起草的,除"社司功德記"外,"社齋文"等都是在社邑從事齋會等佛事活動中由僧人宣讀的。所以,"社齋文"等社文對私社成員的教育和教化,不是私社對其成員的自我教育或教化,而是社外之人在私社從事活動的過程中受到的教育和教化。

以下主要依據這兩類社邑文書對敦煌私社的教育和教化功能試作説明。

一

從敦煌社邑文書的相關記載來看,敦煌私社的教育功能首先體現在儒家文化方面。如S.6537背《某甲等謹立社條》(文樣)云:"竊以敦煌勝境,地傑人奇,每習儒風,皆存禮故(教)。"P.3544《大中九年(855)九月廿九日社長王武等再立條件》中有"敦煌一羣(郡),禮義之鄉"。以上引文中的"禮

貳　唐後期五代宋初敦煌私社的教育與教化功能

教"、"禮義"，與"儒風"應該是同義的。這是用正面宣傳的方式來進行儒家文化教育。敦煌寫本社條的結構，一般是首部爲總則，述結社目的、立條緣由，然後規定組織、活動內容、罰則等具體條款。上引文字屬於總則的內容，這類文字雖非硬性規定，但也要得到私社成員的認可，故對其成員具有教育意義。但上引文字只是籠統提到"儒風"、"禮教"或"禮義"，從其他社條的規定來看，敦煌私社的儒家文化教育具體內容包括尊卑之禮、朋友之義、忠孝等幾個方面。

(一) 尊卑之禮

敦煌社邑文書中的"禮"，有時指的是儒家的禮典。如 S.6537 背《某甲等謹立社條》(文樣)云："先且欽崇禮曲(典)，後乃逐告(吉)追凶，春秋二社舊窺(規)，建福三齋本分。"有時則指儒家的"禮樂"制度。如 S.5520《社條》(文樣)載："若不結義爲因，易(焉)能存其禮樂？"

多數情況下指的是長幼尊卑之禮。如 S.6537 背《拾伍人結社社條》(文樣)規定社邑在舉行活動時應"五音八樂進行，切須不失禮度"。"凡爲邑義，雖有尊卑，局席齋延(筵)，切憑禮法"。P.3989《景福三年(894)五月十五日敦煌某社偏條》規定"已後街懼(衢)相見，恐失禮度"，"立條後，各自識大敬小，切雖(須)存禮，不得緩慢。如有醉亂拔拳充(衝)突三官及衆社，臨事有決罰"。上引社條中之"禮度"和"禮法"，主要指的是"識大敬小"的長幼尊卑之序。

幾乎每個社條都有關於遵守尊卑之禮的規定。如 P.3536 背《社條》(文樣)規定"長幼已有□流，尊卑須之(知)範軌。……義須禮儀，長幼有差"。而 S.8160《公元 940 年前後親情社社條》則要求私社成員"弟互適奉尊卑，自後傳承軌則"。此社要求其成員遵守並傳承尊卑之禮，其教育含義是明顯的。S.6537 背《拾伍人結社社條》(文樣)則強調"家家不失於尊卑，坊巷禮傳於孝宜(義)"。而 Дx.11038《索望社案一道抄》稱該社成員在結社前"絕無尊卑之禮，長幼各不忍見"，則該社結社的目的就是爲了恢復"尊卑之禮"。

如果違反尊卑之禮，就要受到處罰。如 S.2041《大中年間(847—860)

175

儒風坊西巷社社條》規定"已後或有詬歌難盡，滿（漫）說異論，不存尊卑……罰酒壹甕，決〔杖〕十下，殯（擯）出"。再如 P.4525《太平興國七年（982）二月立社條一道》云："一十九人等並是高門貴子，文武超升。今則入厘，便須尊貴大小存立去冑。或若團座之時，若有小輩啾唧，不聽大小者，仍罰膿膩一筵。"又如 S.5520《社條》（文樣）稱："結義已後，須存義讓，大者如兄，小者如弟。若無禮□，臨事看過愆輕重，罰醴膩一延（筵）。"此條雖未明言尊卑之禮，但其"大者如兄，小者如弟"的"義讓"禮儀，實際指的就是尊卑之禮。在社邑文書中，常用"大小"、"上下"來指代尊卑。如 S.6537 背《上祖社條》（文樣）規定"社內不諫（揀）大少，無格席上喧拳，不聽上下，衆社各決丈（杖）卅棒"。此條亦未明言尊卑之禮，但不聽"上下"就要受罰，所維護的仍是長幼尊卑之序。再如 S.527《顯德六年（959）正月三日女人社社條》規定"或有社內不諫（揀）大小，無格在席上喧拳，不聽上人言教者，便仰衆社就門罰醴膩一筵，衆社破用"。這個社條是依據上引《上祖社條》（文樣）起草的，故相關內容基本相同，但將"上下"改爲"上人言教"，維護尊卑之意更加明顯。又 P.3489《戊辰年（968?）正月廿四日袿坊巷女人社社條》規定"或有大人顛言到（倒）儀，罰醴膩一筵；小人不聽上人，罰羖羊一口，酒一甕"。此條不但規定"小人"要服從"上人"，同時也要求"大人"要有大人之儀。是從"上"、"下"兩個方面來維持長幼尊卑之序。S.5629《敦煌郡等某乙社條壹道》（文樣）則強調"況一家之內，各各總是兄弟，便合職（識）大敬少，互相憖重"。這是希望通過大小互相禮讓的方式來達到維持長幼尊卑之序的目的。

以上所引社條均屬互助型私社或複合型私社，這兩類私社都是受到儒家文化影響的傳統私社，注重尊卑之禮的教育在情理之中，那些專門從事佛教活動私社是因佛教信仰而建立的，但這類私社也要求其成員遵守上下尊卑之禮。如 P.4960《甲辰年（944）五月廿一日窟頭修佛堂社再請三官憑約》規定"或有不稟社禮，□□上下者，當便三人商量罰目"。此件中之社禮，雖然沒有提到"尊卑"，但有與尊卑意思相近的"上下"。又北新 882 號《博望坊巷女人社社條稿》要求社人"上和下睦，識大敬小"。這是一個從事燃燈供佛活動的佛教結社，也強調"上下"和"大小"之間要和睦、互相尊敬。

貳　唐後期五代宋初敦煌私社的教育與教化功能

私社重視長幼尊卑之禮的教育，還可以從投社狀得到印證。如P.3198《投社人狀》（文樣）稱："右某乙貧門賤品，智淺藝疏，不慕社邑之流，全闕尊卑之禮。況聞明賢貴邑，國下英奇，訓俗有立智之能，指示則如同父母。"上引文中之"訓俗"和"指示"，指的就是社邑的教育功能，而尊卑之禮是唯一提到的禮儀，顯示其地位非同一般。

上列材料表明，在敦煌，各類私社都很重視尊卑之禮的教育，它們不僅教育其成員遵守尊卑之禮，對違反者都要給予處罰。這種教育方式兼具禮和法的功能，是一種養成式的道德教育。當然，敦煌私社的尊卑之禮教育，其主要目的是為了維護社內的秩序，但這樣一種認可與服從尊卑之禮的教育，其意義遠遠超出了私社自身。我們知道，中國古代社會是等級社會，而尊卑之禮又是維繫等級社會穩定的基石。所以，儒家的所謂倫常和古代的法典從根本上說都是在解釋、維護等級制的合理性與合法性。敦煌私社對其成員進行遵守尊卑之禮的教育，並用強制性的懲罰措施迫使其成員遵守尊卑之禮，其出發點雖然是為了維持團體自身的運轉，但私社成員一旦形成對尊卑之禮的認同和服從，無論是回到家中還是在社會上，都會更加容易認同和遵守整個社會的尊卑之禮。

(二) 朋友之義

敦煌的私社，特別是那些從事互助活動的私社，其實質是朋友結義所形成的團體，因而十分重視對其成員進行朋友之義的教育。如S.8160《公元940年前後親情社社條》云："況斯社公並是名（鳴）沙重望，西賽（塞）良家，或文包九流之才，武窮七德之美，遂使互懷暮（慕）善，周結良緣。且為連辟（璧）之交，義後（厚）斷今（金）之志。故云父母生身，朋友長志。道清添（忝）為契，結義等今（金）蘭。"再如S.5520《社條》（文樣）規定"結義已後，須存義讓，大者如兄，小者如弟"[6]。以上引文中的"結義"，實際就是結社，結義以後大家的關係就成了兄弟關係，故要求（教育）其成員互相"義讓"，小者敬大者如兄，大者視小者如弟。

這種兄弟關係，既可以由同宗兄弟結成，也可以由異宗兄弟結成。如

S.4660《戊子年(988)六月廿六日安定阿姊師身亡轉帖》記載的兄弟社就是由張姓同宗兄弟結成的私社[7]，Дx.11038《索望社案一道抄》記載的私社，也是由同宗成員組成的。而P.3536背《社條》(文樣)云："古人有三州父子，五郡兄弟。"此件中之兄弟，顯然是指異宗兄弟。類似記載在《社齋文》中也保存了一些。如S.5561《社齋文》云："唯官録已下合邑人等，並是晉昌勝族，九郡名流，故能結異宗兄弟。"再如S.6114《三長邑義設齋文》(P.2767背《社文》略同)稱："惟官録等並是別宗昆季，追朋十室之間；異族弟兄，托交四海之内。"又如國圖地字62號《社文》云："惟諸公等，並是宗枝豪族，異姓孔懷。"從敦煌社邑文書保存的私社成員題名來看，多數私社屬於異姓結義。

在當時人看來，私社的"結義"，實際是家庭的擴大或延伸。如S.5629《敦煌郡等某乙社條壹道》(文樣)云："況一家之内，各各總是弟兄。"這是明確把私社稱爲"家"，其成員則爲"家"内的兄弟。而S.6537背《拾伍人結社社條》(文樣)要求其成員"大者同父母之情，長時供奉；少者一如赤子，必不改彰(張)"。這是把成員間的關係比喻爲父子關係，也是"家"的擴大。上引P.3536背《社條》(文樣)中有"三州父子，五郡兄弟"[8]。P.3198《投社人狀》(文樣)亦稱："投社人某乙……況聞明賢貴邑，國下英奇，訓俗有立智之能，指示則如同父母。"這兩條材料也都是將私社比作有父子兄弟的家庭。

"結義"的原則，首先是強調以良賢爲友。如P.3989《景福三年(894)五月十五日敦煌某社偏條》稱："敦煌義族後代兒郎，雖(須)擇良賢，人以類聚，結交朋友，追凶逐吉。"此件明確指出該社是與良賢爲友。上引國圖地字62號《社文》也説他們是"蘭是良朋，擇諸賢友"。其次是教育私社成員互相幫助。如S.6537背《上祖社條》(文樣)稱："夫邑義者，父母生其身，朋友長其值(志)，危則相扶，難則相久(救)。"S.527《顯德六年(959)正月三日女人社社條》亦有相似記載："夫邑儀(義)者，父母生其身，朋友長其值(志)，遇危則相扶，難則相救。"上文已提及，此女人社社條是依據《上祖社條》起草的，所以文字基本相同，只是把兄弟改成了姊妹而已。從這兩條材料來看，私社成員的互相幫助，既包括人力、物力的"扶持"和"救助"[9]，也包括道德層面的互相激勵(朋友長其志)[10]。三是教育成員對朋友要講究信用。前引S.6537背

《上祖社條》(文樣)和 S.527《顯德六年(959)正月三日女人社社條》都強調"與朋友交,言如(而)信"。

敦煌私社關於朋友之義的教育,所涉及的實際是朋友間交往的一般準則,因而其意義也不限於社內,對於私社成員在社外與他人形成良好的人際關係,對於社會的穩定和鄉里的和睦,也具有積極意義。

(三) 忠孝

忠孝是儒家的重要倫常,這個觀念在一些敦煌私社中也受到重視,多數情況下是忠孝對舉。如 P.3536 背《社條》(文樣)稱:"夫立義社,以忠孝爲先。"S.5520《社條》(文樣)云:"所以孝從下起,恩乃上流。"結合下文,此件中的"恩",應指君王之恩,可以解釋爲忠。而 P.3544《大中九年(855)九月廿九日社長王武等再立條件》中有:"敦煌一羣(郡),禮義之鄉。一爲 聖主皇帝,二爲建窟之因,三爲先亡父母追凶就吉,共結良緣。"此件將"爲聖主皇帝"和"爲父母追凶就吉"都作爲結社的原因之一,當然具有忠君或報效"聖主"的含義,同時也具有孝的含義,不過是通過喪葬互助的方式幫助私社成員盡孝。S.527《顯德六年(959)正月三日女人社社條》則規定:"社内正月建福一日,人各稅粟壹斗,燈油壹盞,脱塔印砂。一則報 君王恩泰。二乃以(與)父母作福。"此件是通過從事佛事活動來報答"君王恩泰"並爲"父母作福"。S.6537 背《拾伍人結社社條》云:"竊聞敦煌勝境,憑三寶以爲基;風化人倫,藉明賢而共佐。君白(臣)道合,四海來賓,五穀豐登,堅牢之本,人民安泰,恩義大行。""家家不失於尊卑,坊巷禮傳於孝宜(義)。"此條對孝的強調是明確的,而"藉明賢而共佐"、"君臣道合"等只是對君王治理有方的歌頌,沒有上升到"忠"的境界。

在敦煌寫本"社齋文"、"社邑印沙佛文"、"社邑燃燈文"和"社司功德記"中,也有關於忠孝的內容。如 P.3545《社齋文》(P.3765《社文》、S.6923《社文》、S.5953 背《社齋文》、P.4536 背《社齋文》(文樣)、S.5593《義社印沙佛文》略同)中有"惟諸社衆乃並是……出忠於國,入孝於家"。S.5573《社齋文》中有"伏惟三官衆社等高門君子,塞下賢禮資身,寬弘絶代,兩金(全)忠孝,文武兼明"。S.6923背《社邑印沙佛文》中有"伏惟諸社衆乃……忠孝兩全,文武雙具"。P.3765《社邑燃燈文》中有"惟三官乃……文武雙全,忠孝兼備"。P.2226背《社文》中有"惟合邑人等……秉禮義以立身,首(守)忠孝以成性"。S.4860背《社邑建蘭若功德記並序》中有"厥有當坊義邑社官某等貳拾捌人……孝實安親,忠能奉國"。P.3276背《公元928—931年社邑印沙佛文抄》中有"惟諸社衆乃……匡國報忠佐之意"。S.5924《社邑燃燈文抄》中有"伏惟三官衆社等,並是……禮樂資身,謙謙懷君子之風,各各抱忠貞之操"。S.6417《貞明六年(920)二月社子某公爲三長邑義設齋文》中有"爲(惟)合邑人等並是……衣纓子孫,孝弟(悌)承家"。P.2058背《社邑燃燈文》中有"惟社衆乃並是……孝悌名家,禮樂資身,文武絶代"。P.2134背《亡考文兼社齋文》中有"至孝等自惟薄福,上延亡考望得久住高堂,常堪孝養"。以上所引文字實際上都是僧人對參加齋會的私社成員的頌揚之詞,但同時也是宣傳,對聽者而言,在自得的同時,也會加深對忠孝的印象和認同的程度,因而也具有教育意義。

此外,在Дx.11038《投社人狀抄》中,也出現過"忠父慈親"的説法。但在數件"投社狀"中,僅此一例。

在我們搜集到的敦煌寫本社條中,內容比較完整的有16件(包括文樣),但只有上列5件有與忠孝教育相關的記載,其中明確提到"忠"的只有一件,明確提到"孝"的有三件。如上文所列,"社文"中提到忠孝的資料比社條中多一些,有16件,但與我們目前搜集到的50多件"社齋文"、"社邑印沙佛文"和"社邑燃燈文"相比,仍屬少數。依據以上兩組資料,似乎可以説,忠孝教育在敦煌私社中並不普遍。在社條中,有的雖有尊君敬父母的内容或活動,但忠孝的含義並不明確。

以上考察説明,尊卑之禮的教育是敦煌私社最爲重要的教育内容,其表現一是各類私社都重視此項教育,二是此項教育不僅有正面的規定,還有對違反規定的強制性處罰。有關朋友之義的教育只在互助型私社和複合型私社中進行,其教育方式以社條的正面宣傳或規定爲主,懲罰的範圍僅限於不參加喪葬互助的行爲。對忠孝的教育僅限於部分私社,其教育方式主要是通過一般性的宣傳或通過活動使其成員認可忠孝的倫理觀念。在關於忠孝的宣傳中，社外之人在私社從事佛教活動中的宣傳教育佔有重要地位。

二

敦煌私社的教育功能還體現在佛教文化方面。這方面的教育的特點一是以通過組織活動進行教育爲主，二是以社外之人在私社組織的活動中進行宣傳爲主。在敦煌寫本社條中，規定該社從事佛教活動的社條頗多，但一般不對佛教信仰做正面宣傳，即使是專門從事佛教活動的私社的社條也是如此。只有 S.6537 背《拾伍人結社社條》（文樣）中有"竊聞敦煌勝境，憑三寶以爲基"。文中的"三寶"，當爲佛教之三寶——佛、法、僧。依據社條、社司轉帖、社文等私社文書的記載，敦煌私社所從事的佛教活動包括建齋、印沙佛、參與寺院的盂蘭盆會以及從事造窟、修窟、繪畫、塑像、建蘭若、修蘭若、建佛塔等[11]。社人在參與上述佛教活動中，肯定會受到佛教文化和佛教教化的影響和熏陶，所以，組織和參與佛教活動本身就是一種特殊的教育方式。

在私社舉行的佛教活動中，還往往要邀請僧人念誦佛經和齋文，僧人則借此機會向私社成員宣傳佛教信仰。念誦佛經當然是完全的佛教教育和教化，齋文中也包括佛教教育和教化的內容。

齋文是在佛教信徒組織的齋會上宣讀的開場白，一般由僧人來宣讀。其內容可分爲五個部分：一、頌揚佛與佛法的功德法力，稱"號頭"；二、說明齋會事由，讚嘆被追福、祈福者或齋主、施主的美德，稱"嘆德"；三、敍述設齋的緣由與目的，稱"齋意"；四、描繪齋會的盛況，稱"道場"；五、表達對佛的種種祈求，稱"莊嚴"[12]。其中第一部分，完全屬於佛教的宣傳，第二部分中也包含對佛教信仰和理念的宣傳，而第五部分則是宣傳信仰佛教可獲得的利益。所以，每篇齋文都是佛教的宣傳文。從敦煌文獻中保存的"社齋文"、"社邑印沙佛文"、"社邑燃燈文"和"社司功德記"來看，僧人在私社組織的佛教活動中進行的佛教教育和教化包括以下幾個方面。

(一）佛與佛法的功德

每篇齋文的起首部分都是頌揚佛與佛法的功德，《社齋文》等"社文"也不例外。如 S.6417《貞明六年（920）或稍後社邑文》云："夫法身凝寂，非色相之可觀；寶相圓明，豈人天所不（能）側（測）。不生不滅，越三界以居〔尊〕；非色非相，運六通而自在。歸衣（依）者，無幽不燭；回向者，有感必通。"又 P.3545《社齋文》云："蓋聞光暉（輝）鷲嶺，弘大覺以深慈；敷演龍宮，契天明之勝福。廣開方便之門，靡顯律（津）梁之路。歸依者有障必除，回向者無災不殄。故知諸佛威力，其大矣哉！"佛與佛法是永久的、至高無上的，其法力是無所不能的，只要歸依，可以說是有求必應。類似的含義，在不同的齋文文本中，可以用不同的方式來表述。如 S.5573《社齋文》（P.3765《社文》、S.6923《社文》、P.3276 背《社邑印沙佛文抄》略同）等齋文重點是強調佛的超凡脫俗與所達到的境界。其文云："夫大覺能仁，處六塵而不著；吉祥調御，越三界以居尊；濟五趣而證圓明，截四流而超彼岸；不生不滅，無去無來，神力難思，言不測者矣。"而 P.2341 背《亡考文兼社齋文》則是重點強調"大聖法王"的法力："竊聞大聖法王，運一乘而化物；大雄利見，越三界以居尊。故能廣布慈雲，普洽無邊之潤；遐開慧日，咸輝有識之流；無中之天，爲四生之父母；像外之像，建六趣之津梁；妙覺巍巍，理絕名言者矣。"有的還順便介紹了佛的出身，如 P.2226 背《社文》（P.2058 背《邑文》、S.5561《社齋文》略同）云："夫西方有聖，號釋迦焉。金輪滴（嫡）孫，淨飯王子，應蓮花劫，續息千苗，影是（現）三才（身），心明四智。魔弓振動，擊法鼓而消形；獨龍隱潛，睹慈光而變質。梵王持蓋，帝釋嚴花；下三道之寶階，開九重之底（帝）網；高懸法鏡，廣照蒼生。惟我大師威神者也。"

（二）信仰佛教、從事佛教活動的好處

上文已經提及，齋文的第五部分是施主對佛的祈求，《社齋文》等"社文"也是如此，對於聽衆而言，這一部分實際也是從事佛教活動可獲得哪些具體好處的宣傳資料。如 P.3545《社齋文》（S.5573《社齋文》、P.3765《社文》、

P.2058背《邑文》略同)云:"以資(此)設齋功德,無限勝因,先用莊嚴上界四王、下方八部,伏願威光熾盛,護國求(救)人,使主千秋,年豐歲稔。伏持勝善,次用莊嚴衆賢社即體,惟願災殃殄滅,是福咸臻;天仙降靈,神祇效耻;菩提種子,配佛〔性〕以開牙(芽),煩惱稠林,惠風飄而葉落。又持勝福,次用莊嚴持爐施主即體,惟願福同春卉,吐葉生花;罪等浮雲,隨風變滅。然後三界六趣,有刑(形)無刑(形),俱休(沐)勝因,齊登佛果。"又P.2226背《社文》(S.5953《社齋文》、P.2058背《社邑燃燈文》略同)云:"惟合邑人等……爲出世親鄰。憑淨戒而洗滌衆愆,歸法門而日新之善業,冀福資于家國,永息災殃。""以兹設齋功德,回向福因,先用莊嚴合邑人等,惟願身如玉樹,恒淨恒明;體若金剛,常堅常固。今世後世,莫絶善根;此生他生,道涯(芽)轉盛。又持是福,即用莊嚴施主合門居卷(眷)等,惟〔願〕三〔寶〕覆護,衆善莊嚴,災障不侵,功德圓滿。然後散占(霑)法界,布施蒼生,賴此勝因,齊登佛果。"又P.4536背《社齋文》云:"總斯多善,莫限良緣,奉用莊嚴合邑諸公等即體,霧〔卷〕千央(殃),雲披百福。七珍滿室,六度熏修,果糧自隨,福壽延遠。又願年無九橫,月遣三災;命比大春(椿)而不凋,壽齊劫石而無盡。"[13]

從《社齋文》《社邑印沙佛文》《社邑燃燈文》和《社司功德記》的莊嚴部分我們看到,可從社邑之佛教活動中獲益的人包括"上界"(上界四王)和"下方"(下方八部)的神靈,地方官(使主)、社邑成員及其家眷,甚至法界蒼生都可以跟著沾光。獲益的時限包括"今生後世,此生他生"。獲益内容包括免罪(罪等浮雲)、攘災(災殃殄滅、門無九橫等)、祈福(是福咸臻)、身體健康長壽(體若金剛,常堅常固,命比大春(椿)而不凋,壽齊劫石而無盡)、富貴(七珍滿室)、逍遥快樂(煩惱稠林,惠風飄而葉落)等,名目繁多,簡直是可以隨意填寫的空白支票。有的由特殊羣體組成的社邑還可以在齋會中提出自己的特殊請求。如S.543背《課邑文》云:"以斯廣福,總所資熏諸邑人等,惟願福若須彌,遮於陋室;光同明月,照眩蓬門。早棄塞上之憂,速赴帝京之路。門無九橫,財滿七珍。法界蒼生,齊登佛果。"這是一個由到邊地供職的中原人組成的社邑,故有希望早日離開塞上,速回帝京的祈求。

關於以上兩個方面的相關記載還有一些,無需一一列舉。總之,私社成員在每次參加佛教活動的過程中，都會受到一次佛的功德和法力和從事佛教活動可獲利益的教育，其影響不能低估。

(三) 佛教教義

宣傳佛教教義不是齋文的重點。在《社齋文》等"社文"中，關於佛教教義的內容也很少，一般每件齋文中只有一兩句文字涉及教義。如 S.6417《貞明六年(920)或稍後社邑文》云："爲(惟)合邑人等……又知身是幻化，達命爲空。"又 P.3276 背《公元 928—931 年社邑印沙佛文抄》云："則有座前持爐三官與社邑等……早智(知)色身不實，夙曉四大非賢(堅)。"這兩條都是宣傳現實世界是虛幻的空無的。這類宣傳在當時比較多見。又如 P.3545《社齋文》(P.3765《社文》、S.6923 背《社文》、S.5953 背社齋文、P.4536 背《社齋文》略同)云："惟諸社衆……加以傾心三寶，攝念無生；越憂(愛)染于稠林，悟真如之境界；替(體)榮華之非實，攬(覽)人事之虛無。"再如 P.2058 背《邑文》(P.3362 背《邑文》、P.2843《社邑印沙佛文》、S.663《社邑印沙佛文》、P.4012《社邑印沙佛文》、P.2058 背《社邑燃燈文》略同)云："……合邑諸公等……知四大而無主，識五蘊而皆空……知身如幻，非(飛)電不堅。"又 S.4860 背《社邑建蘭若功德記並序》云："故知有本不有，執有如電焰，睹之非堅。空本不空，著空三災，動之不懷(壞)。……社官某等貳拾捌人……忽思幻軀，如同夢想。"又 P.3122《三長邑義設齋文》："惟合邑諸公等……知世榮之若電了，人我之皆空；嘆百年之須臾，念無常之悠忽。"又 P.2991《公元 905 年—914 年(?)敦煌社人平詘子一十人創於宕泉建窟一所功德記抄》云："今則有邑人義社某公等十人至慕空王，情求出離。"

以上所以羅列的材料較多，意在揭示唐後期五代宋初敦煌寺院與僧人在面對社邑等民間團體之類普通民衆所宣傳的佛教教義的主要內容。至於這類教義是否當時敦煌寺院流行的教義，因寺院對出家信徒和在家信徒宣傳的教義自來有別，不可一概而論。但寺院、僧人向民衆宣傳的教義肯定和他們所奉持的教義有關，則以上材料至少爲探討當時寺院所流行的教義提供了重要綫索。

其他方面佛教教義的宣傳在《社齋文》等"社文"中也有一些。如P.3722背《遠忌文並邑文》云："至如深波大海,由受業田;假合成身,安能長保?"又S.543背《課邑文》云："諸邑人等……知身四大,與水火而何堅;覺命懸絲,危同卵而何固。"這是宣傳生命是暫時的、脆弱的。再如P.3276背《社邑燃燈印沙佛文抄》云："伏惟我持爐使君與社衆等……而乃悟世榮是結苦之本,曉福事爲恒樂之因。"又P.2341背《亡考文兼社齋文》云："……合邑諸公等……知火宅之不堅,悟三界之牢獄。"這是關於以人生爲苦的宣傳。關於因果報應的宣傳,也有三條。如P.3276背《社邑印沙佛文抄》云："伏惟社衆乃……又識過去之因果,崇未來之善緣。"再如S.6417《貞明六年或稍後社邑印沙佛文》云："惟合邑諸公等……今生種來世之津,見身托當來之福。"又如P.3765《社邑燃燈文》云："但以清歲摧人,白駒過隙;未免三途之苦,常飄四瀑之流。"

以上材料表明,敦煌私社在組織、參與佛教活動的過程中,所受到的佛教教育和教化是多方面的,這對於佛教向民間傳播無疑具有積極意義。

三

以上考察表明,唐後期五代宋初敦煌私社的教育功能主要體現儒家文化的教育和佛教的教育與教化兩個方面。道教雖然也是中國傳統文化的組成部分,在唐宋時期也有較大影響,但在私社這個民間社會團體的教育功能中,未發現其影響。在儒家文化和佛教兩個方面中,儒家文化教育明顯佔據主導和支配地位。佛教的教育和教化主要是通過活動和社外之人的宣傳來實現的,儒家文化的教育雖也包括社外之人的宣傳在內,但主要是通過社條的硬性規定和社邑內部的自我教育實現的。在儒家文化教育中,尊卑之禮的教育最爲普遍。

從整體上看,敦煌私社對社人教育的價值取向與當時官方意識形態的價值取向是一致的,目標也是一致的。如前所述,尊卑之禮是維繫古代等級制度的基石,因而爲歷代統治者所提倡;朋友之義和忠孝亦是維繫社會穩定的重要倫常；至於佛教的教育與教化，至少對社會是無害的。所以，私社對社人的教育，對維護整個社會的穩定是有益的。敦煌私社教育功能之價值取向與官方意識的一致性，似乎可以在一定意義上解釋爲何私社能在唐代長久存在，時禁時弛，禁而不絶。

敦煌私社的教育和教化不僅有助於其成員道德的養成，有利於維護古代等級制度，有助社會的穩定和鄉里和睦，對文化的傳承也具有積極意義。如S.8160《公元940年前後親情社社條》就明確要求其成員"弟互適奉尊卑，自後傳承軌則"。所謂"傳承軌則"，實際就是傳承傳統文化。所以，在私社盛行的唐宋時期，其教育功能對於傳承傳統文化的作用，是不應忽視的。

敦煌私社的教育功能，在當時並非處於自發階段，時人對此已有明確的認識。如S.5629《敦煌郡某乙社條壹道》（文樣）稱："竊以人居在世，須憑朋友立身；貴賤壹般，亦資社邑訓誨。"此件中之"朋友"，與社邑同義，可知社邑"訓誨"的基本內容就是"立身"之道。另P.3198《投社人狀》（文樣）稱："右某乙貧門賤品，智淺藝疏，不慕社邑之流，全闕尊卑之禮。況聞明賢貴邑，國下英奇，訓俗有立智之能，指示則如同父母。"此件中之"訓俗"、"指示"，指的均應爲社邑的教育功能。又S.5520《社條》（文樣）云："若不結義爲因，焉能存其禮樂？"此條甚至把結社的教育意義提升到保存"禮樂"文明的高度。S.6537背《某甲等謹立社條》（文樣）載："竊以敦煌勝境……每習儒風，皆存禮故（教）。……自不能實，須憑衆賴。""自不能實，須憑衆賴"不過是"須憑朋友立身"的另一種説法，其含義都是希望靠私社成員互相監督（訓誨）以保持禮教的延續。S.6537背《拾伍人結社社條》（文樣）在敍述結社原因時説："恐時僥伐（代）薄，人情以（與）往日不同，互生分（紛）然，復怕各生己見。所以某乙等壹拾伍人，從前結契，心意一般。"這是希望通過社邑的"訓誨"以挽救道德的淪喪。Дx.11038《索望社案一道抄》云："蓋聞人須知宗約宗親以爲本，四海一流之水，出於崐崙之峰。萬木初是一根，分修（條）垂枝引葉。今有崙之索望骨肉，敦煌極傳英豪，索靜胤爲一派，漸漸異息爲房，見此逐物意移，絶無尊卑之禮，長幼各不忍見，恐辱先代名宗。"此件是同宗結社，因爲分"房"而居不再遵守長幼尊卑之禮，結社的意圖當然是爲了依據社邑的"訓誨"來恢復"尊卑之禮"。又 P.4651《投社人張願興王祐通狀》云："右願興祐通等生居末代，長值貧門，貪糾社〔邑〕，不怪禮節。"張願興和王祐通也是爲了加強自己的"禮節"修養而申請入社。

自秦漢以來，與西方相比，我國古代國家的權力發展雖亦有興衰曲折，但相對比較強大，民衆的社會活動空間相對比較狹小，許多應該由社會擔當的職能往往被向政府負責的行政化機構管理，某些社會職能被國家化是自古至今都存在的問題。所以，研究古代社會團體如何在強大的政府力量下保持和拓展自己的生存空間，不僅具有學術價值，對現實也有借鑒意義。

另一方面，國家就是國家，社會還是社會，這一點中國自然也不能例外。即使在中國的古代，在強大國家力量控制之下，民衆還是有很大社會空間的。在教育和教化方面，除了官府和家庭，社會也是起作用的。社邑在這方面的作用就是例子。當然，不只是社邑，如家族、宗族、社區等都是具有社會性質的組織或團體。實際上，在任何時代，國家永遠也不能完全佔據民衆的社會空間。關於中國古代民衆的社會活動空間，還是一個值得進一步探討的問題。

注釋：

注1：參看誠遜《五十年來(1938—1990)敦煌寫本社邑文書研究述評》，《中國史研究動態》1991年第8期。1990年以後的成果請參看拙作《〈唐末五代宋初敦煌社邑的幾個問題〉商榷》(《中國史研究》2003年第1期)注3。又請參看本書下篇壹"敦煌社邑文書與中古社邑研究"第二部分。

注2：關於敦煌社邑文書資料的整理，較早出版的有唐耕耦、陸宏基《敦煌社會經濟文獻真蹟釋錄》第一輯，第269—379頁(北京：書目文獻出版社1986年版)；以後則有寧可、郝春文《敦煌社邑文書輯校》(南京：江蘇古籍出版社1997年版)、土肥義和、石田勇作 *Tun-huang and Turfan Documents Concerning Social and Economic History*, *IV. She Association and Related Documents*(東京：東洋文庫1989年版)和筆者之《〈敦煌寫本社邑文書輯校〉補遺》(一)、(二)、(三)、(四)(分載《首都師範大學學報》1999年第4期、2000年第2期、2001年第4期、《漢語史學報專輯·總第三輯·姜亮夫 蔣禮鴻 郭在貽先生紀念文集》〔上海教育出版社2003年版〕)。又請參看本書下篇拾"《敦煌社邑文書輯校》補遺"。

注3：載《敦煌吐魯番研究》第八卷，北京：中華書局2005年版。

注 4：據筆者所知，只有那波利貞先生在 1938 年發表《唐代の社邑に就きて》(《史林》第二十三卷第二、三、四號)中，據 P. 3889《景福三年敦煌社邑偏條》和 P. 3220《社條（文樣）》等社邑文書指出一些社邑注重尊卑之禮的確立和鄉里和睦品性的陶冶，但未作申論。

注 5：因爲文樣是應現實生活需要而產生的，是對現實生活的概括和總結，故對瞭解當時的情況比實用社條更具有普遍意義。有關社條的史料價值請參看筆者《從衝突到兼容——中古時期傳統社邑與佛教的關係》一文之有關分析(《普門學報》第 24 期，第 27—28 頁)。又可參看本書之相關部分。

注 6：S. 5520《社條》(文樣)和 S. 2041《大中年間(847—860)儒風坊西巷社社條》亦將結社稱爲"結義"("若不結義爲因，易(爲)能存其禮樂？""右上件村鄰等衆就翟英玉家結義相和")。

注 7：參看寧可、郝春文《敦煌社邑文書輯校》，第 117—119 頁。

注 8：S. 6537 背《上祖社條》(文樣)也教育其成員要視"大者如兄，少者若第(弟)"；S. 527《顯德六年(955)正月三日女人社社條》則教育其成員要視"大者若姊，小者若妹"。

注 9：所有互助型私社的社條都規定在社人遇到"危"、"難"或"急難"(特別是社人遇到喪葬)時要互助，有的社條雖不強調"危則相扶，難則相救"，但一定有具體互助的條款。對社人而言，"危則相扶，難則相救"等原則規定是一種教育，具體的互助行爲也是教育的一種方式。

注 10：前引 S. 8160《公元 940 年前後親情社社條》也有"父母生身，朋友長志"的説法。

注 11：參看筆者《從衝突到兼容——中古時期傳統社邑與佛教的關係》，《普門學報》第 24 期，第 40—43 頁。又可參看本書之相關部分。

注 12：參看筆者《關於敦煌寫本齋文的幾個問題》，《首都師範大學學報》1996 年第 2 期，第 64—71 頁。又可參看本書之附錄二。

注 13：P. 2341 背《亡考文兼社齋文》云："總思(斯)勝福，夫何以加，先用莊嚴亡靈所生魂路，捨不堅身，得金剛體，神遊淨域，識托寶方。稟佛大乘，逍遥快樂。未來之際，還作善緣，莫若今生，愛別離苦。又持勝善，奉福莊嚴合邑諸公等，惟願霧卷千殃，雲披百福，七珍具呈，六度熏修，項蔭慈光，心燃畫炬，前佛後佛，勝寶莊嚴，來生此生，善牙(芽)增長。"

叁　再論敦煌私社的"義聚"

1989年,我曾發表《敦煌私社的"義聚"》一文[1],依據當時所能見到的材料,對"義聚"的有關情況做了初步探討。近年,隨著各國收藏的敦煌文獻陸續刊佈,又搜集到一些相關資料,本文擬在全面分析目前所能見到的資料的基礎上,對此問題做進一步探討。

一、"義聚"的含義與性質

關於"義聚"的性質,我在《敦煌私社的"義聚"》一文中採用了寧可師在《述"社邑"》一文的提法[2],將其視作私社的公共積累。2001年,楊際平先生發表《唐末五代宋初敦煌社邑的幾個問題》(《中國史研究》2001年第4期)[3],認爲敦煌社邑文書中之"義聚""是以義相聚之意,不能附會爲公共積累"。楊先生引證《宋史》中的例證,樊景溫兄弟等"兄弟異居積年",後來"復義聚,鄉人稱雍睦",說明當時"已成家的兄弟同居共財,即可稱爲'義聚'"。陳旭宗宗族同居,宋太宗"以遠民義聚,復能固廉節,爲之嘆息",說明"宗族同居共財,更可稱爲'義聚'"。楊先生還引證《唐摭言》"江西鍾傳令公起於義聚",說明社會下層的聚義也可稱爲'義聚'"。應該承認,就楊先生所舉前兩個例證而言,"義聚"確應作"以義相聚"解。但楊先生所舉例證中之"義聚"的含義,與社邑文書中之"義聚"既有相同處,亦有不相同處。社邑文書相關記載的原文是:"所置義聚,備凝(擬)凶禍,相共助誠(成),益期賑濟急難。"(見P.2041《大中年儒風坊西巷社社條》)就字面而言,以上文書中的"義聚"也應有"以義相聚"的含義。但上引文書中之"義聚"與楊先生所舉例證中之

"義聚"的區別也是很明顯的。即楊先生所舉例證中之"義聚"均爲動詞,但社邑文書中的義聚卻是個名詞。"所置義聚"也就是建立一個"義聚",應該是存放"以義相聚"而來的物品的場所或機構,這樣一個場所或機構所保存的當然是社邑的公共財産,用楊先生的話説也已可以稱作"公共積累"。而上引文書中尚有"罰油壹升,用貯社"的規定,這樣的物品當然也需要貯存在社邑的一個場所或機構中,社邑中既然已經"置"了現成的"義聚",那麽社人的被罰物品(也是公共財産)也很有可能被貯存在"義聚"中。

所以,敦煌社邑中之"義聚"雖然也有"以義相聚"的含義,但它同時還是存放社邑"以義相聚"而來的物品的場所或機構,這個場所或機構還有可能存放著社人的被罰物品。而無論是"以義相聚"而來的物品還是社人被罰的物品,放在"義聚"後都是社邑的公共財産或公共積累,這樣看來,把"義聚"看作社邑的公共積累應該是可以成立的。

這完全没有否認楊先生看法的意思,只是想説明"以義相聚"是"義聚"字面的意思,公共積累則是指"義聚"這個機構或場所的實質。"義聚"雖在社邑文書中僅一見,但有關私社具有公共積累或公共財産的記載卻不算少。如果用"義聚"作爲私社公共積累或公共財産的概稱,"義聚"就成了一種象徵性的符號。以上關於"義聚"性質的解釋,具有推測成分,但作爲符號的"義聚",其性質則是可以肯定的,它只能是私社的公共積累或公共財産,不能是別的。

置有"義聚"的私社應該有倉庫以供貯存物品之用。S.327背《己丑年十月七日巷社結案局席憑》載：

1　己丑年十月七日巷社一周□□
2　結案局席羊價參□□
3　張虞候就倉門來悵(償)麥壹斗□□
4　斗。正月□□□
（下缺）

以上引文中之"倉門",或者就是私社"義聚"之倉門。

二、"義聚"之物品的來源

"義聚"既然是貯存私社公共積累或公共財産的場所或機構，其中所貯備的資財當然都是來源於社人。從目前所掌握的材料來看，社人的資財是通過以下途徑進入私社之"義聚"的。

一是社人入社時繳納的。在敦煌私社中，有一些在組織喪葬互助時採用"立三馱名目"的辦法。實行這種辦法的私社，社人遇到喪亡時，如欲從社司獲得比較豐厚的納贈物品，其條件之一就是須事先一次或分批向社司繳納三馱糧食，這些糧食也就成了社邑的公共積累或公共財産[4]。但這種途徑只適用於部分"立三馱名目"的私社。

二是社人在參加活動時繳納的。敦煌的私社在舉行活動時，一般要求參加者按規定攜帶一定數量的物品。如參加營葬活動時要求社人攜帶助葬物品，或者要求"借布人各一疋，領巾三條，祭盤麥各三升半，贈麵各三升半"(P.5003《某年九月四日社户王張六身亡轉帖》)；或者要求"人各鮮淨色物三丈，麥一斗，粟一斗，餅廿"(P.2842$_1$《甲辰年八月九日郭保員弟身亡轉帖》)；最少者也要求"人各粟一斗"(S.6981《癸亥年八月十日張賢者阿婆身故轉帖》、P.3164《乙酉年十一月廿六日康郎悉婦身故轉帖》)。參加春秋座局席活動，也要求社人攜帶置辦酒宴所需的物品，或者是"人各麵壹斤半，油一合，淨粟伍升"(S.5139背《某年四月十三日春座局席轉帖抄》)；或者是"人各粟壹斗"(P.4063《丙寅年四月十六日官健社春座局席轉帖》)。有的則稱"人各麥粟麵准條"(S.6214《乙卯年四月十八日春座局席轉帖》)，這是要求按社條規定的數量攜帶麥粟麵等。社人在參加活動時所攜帶的物品由社的首領或負責具體經辦該項活動的社人統一經管。如果社人攜帶的物品有餘，這盈餘部分也就歸到了"義聚"中；如果社人攜帶的物品不能完全滿足該次活動的需要，經管者就從"義聚"中拿出一部分來補足，以保證活動正常進行。如S.4472背《辛酉年(961)十一月廿日張友子新婦身故聚贈歷》載："見付凶家並(餅)七百八十(押)，又付凶家油三十合(押)，又付凶家柴三十三束,又後付並(餅)廿(押),又後付粟三石四斗(押),又後領並(餅)廿(押),又並(餅)廿。"以上是從事此次營葬活動社司付給凶家的全部物品的記錄,但社人在參加此次營葬所繳納給社司的物品卻不止這些。該社成員參加該次營葬活動時繳納的粟、柴、餅、油、麵情況如下表:

社人姓名 \ 所納物品	粟(●表示已納,○表示未納)	柴(●表示已納,○表示未納)	餅(●表示已納,○表示未納)	油(●表示已納,○表示未納)	麵(●表示已納,○表示未納)	織物(●表示已納,○表示未納)
張錄事	●	●	○	●	●	○
高社官	○	○	○	○	○	○
李僧正	●	●	●	●	○	●
趙法律	●	●	●	○	○	●
李法律	●	●	○	●	●	●
李闍梨	●	●	●	●	●	●
慕容營田	●	○	●	●	●	●
安再恩	●	●	○	●	●	●
安再昌	●	●	●	●	○	●
杜善兒	●	●	○	●	●	●
梁押衙	●	●	●	●	○	●
梁慶住	●	●	○	●	○	●
王醜子	●	○	○	○	●	●
張清忽	●	○	●	○	○	●
馬再定	●	○	●	●	○	●
馬友順	●	●	●	●	○	●
馬醜定	●	○	●	●	●	●
馬佛住	●	●	●	●	○	●
晝住奴	●	●	●	●	○	●

叁　再論敦煌私社的"義聚"

（續表）

社人姓名＼所納物品	粟（●表示已納，○表示未納）	柴（●表示已納，○表示未納）	餅（●表示已納，○表示未納）	油（●表示已納，○表示未納）	麵（●表示已納，○表示未納）	織物（●表示已納，○表示未納）
畫兵馬使	●粟	●柴	●餅	●油	○麵	●織物
董流進	●	●	●	●	○	●
李粉定	●	●	○	●	●	●
李粉堆	●	●	○	●	●	●
王員松	●	○	○	●	●	●
高虞候	○	○	○	●	●	○
令狐盈德	●	●	●	○	●	●
令狐章祐	●	●	●	●	●	●
康再晟	●	●	●	●	○	●
平弘住	●	●	●	●	●	●
翟萬住	●	●	●	●	○	●
宋定子	●	●	●	●	○	●
馬願清	●	●	●	●	○	●
龍保慶	●	●	●	●	○	●
孟流三	●	○	●	○	○	○
王友子	●	●	●	●	○	●
梁定奴	●	○	○	●	●	●
梁狗奴	●	●	●	●	○	●
王員進	●	●	●	○	○	●
王繼德	●	●	●	●	●	●
王應兒	●	○	●	○	○	○
王義信	●	●	●	●	○	●

(續表)

所納物品／社人姓名	粟（●表示已納，○表示未納）	柴（●表示已納，○表示未納）	餅（●表示已納，○表示未納）	油（●表示已納，○表示未納）	麵（●表示已納，○表示未納）	織物（●表示已納，○表示未納）
王兵馬使	●粟	●柴	●餅	●油	○麵	●織物
王殘子	●	●	●	●	○	●
王灰進	●	●	●	●	○	●
安萬端	●	○	●	●	○	●
孫義成	●	●	●	●	○	●
杜恩子	●	●	●	●	○	●
張清兒	●	○	●	●	●	●
宋承長	○	●	●	●	○	●
王保定	●	●	●	●	○	●
總計	47	37	35	34	13	43

由上表可知，社司在組織張友子新婦的營葬活動中，納粟者共有47人，結合上引社司轉帖，一般情況下是每人納粟一斗，則社司應收到粟四石七斗；納柴者37人，一般情況下是每人納柴一束，則社司應收到柴37束；納餅者35人，一般情況下是每人納餅廿個，則社司應收到餅七百個；納油者34人，一般情況下是每人納油一合，則社司應收到油34合；納麵的數量，各社規定不一，但不會少於一斤，則社司至少應該收到麵13斤以上。而我們從上引材料中得知，社司只付給凶家粟三石四斗，柴33束，油30合。顯然，其餘的一石三斗粟，4束柴和4合油被留在了社司，變成了該社的公共財產或公共積累。在以上例證中，只有餅的數量略有疑問。按照推算，社司共收到餅700個，但社司幾次交付凶家的餅卻達860個。上文已經提到，社人在參加此次營葬活動時，有13人繳納了麵，而這些麵社司並未交付凶家，所以，這多餘的160個餅，也許是用社人繳納的麵做成餅後交付凶家的，或者是社司中"義聚"拿出交給凶家的。

叁　再論敦煌私社的"義聚"

以下是依據 S.2472 背《辛巳年(981)十月廿八日榮指揮使葬巷社納贈歷》製成的該社成員在參加該次營葬活動時繳納的粟、柴、餅、油、麵等物品情況表：

社人姓名 \ 所納物品	粟(●表示已納，○表示未納)	柴(●表示已納，○表示未納)	餅(●表示已納，○表示未納)	油(●表示已納，○表示未納)	麵(●表示已納，○表示未納)	織物(●表示已納，○表示未納)
龍録事	●	●	●	●	○	○
李社官	●	●	●	●	○	○
龍社長	●	●	●	●	○	●
氾宅官	○	○	○	○	○	○
氾願昌	●	●	●	●	○	●
氾團頭	●	●	●	●	○	●
氾富通	●	●	●	●	○	●
孔幸子	●	●	●	●	○	●
孔押衙	●	●	●	●	○	●
孔保定	●	●	●	●	○	●
孔什德	●	●	●	●	○	●
僧高繼長	●	●	●	●	○	●
高員郎	●	●	●	●	○	●
李保成	●	○	●	●	○	●
高留奴	●	●	●	●	○	●
李殘子	●粟	●柴	●餅	●油	○麵	●織物
高虞候	●	●	●	●	○	●
高團頭	●	●	●	●	○	●
高段子	●	●	●	●	○	●

195

(續表)

社人姓名＼所納物品	粟（●表示已納，○表示未納）	柴（●表示已納，○表示未納）	餅（●表示已納，○表示未納）	油（●表示已納，○表示未納）	麵（●表示已納，○表示未納）	織物（●表示已納，○表示未納）
安幸昌	●	●	●	●	○	●
安癡憨	●	●	●	●	○	●
李團頭	●	●	●	●	○	●
李留德	●	●	●	●	○	●
李留兒	●	●	●	●	○	●
龍押衙	●	●	●	●	○	●
龍員遂	●	●	●	●	○	●
龍定德	●	●	●	●	○	●
彭不藉奴	●	●	●	●	○	●
孔德壽	●	●	●	●	○	●
高住員	●	●	●	●	○	○
李馬踏	●	●	●	●	○	●
張佛奴	●	●	●	●	○	●
高員祐	●	○	●	●	○	●
總計	32	30	32	32	0	29

每個社人所納物品的數量仍以上表爲準，則此巷社此次營葬活動共收到粟三石二斗，柴三十束，餅六百四十個，油三十二合。而巷社交付凶家的物品是"油三十一合；餅五百四十枚，又二十；粟兩石；柴三十一束"。則此次巷社的營葬活動結餘粟一石二斗、餅八十枚、油一合，補貼柴一束。這些結餘的物品當然也應被歸入了該社的"義聚"，而補貼的一束柴也自然應該是從該社的"義聚"中支出的。

叁　再論敦煌私社的"義聚"

　　S.2472背《辛巳年(981)十月廿八日榮指揮使葬巷社納贈歷》在記録了交付凶家的物品之後,還記録了該社關於以後營葬時社司向凶家交付物品的新規定,其文稱:"辛巳年十一月一日因爲送指揮衆社商量:自後三官則破油一般,虞候破粟壹斗。其贈粟分付凶家,餅更加十枚。齋麥兩碩,黄麻八斗。每有納贈之時,須得齊納一般,不得欠少,目(自)後長定。"以上材料首先規定巷社的首領三官(指社長、社官和録事)和虞候可以破費一定量的油和粟,關於這個問題我們留待下文討論。其次是規定以後營葬時分付給凶家的餅比以往增加了十枚。並供給齋麥兩碩,黄麻八斗。這裏的齋麥兩碩,應即相當於上文分付給凶家的"粟兩石",而黄麻八斗可能也是新增加的。也就是説,不管每次營葬實際收到多少物品,但分付給凶家的物品的數量是一定的,這就要求社司有一定數量的公共財産或公共積累,纔能保證營葬活動的正常舉行。從S.2472背《辛巳年(981)十月廿八日榮指揮使葬巷社納贈歷》所記載的社人繳納的物品來看,没有交納黄麻的記録,所以,該社如果在營葬活動時支付凶家黄麻,也應該是從義聚支取。

　　"義聚"中物品的第三個來源是社人受罰時交納的物品。敦煌的私社有嚴明的紀律,社人違反社條的規定、不聽從社邑首領的指揮、不參加社邑的活動或未按規定攜帶物品,都要受到處罰。如P.3544《大中九年(855)九月廿九日社長王武等再立條件》中規定,"其物違時,罰酒一角";"其齋社違月,罰麥壹碩,决杖卅;行香不到,罰麥一斗"。又P.4960《甲辰年(944)五月廿一日窟頭修佛堂社再請三官憑》載:"自請三官以後,其社衆並於三人所出條式,專情而行,不得違背。或有不秉社禮,□□上下者,當便三人商量罰目,罰臕膩一筵,不得違越者。"上文提到過的S.2041《大中年間(847—860)儒風坊西巷社社條》中亦有:"或孝家營葬,臨事主人須投狀,衆共助誠(成),各助布一疋,不納者罰油壹勝。"又S.5139背《某年四月十三日春座局席轉帖抄》在明確了社人在該次活動中應攜帶的物品後,規定:"如有於時不納者,罰麥三斗;全不納者,罰麥伍斗。"類似記載頗多,不備舉。這些處罰規定一般都得到了認真的貫徹執行。如S.5939社司轉帖就是通知社人參加張都頭所設被罰局席。S.5830《社司罰社人判》載:"准條案合罰酒壹甕,合决十

197

下。留附。"這就是社司依據社條處罰社人的記錄。P. 2556 背亦載："没到人張安牛,罰酒半甕。"另 P. 3636₁《社司罰物歷》載:

1　馬定子罰粟二斗,羅盈子粟一斗,馬清子罰粟三斗,田像
2　奴罰粟四斗,令狐富蓮罰粟五斗,氾保住罰粟三斗,趙義
3　盈罰粟三斗,張里七罰粟四斗,氾再達罰粟四斗,宋和信
4　罰粟一斗,田義信粟一斗,田和國粟一斗,氾再住粟一斗,
5　吴懷安粟一斗,張安六粟二斗,張鄉官粟一斗,吴王七粟
6　二斗,程兵馬使粟一斗,就慶奴粟一斗,田王九粟二斗,馬安定
7　二斗,閻保達粟二斗,吴懷實兩石四斗,田和晟一斗。

上引文書中之吴懷實和吴王七見於同號《丁酉年五月廿五日社户吴懷實托兄吴王七承擔社事憑》,該件記載吴懷實因違反社邑的規定受到處罰並由其兄吴王七作爲他的口承人,此件中亦有吴懷實兄弟二人,且吴懷實被罰粟的數量最大,故知上引文書應爲吴懷實兄弟所在社邑的罰物歷。社司處罰社人所得到的物品,有的在當時就消費了(如被罰設局席一筵所需要的物品),多數應被貯存於私社的"義聚"之中。前引 S. 2041《大中年間(847—860)儒風坊西巷社社條》中即有"所有科税,期集所斂物,不依期限齊納者,罰油壹勝,用貯社"的規定。

"義聚"中物品第四個來源是經營增值所得,即社司將貯存在"義聚"中的物品出貸給社人,收取利息。有關這方面的具體情況,我們留待下文討論。

最後,"義聚"還可能包括社司或社人募集來的物品。S. 4660 背《兄弟社欠色物、入麥及罰筵席等歷》中有"和尚墓(募)入麥拾碩,富員墓(募)入麥七石,大阿父墓(募)麥拾肆碩"。上引文書中的"墓",我曾釋作墳墓[5],現在看來,似乎亦可釋作募集之"募"的借字。P. 4960《甲辰年(944)五月廿一日窟頭修佛堂社再請三官憑》曾記載私社募集物品的情况,"先秋教化得麥拾伍碩三斗","又教化得麻伍拾束"。這裏的所謂"教化",實際上就是募捐。

但此私社名爲"窟頭修佛堂社",是以修功德的名義募捐,與以互助活動爲主的私社有所不同。所以,"義聚"是否有募集來的物品,尚待證明。

從以上所述"義聚"中之物品的來源看,只有第二個來源可以説是"以義相聚"。

三、"義聚"的用途

私社設置"義聚"的目的是爲了"備凝(擬)凶禍"、"賑濟急難"。具體可分爲以下幾項。

一是用於幫助社人營葬。唐俗重厚葬。營葬所需人力、物力、財力,不僅一般民户難以承擔,甚至對殷實之家和中下及官吏而言,也是不輕的負擔。當時人們解決這個問題的辦法一是"結社相資",一是"息利自辦"[6]。兩者相較,前者明顯優於後者。所以,幫助社人營葬,是敦煌私社最重要的一項活動。如上文所述,在幫助社人營葬時,社人須按社司的規定攜帶助葬物品。這些物品,用於營葬有餘時,就歸到了"義聚"中;但若不足時,即由"義聚"中支取。

二是無償地分配給社人。P.3102背《公元945年前後(?)七月一日社司付社人麵歷》載:

1　七月一日社内有麵知(支)付與人居(具)録如後:
2　石通子妻將〔麵〕叁斤,保岳阿孃一秤,
3　石通子妻將麵叁斤,萬子迊妻將麵壹秤,石慶住妻將
4　麵壹秤,王海潤將麵壹秤,王録事將麵壹秤,
5　王流子妻將麵貳斤,王二婆將麵壹秤半,是自家秤,
6　李慶子將麵壹秤,萬詮妻將麵一斤(押)。

參照下文將要引用的私社借貸文書,如是社人向社司借貸物品,都應寫明還期和本利相加後的數量,此件無還期和利息,應爲無償分配。

三是在春季乏糧時把麵、油和種糧等物品貸給社人，到秋收後加利收回。P.4635《公元945年前後(?)社家女人便麵油歷》載：

1 ☐月七日社加(家)女人便麵歷：
2 ☐便麵壹秤，至秋壹秤半；醜子孃便麵☐秤，至☐☐
3 ☐瑩保孃便麵壹秤，至秋壹秤半；穆家女便麵貳斤，
4 至秋三斤；不荊妻便麵壹秤，至秋壹秤半；董婆便麵
5 三斤，至秋肆斤半；馬家女便麵貳斤，至秋三斤；氾傳
6 孃便麵貳斤，至秋三斤；齊粉塠便麵貳斤，至秋三斤；
7 李像子母便麵貳斤，
8 至秋三斤；齊家瑩了便麵陸秤，至秋玖秤，納得一秤，欠八秤；李像子便麵
9 ☐秤半，至秋八秤半；趙憨子便麵兩秤，至秋三秤；齊憨子
10 便麵三秤，至秋肆秤半，得兩秤，欠一秤；齊家苟娣孃便〔麵〕壹秤，至秋
11 壹秤半；齊富通便麵肆秤半，至秋柒秤，口承人齊粉塠；
12 ☐家恩子便麵肆斤半，至秋柒斤；李家支瑩便麵壹
13 秤，至秋壹秤半；米流了便麵貳斤半，至秋壹秤；
14 張賢住便麵柒斤半，至秋拾斤半；恩勝便麵☐
15 ☐半，至秋肆斤半，康憨子便麵壹斤半，至秋貳斤半；
16 ☐蘇了便麵壹秤，至秋壹秤半。
17 曹家保瑩便油三平(瓶)子，至秋肆平(瓶)子半；穆家女便油兩平(瓶)
18 子，至秋三平(瓶)子；史家女便油壹平(瓶)子，至秋壹平(瓶)半；李家

叁　再論敦煌私社的"義聚"

19　瑩便油壹平（瓶）子半，至秋兩平（瓶）子；不荊妻便油壹平（瓶）子，
　　□□□平（瓶）□
20　米流了便油壹平（瓶）子，至秋壹並（瓶）子半；□□□賢
　　□□□
21　至秋壹〔瓶〕子半；張家女便油壹平（瓶）子，□□□
（後缺）

以上是一份私社在春季乏糧時由"義聚"支出麵、油貸給社人的賬目。P.3959 則是一份社人向社司借貸黃麻和麥粟的記錄：

（前缺）

1　兵馬使馬定奴付粟兩碩，秋三碩；付黃麻肆斗五升，秋陸斗〔柒〕〔升〕〔半〕。□□
2　張住子付粟兩碩，秋三碩；付黃麻肆斗五升，秋陸斗柒升半；付麥叁碩，秋肆碩伍斗。
3　馬定德付粟兩碩，秋叁碩；付黃麻肆斗五升，秋陸斗七升半；付麥叁碩，秋肆碩伍斗。
4　張金光奴便麥伍碩，至秋柒碩士伍斗，還唐押衙。
5　兵馬使馬定奴便麥柒碩，至秋拾碩伍斗；又麥四石五斗，又麥兩石；
6　其麥還唐押衙，口承人馬富慶。
7　散物日破麥壹石五斗一升，破粟兩碩伍斗，破麻壹
8　斗，又破麥壹碩伍斗。
9　散物後三官分付團家粟捌碩，又付黃麻
10　壹碩伍斗。

此外，P.3237《社司付社人麥粟歷》中亦有"兵馬使馬定奴、張住子、馬定德"等，這兩件應爲同一社邑的借貸賬目。這幾件社司向社人出借麵、油、粟、麥、黃麻等物品的文書，共同特點是春借秋還，利率都是 50%，和當時敦煌民間借貸的

201

利率相同[7]。兵馬使馬定奴等人組成的私社還把春季的某日定爲"散物日",在這一天,除留部分物資以備社人的凶禍急難所需與社邑的必要支出外,大部分物品以出貸的形式"散"給社人。"散物"的目的一方面是解社人春季青黄不接,無糧無種之急,同時也是爲了到秋收後增加社邑的公共積累。此社之"義聚"貯存的物品的數量頗大,前引 P.3959 號文書前部殘缺,僅據殘存部分統計,有麥二十七碩五斗,粟十九碩五斗,黄麻近三碩。

"義聚"的第四個用途是供私社的首領三官等消費。Дx.2166《某社三官斛斗破歷》載:

(前缺)

1　喫用。粟貳斗,社官濤麥頓定用。粟壹斗,三官王富昌店破

2　用。又粟貳斗,看薛頭、米判官用。麥兩碩、黄麻壹碩,五月齋料

3　用。麥貳斗、粟三斗,□斗用。又粟貳斗,三官就馬住兒店吃用。

4　四月十二日粟貳〔斗〕,三官就馬住兒店破用。黄麻壹斗,付社官用。王

5　富昌店三官兩件破粟四斗。之(知)見。廿日就安家吃酒伍升。

6　五月二日三官就宋住子家吃酒,破粟三斗。　六月十日看

7　索通定沽酒用粟三斗。麥兩碩、粟兩碩,三官買巷家牛

8　肉用。八月一日麥三斗,三官就菜家店破用。〔八〕月二日麥

9　一斗,社官就康家店破用。嘗申買羊麥粟伍石。沽酒用

10　□七石肆斗。買胡並(餅)麥肆斗。十日菜家店三官麥一斗。

11　□　　　　　後用麥一斗,令狐家店。　安法律、録事

12　□　　　　一斗。九月十二日三官就悲田院破粟一斗。廿三日麥三斗

13　□　　　　三官及兩團頭破用。

此件雖不完整,但保存了四至九月間某社"義聚"物品的支出情况。在這個

202

賬目裏，其中很重要的一項支出就是社邑首領三官的喫喝費用。這個社的三官每個月都有幾次支出"義聚"糧食到酒店去喫喝。僅現在所保存的不完整記錄，四至九月間這個社的三官就喫喝掉粟二十三斗，麥十二斗，黃麻一斗。前引2472背《辛巳年(981)十月廿八日榮指揮使葬巷社納贈歷》亦記載社邑的首領三官可以支出一定量的油，虞候可以支出一定量的粟。這些記載表明社邑首領具有利用社邑的公共資財進行消費的特權。

以上文書還記載了該社爲五月齋料支出的麥兩碩、黃麻壹碩，説明"義聚"還負擔私社設齋時的有關支出。而在八月份的買羊麥粟五石、沽酒用□七石肆斗、買胡餅麥肆斗，很可能是秋社祭祀的支出。

四、"義聚"的管理、意義與淵源

以上所列材料説明，"義聚"雖是私社的公共積累或公共財產，但對其中之物品的支配權卻掌握在社邑首領三官手中。三官在有的社邑並不一定直接經管"義聚"中的物品。如上引兵馬使馬定奴所在的私社，在"散物日"前，物品似由三官直接掌管。但"散物後三官分付團家粟捌碩，又付黃麻壹碩伍斗"。似乎"散物後"的物品就由"團家"掌管了。

關於"團家"，只能試作解釋。在敦煌的一些成員較多的私社中，一社之內會分成幾個團，每團設有"團頭"。如前文引用過的 S.2472 背《辛巳年(981)十月廿八日榮指揮使葬巷社納贈歷》記載的巷社，共有成員 33 人，其中有氾團頭、高團頭和李團頭三個團頭，則此社之內的成員可能被分成三個團。在這類由幾個"團"組成的私社中，社邑在舉行活動時的勞務工作往往是由各團輪流負責操辦。上文提到過的 S.4660 背《兄弟社欠色物、入麥及罰筵席等歷》中亦"還綿幡賈(價)衆兄弟一分，當團一分"，其中之"當團"，似乎指的就是輪值的那一團人。又 S.3793《辛亥年(951?)某社造齋等破油麵麥數名目》稱："已上三等破用，壹仰一團人上。如有團家闕乏，飯若薄妙(少)，罰在團頭身上。"由於社邑活動時所需物品都由承擔勞務的那一團經辦，散物後留作社邑活動的公共財產也就自然歸他們保管了。所以，上引文書中之"團家",很可能指的就是輪次承擔社內勞務的那一團的社人。

從以上對敦煌私社"義聚"用途的考察可以看出,"義聚"有助於增強私社這種民間團體的凝聚力。"義聚"中物品豐盈,就意味社邑具有較強的經濟實力,因而也就能夠實行有效的經濟互助。雖然社邑的首領可能會比其他成員多消費一些"義聚"中的物品,但"義聚"的存在對貧窮的社邑成員仍然具有積極意義。利用"義聚"中資財幫助社人營葬,可以減輕遇到喪事的社人的負擔。而在春節乏糧季節貸給社人口糧和種子,更是解了貧窮社人的燃眉之急。雖然社人從"義聚"貸口糧和種子的利率並不低,但到底和向高利貸者借貸不同。首先,如果是從高利貸者手中借貸那樣,如到期不還,就會被債權人"掣奪家資雜物"[8]。而從"義聚"借貸,即使到時真的無力償還,社眾大概也不會逼迫借貸者破產還債。其次,這種借貸利息雖不低,但本利最後仍歸"義聚",是社人的共有財產,其中仍有借貸者一份。所以,有"義聚"中的資財作爲口糧、種子貸給社人或幫助社人營葬,可使遇到凶喪和乏糧的社人免除高利貸者的盤剝,這就減少了那些勉強維持生計的社人的破產因素。這對社會生產的發展、社會的穩定都具有積極意義。

"義聚"的出現或許和義倉的設置與變質有關。隋初設義倉,由百姓自己經營,取之於民,用之於民,旨在防禦水旱災荒。但於百姓平時的困乏,如營葬與春季乏口糧種子之類,考慮較少。到了唐代,義倉實際成爲一項稅收,爲地方官所控制。不僅賑救水旱,也貸給百姓種糧並兼行平糴[9]。但好事既由官府來做,實行中必要大打折扣。義倉所解決的問題與百姓的"急難"時的需求,定是相差很遠。在這種歷史條件下,敦煌的一些私社爲自己解決其成員的"凶禍"、"急難",就仿照義倉的形式,建立起了自己的義倉——"義聚"。

另外,"義聚"出現,還可能和隋唐以來私社活動內容的變化有關。隋唐時期,從事經濟和生活方面的互助,已成爲相當數量私社的主要活動內容[10]。爲了給這類活動提供物質保證,社邑保存一定的物資貯備是十分必要的。適應這種需要,作爲私社的公共積累的"義聚",也就應運而生了。

注釋：

注1：載《中國社會經濟史研究》1989年第4期。

注2：《述"社邑"》載《北京師院學報》1985年第1期，後收入《寧可史學論集》，北京：中國社會科學出版社1999年版，第440—457頁。

注3：楊際平先生的這篇論文問題頗多，我曾撰《〈唐末五代宋初敦煌社邑的幾個問題〉商榷》（載《中國史研究》2003年第1期）一文，就該文涉及的幾個基本問題提出不同看法，可參看。

注4：參看寧可、郝春文《敦煌社邑的喪葬互助》，《首都師範大學學報》1995年第6期，第34—36頁。

注5：《〈敦煌社邑文書輯校〉補遺（三）》，《首都師範大學學報》2001年第4期，第28頁。

注6：見《穆宗長慶三年十二月李德裕奏》，《唐會要》卷38《葬》，北京：中華書局1955年版，第697頁。

注7：參看唐耕耦《唐五代時期的高利貸》，載《敦煌學輯刊》1985年第2期，1986年第1期。

注8：參看P.2502、S.1475等號中之借貸文書。

注9：參看周一良《隋唐時代之義倉》，《食貨半月刊》第2卷第6期。

注10：參看注2所引文。

肆　再論敦煌私社的"春秋坐局席"活動

所謂"春秋坐局席",是指唐後期五代宋初敦煌私社舉行的春坐、秋坐局席活動,又作春座、秋座局席(材料見下文表一),或作秋座筵設[1]、春座筵局[2],等等。

據我們的不完全統計,在敦煌文獻中保存的通知社人參加各種活動的社司轉帖有二百六十多件。按事由劃分,這些社司轉帖可以分爲身亡轉帖,春坐、秋坐等局席轉帖,建福、設齋、設供等轉帖,少事商量轉帖,事由不明轉帖,渠社、渠人轉帖及有關渠人文書六個小類。在這六個小類中,最引人注目的就是"身亡社司轉帖"和"春秋坐局席轉帖"。就數量而言,以"春秋坐局席轉帖"爲多,達七十幾件(包括複本和抄本等);"身亡社司轉帖"雖總數居第二位,但多爲實用文書,不像"春秋坐局席轉帖"那樣多爲不完整的抄件。此外,在私社文書中,還保存了不少私社成員身亡時社邑成員助葬的納贈歷,在社條中,有關助葬的規定也較多。這些都表明,在現實生活中,喪葬互助是敦煌私社的最重要的活動,而在人們的觀念中,春秋坐局席活動則影響較深。儘管如此,春秋坐局席活動仍是敦煌私社的一項重要活動。既然是一項重要的活動,我們也就應該儘量弄清楚該活動的情況。

1989年,我曾發表《敦煌遺書中的"春秋座局席"考》一文[3],依據當時搜集到的材料,對敦煌私社的"春秋坐局席"的活動內容和時間做過初步探討。近年,隨著各國收藏的敦煌文獻陸續刊佈,又搜集到一些相關資料,本文擬在全面分析目前所能見到的資料的基礎上,對此問題做進一步探討,並對該活動的社會功能和象徵意義略作分析。

肆　再論敦煌私社的"春秋坐局席"活動

一

關於春秋坐局席的活動内容，那波利貞認爲是社人去參加、支援寺院的俗講。其理由是寺院也有春秋坐局席，而"春座"、"秋座"中的"座"是指寺院講經的高座，故春座是指春天的俗講，秋座是指秋天的俗講，而社邑的春秋座局席社司轉帖也就是通知社人去參加、支援寺院春季和秋季的俗講[4]。筆者認爲，那波先生的看法與事實不符，有進一步討論的必要。

按照那波先生的看法，即春秋坐局席社司轉帖是通知社人去參加、支援寺院的俗講，那麽，春秋坐局席的舉行就必須具備以下兩個條件。其一是它的活動地點應該在寺院，其二是它的活動時間應該在寺院舉辦俗講的正、五、九月[5]。下面我們看一看敦煌文獻中保存下來的春秋坐局席社司轉帖是否符合這兩個條件。

表一

材料來源	局席名稱	活動地點	活動時間
P.3764[1]	秋坐	報恩寺	九月
P.3286背	春座	主人家	二月
S.1453	座社	節如蘭若	十月
P.2667背	春坐	主人家	十二月
S.329背	秋坐	靈圖寺	十月
P.3391背	春秋	靈圖寺	正月
S.5139背[3]	春坐	主人家	四月
S.1386背	秋坐	主人家	不明
P.4019背	常年	主人家	十二月
P.3441背	筵席	靈修寺	三月
P.2738背	秋座	官樓蘭若	二月
P.2738背	常年	淨土寺	不明

(續表)

材料來源	局席名稱	活動地點	活動時間
國圖殷字41	春座	席主家	不明
S. 6214	春座	主人家	四月
P. 4063	春座	孔子門前	四月
S. 4037背	春座	主人家	正月
P. 3875A	秋座	普光寺	不明
北大D246背	春座	主人家	正月
S. 274	春坐	主人家	四月
P. 3145	春座	主人家	閏五月
P. 3764背	秋座	佛堂	十一月
S. 5813	坐社	主人家	二月
P. 2880	春坐	永安寺	不明
S. 327背	不明	主人家	不明
Дх. 3114＋Дх. 1359B	春座	主人家	正月
S. 1163背	秋坐	主人家	不明
S. 6008	春坐	龍興寺	不明
S. 6104	春座	席主家	不明
P. 2975背	春座	主人家	不明
P. 4017	春座	主人家	不明
S. 1163背	春座	主人家	不明
S. 2498	秋座	主人家	不明
S. 6461背	春坐	主人家	不明
S. 1163背	春坐	主人家	不明

關於上表，有兩點需要說明：其一，上列材料中的"主人"或"席主"，是指承擔春秋坐局席勞務的人，這個角色一般由社人輪流擔任。其二，因不少春秋坐局席轉帖是抄件，沒有抄錄發帖的時間，故上列材料中有十幾件無法

肆　再論敦煌私社的"春秋坐局席"活動

知道其活動的月份。

上列材料中，有22件社司轉帖規定活動的地點是在主人家或席主家，還有一個是在孔子門前，推測應是孔廟前。因這23件轉帖的活動地點不在寺院，所以，不論其保存了活動月份與否，都可以肯定其所從事的活動不僅與寺院的俗講無關，而且與佛教也沒有關係。

有11件注明活動地點在寺院、蘭若或佛堂，其中7件或者沒有保存活動的月份，或者月份不在寺院舉行俗講的正、五、九月。只有P.3391背、P.3764$_1$、S.329背和S.1453四件社司轉帖，時間是在正、五、九月，地點也是在寺院或蘭若。那麼，這4件社司轉帖是不是通知社人到寺院去參加、支援俗講呢？爲弄清楚這個問題，我們有必要對寺院的春秋坐局席略作探討。

P.2049背《後唐同光三年正月沙州淨土寺直歲保護手下諸色下破歷計會》第278—279行有"粟七斗卧酒，衆僧造春座局席用"，第350—351行有"油叁勝，春造局席衆僧食用"，第374—375行有"麵壹碩貳斗五勝，衆僧造春座局席及帖佛食用"。P.2049背《後唐長興二年正月沙州淨土寺直歲願達手下諸色入破歷計會》第235行有"粟七斗卧酒，衆僧秋座局席用"，第299行有"油四升，衆僧秋座局席用"，第368—369行有"麵壹碩壹斗，衆僧造秋坐局席用"。值得注意的是，寺院除去造春坐、秋坐局席外，還造冬坐局席。前引保護手下諸色入破歷計會第259—261行有"麥三碩捌斗，西庫内付酒本冬至歲僧門造設兼納官冬座局席並西窟覆庫等用"。那波先生把上引文中的春座、秋座、冬座中的"座"均目爲講經的高座，從而斷定寺院的春、秋、冬座局席都是寺院所從事的俗講活動。而圓仁在《入唐求法巡禮行記》卷一中卻云"廿七日，冬至之節，道俗各致禮賀"，"俗家、寺家各儲希膳，百味總集，隨前人所樂，皆有賀節之辭。道俗同以三日爲期，賀冬至節"[6]。這裏指出唐代的風俗是冬至節寺院要與俗人一同慶賀三天，而上引寺院入破歷中的冬座局席也恰在冬至，這恐怕不是偶然的。合理的解釋只能是，冬座局席是寺院如同圓仁所記載的爲慶賀冬至節而舉行的宴樂活動。冬座局席如此，春秋坐局席也應是寺院爲慶賀中國的傳統節日所設的酒席。因爲寺院記載舉行春秋坐局席活動的時間與開俗講的正、五、九月不合，卻與社邑舉行春秋二社活動的二月、八月一致。P.3763《淨土寺諸色入破歷粟破》第102—104行有"粟一石升(?)，八月秋座局席衆僧木匠及上仰泥博士等用"。另前引保護手下諸色入破歷記載的春座局席也是記在二月帳下。所以，寺院的春秋坐局席也可能是爲慶賀春秋二社而舉行的世俗一樣的宴樂活動。如此，那些到寺院去舉行春秋坐局席活動的社邑自然也就不是到那裏去參加、支援俗講了。

那麼，爲什麼一些社邑的春秋坐局席活動要在寺院舉行呢？

其一是因爲不少私社有僧人參加，有的社還以僧人爲主體。如表中的P.3391背《丁酉年春秋局席社司轉帖》就有20多個僧人。現把這個社的成員姓名抄錄於下："陰僧政、馮老宿、曹老宿、氾上座、法詮、福證、雲被、法瓊、喜端、善住、惠朗、福會、福善、應願、潤成、智力、安定、智行、智德、願行、沙彌法瑞、保盈、法俊、法圓、義弘、慶達、價(賈)延實、李安住、趙再和、令狐富員、價(賈)憨奴、良賢、再集、留得、宗兒、灰奴、宋音三、鄧像通、閻安信、祐子、友慶、恩議、盧和信、史文威、米員喜、孟恩子、阿撽、范延昌、吳海深、唐員醜、陳懷諫、索進清、張將頭、畫搨榷、就游、羅佛利子。"像這類有若干僧人參加的私社，舉行春秋坐局席時，自然是在寺院比較方便。其二是由於這些社與寺院的關係比較密切。在敦煌，每所寺院都與一定數量的私社具有密切聯繫。這些私社是寺院經濟與勞力的重要來源，也是他們影響敦煌居民的主要手段[7]。其實，當時寺院的很多活動都在寺院舉行[8]。既然寺院中的僧衆自己也置辦春秋坐局席，與其聯繫密切的社邑成員一起"道俗各致禮賀"，共同飲宴，也就在情理之中了。更何況有的僧人本身還是社的成員呢？

不僅寺院的春秋坐局席活動的內容可以說明此項活動與俗講無關，不同類型的社司轉帖也告訴我們敦煌社邑的春秋坐局席與佛教活動（包括俗講）沒有關係。因爲如果社邑通知社人去寺院幫助建齋，社司發的是與春秋坐局席社司轉帖不同的建福社司轉帖。在這類轉帖中一般都明確規定去某寺建福或建齋一日[9]，這類活動，纔是與佛教有關的活動。

二

但是,問題還沒有完全解決。細心的讀者可能已經注意到,上表中所列春秋坐局席社司轉帖,有多例記載的活動時間並不在舉行春秋二社的二月和八月。所以,我們還有必要對敦煌私社春秋坐局席活動的具體內容與時間做進一步考察。

依據我們掌握的材料,社邑的春秋坐局活動大致包括以下兩類內容。

其一是春秋二社活動。在敦煌,不少私社仍保持著春秋二社祭社、歡聚飲宴的傳統風俗。對於這項活動,類似社的章程的社條中一般都有規定。如 S.6537 背《拾伍人結社社條》(文樣)略云:"春秋二社舊規,逐根原赤(亦)須飲宴,所要食味多少,計飯料各自税之。"這裏雖未明言要置辦局席,但社衆既要飲宴,是非辦局席不可的。S.6537《上祖社條》(文樣)略云:"凡有七月十五日建盂蘭盆兼及春秋二局,各納油麵,仰緣(録)事於時出帖納物,若主人不於時限日出者,一切罰麥三斗,更無容免者。"這裏的"春秋二局",當即指春秋二社時置辦的局席。這一點,S.5629《敦煌郡等某乙社條壹道》(文樣)中説得更加明白。其文略云:"春秋二社,每件局席,人各油麥粟,主人逐次流行。"引文中之"主人",即上列表格中之"主人",或稱"席主",指負責操辦局席的具體事宜者。"逐次流行",是指社人輪流爲"主人"或"席主"。也有一些社把社人分成幾批,稱爲團,由各團輪流爲"主人"。如 P.5032《甲申年四月十二日渠人春座局席轉帖》記載了該社的分團情況,其文云:"甲申年四月十四日渠家造局席,頭團張定奴、張再德二人,氾富達、氾員子二人,張揭榷、醜奴二人,再成、勿成二人,願昌、願德二人,定德、醜憨二人。"[10]

敦煌社邑舉行春秋二社活動的時間與以往歷代一樣,是在春二月和秋八月。如 P.3544《大中九年九月廿九日社長王武等再立條件》中就明確規定"其社二月、八月"。所以,時間在二月、八月的春秋座局席社司轉帖,當是敦煌私社舉行春秋二社活動的通知單。值得注意的是,由於戰亂、農時以及一些輪值的"主人"不負責任等主客觀因素的影響,敦煌的春秋二社存在著不能按規定月份舉行的現象。前引 P.3544《大中九年九月廿九日社長王武等再立條件》在規定了春秋二社在二月、八月以後,又云"其齋社違月,罰麥一碩,決杖卅",對春秋二社違月特別規定了如此重的處罰,説明當地春秋二社不按月舉行的現象是存在的。這種現象當是保存下來的一些春秋座局席社司轉帖不在二月、八月的原因之一。

春秋二社活動的程序是:在舉行活動前,社的首領録事發社司轉帖通知社人活動在何時、何地由何人主辦,並令社人在規定的時間、按規定的品種、數量攜帶物品去參加。敦煌文獻中保存了兩件州一級官府《祭社文》的抄件(S.1725背、P.3896背),似應與沙州官府祭社有關。私社在春秋二社活動中是否舉行祭祀活動,敦煌文獻中沒有留下相關記載。但社邑成員借此機會歡聚暢飲肯定是核心内容。這大概就是"春秋二社"被稱爲"春秋二局"和"局席"的原因吧!

爲了保持宴會的秩序,S.6537《拾伍人結社社條》(文樣)規定在"春秋二社"活動中要"五音八樂進行,切須不失禮度。一取録事觀察,不得昏亂事(是)非。稍有倚醉胸(凶)麄,來晨直須重罰"。由此看來,春秋二社的飲宴活動著實熱鬧非常,社衆在音樂伴奏下歡宴,難免有人喫醉出醜,故須由社的首領録事維持紀律,有倚醉鬧事者要受到嚴厲責罰。

其二是坐社活動。除了舉行春秋二社春秋坐局席活動以外,唐五代宋初的不少私社在其他月份也置辦局席。吐魯番吐峪溝出土的《丁丑年九月七日石作衛芬倍社再立條章》云:

去丁丑年九月七日石作衛芬倍社,周而復始,時敬教難,再立條章。三人作社,已向尊(?)社邑同麗(?)不得卷(善)果,□□□者,罰好布壹段,社家仕(使)用。

□社官　胡疑耶　　　宋社官三十月倍

十一月　曹社官　　馮平直　　宋副使　十二月王榮 録

□三老　敦都使　　來年正月安平直　　劉孝□

```
□老    二月趙滿奴  朱晟子    □小君  三月□
□  麴憲子  尹國慶    四月梁都□  楊□□
□□君  五月安國義  何主    石願德  六月石進
□  □□□  楊胡    七月何（下缺）
```

此件轉録自《敦煌寫本社邑文書》第63—64頁，雖多有殘缺，但可以看出該社是三人一批（團），每月輪換一次，周而復始，每月作一次社。參照敦煌文獻中的材料，應該是每月造一次局席。"作社"在敦煌文書中稱爲"坐社"。如S.5813《二月坐社轉帖》載：

```
社司    轉帖
二月坐社汜子升，
    右件人坐社，人各助麥一斗五升，粟二斗。
    其麥粟請限今月廿日至夜送納。如違
    不送，其物陪（倍）。其帖速遞，不得停留。
    如有停帖者，准條料（科）罰。二月十八日索
    不採帖。
```

很清楚，此件之"坐社"，即上件之"作社"。兩件之不同處在於：一件是每月"作社"一次，另一件是只知"二月坐社"，不知其他月份是否"坐社"。一件是"三人作社"一次（番），一件是一人"坐社"一次（番）。"坐（作）社"的主要内容是置辦局席，故也稱"座社局席"[11]。准此，"春秋坐（座）局席"之"坐（座）"，實應爲"坐（作）社"之"坐（作）"，與講經之"高座"無涉。

在敦煌，也可能存在每月造一次局席的社。如S.5788《某年十一月廿一日再限納物轉帖》稱："右諮諸公等，先已商量送物，並限〔今〕月十三十四日取齊，故違不送。今更限今月廿二日午時於蓮台寺門前取身並物，不到者罰半甕。並須月直納物，亦須知前後。如月直不存勾當局席，不如法及不辦，重科。"此社既稱負責操辦酒席的人爲"月直"，當是每月一換，既然是每

月更換一個操辦局席的人，那麼這個社每月至少要舉行一次局席，否則就用不著每月都有人輪值了。轉帖中還有三人副月值，協助月直操辦局席。S.5823《寅年十一月社司月直令狐建充次違例牒》載：

社司月直令狐建充次
　　右件人次當充使，不依衆烈（例）。往日已前所差
　　者，並當日營造，今被推延。故違衆烈（例），
　　請處分。
　　牒，件狀如前，謹牒
　　寅年十一月　　　　　　　日楊謙讓牒。

此件是請求處理"次當充使"而"不依衆例"的"月直"，"充使"的內容是"營造"，當亦爲局席之類。據筆者所知，在S.2242《某年七月三日張昌進身亡轉帖》、P.4991《壬申年六月廿四日李達兄弟身亡轉帖》和P.3707《戊午年四月廿四日傅郎母亡轉帖》等文書的社人名單中，亦均有社人之身份被標明爲"月直"。但以上材料雖可證明"月直"與私社操辦局席有關，卻未見有"月直"負責操辦"春秋座局席"的記載。所以，只能説敦煌一些私社設置的"月直"，負責操辦這些私社每月發生的局席活動，其中包括"春秋座局席"活動。

此外，前引P.5032《甲申年四月十二日渠人春座局席轉帖》把社人分成六個團，且明言分團的原因是爲"渠家造局席"。則這個渠社每年至少要辦六次以上局席，如果每年只有春秋二社兩次局席，似無必要把社人分成六個團。

這種分番或分團輪次舉辦局席活動的私社，在全體社人都輪值一周以後，可能要舉行結案局席，然後再重新輪起。S.327背《己丑年十月七日巷社結案局席憑》載：

1　己丑年十月七日巷社一周
2　結案局席羊價叁

3　張虞候就倉門來悵（償）麥壹斗□□□□
4　斗。正月□□□

（下缺）

此件雖有殘缺，但可看出該社是因"巷社"循環"一周"而造"結案局席"。其中之"羊價麥"，可能是社邑爲買羊而命社人聚麥。P.5032《甲申年十月三日渠人轉帖》載："右緣遂羊價，人各麥二斗一升，幸請諸公等，帖至限今月十四日主人張醜憨家納遂。"上件中之"張虞候"可能是在社司規定"納遂"的日期未能交納，故日後"就倉門來償麥壹斗"。讓社人在置辦局席時聚物買羊，可能是要殺掉以辦酒宴，如果這個推斷不誤，更證敦煌私社的局席活動與佛教無關。

總之，敦煌社邑的春秋坐局席活動，情況比較複雜，一些社只舉行春秋二社的局席活動，另一些社可能是每月造一次局席，也有的社是每兩月造一次局席。所以，在敦煌文獻中保存下來的春秋坐局席社司轉帖也就幾乎在哪個月份都有。前列表格說明，一般是從正月到五月的局席稱爲春坐局席，從六月到十二月的局席稱爲秋坐局席[12]。到目前爲止，還未見到社邑舉行冬座局席的材料。明乎此，我們對前列表中不在二月、八月的春秋座局席就不會感到奇怪了。

至於那些不在二月、八月的局席爲什麼也稱爲春座、秋座局席，可能是因爲春秋二社的局席活動是傳統習俗，以後增加的局席不僅與其相似，而且有著淵源關係，故人們也就習慣地把這些新增加的局席稱爲春坐或秋坐局席。其實它只不過是與春秋坐局席相似的局席，故有的社文書乾脆稱其爲"春秋局席"、"常年局席"或"座社局席"（材料見表一）。

三

以下擬對敦煌私社春秋坐局席活動的社會功能和象徵意義略作分析。
社神源於我國古代先民對大地的崇拜[13]。

古代社會包括唐五代時期屬於農業社會。在當時的生產力水平下，農業收成的好壞在很大程度上取決於土地的肥沃程度和是否風調雨順。在當時民衆的眼中，大地滋養的萬物都是大自然的恩賜，而大自然的變化是神秘莫測的，無法掌控的，於是滋養萬物的土地就成了先民的崇拜對象。他們想象出了社神來掌控此事。社神和"神界"出於先民的想象，本不存在。但在當時人的意識中，神和"神界"是與"人界"相對應的。並且，那些看不見、摸不著的各種神明還掌握著人界的命運。所以，人們對"神明"充滿敬畏、尊崇之心。現代漢語還有"敬若神明"一詞，用於形容人們對某人或某事物的尊敬超出了"人界"的常規。社神是先民想象出的諸多"神明"之一，用以象徵抽象的大地。在祭祀中，社神被賦予的功能是"載生品物，含養庶類"。同時被祭祀的"配神"后土氏的功能是"功著水土，平易九州"；稷神的功能是"播生百穀"；后稷氏的功能是"功業稼穡，善修農政"[14]。這幾個"神"的功能加在一起，影響農業收成的自然因素基本上都被包括其中了。農業的收成全在於社神的恩賜。對這種恩賜，先民充滿敬畏和感激之情。表達敬畏、祈求豐收和感恩的方式就是祭祀。春社的祭祀是祈年（豐收），秋社的祭祀是報獲（感恩）。

古代的祭祀，是人界和神界的溝通，也可以看作是人神間的一種特殊的交換，祭社活動亦然。我們的先民通過春社的祭祀向大自然祈求豐收，而秋社的祭祀則是向大自然表達感恩之情。象徵土地的社神通過春秋二社的祭祀儀式接受先民的"貢獻"。一次祭祀的完成，也就完成了人神之間的特殊交換，祭祀者的心情也就完全放鬆了。春秋二社祭祀後的歡聚飲宴活動實際就是這種心情的宣洩和釋放，這或許就是春秋二社祭祀活動的象徵意義和社會功能。

從現存材料來看，在唐後期五代宋初，敦煌官社與私社春秋二社的象徵意義與功能有明顯差別。官社的祭祀還保持著自秦漢以來一直延續的祈年報獲的古老傳統，這在上引敦煌文獻中保存的官社祭祀文書和《大唐開元禮》《通典》等文獻的記載是一致的。這一傳統儀式雖然在執行上也存在問題，但至少在制度上仍然是規定先祭社，然後纔是飲宴活動。私社在春秋二社活動中是否還從事祭祀活動，敦煌私社文書中沒有保留下任何相關記載。

從敦煌私社文書關於春秋二社的相關記載來看，從事祭社的古老傳統已大大淡化，而歡聚、飲宴等宣洩、釋放激情的娛樂功能則大大突出。所以春秋二社在私社文書中纔被稱爲"春秋二局"、"春秋坐局席"等。"社"字被"局"、"局席"取代，透露出私社從事"春秋坐局席"的主要目的是喫喝和娛樂。如前所述，祭社本應是春秋二社的活動主題，宴樂不過是祭社的尾聲。但在敦煌私社的活動中，主題被忽略了，甚至可以説被遺忘了。而尾聲卻被突出和放大了，變成了主題。雖然敦煌私社的"春秋坐局席"活動仍屬於傳統活動，仍承擔著傳承傳統的社會功能。但其含義和强調的重點已與"傳統"有很大不同。這裏的"傳統"，不過是"舊規"而已，其活動已經由神秘莊嚴的人神間的溝通（通過祭祀）活動變成了節俗氣氛濃厚的狂歡活動。這樣一種變化，或者與先民在漢至唐數百年間宇宙觀的進步有關，也可能是個體意識與羣體意識的差别使然。官府系統的祭社，代表著先民羣體，肩負整個天下或者一個地區的豐歉重任，不敢不敬畏社神。如果作爲個體，雖然也不樂意歉收，但豐收和歉收畢竟不會單獨降到某個個體身上。所以，作爲個體的先民，在參加祭社活動時，可能更看重的是祭祀後的宴樂。敦煌的私社，或許更多地反映了先民的個體意識。當然，自漢至唐，我們的先民在對人與自然關係認識方面的進步也是明顯的。即使是反映羣體意識的官方祭社，其虔誠程度和認真程度也大不如前了。

　　上文的討論表明，敦煌私社"春秋坐局席"活動的時間已不確定在"春二月和秋八月"，幾乎在哪個月都可以舉行。從實用社條來看，一些私社的社條並無關於"春秋二社"或"春秋坐局席"的相關規定，而是以喪葬互助爲中心。似乎可以確定這類私社已不再從事"春秋二社"活動。敦煌私社春秋二社活動時間的淡化以及一些私社不再從事此項活動，應該是上述這項活動象徵意義和功能變化的必然結果。春秋坐局席活動本來源於春秋二社的祭祀，是中國古老的傳統。祭祀社神活動是人神之間的溝通，其儀式是神秘的、神聖的、莊嚴的，時間自然不可以輕易改變。但在傳承過程中，一部分歷史記憶（該活動具有神性的部分）逐漸淡化了，甚至可以説被忘記了；同時，另一部分歷史記憶（屬於人界活動的部分）則被突出和放大。於是，春秋二社的祭祀活動變成了以飲宴歡娛爲中心春秋坐局席活動,神秘的人神間的溝通活動變成了完全不具有神秘性和神聖性的"人界"活動,這一活動的神秘性與神聖性也就逐漸消失了,其活動時間也就失去了神性,當然也就得不到人們"敬若神明"規格。所謂"春二月"、"秋八月"的規定,不過是歷史的慣性而已,能如期舉行自然最好,早一個月或遲一個月甚至每年多舉行幾次也不會引起神明的不滿,因爲這個活動已經和"神明"沒有關係了。所以,敦煌私社之春坐、秋坐局席活動時間的淡化和經常化,是祭社儀式從春秋二社活動中淡出的結果,也是這項活動最終被一些私社放棄的原因。

對唐五代時期的先民而言,不可知的現象和事物要比現在多得多。在當時的認識水平下,不可知的現象和事物都被蒙上了神秘的色彩,都是神聖的,值得敬畏和尊崇的。把不可知的、神秘的東西神化,採取敬畏和尊崇的態度,可以説是我國古代先民自春秋戰國以來逐漸形成的一種文化傳統。凡具有神性的事物都會得到先民的敬畏和尊崇,對其採取小心謹慎的態度。如果沒有建立或失去了神性,無論多麽強大的事物,都很難得到大衆的敬畏和尊崇,因而也就不能長久。秦王朝就是一個例證。秦王掃六合,一統天下,建立了強大的中央集權制度,可謂強盛一時。但它在統一和建立全國政權過程中,太崇尚武力和強權,沒有注意在民衆中宣傳秦政權是受命於天(天也是神明之一),因而秦統治者在民衆意識中也就只是力量的象徵,缺乏神聖的色彩。因而,當秦末起義軍揭竿而起時,立即得到民衆的紛紛響應,從未被民衆"敬若神明"的秦王朝很快就滅亡了。而陳勝、吳廣號召民衆起事的口號是"王侯將相寧有種乎"[15],也説明當時人認爲包括秦統治者在内的"王侯將相"是没有天命的。西漢王朝建立以後,吸取了秦王朝滅亡的教訓,其中一項重要的舉措就是注意向民衆宣傳漢朝是受命於天的。漢武帝時,曾命熟悉經術的兒寬與博士共同商議漢朝的"正朔"和"服色","寬與博士等共議,皆曰:'帝王必改正朔,易服色,所以明受命於天也。'"[16] 引文中的"明",應該作"昭示"解。兒寬等人都認爲帝王"改正朔,易服色"的目的,是爲了通過這些符號向世人宣示自己是奉"神明"的旨意來統治民衆的,因而與普通人界的人不同,是有神性的。"皆曰",説明這樣一種認識在當時是士人階層的共識。由於漢代統治者注意向民衆宣傳自己的神性，所以百姓也就逐漸習慣了把漢朝"奉若神明"。秦朝的短命和漢朝的延續數百年，原因是多方面的，漢統治者注意向民衆宣傳自己的神性，使百姓對其產生敬畏和尊崇之情，應該是重要的因素之一。

一個強大的王朝尚且如此，小小的"春秋坐局席"活動更"何以堪"？

當然，敦煌私社也不是完全沒有神秘色彩。如一些私社將立社之初的"祖條"、"大條"封存起來[17]，就具有某種神秘意義。但至少是"春秋坐局席"活動，已經不具有任何神秘色彩了。

注釋：

注1：參見 P. 3764 背《某年十一月十五日秋座筵設轉帖》。

注2：參見 S. 6214《乙卯年四月十八日春座筵局轉帖》。

注3：見《北京師範學院學報》1989年第3期，第31—35頁。

注4：參見那波利貞《關於按照佛教信仰組織起來的中晚唐五代時期的社邑》，載《史林》第24卷第3、4號，1939年。

注5：唐代開俗講的時間，請看看白化文、李鼎霞、許德楠校注《入唐求法巡禮行記校注》卷3，石家莊：花山文藝出版社1992年版。

注6：白化文、李鼎霞、許德楠校注《入唐求法巡禮行記校注》，第78—79頁。

注7：有關情況可參看本書上篇第壹部分。

注8：有關情況可參看本書上篇第壹部分。

注9：參見 P. 3037《庚寅年正月三日建福社司轉帖》、P. 3372《壬申年十二月廿二日建福社司轉帖》。

注10：關於敦煌私社分團的情況，可參看本書下篇"叁"《再論敦煌私社的"義聚"》。

注11：參看 S. 1453 背《光啓二年十月座社局席轉帖抄》。

注12：只有 P. 2667 背《大順三年十二月春坐局席轉帖》將在十二月的局席稱爲"春坐局席"。

注13：參看高臻、賈艷紅《略論秦漢時期民間的社神信仰》，《聊城大學學報》（社會科學版）2003年第4期，第45—48頁。唐仲蔚《試論社神的起源、功用極其演變》，《青海民族研究》（社會科學版）2002年第3期，第86—88頁。

注14：見 S. 1725 背《祭社文》，載寧可、郝春文《敦煌社邑文書輯校》，南京：江蘇古籍出版社1997年版，第695—697頁。

注15：司馬遷《史記》，北京：中華書局1959年版，第6册第1952頁。

注16：班固《漢書》，北京：中華書局1962年版，第4册第975頁。

注17：參看本書下篇"壹"中有關"社條"的論述。

伍　敦煌社邑的喪葬互助

敦煌社邑,那波利貞、竺沙雅章等國內外學者曾作過論述[1]。本文擬在以往研究基礎上,對敦煌社邑的喪葬互助活動作一些具體說明。

唐俗重厚葬。官宦富家之外,一般百姓中此風亦盛。而喪葬所需人力、物力、財力,往往靠"結社相資"。王梵志詩云:"遥看世間人,村坊安社邑。一家有死生,合村相就泣。"[2] 韋挺在太宗時上的《論風俗失禮表》云:"又閭里細人,每有重喪,不即發問,先造邑社,待營辦具,乃始發哀。至假車乘,雇棺槨,以榮送葬。既葬,鄰伍會集,相與酣醉,名曰出孝。"[3] 穆宗長慶三年十二月李德裕奏:"緣百姓厚葬,及於道路,盛設祭奠,兼置音樂等。閭里編氓,罕知報義,生無孝養可記,殁以厚葬相矜。或結社相資,或息利自辦,生業以之皆空。習以爲常,不敢自廢。人户貧破,抑此之由。今百姓等喪葬祭,並不許以金銀錦鏽爲飾及陳設音樂。其葬物涉於僭越者勒禁。結社之類,任充死亡喪服糧食等用……"[4]

唐後期五代及宋初,敦煌地區私社盛行。其中一類從事佛教活動,一類從事經濟和生活的互助,更多的社邑則兼具這兩類職能。在經濟和生活互助中,喪葬互助又是最重要的。在敦煌文獻中保存的社邑文書中,有關營葬的材料很多。在作爲社邑規約的 25 件社條(社案)、偏條(偏案)及憑約中,有 19 件有關於營葬互助的規定[5],有的相當詳細(如 S. 5520、S. 6537 背、P. 3730 背),有的則以此爲主要內容(如 P. 3489)。在通知社人參加社邑活動的社司轉貼中,就數量而言,雖以"春秋坐局席轉帖"爲多(70 件),但"身亡社司轉帖"(43 件)多爲實用文書,不像"春秋坐局席轉帖"那樣多爲不完整的抄件。此外,在私社文書中,確爲記錄社人在營葬活動中納贈物品的品種數量的納贈歷有 12 件[6]。還有一件則是有社邑參加的《僧統和尚營葬榜》（P.2856 背）。現據這些材料，說明如下。

一

社邑營葬互助的辦法是，社人家內遇有喪事，立即向社司報告[7]，社司得報後，由社司首領之一的錄事發放社司轉帖[8]（個別的由社官發放，如 P.3707 中之社司轉帖）。這種轉帖有的稱爲親情社轉帖或兄弟社轉帖[9]。轉帖通知全體社人，攜納贈物品按規定的時間、地點集合繳納，並確定某些具體做法[10]。集合時間，一般爲放帖的次日早晨或上午[11]，但也有因天熱或其他緊迫之事，而定爲放帖的當日或次日黎明前的[12]。集合時依所有社司轉帖通例捉後到二人罰酒一角[13]，不到者罰酒半甕，體現了社條中的"忽若錄事帖行，不揀三更半夜，若有前劫（卻）後到，罰責致重不輕"（P.3730 背、S.6537 背《某甲等謹立社條》）的規定精神。

社邑營葬互助活動的具體內容，大約有三類。

第一類是納粟、麥、麵、餅、油、酒等食品及柴。供喪家及弔者飲食及作弔祭死者的祭盤與出殯酹酒之用[14]。各社規定的品種數量不一。最少的爲每人粟一斗[15]，或再加一甕酒[16]。

第二類是食品外再加布褐麻、綾絹繡等織物、絲織物常被稱爲"色物"（亦有連布褐通稱色物的）。其中白色織物大約用作喪服、裝殮、蓋棺、挽棺之用，彩色織物可能用於裝殮、祭帳、旌幡等[17]。布、絹等特別是後者有時不稱贈而稱借[18]，可能用後還需歸還。S.6981《壬戌年十月十七日南街都頭榮親轉帖》還"准於舊例"，規定在社人遇有凶事時人各送"牀薄氈褥盤椀酒"等助葬用具器，但僅見此一例。

第三類是贈納物品之外還要送葬。P.4987《戊子年七月安三阿父身亡轉帖》：

一、右緣安三阿父身亡，准例合有贈送。人各粟壹斗，祭盤准舊例，並送葬。

S.527《顯德六年正月三日女人社再立條件》：

一、社內榮凶逐吉，親痛之名，便於社格。人各油壹合，白麵壹斤，粟壹斗，便須驅驅濟造食飯及酒者。若本身死亡者，仰眾蓋白轝拽便送，贈例同前一般。其主人看待，不諫（揀）厚薄輕重，亦無罰責。

S.6537背《上祖社條》（文樣）：

一、社內有當家凶禍，追胸（凶）逐吉，便事親痛之名，傳親外喜，一於社格。人各例贈麥粟等。若本身死者，仰眾社蓋白轝拽便送，贈例同前壹般。其主人看待厚薄，不諫（揀）輕重，亦無罰青（責）。

S.5629《敦煌郡等某乙社條壹道》：

一、若社人本身及妻子二人身亡者，贈例人麥粟色物，准數進（盡）要使用。及至葬送，亦須痛烈，便供親兄弟一般經舉，不許憎嫌穢污。若不親近擎舉者，其人罰醴醵（臘）壹筵。其社人及父母亡没者，弔酒壹甕，人各粟壹斗，此外更許例（？）行。

此外S.2041《大中某年儒風坊西巷社等社條》云：

一、所置贈孝家，助粟壹斗，餅貳拾，䶚（幡）須白淨壹尺捌寸，如分寸不等，罰麥壹漢斗，人各貳拾幡。……

一、或孝家營葬，臨事主人須投狀，眾共助誠（成），各助布壹足。不納者，罰油壹勝。[19]

上引轉帖與社條將孝家喪亡時贈物與助葬辦法分別條列，S.2041《社條》還規定營葬臨事時主人須先投狀。都説明了納物與送葬分屬不同等級或類型。

送葬時，除上述的贈物、擎棺外，還要出車出舉[20]，以便"蓋白就拽"。出殯時，隨車澆酹弔酒[21]，送至墓所[22]，誦讀祭文[23]，一齊號叩[24]。

上述各種規定，多在社條内載明，或依通例，因此社司轉帖上多書准條、准例納物若干[25]。亦有社條規定"臨事商量"、"佐助"的辦法[26]。

上舉各社助葬的不同等級或類型，是由各社相關規定不同造成的。有的社條只規定贈物辦法，如P.3489《戊辰年正月廿四日袿坊巷女人社社條》只規定"各自榮生死者，納麵壹斗，須得齊同，不得怠慢"，無其他條款。有的社條則還規定了送葬的辦法。如P.4525[11]《太平興國七年二月立社條一道》："或若榮葬之日，不得一推一後，須要榮勿（物）。臨去之日，盡須齊會，攀棺擎上此車，合有弔酒壹甕，隨車澆酹。就此墳墓，一齊號叩。"S.6537背《拾伍人結社社条》（文樣）："諸家若有凶禍，皆須匍匐向之，要車齊心成車，要舉亦須遞舉。色物贈例，勒截（載）分明。奉帖如（而）行，不令欠少。榮凶食飯，衆意商量，不許專擅改移；一切從頭勒定。"（另前引之S.6537背、S.5629、S.2041，以及S.527、P.3730背、S.5520等社條均有類似規定）[27]另一種情況是同一社内對社人本身（有的包括妻子，見S.5629）與對其家屬辦法不同。如前引S.527、S.6537背、S.5629等社條，都有這方面的規定。

二

敦煌社邑的喪葬互助還有一種"立三馱目舉名請贈"的辦法。三馱或作"三大"（"大"當爲"馱"的訛寫），亦可能作"三件"，見於12件社邑文書[28]。這種辦法大致是社人可向社邑請求"立三馱名目"，列名登記在案，繳納三馱（糧食之類）之後，再請"上馱局席"，宴請社衆一次，便取得了"請贈"的權利，死亡時，社衆按規定納贈物品（可能還幫助營葬）。但其詳難明，只能試作一些解釋。

S.6537背《拾伍人結社社條》（文樣）：

應有追凶格律,若立三馱名目,舉名請贈。若丞(承)葬,得者合行,亦須勒上馱局席。

更具體一些的是 S.6005《敦煌某社偏案》：

伏以社內先初合義之時,已立明條,封印記。
今緣或有後入社者,又未入名,兼錄三馱名
目。若件件開先條流,實則不便。若不抄錄
者,伏恐陋(漏)失,互相泥寞(?)。遂眾商量,勒
此偏案。應若三馱滿者,再上局畢,便任
各自取意入名。若三馱滿,未上局者,不得
請贈。餘有格律,並在大條內。若社人忽
有無端是非行事者,眾斷不得,即須
開條。若小段事,不在開條之限。故立此
約,烈(列)名如後：

社長	阿兄	侄男
社老善慈	阿兄通侯	通侯阿嫂
文智 員友身請贈	阿兄文進	文進阿嫂
武懷俊 阿姑請一贈,上了		
錄事	阿耶	阿娘
光善 侄女一贈 阿姑一贈	阿娘	妹師
滿海 母請一贈	阿娘	阿兄
靈應	阿兄	阿嫂
寶護 父請一贈 身請一贈	阿婆 三馱了	阿耶
紹法 母請一贈	阿娘	妹
▢▢阿▢▢		

（後缺）

這是一件《偏案》。是由於大條(即立社時的原條,又稱"祖條",見 S.6537 背《上祖社條》)已封印訖,不便隨時開封。其後不斷有"後入社人者","又樂入名","兼錄三馱名目"。而這些情況又是必須記錄在案,以爲繳納"三馱"與否的和請贈的憑據,於是社人大會制定了以上《偏案》。

由上述兩件文書及其他文書大致可知:

1. 只有部分社邑立有三馱名目。在數百件社邑文書,僅有 12 件涉及三馱名目。一些社邑的喪葬互助活動,贈物簡單而少(如前引 P.3489《戊辰年正月廿四日桂坊巷女人社社條》,及注 16、17 所列的社司轉帖等),可以肯定是未立三馱名目的社邑。

2. 在立有三馱名目的社邑中,有的社人及其家屬列入三馱名目,有的則沒有。上引 S.6005《敦煌某社偏案》的社人存十一人,連家屬近三十人,每一社人名下的家屬不超過二人,這自然不是社人家屬的全部。可能是在一定時間内(一個周期),一個社人包括自身和家屬只有三次的"請贈"的資格。由於該件具有"兼錄三馱名目"的功能,則可推知不在名單内的社人家屬當沒有採用這種辦法。前引 S.6537 背《上祖社條》(文樣),把納三馱滿者與其他社人及家屬喪葬辦法分列;前舉 S.2041《大中某年儒風坊西巷社等社條》中有"從今已後,社内十歲已上有凶禍大喪者,准條贈,不限付名三大(馱)",可知在此之前,付名三大(馱)與不付名三大(馱)者贈例不同,這均可知一社之内並非全體人員均採用立三馱名目舉名請贈的辦法[29]。另外,要求列入三馱名目者,有的大概需在入社時言明。S.2596 背《咸通七年八月三日投社人王讚讚狀》云:"已後社内若有文帖行下,讚讚依例承文帖知承三馱。"

3. 社人所納三馱之"馱",是吐蕃量制,因此所納者當是麥粟之屬。

隋唐的"馱"有兩種,一是漢名,一是吐蕃量制[30]。唐代一馬(或驢)所馱之物稱一馱,負擔者稱馱馬[31]。一馱的重量,曾被規定爲一百斤[32]。民間也以"馱"作爲運物單位,不僅用馬,也用驢騾[33]。蕃馱是吐蕃管轄敦煌以後用的一種容量單位,經常用以量麥粟,也用以量菜等物品[34]。馱下爲斗,一蕃馱爲二十蕃斗[35]。敦煌文獻中的馱通爲蕃馱。吐蕃管轄敦煌時期,官方出納、計量糧食，有時用馱，有時用漢制的碩、石等[36]，民間也是如此[37]，有的文書中則馱、碩兼用[38]。吐蕃管轄敦煌結束後的歸義軍時期，不少民間文書習慣上仍以馱爲計量單位[39]，社邑文書中也有這種情況（如上引 S.2596 背《咸通七年八月三日投社人王讚讚狀》）。蕃馱蕃斗與漢碩漢斗之間的比例關係，一馱大約在 0.67—0.80 漢碩之間[40]。

4. 立三馱名目，舉名請贈的程式，大致如下：

(1) 入社時（或入社後的一定場合）提出申請，登記在案。上引 S.6005《敦煌某社偏案》云："今緣或有後入社者，又未入名，兼錄三馱名目。" S.2596 背《咸通七年八月三日投社人王讚讚狀》："已後社內若有文帖行下，讚讚依例承文帖知承三馱。"而名單中員友、武懷俊夾在已寫好的文智、錄事二行之間，字體亦小，若非因漏寫而添入，就是名單擬好後新增加的人了。

(2) 一次或分批繳納三馱。S.6005 之"寶護"名下列"阿婆三馱了"，大約即是已納足三馱的記錄。S.6537 背《上祖社條》（文樣）："若三馱傳親外喜迴壹贈。若兩馱者，各出餺餅卅敗（枚），酒壹甕。"則三馱是可以分批繳納的，但繳納三馱和繳納兩馱所獲得的助葬品又似乎是不同的。

(3) 三馱納滿再請上馱局席，即可將已確定請贈的人正式登錄在名單上，取得喪亡的請贈資格。這就是 S.6005《偏案》中的"應若三馱滿者，再上局畢，便任各自取意入名。若三馱滿，未上局者，不得請贈"。武懷俊名下"阿姑請一贈上了"當係注明請了上馱局席。寶護名下有"阿婆三馱了"似乎說明阿婆已納了三馱，而未請上馱局席。

S.6005《偏案》後列之人名，當即"各自取意入名"之"名"，也即 S.6537 背《拾伍人結社社條》（文樣）中"若立三馱名目，舉名請贈"之"名"。但這個名單似乎又是可以調整的。前列 S.6005《偏案》之名單，在每戶所列三人之間，留有空白。在"光善"、"滿海"、"保護"和"紹法"名下的空白處已經記錄了請贈的情況，如"身請一贈，父請一贈"等。這些請贈的記錄與原來每戶所列的預備請贈的名單不儘相合。其實，請贈名單的調整是意料之中的事，因爲每戶成員的死亡次序是很難預期的。

(4) 社人每戶一次一般可請三贈，即可同時有三人獲得請贈資格。

S.6005名單中社人每户下列名爲三人或不超過三人,而注明請贈者每户亦不超過三人。S.2041《大中某年儒風坊西巷社等社條》:"丙寅年三月四日上件巷社因張曹二家集衆商量。從今以後,社内十歲已上有凶禍大喪者,准條贈,不限付名三大(馱)。每家三贈了,須智(置)一延(筵),酒一甕,然後依前例,終如(而)復始。"説明該社在丙寅年三月四日之前,"准條贈"的範圍僅也是限於"付名三大(馱)"者,即每户限三人請贈。該社所做的改變就是不再每户僅限三人請贈(不限付名三大),改爲每户請滿三贈後,只要置辦一次酒席,再加一甕酒,就可重新依例登記其他家人的請贈。又P.3636$_2$《丁酉年五月廿五日社户吳懷實托兄王七承當社事憑據》有:"其乘安坊巷内使用三贈[41],懷實全斷後有,罰責非輕。"則三贈之名,似爲當時慣用。但也有的社每户一次只能請兩贈。如S.8160《公元九四〇年前後親情社社條》背面的補充規定云:"各自齊得兩贈了者,弟(第)三贈便有上三馱,好酒一角,親情破除。"

5. 社人所納三馱,當係貯於社内,以備凶喪或其他急難使用。S.2041《大中某年儒風坊西巷社等社條》:"所置義聚,備凝(擬)凶禍,相共助誠(成),益期賑濟急難。"關於"義聚",可參看本書下篇叁《再論敦煌私社的"義聚"》。要言之,私社"義聚"物品的來源和用途都是廣泛的,但其來源之一就是社人所納之"三馱"(當然僅限於立有"三馱名目"私社)。

6. 立三馱名目,舉名請贈的社人喪亡時,社衆贈物應比其他未立三馱名目的社人豐盛,葬儀亦較隆重。前引P.3544《社條》:"社内三大(馱)者有死亡,贈肆尺祭盤一,布貳丈,借色布兩疋半。"即除糧食外尚有布、色布及祭盤,屬於上文所述之贈物較豐者。前引S.6537背《上祖社條》(文樣):"社内有當家凶禍……傳親外喜。一於社格,人各例贈麥粟等。若三馱傳親外喜迴壹贈。若兩馱者,各出餬餅卅敗(枚),酒壹甕。"亦可説明立三馱者死亡時贈物較豐。

7. 社邑文書中還有"三件"。P.3730背《某甲等謹立社條》:"人家若喪亡,巡行各使三件,更要偏(遍)贈,便有上馱局席。"(S.6537背有該條之複本)這裏的三件,或即三贈三馱之屬。

這種立三馱名目,舉名請贈的辦法,有利於入社內的富户、官僚、軍將,而不利一般勞動者。按前文估計,三馱糧食約合漢制兩石多點,而當時敦煌田地畝產不過一馱略多[42],雇工價一般爲每月一馱[43]。則三馱當三畝地的年產或三個月的工價。富户、官僚、軍將自易繳納,一般平民則負擔非輕,貧苦者更爲困難。而一社之内,立三馱名目者死亡時可享受遠較三馱爲豐的納贈及隆重葬儀,而未立三馱名目的社人則只有厚贈助葬的義務而自身無請贈的資格。三馱名目只在部分社邑實行,或即由此[44]。

三

關於社人納贈的具體情況大體如下:

社司轉帖中通知社人納贈物品的地點各各不同,有在凶家(或稱主人家)[45],也有在録事家[46],或其他社人家[47],更多的則是在寺院和蘭若。在敦煌文獻中保存的通知傳統私社成員參加助葬活動的社司轉帖中,具有實用性質的有 33 件,其中有 21 件指明活動場所在寺院、蘭若或佛堂[48],也就是說,約 63.6% 傳統私社的營葬活動是在寺院舉行的。在寺院舉行營葬活動,顯然是爲了地方較寬及延僧設齋的方便。即使在凶家或其他地方舉行營奠,也須請僧人誦經。参與營葬活動不僅是寺院、僧人的收入來源之一[49],也反映了敦煌社邑與佛教及寺院關係之密切。

營葬地點不論在何處,社人納贈物品似均由社司統一收納並分配。這從社司記録納贈物品的納贈歷(或稱聚贈歷)可以看出。因爲喪葬事項多由社司操辦,營造助葬社衆酒食齋飯大約也是由社司組織[50]。而社司大約亦需從所置義聚中拿出一部分助葬。營葬剩餘物品亦當由社司收存或指定社人收存[51]。在 12 件社司納贈歷中,有四件在社人納贈名單後附有分配納贈物品情況。S.1845《丙子年四月十七日祝定德阿婆身故納贈歷》背面有:

付色物三十三段,又十段,又一段,又一段。
陳願長并(餅)粟付萬定。

粟五石五斗,又一斗,又二斗,又一斗,又一斗。

付闍梨并(餅)一百,又七百八十,又四十,又卌,又四十。

S.2472背《辛巳年十月廿八日榮指揮葬巷社納贈歷》末有:

見付主人油三十一合,餅五百四十枚,又二十;粟兩石,柴三十一束(押)。

辛巳年十一月一日,因爲送指揮,衆社商量,自後三官則破油一般,虞候破粟壹斗,其贈粟則分付凶家,餅更加十枚,齋麥兩碩,黃麻八斗。每有納贈之時,須得齊納一般,不得欠少,自後長定。

S.4472背《辛酉年十一月廿日張友子新婦身聚贈歷》末有:

見付凶家並(餅)七百八十(押),又付凶家油三十合(押),又付凶家柴三十三束,又後付併(餅)廿(押),又後付粟三石四斗(押),又後領併(餅)廿(押),又併(餅)廿。

國圖BD9299(周字20)《社司納贈歷》背:

付主人石富定柴貳十捌束,又柴壹束,又壹束,又兩束。付願盈油叁拾叁合,又壹合。付富定粟兩碩柒斗,付餅陸百。

其中S.2472背、S.4472背和國圖BD9299(周字20)明言"見付"、"又付"、"分付"主人或凶家。S.1845付出賬中,有付闍梨餅數的記載,或者就是用於支付參與齋會的僧人。當然,也不排除該"闍梨"是社邑成員[52],領取餅是爲了分發給參與助葬活動的人。又S.2472背最後係社衆借爲指揮營葬商議以後的營葬辦法,其中規定"自後三官則破油一般,虞候破粟一斗",當也是由納贈物品中分派的。S.5629《敦煌郡某乙社條壹道》(文樣)規定

"贈例人麥粟及色物,准數近(盡?)要使用",則是確定納贈之物的全數用於營葬活動,不得留下作他用。

至於實際納贈的數額,雖然社條及社司轉帖上對每一社人付給凶家的品種數量有統一規定,但實際納贈與規定往往有出入。粟、麥、麵、餅、油、柴等如按規定繳納、納贈歷上一般不書具體數目,只書品種。紡織品由於品種不同,同一品種,顏色、質量、新舊、整破等差別也很大,又不能分割爲太小的單位,有的還是繡、被子、裙等。故社人只能依自己所有大體上按社司要求的品種數量繳納或出借。因此在納繳贈歷中往往書寫具體品種、數量、新舊等。下舉一例,S.5509《甲申年十二月十七日王萬定男身亡納贈歷》:

社官蘇流奴麵柴并(餅)粟麻　　綠綾子一疋,非(緋)綿綾二丈三尺。
社長韓友松麵柴并(餅)粟麻　　碧錦綾内四妾(接)五段故破一丈三尺。
社老裴川兒麵并(餅)柴粟麻　　柴絹一丈二尺,淡絹一丈三尺故破。
席錄鄧憨子麵并(餅)柴粟麻　　白絲生絹一疋,非(緋)衣蘭八尺。
錄事張通盈麵并(餅)柴粟麻　　黄絹壹疋,白練故破内四妾(接)五段。
石不勿麵并(餅)柴粟麻　　　　弘(紅)綾子壹疋,黑白去一疋,羅底二丈。
石衍子麵并(餅)柴粟麻　　　　甲緤三丈五尺,故破羅底一丈五尺。

至於不同的社社人在營葬時所納物品的品種數量,就更不相同了。這從上文所列的社司轉帖中已可看出,納贈歷中也反映了這一情況。如S.4472背《辛酉年十一月廿日張友子新婦身聚贈歷》,餅粟油柴等以外,紡織品每人一丈三尺至五丈,一般在二丈左右,多爲褐。而P.4975《辛未年三月八日沈家納贈歷》則全爲絲織品,平均每人八丈多。此納贈歷中社人名銜多爲都衙、縣令、押衙、兵馬使、法律等。社人地位較高,則納贈物品數多而精,也就可以理解了[53]。

社邑用《納贈歷》或《聚贈歷》記錄每個社人在助葬時繳納物品的種類和數量,如有人欠納,也須記錄在案。如S.4660背《兄弟社欠色物、入麥及罰筵席等歷》載:

緊奴欠色物一丈三尺，　長慶都頭欠二丈，　憨多欠一丈，緊子欠一丈，　憨奴欠一丈，　□□□□一丈三尺，小都知欠二丈，　都牙□□□□□□□□□欠二丈□□，都知欠二丈，　作防（坊）欠二丈，　善子都頭欠二丈，員受欠一丈，　員長欠五尺，　定奴欠二丈，　福昌欠一丈，　繼松欠八尺　再富欠八尺　願長欠一丈　保弘法律欠二丈　奴子欠二丈　張都頭欠二丈　善子押牙欠四尺　南山欠一丈五尺　盈宗欠一丈

此件正面是《戊子年（988）六月廿六日安定阿姊師身亡轉帖》，且兩件人名多同，故知此件亦爲正面"兄弟社"之物，且應與安定阿姊師身亡有關，所記載的當是社司爲安定阿姊師營葬時部分社人欠納色物的情況。雖然正面社司轉帖僅規定每個社人要納粟一斗，並未規定要納色物。但如上文所述，關於社人在助葬時需納物品的種類和數量，有的是在社條中已有明確規定（P.3544社條等），有的則是"臨事商量"（P.3989社條）。臨事商量者自然需要在社司轉帖中寫明每個社人需要交納的物品的種類和數量，社條已有明確規定者則無此必要。此件所屬之兄弟社當係按社條規定交納色物者。社司既然將社人的欠納情況記錄在案，意味著社人遲早要補納這些欠納的色物。

　　社人如果贈物不足數，欠少成色，不按期限繳納或不納者，都要受到處罰。各社對這類行爲一般都有明確的處罰規定如P.3544《大中九年九月廿九日社長王武等再立條件》："其贈物及欠少一色，罰酒半甕。"S.2041《大中某年儒風坊西巷社社條》："一、若右贈孝家，各助麻壹兩，如有故違者，罰油壹勝。……一、（助物）如分寸不等，罰麥壹漢斗，人各貳拾翻。一、所有科稅，期集所斂物，不依期限齊納者，罰油壹勝，用貯社。一、或孝家營葬……各助布壹疋，不納者，罰油壹勝。"S.5520《社條》（文樣）："人各借布一疋，色物一疋。准例，欠少一尺，罰麥□□。"如不參加送葬活動，有的社要罰設好酒席一筵。如S.4660背《兄弟社欠色物、入麥及罰筵席等歷》載："小都知、作防（坊）二人不送葬，罰釀醋（膩）一筵，永興都頭不送阿姑，罰釀醋（膩）一

筵，帳設罰釀酼（膩）一筵。"

從敦煌社邑文中有關喪葬互助的材料，可以看到在厚葬風習下，"結社相資"即社邑營葬互助活動的重要作用。《辛未年三月八日沈家納贈歷》保存部分有納贈絲織品的十四人，即贈各種綾九十八丈九尺、各種絹二十丈二尺、黃畫被子一丈四尺，共計一百二十丈五尺，連同主人拿出的絹、錦、綾等十餘丈，約當唐前期六十餘丁之調。S.4472背《辛酉年十一月廿日張友子新婦身聚贈歷》全社五十人，所納贈的各種褐布一百零一丈，約當唐前期四十丁之調。其他納贈歷所載納贈紡織品的數量大都如是。至於納贈的食物，數量也很大。如S.1845《丙子年四月十七日祝定德阿婆身故納贈歷》用粟六石，餅一千枚。S.4472背《辛酉年十一月廿日張友子新婦身聚贈歷》，則是見付凶家餅八百四十枚，粟三石四斗，油三十合，柴三十三束。S.2472背《辛巳年十月廿八日榮指揮葬巷社納贈歷》見付主人油三十一合，餅五百六十枚，粟兩石，柴三十一束。這樣大的數量，不僅一般民戶無力操辦，就是中產之家，中下級官吏恐怕亦感吃力。即使是貧窮下戶，在厚葬風氣浸被之下，喪葬時也需有相當數量的粟、酒及其他葬儀用度，若非"息利自辦"，就只有"結社相資"了。所以，喪葬互助不僅是敦煌社邑經濟、生活互助的最重要內容，也是敦煌社邑盛行的重要原因。

從文化傳統角度看，敦煌社邑的喪葬互助活動屬於幫助其成員盡孝，既滿足了時人對父母、祖先之感恩、崇拜的傳統心態，又與古代統治者倡導的忠孝觀念一致[54]。這應該是敦煌社邑喪葬互助活動盛行的思想基礎。

注釋：

注1：那波利貞《唐代社邑に就キて》（《史林》第23卷第2、3、4號，1938年）、《佛教信仰に基きて組織せちれたる中晚唐五代時代の社邑に就まて》（《史林》第24卷第3、4號，1939年），又《唐代社會文化史研究》。竺沙雅章《敦煌出土"社"文書の研究》（《東方學報》第35册，1964年），又《中國佛教社會史研究》。關於敦煌社邑的研究成果，還可參看本書下篇《敦煌寫本社邑文書研究》。

注2：見S.778、S.5796。

注3：《全唐文》卷154，上海古籍出版社1995年版《續修四庫全書·集部總集類》，卷1636第464頁。

伍　敦煌社邑的喪葬互助

注 4：《唐會要》卷 38《葬》，北京：中華書局 1955 年版，第 697 頁。

注 5：參看 S. 6537 背、P. 3730 背、S. 5520、S. 5629 二件、P. 3536 背、S. 3489、P. 3989、P. 0527、S. 8160、P4525$_{11}$、P. 3544、S. 2041、S. 6005、Дx. 11038、Дx. 1388 等號中之社條。

注 6：參看 P. 2842$_2$、S. 4472 背、P. 4975、S. 1845、S. 3978、P. 4887、S. 2472 背、S. 5509、P. 2869$_{3,4}$、P. 5003 背、P. 3416$_1$、BD9299(周字 20)等號中之社歷。

注 7：P. 3489《戊辰年正月廿四日桂坊巷女人社社條》載："一，或有凶事榮親者，告保(報)錄事，行文放帖，各自兢兢。一一指實，記錄人名目。"

注 8：社司轉帖一般由錄事署名發放，上注所引社條即有"告保(報)錄事，行文放帖"，其他社條也有類似規定。另，現存社司轉帖實例也可證明以上此點，例證較多，不備舉。

注 9：社司轉帖中有親情社轉帖 11 件，兄弟社轉帖 4 件，均爲通知社人助葬者。S. 8160 社條亦自稱"社家親情社"社條中保存的條款也主要是關於營葬互助的規定。S. 5465《丁丑年十一月十一日程流定還常樂家社等油用歷》有"又後得油壹升，還馬平水兄弟社用"，P. 4761 轉帖殘片有"兄弟社"字樣。P. 2856 背《營葬榜》有"香舉仰親情社"，S. 3405 中有"主人付親情社色物絲絹八疋"，S. 1163 習字有"親情社"，則親情社、兄弟社當係某些社的專名，其主要職能恐即爲喪葬互助。

注 10：P. 3989《景福三年五月十日敦煌某社偏條》載："若有凶禍之時，便取主人指撝，不間(問)車舉，便雖(須)營辦，色物臨事商量。" S. 6537 背《拾伍人結社條》(文樣)："諸家若有凶禍……榮凶食飯，衆意商量。" S. 5520《社條》(文樣)："社內各取至親父娘兄弟一人經作例，人各粟五升，借色物一定，看臨事文帖爲定。"

注 11：如 S. 2894 背、P. 3707、P. 3164 背爲次日卯時，P. 4991、S. 5632、S. 7931 次日辰時。

注 12：如 P. 3070 背限當日辰時，P. 3555$_{B5}$ 限當日午時，S. 4660、S. 3714 限當日腳下取齊，S. 2242"帖至立便於凶家取齊"。P. 5003 社戶於九月四日申時身亡，當日酉時錄事發帖，限次日寅時齊集。除 P. 3070 背發帖時間爲閏二月，P. 3555$_{B5}$ 發帖月份不明外，其他轉帖發放時間均爲六至九月，即夏秋時。

注 13：P. 5003 獨捉三人後到，大概因會集時間在黎明以前，以此促人早到的緣故。

注 14：祭盤見 Дx. 11038《索望社案一道抄》："或若社戶家長身亡，每家祭盤壹個；已(以)下小口，兩家祭盤一個。"P. 3544《大中九年九月廿九日社長王武等再立條件》："一，社內三大(駄)者，有死亡，贈肆尺祭盤一。"P. 4987《戊子年七月安三阿父身亡轉帖》："祭盤准舊例。"P. 5003《某年九月四日社戶王張六身亡轉帖》："……准條合有弔贈……祭盤麥各三升半。"則祭盤中置放者當有糧食。出殯酹酒見 P. 4525$_{11}$《太平興國七年二月立社條一道》："臨去之日，盡須齊會，攀棺擎上此車。合有弔酒壹甕，隨車澆酹。"

注 15：如 S. 4660《戊子年六月廿六日安定阿姊師身亡轉帖》，P. 3489《戊辰年正月廿四日桂坊巷女人社社條》則規定爲"納麵壹斗"。

注 16：如 P. 3164《親情社轉帖》、S. 5139 背《親情社轉帖》、S. 3714《親情社轉帖》、S. 5632

《親情社轉帖》、S.6981《親情社轉帖》、S.7931《社司轉帖》等。

注17：S.2041《大中某年儒風坊西巷社等社條》規定"襹(幡)須白淨壹尺捌寸"，未名言"幡"的質地。S.4660背《兄弟社欠色物、入麥及罰筵席等歷》是記載該社一次助葬活動的文書，其中有"還綿幡賈(價)衆兄弟出一分，當團一分"，説明敦煌社邑在助葬時是用"綿"等織物做幡。

注18：如P.3544《大中九年九月廿九日社長王武等再立條件》："一、社内三大(駄)者，有死亡，贈肆尺祭盤一，布貳丈，借色布兩疋半。"S.5520《社條》(文樣)："但有社内身遷故……人各借布一疋，色物一疋……社内各取至親父娘兄弟一人經弔例，人各粟伍升，借色物一疋。"P.5003《某年九月四日社户王張六身亡轉帖》："右件社户，今月四日申時身亡……准條合有弔贈，借布人各一疋，領巾三條，祭盤麥各三升半，贈麵各三升半。"這裏贈物與借物均是分開的。

注19：此件據竺沙雅章研究，係由不同時期的四部分拼接而成。此處所引均在第三部分，屬同一年代。

注20：見P.3989、P.3730背、S.6537背、S.5520等號中之社條。

注21：見P.4525$_{11}$《太平興國七年二月立社條一道》。

注22：見P.4525$_{11}$《太平興國七年二月立社條一道》，又S.5520《社條》(文樣)亦有"仍須社衆改□送至墓所"。

注23：敦煌文獻中有社邑祭社人或其家屬文六道，即P.2614背三道、P.3310背、北圖周字65號，均由社長或社官領銜。

注24：見P.4525$_{11}$《太平興國七年二月立社條一道》。

注25：如P.5003、S.5632、P.4991、S.6003、Дx.1349A等稱"准條"，P.3211背、S.6981、P.3164、S.5139背、P.2842、P.3707、P.3889、國圖周66號、S.4660、P.4987、S.2242等稱"准例"，S.6981《壬戌年十月十七日南街都頭榮親轉帖》稱"准於舊例"。

注26：P.3989《景福三年五月十日敦煌某社偏條》載："若有凶禍之時，便取主人搗擧，不間(問)車擧，便雖(須)營辦，色物臨事商量。"S.6537背《拾伍人結社社條》(文樣)："諸家若有凶禍……榮凶食飯，衆意商量。"S.5520《社條》(文樣)："社内各取至親父娘兄弟一人經弔例，人各粟五升，借色物一疋，看臨事文帖爲定。"Дx.11038《社條抄》："更有社人枉遭横事，社哀慜而行佐助者，一任衆社臨事裁斷行之，不可定准。"

注27：P.3544《大中九年九月廿九日社長王武等再立條件》規定贈物有祭盤及布、借色布，但該件後缺，不明是否還有送葬規定。

注28：S.2596背、P.3636、P.3544、S.2041、P.3730背、PS.6537背(三件)、S.6005、S.8160、P.3556背、Дx.1388。

注29：注18引P.3544《大中九年九月廿九日社長王武等再立條件》："社内三大(駄)者，有死亡，贈肆尺祭盤一，布貳丈，借色布兩疋半。"從語氣上看，似亦可理解爲社内只有一部分社人是付名三大(駄)的。

注30：S.6829背《卯年悉重薩部落百姓張和子預取造芘籬價麥契》中有"麥一番駄"。

注31：《隋書·食貨志》略云："（煬帝）益遣募人征遼，馬少不充八馱，而許爲三馱，又不足，聽半以驢充。"北京：中華書局1973年版，第3冊第688頁。《唐六典》卷5《尚書·兵部》略云："凡差衛士征戍鎮防，亦有團伍，其善弓馬者，爲越騎團，餘爲步兵團。主帥以下統領之。火十人，有六馱馬。"西安：三秦出版社1991年版，第119頁。

注32：《唐六典》卷3略云："河南、河北、河東、關内等四道諸州，運租庸雜物等脚，每馱一百斤。"第73頁。

注33：《續高僧傳》卷21《釋慧主傳》略云："武德之始，陵陽公臨益州，素少信心，將百餘馱物，行至始州，令於寺内講堂、佛殿、僧堂安置，無敢違者。（慧）主從莊還，見斯穢集，舉杖向諸驢騾，一時倒仆如死。兩手各擎一馱，擲棄坑中。"《大正新脩大藏經》第2060號第621頁。

注34：S.5824《應經坊請供菜牒》中有"得菜一十七馱"。

注35：楊際平於《吐蕃時期敦煌計口授田考》（《甘肅社會科學》1983年第2期）中，據P.2162文書中十一大斗大於半馱，半馱大於九斗這一情況，認爲半馱等於一石，一馱等於兩石，揭示了一馱等於二十斗這個事實，卻忽略了馱下的斗是蕃斗而非漢斗。在吐蕃管轄敦煌及隨後一段時期，當地同時行用蕃制與漢制兩種量制。二者在進位及基本容積上都不一樣，人們在使用蕃馱時，必須使用蕃斗，使用漢碩（石）時，必須同時使用漢斗，否則會出現計量上的麻煩。楊文所據文書中的馱既是蕃馱，那麼與馱對應的斗也就是只能是蕃斗了。

注36：P.2162背《寅年沙州左三將納丑年突田歷》中使用的是蕃馱蕃斗，P.2763背《巳年沙州倉曹會計牒》則用的是漢碩漢斗。

注37：見注30。又S.1475背《寅年正月令狐寵寵賣牛契》用的是漢碩漢斗。

注38：國圖咸字59號《寅年八月僧慈燈僱博士氾英振造佛堂契》既用漢碩漢斗，也用蕃馱。

注39：S.1897《龍德四年敦煌郡百姓張某甲雇工契》（文樣）中的雇價爲"逐月一馱"。S.1285《清泰三年百姓楊忽律哺賣宅舍契》中有"罰青麥拾伍馱"。

注40：漢制碩與蕃制馱的比例關係，史籍與敦煌文獻中均無明文，但可以據敦煌文獻的一些材料算出一個約數。在吐蕃管轄敦煌和歸義軍時期，敦煌地區的雇工價通常是每月麥或粟一馱。如S.6452背《癸未年龍勒鄉樊再升僱工契》："癸未年正月一日立契，龍勒鄉百姓賢者樊再升，伏緣家中欠少人力，遂於效谷鄉百姓氾再員造作營種，從正月至九（月）末爲期，每月算價一馱。"其他如S.1897、S.5583、S.5578、國圖生字25號等雇工契，雇價都是每月一馱，則一馱是常價。S.550背《甲申年敦煌鄉百姓蘇流奴僱工契抄》云："甲申年三月五日，敦煌鄉百姓蘇流奴，伏緣家内欠少人力，遂於效谷鄉百姓韓德兒面上雇壯兒，造作營種，從正月至九月末，斷僱價粜亭（停）陸碩，限至來年正月卻還。"此件雇價用漢碩計算，每月所得應與常價一馱相去不遠。九個月六碩，每月折合0.67碩弱。P.5008《戊子年梁户史氾三雇工契》："戊子年二月廿九日立契，梁户史氾三家中欠少人力，遂〔於〕平

康百姓杜願弘面上僱弟願長，斷作僱價每月麥〔粟〕捌斗柒斗。"又 P. T. 1088 背《羅麥乾麥課麥歷》中有："羅麥五石，課一石二斗五升。""羅麥一馱，課二斗。"五石課一石二斗五升，相當羅麥一石課二斗五升，這個課率大體符合此文書其他各筆所記羅麥之課數。唯各筆所記羅麥課麥數，均用漢石漢斗，只有上舉一例用馱計算。如此處課二斗爲蕃斗，一馱二十蕃斗所課爲10%與其他各筆課率爲25%左右相差太大，而羅麥所課之數似亦應有統一標準，故上引"羅麥一馱，課二斗"之"斗"當亦爲漢斗。據此推算，一馱約當 0.8 石。則一蕃馱之容量約在 0.67—0.80 漢碩之間。由於各文書寫定時間及具體情況的不同，這只能是一種推測。另外，注 35 所引楊際平文，推算吐蕃管轄敦煌時，田租平均每户八馱。如按楊文一馱等於兩石之說，每户田租達十六石，揆諸敦煌地區每家農户一般佔有田地數及土地產量，似乎太高，如按一馱約合 0.67—0.80 石之說，八馱大約當五至七石，似較近於事實。

注 41：此"三"字，那波利貞及唐耕耦《敦煌社會經濟文獻真蹟釋錄》（第一輯第 383 頁）均錄爲"亡"。但敦煌文書"亡"字似無寫作"三"者。

注 42：P. 3774《丑年十二月沙州僧龍藏牒》："去丙寅年至昨午年卅年間，伯伯私種田卅畝，年別收斛斗卅馱。"畝產一馱。又 P. 3214 背《天復七年洪池鄉百姓高加盈等典地契》記載高加盈欠僧願濟麥粟三碩，以五畝地佃與願濟兩年當之。三碩之息利按常例年 50%計算兩年爲三碩，連本共六碩，加上佃者支付的勞力，則五畝地年產當在三碩以上，即每畝年產至少六斗或略多。

注 43：如 S. 6452 背、S. 1897、S. 5583、S. 5578、國圖生字 25 號等雇工契，雇價都是每月一馱，則一馱是常價。

注 44：楊際平先生在《唐五代宋初敦煌社邑的幾個問題》（《中國史研究》2001 年第 4 期，第 93 頁）認爲"立三馱名目"的性質仍屬互助，當然是對的。但這種辦法對家境富裕的成員比較有利，也是事實。

注 45：如 P. 4987、P. 5032、S. 2242、S. 6981 等號中之《社司轉帖》。

注 46：如 P. 2842 號中之《社司轉帖》。

注 47：如 P. 3555B₅、S. 3714、S. 6003 等號中之《社司轉帖》。

注 48：參看本書上篇"壹"表二。

注 49：P. 2049 背《同光三年正月沙州淨土寺直歲保護手下諸色入破歷計會牒》中有"麥肆斗，張賢者齋儭入；麥三斗，麻胡弟妻家念誦入"。參諸其他寺院賬目，僧人參與一次設齋或念誦經文的收入約在三斗至五斗之間，多爲四斗。社邑營葬活動規模有大小，延僧設齋費用自然各各不等。

注 50：如 S. 527《顯德六年正年三日女人社再立條件》："社內榮凶逐吉，親痛之名，便於社格。人各油壹升，白麵壹斤，粟壹斗。便須驅驅，濟造食飯及酒者。"S. 6537 背《上祖社條》（文樣）"若兩馱者，各出鎦餅卅敗（枚），酒壹甕，仰衆社破用"，以及下文所引 S. 1845、S. 2472 背納贈歷記載由社司支付的餅粟油柴，亦可說明此點。

注 51：P. 5003《某年九月四日社戶王張六身亡轉帖》爲社戶王張六身亡而發。其後有十

伍　敦煌社邑的喪葬互助

一月七日納局席面麥不到、後到、納麥納布不到人名單，可能爲喪葬結束後之記録。最後注有"陳盧颯處存粟三斗五升"。

注52：該納贈歷中社人有程闍梨、張闍梨，或即付與餅之闍梨。

注53：S.3987《丙子年七月一日司空遷化納贈歷》較特殊。社人名下一律簡單記有餅粟而没有其他納贈物品。竺沙雅章考證此歷之丙子年爲公元976年，此歷所記死去的司空即當時敦煌地區最高統治者曹延恭。並因此納贈歷中有社官而無社長，進而推測這個社的社長可能即曹延恭。但敦煌文書記載的社邑有社官而無社長的例證有好幾件（如 P.3707、S.274、S.1475 背、S.6066 等）。在納贈歷中，S.1845《丙子年四月十七日祝定德阿婆身故納贈歷》、S.4472 背《辛酉年十一月廿日張友子新婦身故聚贈歷》即均屬有社官而無社長者。因此，納贈歷上無社長並不足以説明死者曹延恭即該社社長。如果此社社長爲曹延恭，則參加者必當主要爲高級官僚、武將及其家屬，而不可能爲一般平民，所納贈之物也必然豐盛精緻。但此社現存有名者三十八人中有官職者不過都知、都頭、押衙等中低級軍官五人，社人中有一批只能是平民而非官員的名字，如索阿朵、馬衍子、張醜子、楊醜奴、令狐小憨、李憨子等，所納贈之物，也僅是普通的餅粟，因此，這個社更可能就是一般的社邑，所以納贈並非本社成員死亡，實際是敦煌地區最高統治者死亡後，由官府通令一般的社營辦齋會或祭奠儀式的一種攤派。

注54：敦煌的部分私社也對其成員進行忠孝教育，參看本書下篇"貳"《唐後期五代宋初敦煌私社的教育與教化功能》。

陸　敦煌的渠人與渠社

作爲緑洲的敦煌，水利事業可以說是民生的命脈。早在唐五代宋初，敦煌就存在著發達的水利網絡。對這一時期敦煌的水利設施及其管理使用情況，中外學者進行了深入的研究，取得了很大的成績。對有關這些水利設施的防護、維修、使用者的探討，也同樣是敦煌水利史的一個重要課題。在敦煌文獻中，保存了十幾件有關渠人和渠社的文書，爲我們瞭解敦煌地區水利設施的防護、修理、使用者——渠人及其組織的情況，提供了珍貴的第一手材料。對於這些材料，早在20世紀40年代，日本學者那波利貞就曾作過初步的整理與研究[1]。本文擬在前人研究的基礎上，對渠人及其組織的性質作進一步討論。

一

關於敦煌渠人活動的時代，那波利貞先生推斷在中晚唐五代宋初。他所依據的材料是 P. 3412 背《壬午年五月十五日渠人轉帖》等文書。由於 P. 3412 背《渠人轉帖》的正面是"太平興國陸年十月都頭安再勝等牒"。故他確定背面的《渠人轉帖》中的"壬午"是太平興國七年，這個判斷是正確的。但那波利貞先生未能舉出唐五代時期有關渠人的文書例證，這就使其有關渠人活動在唐五代宋初的論斷有待於進一步證實。在筆者整理渠人文書的過程中，發現了那波先生所需要的例證。

其一是 S. 2103《酉年十二月南沙灌進渠用水百姓李進評乞給公驗牒》，現引全文如下：

陸　敦煌的渠人與渠社

1　城南七里神農河母南勒泛水遊淤沙坑空地兩段共參
　　突 東至磧，西至賀英倩，南道口
　　　 北至神農河北馬國清
2　右南沙灌進渠用水百姓李進評等爲已
3　前移灌進口向五石口前逐便取水，本
4　無過水渠道，遂憑劉毛子邊賣(買)合行人
5　地壹突用水。今劉三子言是行人突
6　地，依籍我收地，一任渠人別運爲。進評
7　等今見前件沙淤空閒地，擬欲起畔耕
8　犂，將填還劉三子渠道地替。溉灌得一
9　渠百姓田地，不廢莊園。今擬開耕、恐後無
10　憑，乞給公驗處分。
11　牒，件狀如前，謹牒。
12　　　　　酉年十二月　　日灌進渠百姓李進評等。
13　付營官尋問，實空　　百姓胡千榮
14　閑無主，任修理佃種。　百姓楊老老
15　并示。　　　　　　　百姓竇太寧
16　　　　　廿三日。　　百姓張達子
17　　　　　　　　　　　百姓氾德清

上引文書的紀年爲酉年，又有"突地"一詞，這都是吐蕃管轄敦煌時期 (786—848)特有的現象，故我們可以斷定這是吐蕃時期有關渠人的一件文書。

其二是 P.2049 背《同光三年正月沙州淨土寺直歲保護手下諸色入破歷計會牒》第 252 行有"麥壹斗，與無窮渠人修口用"，第 254—255 行有"麥壹斗，後件無窮〔渠〕人修河用"。這是五代時有關渠人的記載。

所以，我們可以斷言，敦煌渠人活動的時代是在唐後期至五代宋初。

關於渠人的性質，那波利貞先生認爲渠人是河渠人、溝渠人的略稱，是承擔防水、修堰，護渠職役的人。佐藤武敏更明確指出這種職役相當於同期

中原地區的雜徭[2]。但是，敦煌在唐後期五代宋初，先是在吐蕃，後是在歸義軍統治之下。這一時期，敦煌的賦稅、徭役制度與中原不盡相同。所以，只有把渠人與唐後期五代宋初敦煌地方賦役制度結合起來進行探討，纔能明瞭渠人的性質。筆者認爲，渠人和歸義軍時期的一種基於土地的力役"渠河口作"有關。

關於"渠河口作"，有如下材料：

S.3877 背《天復九年（909）洪潤鄉百姓安力子賣地契抄》：

1　階和渠地壹段兩畦共五畝，東至唐榮德，西至道〔及〕氾温子。
2　南至唐榮德及道，北至子渠及道。又地壹段兩畦共貳
3　畝，東至吳通通，西至安力子，南至子渠及道，北至吳通通。
4　已上計地肆畦共柒畝。天復玖年己巳歲十月七月，洪潤鄉
5　百姓安力子及男擋橿等，爲緣闕少用度，遂將本户口
6　分地出賣與同鄉百姓令狐進通，斷作價值生絹一匹，長肆仗（丈）。
7　其地及價，當日交相分付訖，一無玄（懸）欠。自賣以後，其地永任進通
8　男子孫息侄世世爲主記。中間或有迴換户狀之次，任進通
9　抽入户内。地内所著差稅河作，隨地祇當。中間若姻親兄弟
10　及別人諍論上件地者，一仰口承人男擋橿兄弟祇當，不忓
11　買人之事。或有恩　敕流行，亦不在理論之限。兩共
12　對面平章，准法不許休悔。如先悔者，罰上耕牛一頭，
13　充入不悔人。恐人無信，故立私契，用爲後驗。
14　　　　　　　　　　地主安力子

此件中之"河作"，即"渠河口作"之簡稱。如 P.3155 背《天復四年（904）神沙鄉百姓僧令狐法性出租土地契稿》中即有"渠河口作，兩家各支半"，其含義是出租方和租地方各負擔"渠河口作"的一半。另 P.3257《開運二年（904）十二月河西歸義軍左馬步都押衙王文通勘尋寡婦阿龍還田陳狀牒及

相關文書》略云:"甲午年二月十九日,索義成身著瓜州。所有父祖口分地叁拾貳畝,分付與兄索懷義佃種。比至義成到沙州得來日,所著□官司諸雜烽子官柴草等大小稅役,並惣兄懷義應料。一任施功佃種,若收得麥粟,自兄收顆粒,亦不論説。義成若得沙州來者,卻收本地。渠河口作稅役,不忓□兄之事。"

從上引材料來看,"渠河口作"是一種基於土地的力役,隨著土地所有權、使用權的轉移而轉移。而且,這項力役還是歸義軍時期敦煌百姓的一項重要力役,所以,在土地所有權、使用權轉移的文書中特別規定由誰來承擔此項力役。由於材料缺乏,對這項力役的具體內容,我們還不十分清楚。但既然它名爲"渠河口作",服役之人的職責也無非就是從事防水、修理渠堰、河口等工作,而這正是敦煌渠人在官府指令、臨督下所從事的工作。關於渠人從事防水和修理渠堰的情況,那波利貞先生已有論述[3]。需要補充的是,敦煌渠人還有修理、興建橋樑、平道、分配用水等職責。如 Дx. 11196《某年十月九日渠人轉帖》是通知渠人"平道及蓋都鄉橋",P. 5032《甲申年十月四日渠人轉帖》是通知渠人"田新橋",而 S. 6123《宜秋西支渠渠人轉帖》中通知渠人"今緣水次澆粟湯,准舊看平水相量"。所以,筆者認爲,唐後期五代宋初敦煌的渠人,就是那些承擔"渠河口作"的百姓[4]。

唐前期對於渠河徭役的徵發,P. 2507《唐開元水部式》有原則規定:"河西諸州用水溉田,其州縣府鎮官人公廨田及職田,計營頃畝,共百姓均出人功,同修渠堰。若田多水少,亦准百姓量減少營。"又云:"(藍田新開渠)若渠堰破壞,即用隨近人修理。"這些規定表明唐前朝修理渠堰是從隨近百姓中徵發人力,負擔的輕重以土地多少爲據。至於徵發的具體情況,我們知道得不多。從敦煌文獻中保存的差科簿來看,渠頭和斗門長主要由中男來承擔,這些人的工作是在行水時負責節水與巡行,似不從事修理渠堰等工作[5]。

從有關敦煌渠人的文書來看,唐後期五代宋初敦煌的"渠河口作"要求丁壯("壯夫")應役。如 P. 4017《渠人轉帖抄》在通知渠人"通底河口"時,特意強調來應役者應"是酒壯夫,不用廝兒女"[6]。P. 3412 背《壬午年五月十五日渠人轉帖》在通知渠人去修整河口時也要求"須得莊(壯)夫,不用斯(廝)

兒"[7]。所以要強調必須由"壯夫"來應役，説明當時敦煌存在以弱小廝兒奴婢代役的現象。爲了杜絶這種現象，歸義軍時期的渠人轉帖纔特别强調"不用廝兒"，P.5032《公元984年渠人轉帖》更明確規定"須得本身，不用奴"。

並非所有佔有土地的人都是渠人。如服軍徭的人即不被稱爲渠人。前引S.2103《酉年十二月南沙灌進渠用水百姓李進評乞給公驗牒》中，行人劉毛子把南沙灌進渠用水百姓稱爲渠人[8]，而他自己雖也用南沙灌進渠之水，但因服有軍徭，被稱爲行人，劉毛子所以未被稱爲"渠人"，應該不承擔"渠河口作"。

在有的渠人轉帖中，曾出現過僧人應役的記載。如P.3412背《壬午五月十五日渠人轉帖》中有"索法律"，P.5032《甲申年九月廿一日渠人轉帖》中有"宋清興闍梨"。那波利貞認爲渠人中的這些僧人是寺院的代表[9]。但敦煌的不少僧人靠經營土地爲生。敦煌地方政權承認這些僧人佔有土地的合法性，但要求他們承擔基於土地的税役[10]。則上舉渠人轉帖中的僧人，也有可能是那些承擔基於自己土地的"渠河口作"的僧人。

同一渠上的渠人，"渠河口作"的負擔並不完全一樣。P.5032保存了某渠渠人二月廿日、二月廿九日、九月廿一日、十月四日和某月十七日五件完整的《渠人轉帖》，分别是通知渠人去從事修整河口、瀉口和"田新橋"等工作。在《渠人轉帖》中，要求誰參加該項活動，就在轉帖上寫上誰的姓名。從這五個渠人轉帖中我們知道，這條渠共有二十八個渠人，但這五次活動没有一次是全體渠人都被通知參加。現將該渠渠人參加這五次活動的情況列表如下：

社人姓名 \ 活動時間	二月廿日（●表示參加，○表示未參加）	二月廿九日	九月廿一日	十月四日	某月十七日
1. 張願昌	●	○	●	●	●
2. 張定昌	●	○	○	○	○
3. 張醜憨	●	●	●	●	●

陸　敦煌的渠人與渠社

（續表）

活動時間 社人姓名	二月廿日 （●表示參加，○表示未參加）	二月廿九日	九月廿一日	十月四日	某月十七日
4. 張願通	●	●	●	●	●
5. 張善盈	●	●	○	○	○
6. 張定奴	●	●	●	●	●
7. 張揭榎	●	●	●	●	●
8. 張醜奴	●	●	●	●	●
9. 張勿成	●	●	●	●	●
10. 氾義成	●	●	●	●	●
11. 氾富達	●	●	●	●	●
12. 氾員子	●	●	●	●	●
13. 賀方子	●	○	○	●	○
14. 尹再昌	●	○	○	●	●
15. 宋三郎男	●	●	○	○	○
16. 張定德	○	●	●	●	●
17. 張押牙	○	●	○	●	○
18. 張願德	○	●	●	●	○
19. 張定千	○	●	●	●	○
20. 張再成	○	●	●	●	○
21. 宋南山	○	●	○	○	○
22. 宋清兒	○	●	●	○	○
23. 張善慶	○	○	●	●	●
24. 張富通	○	○	●	●	○

(續表)

社人姓名 \ 活動時間	二月廿日（●表示參加，○表示未參加）	二月廿九日	九月廿一日	十月四日	某月十七日
25. 宋保嶽	○	○	●	●	○
26. 宋清興闍梨	○	○	●	○	○
27. 賀進子	○	○	○	○	●
28. 宋二娘	○	○	○	○	●

從上表可以看到，在一渠的渠人之中，參加"渠河口作"活動的情況卻各各不同，有的渠人參加五次，有的渠人只參加一次。這種現象可能和每戶渠人土地的多寡有關，"渠河口作"大概還貫徹著唐前期"計營頃畝，共百姓均出人功"的原則。

二

渠人是按渠組織起來的。一般是在每一支渠上，都由用此支渠水的百姓中承擔"渠河口作"的人組成一個渠人組織。如前引 P. 2049 背《同光三年正月沙州淨土寺直歲保護手下諸色入破歷計會牒》表明無窮渠有無窮渠的渠人組織，而宜秋西支渠也有宜秋西支渠的渠人組織[11]，等等[12]。但那波利貞先生卻認爲渠人是按居住區域組織起來的，與事實不符，因爲居住地點相鄰的人不一定土地都在某一支渠附近。

渠人的組織是渠社。那波利貞先生認爲渠人組織源於自治性的民間組織，以後得到官府的指導，其性質是半官半民。從敦煌文獻中有關渠人材料來看，渠人組織具有雙重性質，這從渠人組織的活動中可看得十分清楚。渠人的活動可分爲兩大類，一類是一渠用水百姓爲完成"渠河口作"而進行的防水、修理渠堰、河口、瀉口等活動，一類爲渠社成員內部的經濟和生活方面的互助性活動。這兩類活動的性質似有區別。

渠人從事第一類活動的組織是渠社，因爲通知渠人參加這類活動的渠人轉帖都是由渠社的首領錄事發出的。如 S.6123《戊寅年七月十四日渠人轉帖》的發帖者是"錄事氾萬盈"，P.3412 背《壬午年五月十五日渠人轉帖》的發帖者是"王錄事"，P.5032《甲申年十月四日渠人轉帖》的發帖者是"錄事張"，等等。渠社組織這類活動，是在官府控制和監督下進行的。不但這類活動的任務是來自官府的指令，渠人如果不參加這類活動也要受到官府的處罰。如 P.5032《甲申年十月四日渠人轉帖》中云："已上渠人，官中處分，田新橋。……捉二人後到，決丈（杖）七下；全不來者，官中處分。"表明"田新橋"的任務是官府指派的[13]，如不參加，交由官府處理。P.5032《甲申年九月廿一日渠人轉帖》是通知渠人去"通底河口"，也規定"捉二人後到，決丈（杖）七下；全不來者，官中處分"。又 P.3412 背《壬午年五月十五日渠人轉帖》在通知渠人"通底河口"時，亦稱"捉二人後到，決丈（杖）十一；全不來，官有重責"。另 P.5032《甲申年某月十七日渠人轉帖》和 P.4017《渠人轉帖抄》在通知渠人"修治河口"、"通底河口"時，也寫明不來者由"官中處分"。這些材料表明，渠人從事放水、修理渠堰、河口、瀉口等活動，屬於帶强制性的力役。組織渠人從事"渠河口作"的渠社也就具有官府基層組織的性質。那波利貞先生據此將渠人組織確定爲半官半民的性質，他認爲渠人的活動是在官府指導下進行的。實際情況如上所述，官府對渠人從事"渠河口作"，不僅僅是指導，而且是嚴格地控制、監督。

P.2769 背有一行雜寫，文云"應管行人渠人帖，官有處分人各（以下原缺文）"。這雖是一行隨手雜寫，卻反映出渠人和服役的行人在性質上有相同之處，他們也就是在官府控制下的服役者，否則，敦煌人不會有把他們與行人並列的觀念。所以，就渠人的第一類活動而言，渠人組織是承擔"渠河口作"的百姓的組織者。

渠人的第二類活動的組織者也是渠社，其活動內容大致如下：

首先是幫助渠人從事營葬活動。唐俗重厚葬，官宦富家之外，一般百姓中此風亦盛。而喪葬所需人力、物力、財力，往往靠結社相資。唐後期五代宋初，敦煌地區私社盛行。其中一類從事佛教活動，一類從事經濟和生活互助，更多的社則兼具這兩類職能。在經濟和生活的互助中，喪葬互助又是最重要的活動[14]。渠社作爲經濟和生活的互助組織，喪葬互助也是其主要活動。P.4003《壬午年十二月十八日渠社轉帖》：

1　渠社　　轉帖
2　右緣尹阿朵兄身故，合有弔酒一甕，
3　人各粟壹斗。幸請諸公等，帖至限今月
4　十九日卯時並身及粟氾錄事門前蘭
5　喏（若）門取齊。捉二人後到，罰酒一角；全不來
6　者，罰酒半甕。其帖立遞相分付，不得亭（停）
7　滯者。　　　壬午年十二月十八日錄事氾。
8　翟水官　宋都頭　賈再昌　　賈粉堆　　高
9　員祐　　安保子　安保千　　安萬升　樊住通　張
10　衍子　尹善友　尹郭三　宋清灰　尹昌子　張
11　六歸　張員宗　張富德　馬清兒　史保員。

此外還有P.5032《戊午年六月六日渠社轉帖》，是通知渠人參加孫灰子的助葬活動。

渠社的喪葬互助活動與敦煌其他私社舉行這種活動一樣。在社的成員及其家屬喪亡以後，馬上向社司報告，由社的首領錄事向社人發轉帖。社人接到通知以後，按指定時間帶著助葬物品到營葬地點幫助凶家營葬。如有人不按時或不參加，就按渠社的內部規定進行處罰。整個活動從始至終都未與官府發生關係。

其次是舉行春秋坐局席活動。春秋坐局席活動，也是敦煌許多私社都舉行的一種活動。P.5032《甲申年四月十二日渠人轉帖》：

1　渠人轉帖　張定奴　張攜檉　張醜奴　氾富達　張勿成　張再成
　　氾員

陸　敦煌的渠人與渠社

2　子　氾義成　張定德　張願通　張富通　張醜憨　張善慶　張
　　願昌
3　張願德　張定千　氾不子　右緣常年春座局席，人各粟壹斗，麵
4　肆升。幸請諸公等，帖至，限今月十三日卯時於錄事家送納。捉
5　二人後到，罰酒壹角；全不來者，罰酒半甕。其帖速遞
6　相分付，不得停滯；如滯帖者，准條科罰。帖周卻〔付〕本司，用
7　憑告罰。　甲申年四月十二日張錄事帖。

那波利貞先生認爲春秋坐局席活動是社邑支持寺院俗講的活動，與事實不符，筆者考定春秋坐局席活動是社人舉辦春秋二社一類社人歡聚飲宴的活動[15]。爲了局席活動酒宴的豐盛，渠社在辦春秋坐局席活動時還要讓渠人遂羊價以供買羊之用。P.5032《甲申年十月三日渠社轉帖》：

1　渠社　轉帖　右緣遂羊價，人各麥二斗一升[16]，幸請諸公
2　等，帖至，限今月十四日主人張醜憨家納遂。捉二人
3　後到，罰酒一角；全不來者，罰酒半甕。其帖
4　速相分付，不得停滯；如滯帖者，准條
5　科罰。帖周卻付本司，用憑告罰。
6　　　甲申年十月三日張錄事帖。
7　張願昌　張願德　張定千　張定德　張願通
8　尹再昌　賀方子　張善慶　張富通　張醜憨
9　張定奴　張醜奴　張勿成　張再成　張擕檋
10　氾義成　氾員子　氾富達　宋保岳。

文中的主人是指春秋坐局席的操辦者[17]，用於"遂羊價"的麥子要送到置辦春秋坐局席的社人家中，顯見買羊與辦局席有關。S.327背《己丑年十月七日巷社結案局席憑》也爲上述論斷提供了旁證：

247

1　己丑年十月七日巷社一周□□
2　結案局席羊價麥□□
3　張虞候就倉門來悵（償）麥壹斗□□
4　斗。正月□□□
（下缺）

此件雖殘缺不全，但可以看出，聚麥買羊是爲辦結案局席用的。則前引渠人文書中聚麥買羊也可能是爲了置辦局席。從渠社舉辦的春秋坐局席活動中，也看不出有官府參與、干預的跡象。

此外，渠社還有一些其他互助活動。如 P.5032《公元九五八年前後渠人轉帖》云：

1　渠人　　轉帖
2　　右緣孫倉倉就都□請壘
3　　舍壹日，人各粟壹斗，鍬
4　　钁壹事。帖至限今月八日限
5　　辛時于莊頭取齊。捉二人
6　　後到，〔罰〕酒壹角；全不來，〔罰〕
7　　酒半甕。其帖各自示名定（遞）過
8　　者，不得停滯。如滯帖者，准
9　　條科罰。帖周卻付本司，用憑告罰。
（後缺）

此件是渠社通知渠人出糧出人力幫助社内成員孫倉倉壘舍，這項活動也不見有官府干預。

從上列材料可以看出，渠社的第二類活動與第一類活動大不相同。第一類活動的任務來自官府的指令，第二類活動則完全是渠社團體内部互助或娱樂的需要;渠人如不參加第一類活動,要交由官府處理,但如不參加第二類活動,則只按渠社的内部規定進行處罰。前引P.5032《甲申年四月十二日渠人轉帖》和P.5032《甲申年十月三日渠社轉帖》都强調"准條科罰",這裏的"條"是社條,是渠人團體内部的章程。而所謂處罰是,"捉二人後到,罰酒一角;全不來者,罰酒半甕"[18]。這樣的規定和敦煌的其他私社是完全一樣的。可見,渠社組織第二類活動與官府毫無關係,是民間團體内部的互助與歡聚飲宴活動。

至於上述兩類活動之間的關係,大約是一渠用水百姓因共同利益所在先結成了渠社,這反映出綠洲之内佔有耕地的農民對水利事業的關切。但是,由於敦煌水利設施十分複雜,諸幹渠、支渠之間,以及一渠諸多用水農户之間的各種矛盾依靠各渠組成的渠社是無法解決的,故必須由官府進行管理、監督、協調。而官府則利用了渠社這一渠人的現成組織對敦煌的水利設施進行維護、修理、使用,並作爲一種力役强制他們承擔。這就使原來作爲民間組織的渠社變成了官府的工具。

另一方面,由於當時私社盛行,故敦煌的渠社也同時從事一般私社的活動。但渠社對這兩類活動的認識似有不同。因爲在通知渠人從事第一類活動時,渠社大多用《渠人轉帖》[19],而在通知渠人從事第二類活動時,則每用"渠社轉帖"[20],這個細微差别似反映出了渠社把第一類活動作爲承擔"渠河口作"的渠人組織的活動,而把第二類活動纔視爲自己的活動。

以上論述説明,如果不把渠人的兩類活動加以區分,籠統地把渠人組織確定爲半官半民是不妥當的;就是單以渠人的第一類活動而論,把渠人組織看成半官半民的組織也是不準確的。

通過本文的研究,我們可以得出如下結論:渠人是承擔"渠河口作"力役的百姓,它的全稱是"防渠人"[21];渠人的職責是防水、平水、修理渠堰、橋樑等。渠人的組織渠社具有雙重性質,它首先是承擔"渠河口作"百姓的組織者,就這個意義上説,它受到官府的嚴密控制與監督,與官府有著密切的關係;同時,渠社也從事一般私社的活動,就這個意義而言,它又具有從事經濟和生活互助的民間組織的性質。唐後期五代宋初,渠人與渠人組織爲保證敦煌水利設施的正常發揮作用,付出了辛勤的勞動,他們爲敦煌農業的發展,社會經濟的繁榮,做出了不可磨滅的貢獻。

注釋:

注1:參見那波利貞《關於唐代農田水利的規定》(三),載《史學雜誌》1943年第54編第3號。另日本學者佐藤武敏在《講座敦煌·3·敦煌的社會》中《敦煌的水利》一節有關渠人的敍述基本上採用了那波利貞的研究成果。

注2:參見注1中所引文。

注3:見注1所引那波利貞文。

注4:雷紹鋒《歸義軍賦役制度初探》(臺北:洪業文化事業有限公司2000年)第189—203頁有"渠河口作"一目,竟未參考我在該書出版10年前即1990年發表的專題論文《敦煌的渠人與渠社》(《北京師範學院學報》1990年第1期)。所以,雷氏在上舉書中關於"渠河口作"和渠人組織的討論都重複了我以往的研究。在此,我應該重申,將敦煌渠人和"渠河口作"聯繫起來並進行論證,是我1990年的原創。順便說明,雷氏將《渠人轉帖》中之"本司"解釋爲"水司","錄事"解釋爲水司之屬員,均屬明顯的誤解。在社邑文書(包括渠社文書)中,"本司"指這一團體自身的機構——社司,"錄事"是團體的首領三官(社長、社官、錄事)中之一員。

注5:參看王永興《敦煌唐代差科簿考釋》,載《歷史研究》1957年第12期,另注1中所引佐藤文。

注6:如果家中沒有男丁,婦女也有可能被通知去應役。如P.5032《甲申年某月十七日渠人轉帖》中被通知參加修治沙渠口的渠人中有"宋二娘"。

注7:有學者將"須得莊夫,不用斯(廝)兒"一語,解釋爲轉帖中的幾個渠人不親自參加修渠勞動,而是委派莊夫執役(參看姜伯勤《唐五代敦煌寺户制度》,北京:中華書局1987年版,第203—204頁)。從文中所引材料來看,轉帖強調的是要渠人家中的"壯夫"本人應役,不得派"廝兒"或"奴"來頂替。所以,"莊"解釋爲"壯"之借字,即強壯勞動力,似更好一些。

注8:關於行人的性質,請參看張廣達《吐蕃飛鳥使與吐蕃驛傳制度——兼論敦煌行人部落》,載北京大學中國中古史研究中心編《敦煌吐魯番文獻研究論集》第一輯,北京:中華書局1982年版,第167—178頁。另楊際平《吐蕃時期沙州社會經濟研究》,載韓國磐主編《敦煌吐魯番出土經濟文書研究》,廈門大學出版社1986年版,第357—413頁。

注9:見注1所引那波利貞文。姜伯勤先生也持類似觀點(參看注7所列姜氏著作)。

注10:參看拙作《唐後期五代宋初敦煌僧尼的社會生活》,北京:中國社會科學出版社1998年版,第101—104頁。

注11:見S.6123《戊寅年七月十四日宜秋西枝(支)渠渠人轉帖》。

注12:國圖殷41號背有《大讓渠渠人轉帖抄》,P.3412背《壬午年五月十五日渠人轉帖》

要求渠人"於皆(階)和口頭取齊",則此渠人組織可能爲階和渠渠人組成的。

注 13：Дх. 11072《渠人轉帖》中亦有"已上渠人,官中處分,令□□□"。

注 14：參看本書下篇"伍"《敦煌社邑的喪葬互助》。

注 15：參看拙作《敦煌遺書的"春秋座局席"考》,載《北京師範學院學報》1989 年第 4 期及本書下篇"肆"《再論敦煌私社的"春秋坐局席"活動》。

注 16：這個社加上錄事共二十人,可聚麥四石二斗,則買羊所費數目不算太小。

注 17：參看注 14 所列文。

注 18：這兩類活動的處罰也有輕重之別,參加第一類活動後到時,是"決杖七下";而第二類活動的後到者是"罰酒一角"。前者屬於刑罰,後者僅是罰物,明顯輕於前者。

注 19：參見正文中引用的 P.5032 中的幾件《渠人轉帖》。

注 20：見 P.4003《壬午年十二月十八日渠社轉帖》、P.5032《甲申年十月三日渠社轉帖》。

注 21：那波利貞認爲渠人的全稱是河渠人,溝渠人,但未提出證據。P.46810 藏文文書背面《領資錢狀》中有"安仁坊防渠人張嘉興母領"一語,從這條材料來看,渠人是防渠人的略稱。參照本文所述渠人的職責,把防渠人作爲們他們的全稱也比較合適。

柒　再論北朝至隋唐五代宋初的女人結社

一

在北朝至隋唐五代間的造像題記和敦煌吐魯番文書中，保存了一組關於女人結社的資料。早在1917年，大村西崖在《支那美術史雕塑篇》中[1]，就收錄了多件北朝時期的由女人結成的邑義（社）造像記。因該書收錄的很多碑刻文字的原碑或拓片今已不存，所以該書至今仍有重要的資料價值。1938年，那波利貞在《唐代の社邑に就きて》一文中[2]，最早對敦煌文書P.3489《戊辰年（968）正月廿四日袿坊巷女人社社條》做了釋錄和解説。他依據該社成員中有"恩子、福子、吳家女、勝子"等題名，推斷這些人應是被僱佣的"婢女"，並認爲這個女人社是由袿坊巷的婢女和尼僧等混合組成的具有"親睦組合、相互扶助"性質的社會團體，與佛教信仰無關。此文並非專門討論女人結社，只是在探討唐代社邑一般情況時使用了女人結社的材料。1988年，高世瑜在《唐代婦女》一書中，專設《婦女社交與結社》一節[3]，公佈了S.527《顯德六年（959）正月三日女人社再立條件》，指出該社是下層民間婦女自願結成的具有互助性質的團體，認爲此活動具有完全不從屬於男子的獨立性，表明唐代下層社會比上層婦女在家庭和社會生活中有著更獨立的地位和社交活動。20世紀80年代，我與寧可師合作整理研究敦煌社邑文書，所搜集到的女人結社文書，除上文提到的P.3489《戊辰年（968）正月廿四日袿坊巷女人社社條》和S.527《顯德六年（959）正月三日女人社再立條件》以外，還見到"夫人社"即上層婦女結社的材料。1986年以後，我在寧可師指導下進而搜集石刻資料中關於佛教結社的記載，又見到數件女人結社造像記。當時以爲,有關女人結社的材料雖然不多,但畢竟是我國古代最早的婦女團體,值得向學術界介紹。於是,我在1988年草成《北朝至隋唐五代間的女人結社》一文,在1990年與寧可師聯合署名發表於《北京師範學院學報》(社會科學版)[4]。這篇論文首次對中古時期女人結社的流行時間、性質、活動內容、成員組成及其演變等問題進行比較全面的探討。同年,池田溫編纂的《中國古代寫本識語集錄》出版[5],其中收錄了數條女人社寫經題記。此後十幾年來,不斷有學者繼續關注這一問題。如郭鋒於1991年發表了《吐魯番文書〈唐衆阿婆作齋社約〉與唐代西州的民間結社活動》[6],主要依據吐魯番阿斯塔那第七十四號墓出土的唐顯慶三年(658)以前出土《衆阿婆等社條》考察了唐代西州地區的結社情況。此文所討論的《衆阿婆(女人)社條》,意義重大。就地域而言,它説明中古時期婦女結社不僅存在於中原和敦煌,在更偏遠的吐魯番地區也曾流行;就時間來説,此件唐前期女人社條也彌補了史料鏈條的缺失環節。1996年和1997年,黃霞相繼發表《北圖藏敦煌"女人社"規約一件》和《淺談晚唐五代敦煌"女人社"的形態及特點》[7],介紹並公佈了國圖收藏的BD14682(北新882)《博望坊巷女人社社條稿》,並據之對唐五代時期敦煌存在的主要從事佛教活動的女人社的情況做了解説,指出女人結社的現象説明當時婦女對家庭經濟事務具有一定的支配權,在家庭經濟結構中具有一定的自主地位,在社會生活和社交活動中具有相當大的獨立性。她還指出女人結社在組織形式和活動方式等方面與同時期的其他私社大體相同。1998年,楊森發表了《晚唐五代兩件〈女人社〉文書札記》。此文雖然冗長,但除了前舉那波利貞的論文外,其他相關論文均未參考,故大部分內容均屬重複,新意不多,還將文書中之"主人"(事主)錯誤地解讀爲女人社成員的"主人"[8]。林艷枝《唐五代敦煌地區的女人結社》[9],所引用的材料均在此前發表的論文範圍之內,對材料解説亦無新的建樹。余欣《唐宋敦煌婦女結社研究——以一件女人社社條文書考釋爲中心》[10],重點對社條中涉及的"走橋"風俗進行了探討,別具一格。孟憲實《試論敦煌的婦女結社》[11],從社會史的視角探討了婦女結社的社會功能,其論述印證了此前黃霞的論斷。

以上回顧表明，自1990年以後，學術界又陸續發現和公佈了一些有關中古時期女人結社的資料，而相關的研究或以公佈資料爲主，或僅具體研究某一時段、某一方面的問題。本文擬依據目前所掌握的全部材料，對此問題做進一步綜合的考察，並對女人社出現的原因及意義略作申説。

二

依據目前所能見到的材料，由女人組成的團體出現於北朝東魏時期。最早的一條材料是在東魏元象元年（538）[12]，地點在今山西。但比較完整的材料是在東魏武定三年（545）。此略引這條材料如下：＂大魏武定三年歲在乙丑，五月己卯八日丙戌，鄭清合邑義六十人等，敬造迦葉石像一區（軀），上爲皇帝陛下、臣僚伯（百）官、州郡令長、師僧父母，因緣眷屬，普及法界衆生，有形之類，一時成佛。奇哉邑母，識知無常，緣鄉勸花（化），造石金剛，捨此穢形，杲（早）登天堂。合邑諸母，善根宿殖。晝夜憂惶，造像永訛，釋迦已過，彌勒願值。劉蓑、邑子王伏、邑子李伻、李法容、邑子吕樂堂、邑子鄭華容、李母女、邑子張保姬、邑子楊男姬、寶小光、邑子寶雙、邑子寶明……＂[13] 這是一篇《邑義造迦葉像記》，地點不明。文中將參與造像的成員稱爲＂邑母＂、＂合邑諸母＂，則這個團體當均由已至母輩的中老年婦女組成。類似造像團體在東晉南北朝時期曾廣爲流行，其名稱以邑、邑義、法義等名目較爲多見，也有的稱爲邑會、義會、會、菩薩因緣等。這類佛教團體多數是由僧人與在家信徒混合組成，也有一些是在僧人指導下由在家佛教信徒自己組成[14]。前引《邑義造迦葉像記》稱＂合邑義六十人＂，但題名僅録十二人，多數人名被省略，不知有無僧人。但從其他同類造像記來看，僧尼一般題名在前面，所以，這個由邑母組成的邑義很可能没有僧人參加。從性别角度來看，多數邑義由男性組成，也有一些是由男女混合組成或僅由女性組成。隋唐以降，這類佛教團體也常以＂社＂爲名，並成爲私社的一種。故上引由邑母組成的邑義和北朝時期其他由女人組成的邑義與隋唐以後由女人組成私社性質相同，均屬由女性組成的民間團體。

東魏以後，由於北齊統治者推崇佛教，其時邑義等佛教團體盛行，故此期女人結邑的材料也較多。如《天保四年(553)二月廿日公孫村母人卅一人造白玉像記》[15]，此件既稱"母人"，其成員當亦均爲已成爲母親的女性。又《天保十年(559)二月十五日母人等造龍樹白玉石像記》之題名亦均爲比丘尼和"某某母"、"某某妻"等[16]。《天保十年(559)七月三日文海珍妻等造石像記》[17]，從題名看除一位比丘，其他成員亦均爲女人。另《乾明元年(560)四月十五日大交村邑義母人七十五人造觀世音像記》和《天統元年(565)七月十五日法義優婆姨等造娑羅像記》也是由女人組成的佛教團體[18]。優婆姨(夷)是梵語之音譯，意譯作"清信女"、"近事女"、"信女"等，指親近三寶、受三歸、持五戒、施行善法之女衆。與其對應的是優婆塞或清信男，優婆夷和優婆塞分別指女性和男性在家信徒，又被稱爲在家二衆。《天統元年(565)七月十五日法義優婆姨等造娑羅像記》是目前所知最早以優婆夷身份組成的婦女團體。以後在敦煌文獻中則出現了優婆夷邑或優婆夷社出資寫佛經的記載。如國圖昃字85號《華嚴經卷廿二優婆夷邑題記》："優婆夷邑敬造。"[19] 另日本藤井有鄰館藏《華嚴經第□冊七》題記："開皇三年(583)十月八日，優婆夷邑敬造供養。"以上兩件是敦煌地區最早出現的由女性組成的佛教團體的記載，但其名稱"優婆夷邑"與上引北齊天統元年(565)《造像記》之"法義優婆姨(夷)等"一脈相承。説明由優婆夷組成的團體不止在一個地區流行。在吐魯番文書中，則保留了《顯慶三年(658)前衆阿婆社條》，這個女人社是以作齋爲主，兼行喪葬互助[20]。所謂"阿婆"，當然和北朝時期的"邑母"一樣，指年長的婦女，但也難免使人聯想到"優婆夷"之"婆"。此後，由優婆夷組成的團體又曾在敦煌出現。天津博物館藏敦煌寫經《金剛般若經題記》："天寶十二載(753)五月廿三日優婆夷社寫。"此件與上引開皇年間關於"優婆夷邑"的記載已經相隔170年。其後的資料就是近年被學者們反復引用的中晚唐五代宋初敦煌婦女結社的社條，即S.527《顯德六年(959)正月三日女人社再立條件》、P.3489《戊辰年(968)正月廿四日袿坊巷女人社社條》和BD14682(北新882)《博望坊巷女人社社條稿》。上列三件女人社社條，第一件有明確紀年，在五代末。第二件僅標明在"戊辰年"，我們推定此"戊辰"爲公元968年[21]，雖有證據，但並不充分，土肥義和等人將其推定在908年[22]。第三件紀年爲"丙申年"，黄霞推斷此"丙申"或爲乾符三年(876)，或爲清泰三年(936)[23]。此外，還有 P. 4907《庚寅年(990)辛卯年(991)入破歷》記載的："十二月廿五日弔孝，達家夫人大社粟壹斗、小社粟壹斗。"對此條記載，存在不同解釋。我們曾將上引材料中的"達家夫人大社、小社"解讀爲由達家夫人組成的大社和小社，因當時只有品官的正妻纔能稱爲"夫人"，所以，按照我們的解讀，達家夫人大社、小社應是由品官夫人組成的女性團體[24]。但楊際平先生認爲應將以上記載解讀爲"達家夫人所在的大社"[25]，如果這樣理解，這個社邑就有包括男性的可能，因而也就不能算作婦女結社的資料了。因材料所限，以上兩種解讀，均屬推斷，本文仍堅持以往的推斷，將以上記載看作敦煌上層婦女結社的資料。

兹將上文討論過的資料列表於下[26]，以期對北朝至宋初女性結社的時空分佈等情况有比較直觀的瞭解。

序號	時間	地區	名稱	成員自稱	人數	活動内容	材料來源
1	538年	東魏	不明	合邑諸母	100	造像	"雕"257
2	545年	東魏	邑義	邑母、邑子	60	造像	"雕"267
3	553年	北齊	不明	母人	31	造像	"雕"316—7
4	559年	北齊	不明	母人	24	造像	"雕"325
5	559年	北齊	不明	不明	71	造像	"雕"326—7
6	560	北齊	邑義	母人	75	造像	"雕"327—8
7	565	北齊	法義	法義(優婆夷)	38	造像	"雕"335、"拓"7册157—8
8	6世紀	敦煌	優婆夷邑	優婆夷	不明	造經	國圖昃字85號
9	583	敦煌	優婆夷邑	優婆夷	不明	造經	藤井有鄰館
10	658年前	吐魯番	不明	阿婆	26	設齋、互助	67TAM74
11	751年	敦煌	優婆夷社	優婆夷	不明	造經	天津博27號

（續表）

序號	時間	地區	名稱	成員自稱	人數	活動內容	材料來源
12	876 或 936 年	敦煌	不明	不明	13	燃燈供佛	BD14682
13	959 年	敦煌	女人社	社人	15	互助、設齋等	S.527
14	968 年	敦煌	不明	社人	12	互助	P.3489
15	990—991 年	敦煌	夫人社	不明	不明	不明	P.4907

從上列表格可知，北朝至宋初女人結社的時間分佈始自公元538年，止於公元991年，時間跨度達450多年。空間分佈則有原東魏和北齊控制的地區和敦煌吐魯番。在這450多年中，我們目前所能搜集到的資料僅有上列15件，大約一百年有3件，面對這樣的資料密度，我們只能說關於女人結社的記載在400多年間時隱時現，不絕如縷。考慮到上列材料在時間的分佈上雖不均勻，但也沒有太長的斷鏈，"不絕如縷"的依據是充分的。就地域分佈來看，6世紀中葉北齊地區留下的記載相對多一些，10世紀敦煌地區的記載相對多一些。似乎說明在某一時段的某一地區，女人結社的現象可能比較多見。而敦煌地區，由於敦煌文書的發現，保存下來的材料說明女人結社在這一地區自隋代至宋初一直延綿不絕。如果考慮到敦煌文獻也不可能保存敦煌地區女人結社的全部檔案，而且女人結社的區域分佈相對比較廣泛等因素，我們似乎可以推斷，當時女人結社的現象可能比目前所能見到的記載更加普遍一些。

三

在四百多年的漫長歲月裏，女人社的組織經歷了從不規範到規範、從簡單到複雜、從鬆散到嚴密的過程。

早期的女人結社隨意性較強，很不規範。主要表現是稱謂不統一。以首領的稱謂而言,《天保十年(559)二月十五日母人等造龍樹白玉石像記》的首領有"都維那像主比丘智元、都維那張思辯、像主比丘惠祖、像主□□吉"等[27]。《天統元年(565)七月十五日法義優婆姨等造娑羅像記》的首領則爲"法義主"和"維那(2人)"[28]。《天保四年(553)二月廿日公孫村母人卅一人造白玉像記》[29]、《天保十年(559)七月三日文海珍妻等造石像記》[30] 和《乾明元年(560)四月十五日大交村邑義母人七十五人造觀世音像記》[31] 的首領均爲"維那",但分別有七、五、三個維那並列爲首領。而前引《武定三年(545)五月八日鄭清合邑義六十人造迦葉像記》,首領應該是鄭清,但無任何名目。可見,東魏、北齊時期的女人結社,首領名目較多,一社之内首領的數量較多,而且各社首領的名目和數量也不一致。類似現象在成員稱謂和團體稱謂方面也有反映。依據上列表格,東魏、北齊直至隋代,女人結社的成員稱謂有"合邑諸母"、"邑母"、"邑子"、"母人"、"法義"、"優婆夷"等名目,團體的稱謂則有"邑義"、"法義"、"優婆夷邑"等名目。

這樣一種稱謂混亂的狀況,到晚唐五代宋初有了很大改變。如S.527《顯德六年(959)正月三日女人社再立條件》記載該社的首領是社官、社長和録事,這三個稱謂在當時被稱爲"三官"[32]。BD14682(北新882)《博望坊巷女人社社條稿》中有"不許三官把勒",則此社亦以社官、社長和録事爲首領。P.3489《戊辰年(968)正月廿四日桂坊巷女人社社條》記載該社的首領爲録事和虞候。依據上列女人社社條,這一時期,女人社的成員稱謂和對團體的稱謂,亦漸趨統一。成員稱爲"社人",團體則均稱爲"社",但尚有"優婆夷社"、"女人社"、"夫人社"等區别。可見,晚唐五代宋初的女人結社,在稱謂方面已由隨意性較强,很不統一改變爲相對比較統一。這應該是女人結社逐漸成熟的標志之一。當然,作爲自發組成的民間團體,我們也没有理由要求它們在稱謂方面做到嚴格的整齊劃一。

早期的女人結社的另一個特點是比較簡單。其表現首先是功能或活動單一。上文所列的從東魏至北齊共有7條材料,其活動均爲單一的造像,而隋代的兩個優婆夷邑從事的活動是單一的寫經。從東魏到隋代,女人結社的活動内容雖有區别,但都只是從事單一的活動,而且都是佛教活動。如果從功能角度觀察，這類婦女結社都是功能單一的結社。其次，與此相關聯，這類婦女結社的目標也是單一的。無論是造像還是寫經，都是一項任務完成以後目標就達到了。再次是性質單一。北朝至隋代的婦女結社，因爲僅從事單一的佛教活動，雖然其具體活動内容有造像和寫經的區别，但其性質均爲由女性組成的民間佛教團體。當然，如果細分，可以分爲有的是由僧俗混合組成，如上引《天保十年（559）二月十五日母人等造龍樹白玉石像記》就由僧俗混合組成；有的是均由在家佛教信徒組成，如《天保四年（553）二月廿日公孫村母人卅一人造白玉像記》就没有僧人題名；還有的是由優婆夷組成，上引《天統元年（565）七月十五日法義優婆姨等造娑羅像記》所在團體即由受三歸、持五戒的優婆夷組成。

進入唐代，女人結社的這種簡單和單一的狀況也發生了變化。這種變化始於上文提到的《顯慶三年（658）前粲阿婆社條》。這件文書出土於阿斯塔那第74號墓，是由四個斷片連綴而成，綴合後的文書上、下和中間都有殘缺，但基本内容尚可讀通[33]。此社條前半部備列該社成員粲阿婆名及序數次第，每個阿婆名和序數次第下都有本人之指印。然後是社條的具體内容：

1　□□月别齋日共衆人齋□□
2　合衆阿婆等至五月内，各出大麥貳□□
3　至十月内，各與秋貳斗□□
4　衆阿婆等中有身亡者，□□
5　麥壹斗，出餅五個。衆人中廿□□
6　在外，衆人食□□衆人中有人□□
7　違教者，别銀錢壹文，入衆□□

所謂"月别齋日"，是規定該社每月作一次齋。隋唐時期，其他類型的社邑也有規定每月設齋者。如《開皇元年（581）李阿昌等廿家造像碑》即云："維開皇元年歲辛丑，四月庚辰朔，廿三日壬寅，佛弟子李阿昌等廿家去歲之秋合爲仲契，每月設齋。"[34] 據敦煌文書中有關私社設齋的規定，設齋時是以一人爲齋主,其他人以湊份子的形式協助,每人的份額最低是粟一斗,多者如P.2716背《年支社齋轉帖抄》要求"人各麥壹斗、粟壹斗,油半升、麵壹斤"。此件中之"衆阿婆等至五月內,各出大麥貳"和"至十月內,各與秋貳斗",應該是指每次設齋時衆阿婆每人要交貳斗糧食。每個阿婆名下的序數則是她們輪流爲齋主的次第。可見,這也是一個從事佛教活動的女性結社。最引人注目的是這個社條不僅規定了設齋活動,還有關於喪葬互助的規定。其中第4行和第五行有"衆阿婆等中有身亡者……麥壹斗,出餅五個"。雖然中間有殘缺,但仍可看出該社在其成員死亡時,要求其他成員出"麥壹斗,餅五個"助葬。這是前所未見的資料,表明此女人社同時從事設齋和喪葬互助兩種活動。而且這兩種活動都是需要長期延續的活動,不是造像、寫經那樣的一次性活動。所以,這個由衆阿婆組成的女人社,其活動、功能和性質都與此前女人社有所不同。雖然這個女人社仍然從事佛教活動,並以佛教活動爲主要活動,但因其同時從事互助活動,所以它已不是從事單一活動的女人社。與此相關,其功能也由單一功能轉變爲具有複合功能,性質也由單純的佛教團體轉化爲具有佛教信仰的兼行佛教活動與互助活動的民間團體。與衆阿婆組成的女人社性質相類的還有上文提到過的S.527《顯德六年(959)正月三日女人社再立條件》所記錄的女人社,該社社條規定:"一、社內榮凶逐吉,親痛之名,便於社格,人各油一合,白麵一斤,粟一斗。便須驅驅濟造食飯及酒者。若本身死亡者,仰衆社蓋白出拽便送,贈例同前一般。其主人看待,不揀厚薄輕重,亦無罰責。社內正月建福一日,人各稅粟壹斗,燈油壹盞,脫塔印沙。"此社在從事喪葬互助的同時,還從事正月建福(設齋)和印沙佛活動,也是從事兩類活動的具有複合式功能的事。不同的是這個女人社是以從事互助活動爲主,佛教活動爲輔,所以其性質應是具有互助性質兼從事佛教活動的女人社。五代宋初,甚至還出現了具有單一功能從事單一互助活動的女人社。上文提到過的P.3489《戊辰年(968)正月廿四日桂坊巷女人社社條》記錄的女人社就是例證。該社條規定:"各自榮生死者,納麵壹斗,須得齊同,不得怠慢。或若怠慢者,捉二人後到,罰〔酒〕一角;全不來者,罰〔酒〕半甕,衆團破除。或有凶事榮親者,告保(報)錄事,行文放貼,各自兢兢,一一指實。"除了喪葬互助以外,此社没有其他活動。

唐五代時期,從事單一佛教活動的婦女結社仍然存在。如上文提到過的天津博物館藏敦煌寫經《金剛般若經題記》中之重視寫經活動的"優婆夷社"就是一例。另 BD14682(北新 882)《博望坊巷女人社社條稿》載:

1　丙申年四月廿日,博望坊巷女人因爲上窟燃燈,衆坐商儀(議)。
2　一齊同發心,限三年
3　願滿。每年上窟所要
4　物色代(帶)到,録事帖行,衆社齊來,停登稅聚。

這是個專門從事上窟燃燈供佛的女人社,但規定社人從事此項活動以三年爲限,與早期從事單一佛教活動的女人社僅從事造像、寫經等一次性活動有所不同。

早期女人結社的組織相對比較鬆散。上表所列東魏北齊時期的 7 條女人結社材料,其活動内容均爲造像。這類女人結社是爲了從事造像活動而臨時組織起來的,佛像造完以後,該團體也就解散了。所謂造像,其實是參加造像團體的女性成員以湊份子的形式籌集錢財,用錢財來僱人造像。對於組織者而言,願意出一定數量的錢財就可在造像碑上列名[35]。所以,東魏北齊時期的女人結社的組織應該是很鬆散的,加入這樣的團體雖然是自願的,也是隨機的、偶然的,應該没有複雜的手續。從事造像活動的女性團體在造像活動完成後就自動解散了,所以也没有退出的問題。

上表所列的幾個隋唐時期的"優婆夷邑"或"優婆夷社"的組織情況,因材料所限,其詳難知。但這幾個女性團體所從事的活動都是寫經,和造像一樣,其實也是以湊份子的方式請人寫經。如果只是從事一次性活動寫經團體,其組織也應該是鬆散的。

但唐前期的衆阿婆社就不同了,這個社有類似章程的社條。如上文所列,這樣的社條在晚唐五代宋初的敦煌也保存了三件。從這些社條來看,其内容包括結社目的、立條緣由,然後規定組織、活動内容、罰則等具體條款,最後是全體社人簽名或畫押（有簽名畫押在前）。茲引 S. 527《顯德六年（959）正月三日女人社社條》如下：

1　顯德六年乙未歲正月三日女人社因滋（茲）新歲初來，各發好意，再
2　立條件。蓋聞至城（誠）立社，有條有格。夫邑儀（義）者，父母生其身，
3　朋友長其值（志），遇危則相扶，難則相救。與朋友交，言如（而）信。結交朋
4　友，世語相續。大者若姊，小者若妹，讓語（義）先登。立條件與（已）後，山
5　河爲誓，中（終）不相違。一、社內榮凶逐吉，親痛之名，便於社格。人各
6　油壹合，白麵壹斤，粟壹斗。便須驅驅，濟造食飯及酒者。若本身死
7　亡者，仰衆社蓋白㲲拽，便送贈例，同前一般。其主人看侍，不諫厚
8　薄輕重，亦無罰則。一、社內正月建福一日，人各稅粟壹斗，燈油壹盞，
9　脫塔印砂。一則報　君王恩泰，二乃以（與）父母作福。或有社內不諫（揀）大小，
10　無格在席上喧拳，不聽上人言教者，便仰衆社就門罰醴醵一筵，
11　衆社破用。若要出社之者，各人快（決）杖叁棒，後罰醴醵　局席一筵，的無
12　免者。社人名目詣實如後。　　社官尼功德進（押）
13　　　　　　　　　　　　　　社長侯富子（押）
14　　　　　　　　　　　　　　錄事印定磨柴家娘（押）
15　　　　　　　　　　　　　　社老女子（押）
16　　　　　　　　　　　　　　社人張家富子（押）
17　　　　　　　　　　　　　　社人渦子（押）

18	社人李延德（押）
19	社人吴富子（押）
20	社人段子（押）
21	社人富勝（押）
22	社人意定（押）
23	社人善富（押）
24	社人燒阿朵（押）
25	社人富連（押）
26	社人住連（押）
27	右通前件條流，一一丁寧，如水如魚，
28	不得道説事（是）非，更不於（如）願者，山河
29	爲誓，日月證知。恐人無信，故勒此條。
30	用後記耳。

這是一篇完整的實用社條，從中可以看到，唐五代宋初的女人結社已經成爲用條約形式規定其組織、活動與罰則的嚴密的民間團體。此時的女人結社，每個成員的權利和義務都是平等的，社條是通過民主的形式由全體社人共同制定的。上引社條中有"各發好意，再立條件"，表明社條反映了全體社人的意志。關於此點，P.3489《戊辰年（968）正月廿四日桂坊巷女人社社條》説得更明白，是參加該社的"女人團座商議立條，合社商量爲定"。而全體社人的簽押，既表明每個社人對社條的認可，同時也是她們必須接受社條約束的證據。目前發現的四件唐五代宋初的女人社社條，除 BD14682（北新882）《博望坊巷女人社社條稿》因是稿件，省略了社人簽押以外，其他幾件都有全體參加者的簽押。而 BD14682（北新882）《博望坊巷女人社社條稿》也有"今聚集得一十三人，具列名已（於）後"，表明正式社條也是要有全體社人簽押的。從敦煌文獻中保存的其他類私社文書來看，社條是私社組織活動和處罰社人的準則，其規定在私社活動中確實得到了執行。在私社通知社人參加助葬的社司轉帖中，往往申明是"准條"行事。如 P.5003《某年九月

四日社户王張六身亡轉帖》略云："右緣社户王張六身亡，准條合有弔贈。"又S.5139《公元九二五年前後張員通妻亡轉帖抄》略云："右緣張員通妻亡，准條合有弔酒一甕。"另，幾乎所有社司轉帖中，都有"如滯帖者，准條科罰"的規定。社條的修改和補充也要通過全體社人大會。如S.2472背《辛巳年十月廿八日榮指揮使葬巷社納贈歷》後就有經"衆社商量"後做出的關於修改該社喪葬互助的規定，S.1475背《申年五月社人王奴子等狀》則是社人在參加齋會時新制定的關於饌腳的"條件"，其後亦有社人的簽押。

　　女人社成員簽署社條以後，就要嚴格遵守社條的規定。上引社條表明，女人社成員不按時或不參加社的活動，以及在活動中撒野鬧事者，都要受到處罰。如前所述，晚唐五代宋初的女人社以"三官"爲首領，負責依據社條的規定舉行活動，監督社人履行社條規定的義務，保障社人的權利，並處罰違反規定的社人。社人必須服從三官（社司）的管理。參照其他私社文書，"三官"也是由全體社人推選的。如P.3989《景福三年（894）五月十日敦煌某社偏案》社人簽押前有"衆請社長翟文慶，衆請社官梁海潤，請錄事氾彥宗"，這裏的"衆請"就是推選的意思。如果三官主持的社司不遵守社條，擅自舉行社條規定以外的活動或不稱職，社人大會有權否決社司（三官）的決定甚至罷免三官，重新選舉。如P.4960《甲辰年（944）五月廿一日窟頭修佛堂社再請三官憑約》稱"伏緣錄事不聽社官，件件衆社不合，功德難辦。今再請慶度爲社官，法勝爲社長，慶戒爲錄事"。此社原錄事不服從社官，行事不合衆社（全體社人）之意，故被罷免，另外推選新的三官。可見，晚唐五代宋初的女人社是具有嚴密組織紀律高度民主的民間團體。

　　與唐五代宋初女人社組織嚴密性加強相關，這一時期女人社的成員也比北朝隋代減少了。依據前列表格，東魏、北齊時期女性結社的人數在20幾人至100人之間，其中50人以上的有4件。而晚唐五代宋初的女人社成員均在10—15人之間。女人社成員的減少應與社的活動變化有關。北朝的女性結社以造像爲主要活動，組織比較鬆散，很可能造完像後就解散了。因這類團體組織不甚穩固，參加者隨意性較強，故參加的人也往往較多。另一方面，造一座像的花費大體是固定的，故出資參加造像邑的人愈多，每個人分攤的部分就愈少。所以，造像邑的組織者也是歡迎更多的人來參加。而晚唐五代宋初的女人社都存續時間較長。現知有期限的女人社是BD14682（北新882）《博望坊巷女人社社條稿》，規定的期限是"三年"。其他從事互助活動的女人社，爲保證社内成員能够輪流享受互助待遇，更是必須保持穩定。没有社的相對穩定，社人幫助他人的支出就不能得到回報，所謂"互助"也就無法實現。故S.6537《某甲等謹立社條》（文樣）稱："凡爲立社，切要久居，本身若去亡，便須子孫承受。"此條甚至要求將社人的權利和義務傳之子孫。可見從事互助活動的社邑對社邑的穩定是相當重視的。如果有人要加入這類私社，要先由本人提出申請，再經社的首領與全體社人批准方能加入。敦煌文獻中就保存了一些要求加入這類社邑的申請書（投社狀）。一旦獲准入社，一般不准退出。如果提出退社，則要受到嚴厲的處罰。如上引S.527社條最後規定，"若要出社之者，各人決杖叁棒，後罰醴醵局席一筵，的無免者"。面對這種情況，人們對加入這類女人社，要比加入從事一次性活動女人社慎重得多。

東魏北齊時期女人結社由於組織比較鬆散，因而比較容易受到外部因素和偶然性的影響。首先是比較容易受到寺院與僧尼的影響與控制，成爲寺院的外圍組織。如上文提到過的《天保十年（559）二月十五日母人等造龍樹白玉石像記》，題名中有比丘2人，比丘尼7人，兩位比丘又任像主之職，則這些僧尼當是這個女性團體的發起人和組織者[36]。再如《乾明元年（560）四月十五日大交村邑義母人七十五人造觀世音像記》的題名中，第一列首先是兩個比丘尼[37]，這個女人社也有可能是排在前面的兩個比丘尼勸化的結果，此社與這兩個比丘尼所在寺院當亦有聯繫。一些女人社的造像記雖無僧、尼題名，但這些由佛教信徒組成的專門從事佛教活動的團體也很難不與寺院、僧尼發生聯繫。如《天統元年（565）七月十五日法義優婆姨等造娑羅像記》[38]，其成員都是優婆夷，這類由在家女性信徒組成的團體肯定是僧人和寺院勸化的結果，該團體也可肯定是寺院的外圍組織。

這類女人社還有可能會成爲社内富人的附庸。如《天保十年（559）七月三日文海珍妻等造石像記》云："大齊天保十年歲在己卯七月丙辰朔三日戊午，佛弟子文海珍妻周雙仁，仰爲忘（亡）夫敬造石象（像）一區（軀）。力不獨濟，勸率□得邑儀（義）七十一人，共同□願，像身得成，舉高五尺事具。自亡夫在時，身遇□議入朝紫開國□委德間補南陽郡事，□受（壽）早終，形鄲幽里，言念之懷，刊石建石。生明殞闇，願還復曉，亡者得脱天堂。邑子七十一人等，並已身等，及所生父母，長壽百年。富貴子孫，資財□□，國王帝主，位極無窮，州郡令長，普同所願。"[39] 這個女性團體建立的起因是周雙仁要爲其亡夫建功德而造石佛像，因"力不獨濟"，故"勸率"合邑義七十一人共造。從以上引文來看，這個造像記簡直可以説是周雙仁亡夫的追福功德記。出資參加造像的邑義成員，在願文中只被略提一句。邑義成員當是主要出資者，但在造像記中她們卻成了周雙仁亡夫的陪襯。

晚唐五代宋初的女人社由於組織嚴密，即使有僧尼和富人參加，也很難再對社邑的活動産生決定性影響。

北朝至隋唐五代宋初的女人結社也有一直未變的因素。即這一團體始終是由某一地域的部分女性自願組成。如《天保四年（553）二月廿日公孫村母人卅一人造白玉像記》所記女人社是由公孫村的女人組成[40]，《乾明元年（560）四月十五日大交村邑義母人七十五人造觀世音像記》所記女人社是由大交村的女人組成[41]，等等。由於這些團體是由信奉佛教的女人自願組成的，所以，不是該村邑內的所有女人都參加，而是村邑內部分女人的自願結合。唐五代宋初的女人結社，是用類似契約性質的社條將部分志同道合的人聚集在一起的，當然也只能是由某一區域的部分居民組成。如P.3489《戊辰年（968）正月廿四日袿坊巷女人社社條》和BD14682（北新882）《博望坊巷女人社社條稿》等材料記録的女人社，顯然是由袿坊巷或博望坊巷內的部分女人自願組合而成。

需要説明的是，東晉南北朝時期，邑義等佛教結社曾在我國北方地區廣爲流行。至唐五代宋初，私社大盛。女人社只是在這樣背景下流行的私社的一種，以上所述北朝至宋初女人社的諸多變化，並非孤立的現象，其他私社也都經歷類似的轉變過程。有關情況可參看本書上篇之相關部分。

柒　再論北朝至隋唐五代宋初的女人結社

四

在男尊女卑的古代社會,女人社竟然時斷時續地流行了 450 多年,流行的地域遍及中原和偏遠的敦煌、吐魯番。這當然應該是一個值得注意的現象。這一民間團體出現和流行的原因也值得我們探索。

就筆者所知,最早對此問題提出看法的是鄧小南教授。她在《六至八世紀的吐魯番婦女》一文中,針對吐魯番地區婦女結社的現象,認爲"凝聚這些婦女的原因,應該說並非單一,其中既有宗教信仰在起作用,又有志趣愛好、社會階層相似的女性聯誼因素在起作用"[42]。作者雖然沒有進行論證,但其推斷很有啓發意義。李君偉則推測敦煌的"女社人很可能是一羣獨身的婦女,爲了生存,她們纔聯合在一起,互相幫助,互相支持"[43]。孟憲實則試圖從女人社社條的文本中尋找她們結社的動機與目的。他揭出上引 S.527《顯德六年(959)正月三日女人社社條》中之"大者若姊,小者若妹"的記述,說明當時的女人社把同性看作是生活中必不可少的一部分。組成社邑的女性成員標榜"大者若姊,小者若妹",當然是在強調性別特徵,甚至也可以說是性別意識覺醒的表徵。但正如孟氏所指出的,女人社文書所闡述的結社原因是模仿自 S.6537 背《上祖社條》(文樣)中之"大者如兄,少者如弟",而該社條文樣是針對男性設計的[44]。而且,作者所例舉的女性特徵記載,是僅有的例證。其他三件唐五代宋初的女人社社條根本就沒有談及結社的原因。如果往上追溯,東魏北齊時期的女人社造像記大多記述了結社造像的緣由和目的。如前引《武定三年(545)五月八日鄭清合邑義六十人造迦葉像記》記述她們造像的目的是"上爲皇帝陛下、臣僚伯(百)官、州郡令長、師僧父母、姻緣眷屬,普及法界眾生,有形之類,一時成佛"。再如《天保四年(553)二月廿日公孫村母人卅一人造白玉像記》載"大齊天保四年二月廿日,公孫村母人合卅一人等,敬造白玉像一區(軀),生者願在佛左右,往過者妙樂□,居時成佛"[45]。其他幾件女人社造像記相關記述與此件略同,這樣的記述和同時期由男性組成的佛教團體敍述的造像目的大致相同,沒有強調團體的女性

267

特徵。僅《武定三年(545)五月八日鄭清合邑義六十人造迦葉像記》的頌中有"捨此穢形，早登天堂"，這裏的"穢形"，應該指的是女人，因爲佛教認爲女人身是"不淨"的。這說明當時多數女人社在舉行活動時或在她們自己對其組織性質的陳述中，沒有自覺的性別意識，她們只是女性性別意識覺醒的行動者，卻未認識到其行動的意義。由此可知，利用女人社自身文獻來探求女人社結社的原因，很難獲得令人滿意的結果。

古代社會是以男人爲主導的社會，女性不但在政治上處於附屬地位，在思想、文化等方面也無獨立性可言。在這樣的大背景下，即使出現少數處於強勢的女性，其重要行爲也只是模仿男性，武則天就是突出的例證。女人社雖在中古時期已經出現，並延綿不絕數百年，但從思想文化層面來說，不過是在家庭中處於強勢地位的女性，對男性結社行爲的模仿。所以，本文所討論的女人結社現象，在性別史上的意義，不能做過高的估計。

另一方面，晚唐五代宋初的私社，雖多由男性組成，但女性也可以參加[46]。北朝至隋代的佛教結社——邑義，雖以男性爲主，亦不排斥女性[47]。唐五代宋初從事互助活動的私社，有的社的互助範圍還包括社人的家屬，當然也就包括社人家中的女性[48]。在這樣的背景下，仍不斷出現女性獨自立社的現象，而且流行了很久。這些參與結社的女性，雖然在組織和活動中大多都沒有強調女性特徵，其結社行爲仍然可以看作是女性性別意識覺醒的徵兆。只是她們的性別意識落後於她們的行爲，這也符合思想意識發展的規律。

既然我們從女人結社的文本內部無法找到女性結社的原因，也就只好從外部索解了。筆者認爲，以下幾種因素值得考慮。

其一，北朝至隋唐五代宋初女人結社現象的出現與流行應與這一時期婦女的社會地位較高有關。

西晉以後，北部中國長期在少數民族統治之下。這些入主中原的少數民族相繼爲中原的先進文化所征服。同時，他們的一些風俗習慣也給中原人民帶來了深遠的影響。北朝至隋唐五代間婦女社會地位較高，在很大程度上是受了少數民族的影響，顏之推在《顏氏家訓》中，對當時北部中國的婦女社會地位有生動描述。他寫道："鄴下風俗,專以婦持門户,爭訟曲直,造請逢迎,車乘填街衢,綺羅盈府寺。代子求官,爲夫訴屈,此乃恒、代之遺風乎?"[49] 隋唐承北朝之遺風,再加統治者本身多有少數民族血統,故這一時期婦女的社會地位亦非宋代以後所能比擬。正是在這種"婦持門户"的社會條件下,女子以獨立的身份結成女性羣衆團體纔成爲可能。

其二,女人社成員大多應該是在家中地位較高的女性。孟憲實曾經指出,"女性可以單獨結社並開展一些獨立的經濟活動,這證明她們有一定的經濟獨立性、一定的經濟能力和一定的經濟地位"[50]。在古代家庭中,經濟大權往往掌握在地位最高的家長手中,其他人很難有經濟的獨立性。家長在多數情況下應該是男性,男性家長去世以後,已成爲"母"或"婆"的女性長輩就有可能成爲對家庭經濟有處置權的人。高世瑜曾指出:"唐人對母、姐、嫂等女性長輩都持孝順、尊重態度。名教雖有'三從'之義,唐代卻似乎没有宣揚'從子',對於母親,唐人十分講究孝敬、順從之道。"[51] 即使男性家長在世,在古代男主外,女主内的傳統下,女性家長也有可能實際掌握著家庭的經濟大權。此外,鄧小南教授曾經指出,唐代吐魯番文書中的"大女","通常指作爲户主的寡婦或者單身女性"[52]。這些作爲户主的女性,當然也掌握著家庭的經濟大權。北朝至唐五代宋初的女人社成員,應該就是由上述幾類在家庭中地位較高或實際掌握著家庭經濟大權的女性組成。雖然我們從現存材料中無法知道女人社成員在家中的地位和是否掌握著家庭的經濟大權,但女人社成員的題名還是透露出一些這方面的信息。如上文提到的《元象元年(538)十月合邑諸母造像記》和《武定三年(545)五月八日鄭清合邑義造像記》均稱其成員爲"諸母",天保四年(553)二月廿日公孫村母人卅一人造白玉像記》《天保十年(559)二月十五日母人等造龍樹白玉石像記》和《乾明元年(560)四月十五日大交村邑義母人七十五人造觀世音像記》均稱其成員爲"母人",而《顯慶三年(658)前衆阿婆社條》則均爲"阿婆",這些"母"或"婆"都應是中老年女性,達到了被尊重、孝順的年齡,自然在家中也應該有較高的地位。其他没有注明"婆"、"母"身份的女人社,推測其成員也應該屬於"婆"、"母"一輩的女人,至少應該是"姐"、"嫂"之類的女人。

關於 P. 3489《戊辰年(968)正月廿四日袿坊巷女人社社條》所記載的女人社成員的身份，上文曾經提到，那波利貞認爲應由婢女組成。孟憲實則推測"這個結社的成員都屬於年輕女子"[53]。楊森主張 S. 527《顯德六年(959)正月三日女人社社條》所在女人社成員爲"小妻、妾"[54]。高世瑜則認爲這兩個女人社成員爲下層婦女。我們在《北朝至隋唐五代間的女人結社》一文中，也持同樣的看法。李君偉認爲他們應該都是獨身女。所有這些推測都是因爲在這兩個女人社的題名中，不少社人是有名無姓。S. 527 社條所在女人社的題名可見前文，P. 3489《戊辰年(968)正月廿四日袿坊巷女人社社條》的社人題名除"録事孔闍梨、虞候安闍梨"和"社人吳家女"外，其他社人都是有姓無名。以上各種推測，婢女一說恐怕不能成立，因爲依據唐五代宋初的法律，婢女身同"畜産"，沒有獨立的經濟，走出主人家庭參加民間團體的可能性不大。其他推測均有可能，也都有待進一步證實。如果參照上文所舉"母"、"婆"等實證材料，這兩個女人社的成員也都應該是或在家中有較高地位、或實際掌握家中經濟大權、或屬獨立承户的女性。

以上所述兩方面的情況，只是女人社出現的背景，或者説只爲女人社的出現提供了可能。婦女地位相對較高和一些婦女實際掌握家庭經濟大權，並不意味著她們一定要走出家門和其他女性一起結成民間團體。所以，中古時期女人社的出現應該還有更直接的原因。這就是第三，比丘尼僧團的存在和有關"優婆夷"經典的翻譯與流行。

出於禁欲的宗教需要，佛教規定男性出家人與女性出家人以性别爲標志分爲比丘和比丘尼兩種僧團。佛教的律制規定比丘和比丘尼僧團在空間上要嚴格分開。男性出家人和女性出家人分開修行和生活本是宗教的需要，但長期的女性羣體獨處必定會增强與喚醒她們的性别意識。這樣一種制度和修行方式隨著佛教的傳入也逐漸傳入了中國。從中國比丘尼和比丘尼僧團的發展史來看，比丘尼僧團的建立要比比丘僧團晚得多，其發展也並不順利，甚至出現第二次建立的窘況[55]。雖然如此，中國的比丘尼僧團在東晉升平元年(357)出現，經東晉十六國，到南北朝時期，在南方和北方都已出現不少尼寺。這些尼寺給中國傳統的思想和文化帶來的衝擊應該是多方面的。一羣女性聚集在一起,剃光了一般人不敢損毀的頭髮,穿著特殊服裝,按著一定的方式修行和生活。這樣的現象自然會在世俗社會招來好奇的眼光。從歷史記載來看,南北朝時期出家的比丘尼大多出於無奈,很多是由於寡居或病患[56]。比丘尼羣體的同性獨處除了枯燥無味的修行生活以外,也有正面效應。相同的性別,相似的經歷,使得她們之間更容易溝通,得以相互慰藉,相互鼓勵。而且,進入寺院以後,生活有了保障,在社會也能得到人們的尊重。這樣的生活,或許比在世俗的冷落中寡居要好一些。而且,中國的比丘尼,從來沒有斷絕與家庭、家族和社會的聯繫。她們以女性出家人的身份在社會上行走,在宣傳佛教的同時,將她們同性集體獨處的益處告訴給那些與她們經歷相似的女性,一定會引起一些女性的好奇甚至羨慕。一些受比丘尼影響較深的女性可能就出家了,成爲比丘尼僧團的新成員。一些受到影響又不能出家的女性,可能就成了在家的女性信徒。爲了便於擴大和發展女性佛教信徒羣體,佛教僧團還翻譯了有關"優婆夷"的經典。現知最早翻譯的此類經典是《優婆夷淨行法門經》[57],凡二卷,譯者不詳,約譯於北涼(397至439)。其次是《無垢優婆夷問經》[58],北魏中印度三藏瞿曇般若流支譯。再次是《優婆夷墮舍迦經》[59],譯者不詳。除以上三部關於優婆夷的經典,其他佛經中也有關於優婆夷的論述,如《優婆夷墮捨迦經》實際是《中阿含》卷55"持齋經"之別譯。三部有關優婆夷的經典,後兩部都很短,便於攜帶和向信徒宣講。所以,有關優婆夷經典的翻譯,對女性在家佛教信徒隊伍的擴大應該是起到了促進作用。這些女性信徒,應該就是最初的女人社成員的主要來源。三部有關優婆夷的佛教經典,有兩部在北方譯出,而北涼曾經控制敦煌。本文討論的女人結社現象均出現在北方包括敦煌吐魯番地區,應該不是偶然的。依據前列表格,北朝至唐代五代宋初的女人社幾乎均與佛教或僧人有關。其中有11個女人社專門從事佛教活動,兩個在從事互助活動的同時也從事佛教活動,只有序號第14只從事互助活動,但其首領錄事和虞候是"孔闍梨"和"安闍梨"[60]。這兩個"闍梨"很有可能是比丘尼,因爲序號13的首領就是"尼功德進"。此外,序號第4中有比丘2人、比丘尼8人[61],序號第5有比丘1人[62],序號第6有比丘尼2人[63]。從這些記載看,向女性宣傳佛教的既有比丘尼，也有比丘，但以比丘尼爲多。畢竟女性與女性接觸更容易一些，也更方便一些。

而且，佛教的某些教義特別是小乘律藏有歧視女性的傾向。説起來令人難以置信，提倡衆生平等的佛教竟然對女性採取歧視態度，但這是千真萬確的歷史事實。一般説來，早期大乘佛教對女性比較寬容，對女性出家人沒有限制性規定，認爲性別對成佛沒有影響。小乘律藏則認爲"女人如毒蛇"，其身"不淨"，故爲女性出家人設置了所謂"八敬法"[64]。包括比丘尼每半月要到比丘面前自恣、受教，比丘尼必須從比丘求受具足戒等八項歧視女性出家人的規定。有的部派認爲女人不能成佛，或者必須轉成男子身纔能成佛[65]。由於中國佛教僧團遵行的均爲小乘律。所以，在中國古代的佛教出家僧團中，實際實行的也是男尊女卑制度。這種宗教的性別歧視在唐代被擴展爲對一切女性的歧視。唐代的比丘認爲女人、比丘尼不如男子和比丘，有的寺院甚至規定不許女人入寺[66]。由於自身"不淨"，必然會使一些女性信徒感覺在男性信徒面前抬不起頭來，如果是同性在一起，大家都是"不淨"之身，同病相憐，不僅可以找到平等的感覺，心理上也會更舒服一些。這一心理應該是部分女性在家佛教信徒樂意與同性組成佛教團體的原因之一。前引女人社造像記希望能"捨此穢形"（不淨之身）就應該是這種心理的反映。我們看到，本文討論的早期的幾個女人社都是由在家女性佛教信徒組成的，其中有四個是由受三歸、持五戒的優婆夷組成（前列表格第7、8、9、11），其他從事佛教活動的女人社成員也應該對佛教有不同程度的信仰。這些女性佛教團體的形成，或者就是從比丘尼僧團的存在得到的啓示。女性在家信徒在與比丘尼的接觸過程中，會逐漸瞭解女性羣體獨處的益處。一些比丘尼也會鼓動女性在家信徒組織起來，甚至親自參加或組織女人社。本文討論的女人社，有五個有比丘尼參加。至唐五代宋初，隨著大量以互助活動爲主的私社的涌現，原本作爲民間佛教團體的女人社，有的受到互助私社的影響，也開始從事互助活動，前列表格序號第10就屬於這樣的情況。在這樣的背景下，以互助活動爲主同時從事佛教活動的女人社（如前列表格序號第13）甚至單純從事互助活動的女人社（如前列表格序號第14）也出現了，但即使在這樣的女人社中，我們仍可以看到佛教的影響和僧人的身影（序號第 13 同時從事佛教活動，序號第 14 雖不從事佛教活動，但兩個首領是僧人），這應該是歷史的慣性使然。它似乎是在告訴我們，不再從事佛教活動的女人社，也是由女性民間佛教團體演變而來的。

如上文所述，對女人社出現與流行的意義，不能做過度闡釋，更不能拔高。她們只不過是在佛教歧視女性信徒的文化誘導下、在比丘尼僧團的啓示下組織起來了的女性，他們組織起來並沒有要改變女性信徒被動局面的願望，不過是一羣處於弱勢（不淨）的人同病相憐而已，所以，女人社在中古時代的出現與流行，在思想文化史上並沒有什麽特殊的意義。

還應該指出，不能用女人社的例證來說明當時一般婦女的地位。因爲如本文所述，參與女人社的婦女均爲在家中有較高地位者。

當然，女人社的出現與流行也並非毫無意義。參加女人社的女性畢竟是性別意識覺醒的行動者。一羣中老年婦女組織起來，從事造像、寫經、燃燈供佛和互助活動，對當時的女性和男性都會產生重要影響。女人社的存在及定期不定期的聚會，會使其成員感覺到自己不是孤立的，至少在情感上有一羣人是和自己相通的。造像、寫經和互助等活動不僅會給她們帶來成就感，還會給她們帶來榮耀。造像是供人瞻仰、禮拜的，女人社成員的名字也刻在石佛像的底座上，不但在當時會提高她們的知名度，還會千古流傳；雖然在當時女人處於依附地位，但就女人社造的石像而言，女人暫時成了中心。這些都是值得驕傲和榮耀的。就喪葬活動來說，女人社的援助不僅可以使女人社成員體會到同性關懷的溫暖，也會提高她們在家中的地位。女人社的存在和流行，對其他女性具有激勵作用，使她們認識到女人也可以在一定的時空範圍內成爲中心。這樣的激勵作用應該是女人社長期流行的原因之一。

至於當時男性及由男性所把持的官府對女人結社的態度，因材料所限，不得而知。但從女人社得以長期流行的事實來看，男性社會對女人社的存在應該是默許和認可的。

注釋：

注1：此書初版由國書刊行會出版於1917年，1980年由國書刊行會重印，更名爲《中國美術史雕塑篇》，但内容没有變動。本書所依據的是1980年重印本。

注2：《史林》第23卷第2號第223—265頁、第3號第494—534頁、第4號第729—793頁，1938年4—10月。

注3：西安：三秦出版社1988年版，第134—135頁。又段塔麗《唐代婦女地位研究》（北京：人民出版社2000年版）第三章第二節有"民間婦女結社"一目，幾乎全文照抄了上引高世瑜著作的資料和看法。

注4：《北京師範學院學報》（社會科學版）1990年第5期，第16—19頁。

注5：東京大學東洋文化研究所，1990年3月出版。

注6：載《西域研究》1991年第3期，第74—78頁。

注7：載《文獻》1996年第4期，第263—266頁；《北京圖書館館刊》1997年第4期，第88—92頁。

注8：參看《敦煌研究》1998年第1期，第65—74頁。

注9：載《中國文化月刊》第243期（2000年6月），第32—50頁。

注10：載東京都立大學《人文學報》第325號（2002年），第177—200頁。

注11：載《敦煌吐魯番研究》第八卷，北京：中華書局2005年版，第89—104頁。

注12：大村西崖《中國美術史雕塑篇》，東京：國書刊行會1980年新版，第257頁："大魏元象元年歲次戊午十月丁亥朔□日辛丑，合邑諸母一百人等，共造□□像一區（軀），上爲國主，師僧父母，眷……"

注13：載大村西崖《中國美術史雕塑篇》，第267頁。

注14：有關這類佛教團體的情況，請參看本書上篇"貳"的相關部分。

注15：載大村西崖《中國美術史雕塑篇》，第316—317頁。

注16：載大村西崖《中國美術史雕塑篇》，第325頁。

注17：載大村西崖《中國美術史雕塑篇》，第326—327頁。

注18：載大村西崖《中國美術史雕塑篇》，第327—328、335頁。

注19：池田温《中國古代寫本識語集録》，東京大學東洋文化研究所1990年版，第140頁。按此件被該書收録兩次，在此處定年爲"年次未詳，大約六世紀後期"；在第157頁則稱此件的時代爲"大約六世紀"。

注20：釋文載寧可、郝春文《敦煌社邑文書輯校》，南京：江蘇古籍出版社1997年版，第60—63頁；另請參看郭鋒《吐魯番文書〈唐衆阿婆作齋社約〉與唐代西州的民間結社活動》，《西域研究》1991年第3期，第74—78頁。

注21：見寧可、郝春文《敦煌社邑文書輯校》，第27—28頁。

注22："Tun-Huang and Turfan Documents IV She Associations and Related Documents (A)(B)"，(A)The Toyo Bunko, 1989，(B)The Toyo Bunko, 1988.

注23：參看黄霞文，載《文獻》1996年第4期，第264頁。

注24：參看本書下篇第玖部分相關論述。

注25：參看楊際平《唐末五代宋初敦煌社邑的幾個問題》,《中國史研究》2001年第4期,第80—81頁。

注26：表中之"雕",爲大村西崖《中國美術史雕塑篇》之簡稱;"拓"爲北京圖書館金石組編《北京圖書館藏歷代石刻拓本彙編》(鄭州：中州古籍出版社1989年版)之簡稱。

注27：見大村西崖《中國美術史雕塑篇》,第325頁。

注28：見大村西崖《中國美術史雕塑篇》,第335頁;北京圖書館金石組《北京圖書館藏歷代石刻拓本彙編》,第7册第157—158頁。

注29：見大村西崖《中國美術史雕塑篇》,第316—317頁。

注30：見大村西崖《中國美術史雕塑篇》,第326—327頁。

注31：見大村西崖《中國美術史雕塑篇》,第327頁。

注32：關於"三官",請參看本書上篇有關部分。

注33：該件文書的圖版和釋文見唐長孺主編《吐魯番出土文書》叁,北京：文物出版社1996年版,第81—82頁。

注34：秦明智《隋開皇元年李阿昌造像碑》,《文物》1983年第7期,第48—49頁。

注35：相關例證見此期由男性或男女混合組成的邑義,參看本書上篇相關部分。

注36：見大村西崖《中國美術史雕塑篇》,第327頁。

注37：見大村西崖《中國美術史雕塑篇》,第327—328頁。

注38：見大村西崖《中國美術史雕塑篇》,第335頁。

注39：見大村西崖《中國美術史雕塑篇》,第326—327頁。

注40：見大村西崖《中國美術史雕塑篇》,第316—317頁。

注41：見大村西崖《中國美術史雕塑篇》,第327—328頁。

注42：參看《敦煌吐魯番研究》第四卷,北京大學出版社1999年版,第232頁。

注43：李君偉《唐五代宋初敦煌地區婦女名字初探》(中國社會科學院研究生院碩士學位論文),第24—26頁。

注44：參看孟憲實《試論敦煌的婦女結社》,《敦煌吐魯番研究》第八卷,第101—102頁。

注45：見大村西崖《中國美術史雕塑篇》,第316—317頁。

注46：如S.2041《大中年間(847—860)儒風坊西巷社社條》列有社人名單,從名字來看,多數爲男性,但也有"優婆姨(夷)情追如",此社人自稱"優婆夷",當爲女性無疑,類似記載還有一些,不備舉。

注47：如《正光四年(523)七月廿九日法義兄弟姊妹造像記》所記法義就是由男性和女性混合組成,從題名看,該團體是以女性爲主體(見大村西崖《中國美術史雕塑篇》,第231頁)。另P.2086《十地論法雲地第十卷之十二》所記開皇十四年(594)造經邑人的名單是"淨通師、劉惠略、賈曇淵、賈黄頭、郝士茂、封雲娥、王美兒、郭玉姿、賈善英、榮貴娥、栗叔女、王華容、張元妃、冀芙蓉"等,後面的九個人即使不全是女性,有女性應該是沒有問題的。類似材料還有一些,不備舉。

注48：參看孟憲實《試論敦煌的婦女結社》,《敦煌吐魯番研究》第八卷,第100—101頁。

注 49：王利器《顏氏家訓集解》（增補本），北京：中華書局 1993 年版，第 48 頁。
注 50：參看孟憲實《試論敦煌的婦女結社》，《敦煌吐魯番研究》第八卷，第 99 頁。
注 51：見高世瑜《唐代婦女》，第 171 頁。
注 52：見鄧小南《六至八世紀的吐魯番婦女》，載《敦煌吐魯番研究》第四卷，第 219 頁。
注 53：參看孟憲實《試論敦煌的婦女結社》，《敦煌吐魯番研究》第八卷，第 95 頁。
注 54：參看楊森《晚唐五代兩件〈女人社〉文書札記》，第 72—73 頁。
注 55：參看李玉珍《唐代的比丘尼》，臺北：臺灣學生書局 1989 版。
注 56：參看上注所引李玉珍書，第 77—80 頁。
注 57：此經載《大正新脩大藏經》第 14 册（第 579 號）。
注 58：此經載《大正新脩大藏經》第 14 册（第 578 號）。
注 59：此經載《大正新脩大藏經》第 1 册（第 88 號）。
注 60：序號第 15 因材料所限，從事何種活動及成員組成不明，可置而不論。
注 61：見大村西崖《中國美術史雕塑篇》，第 325 頁。
注 62：見大村西崖《中國美術史雕塑篇》，第 326—327 頁。
注 63：見大村西崖《中國美術史雕塑篇》，第 327 頁。
注 64：參看李玉珍《唐代的比丘尼》，第 117—119 頁。
注 65：參看李玉珍《唐代的比丘尼》，第 117—119 頁。
注 66：參看李玉珍《唐代的比丘尼》，第 117—119 頁。

捌 《唐末五代宋初敦煌社邑的幾個問題》商榷

利用敦煌社邑文書探討唐五代乃至中古時期社邑的各方面情况，始於20世紀30年代，經過中外學者六十多年的辛勤耕耘[1]，儘管很多問題的研究取得了重大進展，社邑文書文本的整理工作也已基本完成[2]，但這一課題仍有不少問題有待進一步研究。因而，社邑文書仍會不斷受到學術界的關注[3]。近讀楊際平先生《唐末五代宋初敦煌社邑的幾個問題》（《中國史研究》2001年第4期，以下簡稱"楊文"），作者在他人搜集、整理的材料的基礎上，對一些問題提出了不同的看法和解釋，但作者在對材料的理解和使用材料的方法等方面都存在可以商榷之處，故撰此文，向楊際平先生和關心這一課題的學者請教。

一、關於巷社的性質

"楊文"在討論敦煌的社邑類型時，認爲敦煌最常見的社邑類型之一是里巷社，里巷社是官社。作者認爲："里巷社是根據官方意圖，按地域組織，各户都要參加的社。這種社源遠流長，主要活動是舉辦春秋社祭。"[4]然而我們遍檢敦煌文獻，卻没有發現一條有關"里巷社"的材料。在"楊文"所列舉的證據中，也只有"巷社"，未見"里巷社"。可見，所謂"里巷社"，實乃"楊文"向壁虛構。那麽，敦煌文書中之巷社是否就是"楊文"所説的"里巷社"呢？

就筆者所知，敦煌文獻中一共保存了六件巷社的材料，"楊文"利用了其中的兩件。依據其所使用的兩條材料，"楊文"認爲"巷社"就是"里巷社"（官社),並據以説明"里巷社"兼有"民間私社的某些功能,或者説兼有民間私社的性質"。以下我們依次分析一下這幾個巷社是否果真如此。

第一個是"敦煌儒風坊西巷社"。"楊文"確認此巷社爲官社(里巷社)的唯一依據就是此巷社有替官府"催驅賦役之責"。其證據是該社社條中的"税"字是指官府賦役。爲了便於説明,兹將 S. 2041《大中年間(847—860)儒風坊西巷社社條》有關文字抄録於下:"右上件村鄰等衆就翟英玉家結義相和(合),賑濟急難,用防凶變。已後或有詬歌難盡,滿(漫)説異論,不存尊卑,科税之艱,並須齊赴。……一、所置義聚,備凝(擬)凶禍,相共助誠(成),益期賑濟急難。一、所置贈孝家,助粟壹斗,餅貳拾。翻(幡)須白淨壹尺捌寸,如分寸不等,罰麥壹漢斗,人各貳拾翻(幡)。一、所有科税,期集所斂物,不依期限齊納者,罰油壹勝,用貯社。"應該承認,如果不考慮社邑文書的背景和上下文,只像"楊文"那樣將上引文中之"科税之艱,並須齊赴"和"所有科税,期集所斂物,不依期限齊納者,罰油壹升,用貯社"單獨抽出,將"税"字推斷爲官府的賦役是很容易令人相信的。但如果結合上下文,讀者不難發現,以上引文中的"科税之艱,並須齊赴",也有可能是指上文的"賑濟急難,用防凶變"時社人應交納的物品。後一段引文中之"所有科税"則可能是指上文規定的"置義聚"和"置贈孝家"所應交納的物品。其實,當時私社社條在規定社人應交納的物品時常稱其爲"税"。如 S. 527《顯德六年(959)正月三日女人社社條》云:"社内正月建福一日,人各税粟壹斗,燈油壹盞。"顯然,這裏的"税粟壹斗",所指並非官府的税,而是正月建福時社人應交納的"粟壹斗"。又如國圖 BD14082(新 882)《丙申年四月廿日博望坊巷女人社社條》略云:"丙申年四月廿日,博望坊巷因爲上窟然燈,衆坐商儀(議)……每年上窟所要税聚物色代(帶)到。録事帖行,衆社齊來,停登税聚。"這裏的"税聚",指的應是上窟時社人需要攜帶的"物色"。又 S. 6537 背《拾伍人結社社條》略云:"三長之日,合意同歡,税聚頭麵淨油,供養僧佛,後乃衆社請齋。……春秋二社舊規,逐根原赤(亦)須飲讌。所要食味多少,計飯料各自税之。"此件中之"税聚"、"税之"亦當指社邑徵收社人應交物品,而非官府之税。又 P. 3536 背《社條》稱:"龍沙古制,則有社邑之名;邊地土豐,鄉間最切。追凶逐吉,自有常規;輕重科丞,從來舊典。"此件中之"科丞",其含義相當以上各件中之"稅聚",當無問題。而"科丞"之物指的是"追凶逐吉"時社人應交納的物品,也很清楚。值得注意的是,此件將追凶逐吉時社人應交納的物品稱作"從來舊典",説明敦煌私社將社人應交納社邑的物品稱爲"科税"和"税聚",其來有自。可見,S.2041《大中年間儒風坊西巷社社條》中之"科税",應指社人交納給社邑的物品。"楊文"將其看作官府的賦役,實屬對材料的誤解[5]。在誤解材料的前提下進而推斷"里巷社還有催驅賦役之責",就是無稽之談了。

"楊文"所以產生上述誤解,原因之一是疏於對北朝至隋唐五代間私社發展歷史的考察。其實,謝和耐先生早已指出,6世紀的私社(佛社)成員向社邑交納物品的多寡完全取決於各自的慷慨程度,而9—11世紀敦煌的私社成員向社邑交納物品的數量是由社條確定的[6]。正因爲唐後期五代宋初敦煌私社成員向社邑交納物品的數量是由社條規定或由社司決定的,所以,私社成員雖然入社是自願的,但一旦成爲社邑成員,就必須按規定和要求交納物品,不允許少交或不交。換言之,唐五代宋初敦煌私社向其成員收取物品帶有强制性和徵收性質,這就是敦煌私社將向其成員收取物品稱爲"科税"或"税聚"的原因。在這樣的背景下,如果由社邑成員按自己的意願交納物品,反而要特意説明。如 S.3540《庚午年(970)正月廿五日社長王安午等一十六人修窟憑》即特意説明社長王安午等"壹拾陸人發心于宕泉修窟一所。並乃各從心意,不是科牽,所要色目林梁,隨辦而出"。根據下文,所謂"各從心意,不是科牽",就是"隨氣力所辦應逐"。但在目前所知的二十多件社條中,做如此規定的僅此一件,其他多數社條都是不考慮社人的"氣力"如何,强調必須如數交納社邑規定的份額,不然就會受到處罰。

其實,如果認真研讀 S.2041《大中年間(847—860)儒風坊西巷社社條》,可以發現不少跡象都表明該社不可能是官社(里巷社)。首先,這個社條對立社的緣由和目的有明確的説明,即"右上件村鄰等衆就翟英玉家結義相和(合),賬濟急難,用防凶變"。這説明此巷社並非根據官方意圖,按地域組織,各户都要參加,而是該巷部分居民自願的"結義相合"。所謂"結義相合",正是敦煌以從事互助活動爲主的私社的典型特徵。對此S.8160《公元940年前後(?)親情社社條》說得最清楚。該條云:"況斯社公並是名(鳴)沙重望,西賽(塞)良家,或文包九流之才,武窮七德之美。遂使互懷暮(慕)善,周結良緣。且爲連辟(璧)之交,義後(厚)斷今(金)之志。故云父母生身,朋友長志,道清添(忝)爲契,結義等今(金)蘭。"S.5520《社條》(文樣)略云,"社子並是異性(姓)宗枝","若不結義爲因,易(焉)能存其禮樂"?"結義已後,須存義讓,大者如兄,小者如弟"。又S.6005《敦煌某社偏案》中有"伏以社內先初合義之時,已立明條"。這裏的所謂"合義",應該指的就是上文之"結義相合"。再如S.527《顯德六年(959)正月三日女人社社條》稱:"夫邑儀(義)者,父母生其身,朋友長其值(志),遇危則相扶,難則相救。與朋友交,言如(而)信。結交朋友,世語相繼。大者若姊,小者若妹,讓語(義)先登。"這裏雖未明言結義,但這種"大者若姊,小者若妹"異姓姊妹團體當然和上引"大者如兄,小者如弟"的團體一樣具有結義性質。以上所引均爲以互助活動爲主的私社的社條,類似材料還有一些,恕不備舉。

其次,上引S.2041《大中年間(847—860)儒風坊西巷社社條》還說明該巷社結社的目的不是爲了社祭,而是爲了"賑濟急難,用防凶變"。在這個社條有關社邑活動的規定中,也只有"賑濟急難"和"贈孝家"兩項。這都表明此社的主要活動是互助。我們知道,社條類似社邑的章程,對其所從事的活動做出規定是其核心內容。從敦煌文獻中保存的社條來看,凡是從事春秋社祭的社邑,在社條中都對此項活動做出了明確規定。敦煌社邑文書還表明,如果社邑從事社條規定以外的活動,需要全體社人重新制定補充"條件"。如S.1475背《申年五月社人王奴子等狀》就是社人在參加齋會時制定的關於以後增加爲社人"暖腳"的"條件"。S.5828《社司不承修功德狀》顯示,如果社邑在未徵得全體社人同意的情況下從事社條規定以外的活動,會遭到社人的反對和抵制。所以,"敦煌儒風坊西巷社"的社條既然沒有關於社祭的規定,說明它根本就不舉行"楊文"所說的里巷社的主要活動(春秋社祭)。

第三,這個社條還記錄了"後入社人"及其姓名。按照"楊文"的說法,里

捌 《唐末五代宋初敦煌社邑的幾個問題》商榷

巷社是按地域組織,各户都要參加,而且這是官方的意圖,那麽敦煌儒風坊西巷村的全體居民就都應該是社邑成員,當然也就不應該有所謂"後入社人"。只有那種自願結合、自願參加的私社,纔會有"後入社人"。

第四,S.2041《大中年間(847—860)儒風坊西巷社社條》還記録了該社全體成員的姓名,加上"後入社人"七人,只有37人。這顯然不是儒風坊西巷的全體居民。據"楊文"所引 Дx.2149《欠柴人名目》,索留住巷有106户,程弘員巷有89户。該件記有欠柴民户的姓名和原因,應爲官府徵收柴的檔案,其中之"巷"應是基層的行政單位。"巷"既然是基層行政單位,各巷的人數就不能相差很多。按照唐制,在邑居者爲坊,在田野者爲村,都是以百户爲行政單位,並規定"其村居如滿十家,隸入大村,不須别置"村正[7]。所以,敦煌地區作爲行政單位的"巷",其民户也應在百户左右。准此,儒風坊西巷社的成員也就可以肯定不是該巷的全體居民了。

最後,如果儒風坊西巷社是官社,社人或社官違反規定應由官府處罰,"楊文"提到的大谷文書2838《長安三年(703)前後敦煌縣牒》就記載了官府處罰社官。但上引《儒風坊西巷社社條》卻規定:"所有科税,期集所斂物,不依期限齊納者,罰油一勝(升),用貯社。"這樣的處罰規定在《儒風坊西巷社社條》中有好幾處,如在遇到營葬時,規定社人應各助布壹疋,"不納者罰油壹勝(升)";如有不收文帖者,也是"罰油壹勝(升)",等等。這樣的規定和其他以互助活動爲主要活動内容的私社社條是完全一樣的,上列互助社社條都有類似規定,恕不一一列舉。

以上分析表明,没有任何證據説明敦煌儒風坊西巷社是官社(里巷社),這個巷社絶不僅僅是"兼有民間私社的某些功能"或"兼有民間私社的性質",而是純粹的從事互助活動的私社。

第二件是敦煌乘安坊巷社。"楊文"提到的反映這個巷社的材料是P.3636₂《丁酉年(997?)五月廿五日社户吴懷實托兄王七承擔社事憑據》。這條材料主要是記述社户吴懷實因爲要離開敦煌到新城去,委託其兄吴王七承擔其在社内的義務,故僅僅依據這條材料無法確定這個巷社的性質。但這條材料提到"巷社内使用三贈","三贈"是互助社從事喪葬互助採用的一種辦法，可知這個巷社也從事喪葬互助活動。P. 3636$_1$ 號保存了這個巷社的《罰物歷》。記載了"馬定子"、"吳王七"、"吳懷實"等 24 人分別被罰一斗以上的粟。這兩件文書同在一號，按照巴黎所藏敦煌文獻編號的慣例，這兩件文書很可能原來是粘在一起的。而且，"吳懷實、吳王七"兄弟二人又同時出現在兩件文書中，所以，確認這兩件文書同為敦煌乘安坊巷社文書，應該問題不大。依據敦煌文獻中保存的大量私社社條和社司轉帖，社人不參加社邑活動或者遲到、不交納應納物品或交納不足，都要受到處罰。這件罰物歷表明，此巷社亦具有對社人的處罰權，如前文所論，這是私社的特徵之一。可見，現存資料亦無任何證據表明敦煌乘安坊巷社是里巷社（官社），卻有跡象顯示它是從事喪葬互助活動的私社。

第三件是 S. 2472 背《辛巳年（981）十月廿八日營指揮葬巷社納贈歷》，納贈歷是社邑成員或其親屬亡故時社人依據社條的規定或社司的臨時決定向社司交納物品的記録。此件所記社人交納的物品有粟、餅、油、柴和織物，織物一般在一丈多至二丈多之間。這份納贈歷説明此巷社亦從事喪葬互助活動。而且，此巷社共有成員 33 人，顯然也不是全巷居民的必須參加的行政單位，而是由該巷部分成員自願組成的以從事喪葬互助活動為主的私社。第四件是 P. 4044《光啓三年（877）五月十日文坊巷社肆拾貳家肝修私塔記抄》，該號中還有第五件即《公元 905—914 年（？）修文坊巷社緝上祖蘭若標畫兩廊大聖功德讚並序》。這兩件文書抄寫在一卷中，係一人所抄，頗疑前件之"文坊巷"就是後件之"修文坊巷"，這兩件文書同屬一個巷社。因為這兩件文書的時間相隔二十多年，所以兩件文書巷社的首領不同，前件是"社官樊寧子"，後件是"巷社敦煌耆壽王忠信、都勾當伎術院學郎李文建"。不論這兩件文書是否同屬一個巷社，他們所從事的修塔和修蘭若均屬私社所從事的佛事活動。而且，前件巷社所修塔為私塔，後件所修蘭若為上祖蘭若，亦為私家蘭若。透露出其活動不屬於地區性行政單位的官府行為。此外，就人數而言，前件的人數是 42 家，後件的人數 48 人，據百户左右的基層行政單位之"巷"相差甚遠，只能是該巷部分居民結成的私社。第六件是 S. 327 背《己丑年十月七日巷社結案局席文書》。此件尾缺下殘，止存首部四殘行。所存內容如下："己丑年十月七日巷社一周☐☐☐結案局席羊價麥☐☐☐張虞候就倉門來帳(償)麥壹斗☐☐☐斗。正月(下缺)。"在敦煌的一些私社中,由社人輪流充當置辦宴席(即局席)的主人,每個社人都置辦一次宴席(即一周)以後,可能要舉行一次結案宴席[8]。此件很有可能就是某巷社有關結案局席的文書,可惜殘缺過甚,無法據之考察此巷社的性質。社邑在祭社時一般要置辦局席,但在其他情況下社邑有時也置辦局席,故依據上引材料中的"局席",只能説此巷社有可能從事春秋祭社活動。因爲不少以從事互助活動爲主的私社也舉行祭社活動,所以,尚不能據此推斷此巷社爲官社(里巷社)。

以上對目前所知的敦煌巷社的資料的全面考察表明,沒有任何跡象顯示敦煌的巷社是"楊文"的所謂"里巷社"(官社),相反,現有材料所保存的信息從很多方面顯示出敦煌的巷社只能是從事互助或佛事活動的私社。所以,"楊文"依據巷社的材料對"里巷社"(官社)所做的描繪和論斷,均屬對史實做了錯誤的理解和解釋。

二、唐五代時期敦煌地區的官社

"楊文"所謂的"里巷社"雖然是子虛烏有,但唐五代敦煌地區存在官社卻是真實的,只是並非常見,其具體情況與"楊文"描繪的情景也相去甚遠。所以會出現這樣的結果,不僅僅是因爲"楊文"混淆了官社與私社的材料,錯誤地用私社(巷社)的材料來論證官社。還因爲作者使用了所限定的時限以外的材料,對這類材料的特殊背景瞭解不夠,對材料理解也不準確。

如作者引用的大谷文書2838《長安三年(703)前後敦煌縣牒》,確實是有關敦煌地區官社的材料。但這件文書的時間是在唐前期,與作者論述的"唐末五代宋初"相隔二百年。而且,這件文書所反映的情況並非唐代始終推行的制度。武周時期,唐統治者一度將官社變成了基層行政組織,大谷文書2838《長安三年(703)前後敦煌縣牒》反映的就是這一時期的情況。但由於這項措施加重了民衆的負擔,導致"十羊九牧,人皆逃散",所以,"數年,百姓苦之,其法遂寢"[9]。"楊文"把二百年前曾一度存在的現象當作整個唐末五代宋初仍然存在的情況,其論斷當然會與歷史事實南轅北轍。

再如"楊文"所引用的 P. 2942《永泰年間(765—766)沙州祭社廣破用判》,其年代與唐末亦相隔一百多年。永泰以後不久,即公元 786 年,敦煌爲吐蕃攻佔,推行與唐朝完全不同的制度。P. 3544《大中九年(855)九月廿九日社長王武等再立條件》中稱:"社長王武、社官張海清、録事唐神奴等爲城煌(隍)賊亂,破散田苗,社邑難營,不能行下。"這件文書的時間在吐蕃剛結束在敦煌的統治之後數年,所以,文書中之"城隍賊亂",應指被吐蕃統治敦煌的五十多年。這是一件私社文書,既然私社的活動在吐蕃時期都難以維持,與吐蕃傳統毫無關係的官社祭祀遭到廢止也就在情理之中了。公元 848 年,敦煌大族張議潮率衆起義,結束了吐蕃在敦煌的統治,建立了歸義軍政權。張氏歸義軍政權雖維持著與中央政府的聯繫,但實際上是具有相當大獨立性的地方藩鎮。自公元 914 年曹議金掌握歸義軍政權以後,歸義軍的獨立性就更大了。自吐蕃佔據敦煌至五代時期的顯德五年(958),敦煌文獻中没有發現任何有關官社的記載。現知有年代的敦煌文書和可考出年代的敦煌文書,多數是在這一時期。這些材料全面反映了吐蕃、歸義軍時期的政治、經濟、軍事和社會等各方面的情況。敦煌文獻中保存的私社文書,也大部分在這一時期[10],反映了這一時期私社在敦煌十分流行。如果這一時期的官社活動像"楊文"描述的那樣,不可能在敦煌文獻中没有反映。在這一時期流行的私社中,有不少同時從事春秋二社的祭祀活動,從一個側面透露出其時鄉里一級的官社祭社可能已經不能維持了。可見,用永泰年間的"沙州祭社廣破用判"來論證唐末五代宋初的鄉里官社活動,意義不是很大。

雖然如此,用這件文書來説明敦煌在吐蕃佔據之前存在作爲國家祭祀禮儀的官社還是具有一定意義的。因爲敦煌文獻中還保存了兩件《祭社文》(S. 1725 背、P. 3896 背),這兩件《祭社文》與《大唐開元禮》卷 68《諸州祭社稷》和《通典》卷 121《開元禮纂類》16《諸州祭社稷》中的祭社祝文略同。敦煌文獻中兩度出現唐代典制中規定的《諸州祭社稷》祭社祝文,而且,兩件《祭社文》後還都抄寫了請有司準備祭社所需物品的牒文(《通典》和《大唐開元禮》均無此牒文),這説明當時敦煌(沙州)州一級的官社祭社活動可能仍在按制度舉行。但"楊文"卻沒有如此,而是試圖利用它論證整個唐末五代宋初敦煌"里巷社"(官社)的"祭社費用,由(或部分由)州縣司承擔"。這就不僅僅是存在上文已經提到的時間差問題,還有對材料的理解問題。爲便於説明,兹將該文書全文轉録於下:"沙州祭社廣破用:艱虞已來,庶事減省,沙州祭社,何獨豐濃?税錢各有區分,祭社不合破用。更責州狀,將何填陪牛直?將元案通。又判:自屬艱難,萬事減省。明衣弊帛,所在不供,何獨沙州廣爲備物?酒肉果脯,已費不追。布絹資身,事須卻納。"首先,此判説的是沙州祭社,沒有提及敦煌縣,據此不能作出縣司承擔祭社費用的推斷。其次,結合上舉兩件《祭社文》後所附的牒文,上録判文更可能是指沙州州府祭官社廣破用。兹録該牒文如下:"祭社:要香爐四,並香。神席四。氈廿領。馬頭盤八。疊子廿。罍子廿。小㭋子三。椀三。構子三。手巾一。弊布八尺。果食四盤子。酒。肉。梨一百顆。行禮人三。鍬兩張。黍米二升。香棗二升。修壇夫二。瓜廿。右前件等物,用祭諸神,並須新好。請處分。牒,件狀如前,謹牒。　年月日張智剛牒。"此牒中之"酒肉果脯"和"弊布"等都可和上引判文對應。判文的標題是"沙州祭社廣破用",説明永泰年間的沙州的某次祭社超過了制度的規定(廣爲備物),即比上牒所列物品還要"豐濃"。而且,"税錢各有區分,祭社不合破用",似乎沙州祭社動用了應該上繳的税錢。如果不是如此,河西巡撫使大概也不會知道沙州祭社的用度超過了規定。所以,"沙州祭社廣破用判"所指的應該是沙州州府祭官社,與州縣以下的鄉里官社祭社無關。從字面上説,如果指的是鄉里官社祭社,判文的標題則應爲"沙州諸鄉里祭社廣破用"。

上文已經提及,自吐蕃佔據敦煌(公元786年)至歸義軍時期的顯德五年(958),敦煌文獻中沒有發現有關官社的資料。所以將下限定在顯德五年(958),是因爲這一年出現了"楊文"提到的P.3379《顯德五年(958)二月社録事都頭陰保山牒》,這是"楊文"對唐末五代宋初官社所作論證中唯一一條時間和性質都符合論題的材料。此件前缺,所存部分是將三人結成一組,尾部稱:"三人團保,或有當保盜竊,不敢覆藏,後有敗露,三人同招愆犯。"此牒之牒主署名爲"社録事都頭陰保山",上鈐"瓜沙等州觀察使新印",説明當時官社具有團保防盜之職能。"楊文"還考出了Дх.2149《欠柴人名目》與此件的聯繋,指出其中之"索留住巷""欠柴46人中有15人見於"《顯德五年(958)社録事都頭陰保山牒》,並據以推斷"索留住巷""亦即陰保山任社録事之巷社"。Дх.2149《欠柴人名目》前後均缺,所存部分是以"社"、"巷"爲單位記録已納柴人和欠柴人的人數及欠柴人的姓名。其中"高住兒社"和"索留住巷"的情況保存完整,"程弘員巷"僅存首部。依據此件中之"社"、"巷"並列的現象,"楊文"推斷此件中之"社"就是"巷社"。從其依據"索留住巷"將陰保山任社録事之官社也推斷爲"巷社"來看,作者實際上把此件中之"巷"也等同於"巷社"。應該承認,"楊文"的以上推斷是有一定道理的,但也還有不少疑點。首先,"索留住巷"有十幾人見於陰保山任社録事的官社,雖然可以證明兩者之間確有聯繋,但如果説"索留住巷"就是陰保山社還只是一種可能,並無確鑿證據。而且,現存"索留住巷"人名中只有十幾人與陰保山社姓名相同,還有三十多人姓名不同。還有,敦煌文獻中保存的巷社記載有六條之多,爲什麽偏偏在此件中"巷"字之下省略了"社"字,"社"字之上又省略了"巷"字[11]?如果對這些疑問不能做出合理的解釋,就不能排除陰保山所在官社和"索留住巷"不過是部分成員相同,並非同一組織的可能性。其次,就目前所知,"社"、"巷"並列的材料在敦煌文獻中是孤證。既然是孤證,其性質就不容易確定,就不能排除偶然。"楊文"可以據此推斷"高住兒社"是"高住兒巷社";我們更可以推斷"高住兒社"就是"高住兒巷"。現存材料中,與"高住兒社"並列的兩個單位都稱"巷",所以,也許這個推斷可能性更大一些。也有可能,"高住兒社"的"社"字沒有任何意義,不過是書寫者的筆誤或者只是"村"、"社"等同的觀念的一種歷史返照。"楊文"在"高住兒社"是否"巷社"尚未落實的前提下,又進一步推論"巷社負有替官府催驅柴薪之責",實屬將推斷作爲事實了。最後,即使"楊文"的推斷和推論都能成立,Дх.2149《欠柴人名目》也只對五代末至宋初具有意義。敦煌文獻中保存的P.3418背《沙州諸鄉欠枝夫人户名目(9世紀晚期)》和羅振玉舊藏《沙州枝頭白刺頭名簿(10世紀前期)》説明,在張氏歸義軍時期,納柴是以鄉單位,由枝頭和白刺頭負責繳納。國圖 BD11181《天福七年(942)十一月典張環牒》顯示,直至公元 942 年,曹氏歸義軍政權的納草方式仍然是由"縣司""各帖家丁村正所由","逐處供輸"。"草"與"柴"性質相同,其繳納方式也應相同。可見,敦煌採用以"巷"爲單位交納柴草,至少應該在公元 942 年以後的五代末年了。顯德五年(958)任歸義軍節度使的是曹元忠,他是曹氏歸義軍時期在位時間最長的一位節度使(944—974)[12],頗有作爲。很可能是他在位期間採取了恢復官社並再度賦予了官社某些基層行政組織的職能。同時,他對柴草等賦稅的交納方式也進行了改革,民衆納柴的方式改爲以巷爲單位進行交納。當然,這些推測都還有待於進一步證實。

從以上考辨可以看出,關於唐五代時期敦煌地區的官社,由於材料太少,很難做明確、具體的說明。但可以肯定,官社並不以"里巷社"爲名,也無確鑿證據證明官社曾被稱作"巷社"。從武則天時期一度推行的將官社變爲基層行政組織的措施亦曾在敦煌得到實施來看,在吐蕃管轄敦煌(786)以前,唐王朝的政令能夠在敦煌很好地貫徹執行。所以,從唐高祖時開始推行的作爲國家祭祀禮儀的官社祭社活動應該在敦煌地區得到了貫徹[13]。《永泰年間沙州祭社廣破用判》和敦煌文獻中保存的州府《祭社文》抄都是有力的證據。吐蕃管轄敦煌以後,由於廢除了唐王朝的州縣鄉里等行政和禮儀制度,官社亦當被廢止。自張議潮起義成功(848)至曹氏歸義軍的最初幾十年,我們在敦煌文獻中雖然可以看到大量有關私社的記載,卻找不到一條有關官社的資料,說明官社在這一百多年間很可能未被恢復。《顯德五年(958)二月社錄事都頭陰保山牒》說明曹元忠曾採取恢復官社的措施,至少官社具有了團保防盜的職能。但由於僅此孤證,曹元忠在五代末年恢復官社的背景以及被恢復的官社是否還有其他職能等具體情況,目前尚不得而知。

三、關於敦煌是否存在按階級、階層結社的現象

"楊文"認爲:《北朝至隋唐五代間的女人結社》[14]一文"說唐五代時期

已出現按階級、階層結社的現象只是一種基於錯誤理解出土文書而引出的一種錯誤推測"。其實，所謂"錯誤理解"是"楊文"强加給被批評者的。正如"楊文"所説，《北朝至隋唐五代間的女人結社》一文認爲唐五代時期已出現按階級、階層結社的現象，"其主要論據有二：1.從現存唐五代兩件女人社文書的女人題名看，'這兩個社都是由下層婦女組成'；2.上引庚寅年至辛卯年某寺諸色支出簿中，又有'夫人大社、小社'等名稱，這種'夫人社'或者就是由沙州地方官吏的夫人組成"。關於第一個論據，"楊文"認爲是由於論者錯誤地理解了女人社社條中的"主人"的含義，將主客之"主"理解爲了主僕之"主"。敦煌社邑文書中保存了大量有關"主人"的材料，這些材料中的"主人"不但包括"楊文"所説的"喪主家庭"，還包括置辦局席的"主人"，他們實際上是事主或承辦者。把社條中的"主人"當作主僕之"主"，用以論證社人的身份，當然是明顯的錯誤。問題是這個錯誤和"楊文"所批評的《北朝至隋唐五代間的女人結社》一文的作者無關，因爲該文作者所作論斷的依據是女人社成員之題名，根本没有提及女人社社條中的"主人"，相信也不會對其含義產生誤解。"楊文"這是把别人的錯誤强加給了被批評者[15]，很不公道。關於第二個論據，"楊文"認爲是論者錯誤地將作爲姓氏的"達"字理解爲"達家貴人之意"。這又是一個被批評者本不存在的錯誤。如前所引，《北朝至隋唐五代間的女人結社》一文作者的論據是"夫人大社、小社"，强調的是"夫人"，根本就没有涉及這些夫人的姓氏，因爲在唐五代時期，平民的妻子没有資格被稱爲"夫人"，由夫人組成的社自然屬於上層結社。在這裏，姓氏並不重要，是"達家"還是張家都不會影響對這個社邑性質的判斷。完全没有必要將"達家"之"達"解釋成"達家貴人"。"楊文"這種用編造被批評者的錯誤來凸現自己高明的做法，很不嚴肅。

應該承認，"楊文"將"達家夫人社"理解爲"達姓夫人所在的社"，有一定道理。《北朝至隋唐五代間的女人結社》一文的作者雖然没有將"達家"理解爲"達家貴人"，但實際上是將其理解爲"由達家的夫人們組成的社"。P.4907《庚寅年(990)辛卯年(991)入破歷》有關原文是："十二月廿五日弔孝達家夫人大社粟壹斗、小社粟壹斗。"因爲同件中還有"孔庫官社、閻都衙社","楊文"當然可以據之將"達家夫人社"理解爲"達姓夫人所在的社"。問題是原文並非"達家夫人社",而是"達家夫人大社",且後面還有"小社",按照慣例,"小社"應爲"達家夫人小社"的略稱。這樣,按照"楊文"的解釋,就成了"達家夫人所在的大社"和"達家夫人所在的小社",也顯得很牽強。反而是將其理解爲"由達家夫人組成的大社"和"由達家夫人組成的小社"顯得更合理。可見,由於材料所限,以上兩種解釋實際都屬於推測。很難説哪一種説法是"斷章取義",哪一種説法是"錯誤理解出土文書"。P.2991《敦煌官品社於莫高窟素畫功德讚文抄》記載敦煌曾有"官品社",這應該是一個由有品級的官員組成的社邑。既然有品級的官員可以組成"官品社",他們的夫人也就有可能會組成"夫人社"。可見,即使是將以上引文中的"達"字真的理解爲"達家貴人",也不能説是錯誤。

"官品社"的成員既屬統治階級,又屬上層社會,有力地説明唐五代時期敦煌確實存在按階級階層結社的現象。此外,P.4975《辛未年(971?)三月八日沈家納贈歷》記載該社成員是"閻社長、竇社官、鄧都衙、張録事、鄧縣令、索押衙、陰押衙、小陰押衙、米押衙、齊法律、鄧兵馬使、鄧南山、楊殘奴、李願盈、長千",這個社邑也是以官員爲主,而且社邑成員所交納的物品的價值也比一般社邑高很多(一般是數丈高級絲織品,平均每人八丈多),絶非普通平民所能負擔,説明其中沒有官職的人也應是社會上層的實力人物。按照敦煌社邑文書題名的慣例,凡是有官職和特殊身份、頭銜的人,一般只書寫其姓氏和官職或頭銜,所以,利用社人題名來探討社邑成員的組成,是一個有效的方法。利用這個方法,還可以找出一些由官員或社會上層結成的社邑[16]。而 P.2842₁《甲辰年(944)八月九日郭保員弟身亡轉帖》記載該社成員爲:"社官石、武社長、羅流子、羅英達、高山山、吳加盈、王清子、石義深、王骨子、遊流住、樊粉搥、孔清兒、王再慶。"此社沒有一個有官銜的人,應屬由下層民衆結成的私社。類似材料還有一些,不備舉。

總之,唐五代時期敦煌的私社雖多由各階級、階層混合組成,但存在按階級、階層結社的現象也是確定不移的事實。

四、關於敦煌社邑的主要活動

對敦煌社邑的主要活動的考察，是"楊文"的主要部分，也是最能體現"楊文"所謂"量化分析"的部分。但這一部分的問題也最大。

首先，"楊文"使用的材料很不完備。作者不僅未能進一步搜集材料，甚至已經經過整理刊佈的資料也未能完全利用。從"楊文"所列表格使用的文書來看，其取材僅限於《敦煌社會經濟文獻真蹟釋錄》第一輯和《敦煌社邑文書輯校》兩書。就連土肥義和與石田勇作編纂的 *Tun-huang and Turfan Documents Concerning Social and Economic History*, IV. *She Association and Related Documents*（此書實際出版時間爲 2000 年）也未能利用[17]，此書收錄了一些上列兩書中未能收錄的俄藏敦煌文獻中的社邑文書。加上筆者爲撰寫此文從新公佈的敦煌文獻中搜集的 44 件社邑文書，"楊文"未能利用的社邑文書達 78 件之多。這其中有社司轉帖 37 件。既稱量化分析，利用材料的數量卻相差很多，不能説是嚴謹的做法，又怎能得出科學的結論？

其次是方法問題。對敦煌社邑文書稍有瞭解的人都知道，這些文書分爲實用文書和非實用文書兩大類。實用文書是社邑活動的記錄，非實用文書包括文樣、稿、抄和習字。"文樣"是起草社邑文書的藍本，或供學郎（學生）學習、瞭解文書的格式和式樣；"稿"是實用文書的草稿；"抄"的情況比較複雜，有的係學郎或其他人依據實用文書抄錄，有的係各種身份的人（包括學郎）依據文樣或憑記憶隨手所寫；"習字"則是時人練習書法時所寫。在非實用文書中，只有稿和依據實用文書的抄寫的"抄"與實用文書具有同等價值，可以當作實用文書使用，其他雖對瞭解社邑亦具有一定價值，但與社邑的實際活動無關。如果對其進行數量統計，並用這種統計數字作量化分析，就不具有任何價值。敦煌文獻中保存的社司轉帖，有相當數量的"文樣"、"稿"、"抄"和"習字"。但"楊文"卻没有意識到這一點，在統計表格中將大量非實用文書計入。這樣，"楊文"的所謂量化分析就只有數字意義，並不能反映當時的社邑的實際活動情況。

筆者依據目前所能見到的社司轉帖,將其中的實用文書(包括具有實用文書性質的非實用文書,即"稿"和依據實用文書抄寫的"抄")和非實用文書分別進行統計。其結果如下表1和表2[18]:

表1:具有實用性質的社司轉帖事由分類統計表[19]

項目	喪葬互助等			春秋坐局席					其他局席	佛事活動									少事商量	合計
	喪葬	榮親	暖腳	春坐	秋坐	春秋局席	常年局席	小計		正月齋	五月齋	九月齋	設供	正月建福	建齋	社齋	拽佛	小計		
件數	33	1	1	9	7	1	2	19	4	3	2	1	2	2	5	1	1	17	9	84
所佔比例	39.3%	1.2%	1.2%					22.6%	4.8%									20.2%	10.7%	100%

表2:非實用社司轉帖事由分類統計表[22]

項目	喪葬互助等			春秋坐局席					其他局席	佛事活動									少事商量	合計
	喪葬	榮親	暖腳	春坐	秋坐	坐社	常年局席	小計		正月齋	五月齋	九月齋	設供	正月建福	建齋	社齋	燃燈	小計		
件數	10	0	0	37	10	1	1	49	1	0	0	1	2	0	3	2	1	9	9	81
所佔比例	12.8%							62.8%	1.3%									11.5%	11.5%	100%

如將表1和"楊文"的統計結果進行對照,會發現二者出入很大。依據"楊文"的統計,敦煌社邑的活動以"春秋二社最爲頻繁(佔41.6%),其次是喪葬互助(佔22%),佛事活動的項目甚多,但活動頻率不高(佔15%)"。表1的統計顯示,社邑的喪葬互助活動最爲頻繁,接近佔所有實用社司轉帖的

40％；而春秋二社活動和佛事活動的頻率大體持平。有了這個統計結果，"楊文"對其統計數字所作的種種解説也就都失去了依據。

需要説明的是：表1統計結果和實用社條規定的社邑活動大體一致，並非如"楊文"所説："社邑的實際活動與立社規定不盡相同，有的還相差甚遠。"現知保存較完整記録有活動規定的實用社條共有十二件，除去三件專為從事佛事活動成立的社邑（P. 4960、S. 3540、國圖 BD14082）以外，其餘九件都有關於喪葬互助的規定，有六件（S. 2041、P. 3989、S. 8160、S. 6005、P. 3489、Дx. 11038）只有喪葬互助的規定，兩件既規定了喪葬互助，也規定了佛事活動（S. 527、P. 4525），一件同時規定了三齋二社和喪葬互助（P. 3544）。可見在實用社條中，也是喪葬互助活動最為重要。但在社條文樣中，情況有所不同，六件社條文樣有三件同時規定了春秋二社、佛事和喪葬互助活動（P. 3730 背、S. 6537 背《拾伍人結社文》、S. 6537 背《上祖條》），一件只規定了春秋二社和喪葬互助（S. 5629），兩件僅有喪葬互助的規定（S. 5520、P. 3536 背）。雖然喪葬互助仍居於首位，但春秋二社的地位明顯高於實用社條。對照表2，在非實用社司轉帖中，春秋二社轉帖佔的比例最大（佔62.8％）。這表明在當時人的觀念中，春秋二社的地位還是很重要的。但在實際生活中，春秋二社就遠不如互助活動重要了。

依據表1，佛事活動仍是敦煌社邑的重要活動，其頻率只比春秋二社活動略低，並不像"楊文"所統計的那樣遠低於春秋二社活動。此外，佛事活動名目雖多，但建福、社齋、設供實際都是指齋會活動。如 S. 6174《某年正月九日設齋轉帖》，是通知社人參加正月齋會，其中就稱"正月設齋一供"。如果將正月、五月、九月齋會的轉帖和建福、社齋、設供的轉帖加在一起，就佔了佛事活動社司轉帖的絕大部分，表明敦煌社邑的佛事活動是以齋會活動為主。

應該説明，即使依據實用文書進行量化研究，所反映的社邑活動也只能是一種趨向。因為，我們所依據的並非敦煌社邑活動的全部材料，而只是其中的一部分。我們應該清醒地看到材料的限制和局限。但不管怎麽説，表1的統計結果應該比"楊文"的統計更接近歷史實際。

还应该指出,由于每个社邑的活动内容不同,频率也不同,所以,"杨文"有关社人每年参加社邑活动负担的推算并不具有科学意义。而且,"杨文"的推算忽略了社邑从事丧葬互助活动时社人应纳"织物"的负担。依据敦煌文献中的社条、社司转帖和记录社人交纳丧葬互助物品的"社司纳赠历",许多社邑在从事丧葬互助活动时都要求社人交纳织物。如 P.3544《大中九年(855)九月廿九日社长王武等再立条件》规定交纳"布贰丈,借色布两疋半";S.2041《大中年间(847—860)儒风坊西巷社社条》则是"各助布壹疋";P.2842$_1$《甲辰年(944)八月九日郭保员弟身亡转帖》要求"人各鲜净色物三丈"。大致说来,社人在丧葬互助活动中需要交纳的布在一丈至一疋之间。按照当时布与粮食的比价,一尺布相当于一斗麦或粟[20],三丈织物就相当于三石粮食。所以,在丧葬互助时需要交纳织物的社邑,只要每年参加一次助葬活动,社人的负担就比"杨文"推测的全年总负担高很多了。当然,也有一部分社邑在从事丧葬互助时不要求社人交纳织物,只交纳麦、粟、油、柴等[21]。

"杨文"可商榷之处还有一些,如关于"义聚"的性质、关于社邑与寺院的关系等,限于篇幅,不再一一论列。由于作者没有在材料的搜集和整理上下功夫,又缺乏对敦煌历史和社邑发展历史的深刻了解,只是试图在别人搜集的部分资料基础上别立新说,出现问题也就在情理之中了。

注释:

注1:诚逊《五十年来(1938—1990)敦煌写本社邑文书研究述评》,《中国史研究动态》1991年第8期。

注2:关于敦煌社邑文书资料的整理,除杨际平先生提到的《敦煌社会经济文献真迹释录》和《敦煌社邑文书辑校》外,尚有土肥义和与石田勇作编纂的 Tun-huang and Turfan Documents Concerning Social and Economic History, IV. She Association and Related Documents(东洋文库1989年)。孟宪实有关《敦煌社邑文书辑校》和此书的书评载《敦煌吐鲁番研究》第五卷,北京大学出版社2001年版。郝春文《〈敦煌社邑文书辑校〉补遗》(一)(二)(三),分载《首都师范大学学报》1999年第4期、2000年第2期、2001年第4期。此外,笔者又从最近新公布的敦煌文献中搜集到40多件社邑文书,写成《〈敦煌社邑文书辑校〉补遗》(四),载《汉语史学报专辑》(总第三辑),上海教育出版社2003年5月版。另请参看本书下篇"拾"。

注3：新近發表的有關這一課題的論文有：孟憲實《敦煌社邑的分佈》，載郝春文主編《敦煌文獻論集》，瀋陽：遼寧人民出版社 2001 年版；余欣《唐宋敦煌婦女結社研究——以一件女人社社條文書考釋爲中心》，東京都立大學《人文學報》第 325 號（2002 年 3 月）。另請參看本書下篇"壹"。

注4：見《中國史研究》2001 年第 4 期，第 78 頁。以下所引"楊文"均見此文，不再出注。

注5：楊際平先生對這件文書的誤解不始於此文，早在 20 世紀 80 年代發表的《吐蕃時期沙州寺院經濟研究》（載韓國磐主編《敦煌吐魯番出土經濟文書研究》，廈門大學出版社 1986 年版，第 374 頁）中，就已經將文書中的"科稅"解釋爲社邑代收官府之稅了。

注6：參看謝和耐著，耿昇譯《中國五—十世紀的寺院經濟》，蘭州：甘肅人民出版社 1987 年版，第 312 頁。

注7：杜佑《通典》卷三"鄉黨"，北京：中華書局 1984 年版，另請參看王永增《試論唐代敦煌的鄉里》，《敦煌學輯刊》1994 年第 1 期。

注8：參看郝春文《敦煌遺書中的〈春秋座局席〉考》，《北京師範學院學報》1989 年第 5 期；又本書下篇"肆"《再論敦煌私社的"春秋坐局席"活動》。

注9：張鷟撰、趙守儼點校《朝野僉載》，北京：中華書局 1979 年版，第 93 頁。另請參看盧向前《馬社研究》，載北京大學中國中古史中心編《敦煌吐魯番文獻研究論集》第二輯，北京大學出版社 1983 年版；孟憲實《關於唐宋民間結社的幾個問題——以敦煌社邑文書爲中心》，2000 年"紀念敦煌藏經洞發現一百周年國際學術研討會"論文。

注10：參看寧可、郝春文《敦煌社邑文書輯校》，南京：江蘇古籍出版社 1997 年版，"前言"第 22—24 頁。

注11：其實，此件中之"巷"，更有可能是"坊巷"的簡稱，因爲其規模大致相當於唐制的一坊，敦煌文獻中也有幾件坊巷連稱的記載。如上文提及的 P. 3636_2《丁酉年(997?)五月十五日社户吳懷實托兄王七承擔社事憑據》中有"乘安坊巷"，國圖 BD14082（新 882）《丙申年四月廿日博望坊巷女人社社條》中有"博望坊巷"，P. 3489《戊辰年(968?)正月廿四日桂坊巷女人社社條》中有"桂坊巷"，這三件都沒有像 S. 2041《大中年間(847—860)儒風坊西巷社社條》那樣稱"儒風坊西巷"，而是逕稱"坊巷"，似乎這幾件中之"坊巷"是指某坊，而不是指某坊中的某巷。但這個推測還有待進一步證明。

注12：參看榮新江《歸義軍史研究》，上海古籍出版社 1996 年版，第 113—122 頁。

注13：關於唐高祖推行從中央到地方鄉里社稷祭祀禮法系統的努力以及唐統治者對官社和私社的政策請參看孟憲實《關於唐宋民間結社的幾個問題——以敦煌社邑文書爲中心》，2000 年"紀念敦煌藏經洞發現一百周年國際學術研討會"論文。

注14：該文載《北京師範學院學報》1990 年第 5 期。

注15：楊森《晚唐五代兩件〈女人社〉文書劄記》（《敦煌研究》1998 年第 1 期）確實將女人

社社條中者之"主人"誤解爲主僕之"主",但該文並未探討按階級、階層結社問題。

注16:孟憲實在《敦煌社邑的分佈》(第424—425頁)中曾舉出幾件官人結社的例子。

注17:"楊文"未能利用的還有郝春文《〈敦煌寫本社邑文書輯校〉補遺》(一)、(二)、(三)所刊佈的社邑文書。

注18:實用社司轉帖的主要特徵是在轉帖後列有社人姓名,有的在姓名旁還有"知"字或表示已知的標記;"稿"則一般在原件上有塗抹修改的痕跡;依據實用社司轉帖抄寫的"抄"一般也保存了原件的社人姓名,只是在社人姓名旁沒有"知"字等標記。爲了節省篇幅,筆者不再表列據以製成下表的社司轉帖,只將各類社司轉帖的原始出處列於注釋中,以備查考。因"渠人轉帖"與私社轉帖性質不同(參看郝春文《敦煌的渠人與渠社》,《北京師範學院學報》1990年第1期),筆者未將其列入統計範圍("楊文"的表格包括了"渠人轉帖")。

注19:下表所依據的文書之出處如下:喪葬互助:P.5003、P.3070背、S.6981、P.3164、S.5139背、P.2842、P.5032(內有四件)、P.3555B+P.3288、P.3707、P.3889、國圖BD9345(周66)、S.5632、P.4991、S.6003、Дх.1439A、S.4660、P.4987、S.7931、S.2242、S.10184+S.9929、P.3897、P.4003、P.T.1102、Дх.2162、S.5486、Дх.4032、Дх.2256、國圖BD12304、國圖BD15434、Дх.1436;榮親:S.6981;暖腳:S.1475背;春坐:P.2667背、S.5139背、S.6214、P.4063、S.274、P.3145、S.5813(此件稱"坐社",但時間在二月,故列入春坐)、P.2880、Дх.3114+Дх.1359B;秋坐:P.3764、S.1453背、P.2738背、P.3691、P.3875A、P.3764背(內有兩件);春秋局席:P.3391背(此件原件書寫爲"春秋局席");常年局席:P.4019背、P.2738背(此二件均爲原件書寫爲"常年局席");其他局席:S.6060、S.5939、P.3441背、S.1973(此四件均可以確定爲春秋二社以外的局席);正月齋:S.329背、P.2825背、S.6174;五月齋:S.5825、國圖BD9341(周62);九月齋:Дх.1440;設供:CH.IOL82背、Дх.11082背;正月建福:P.3037、Дх.11073;建福:Дх.11093、S.2894背(內有三件)、P.3372背;社齋:P.2716背;拽佛:Дх.1401;少事商量:P.3192背、P.3305背、S.4444背、S.6614背、P.3692背、S.214背、S.5631、P.6024、Дх.3114。

注20:參看謝和耐著、耿昇譯《中國五—十世紀的寺院經濟》,第238頁。

注21:詳情可參看寧可、郝春文《敦煌社邑的喪葬互助》,《首都師範大學學報》1995年第6期。另請參看本書下篇"伍"。

注22:下表所依據的文書出處如下:喪葬互助:P.3211、國圖殷41背、S.3011背、S.2894背(內有兩件)、S.3714、P.2817背、S.2078背、國圖BD8781、Дх.6063背;春坐:P.3286背、P.3319背、S.6236背、S.255、S.728背、P.3757背、國圖殷41背、S.4037背、P.3691背、北京大學圖書館D246背(內有兩件)、S.6066背、S.6008、S.6104、P.2975背、P.4017(內有三件)、S.1163背(內有兩件)、S.6461背、北京大學圖書館D246(正面有一件,背面有兩件)、P.3094背、S.1048背、P.2439背、

S. 173背、P. 3621背、國圖BD1067、S. 5879背、S. 5032、S. 3877、S. 5080背、S. 3393背、S. 5879背、津藝61D；秋坐：P. 5546背、S. 329背、P. 3623、S. 1386背、S. 1163背、P. 2498、P. 3666背、S. 865、津藝61D、國圖BD15434；坐社：S. 395；常年局席：P. 2738背；局席：S. 329背；九月齋：P. 2715背；設供：S. 6583背、S. 6004；建福：P. 3503背、S. 345背、S. 2894背；社齋：P. 2716背、S. 4663背；燃燈：P. 3434背；少事商量：S. 214背、P. 3698背、P. 2738背、P. 3616背、S. 10564、P. 3875A背、S. 1408背、Дx. 10257背（內有兩件）。

玖　再論唐末五代宋初敦煌社邑的幾個問題

《中國史研究》2001年第4期發表了楊際平先生《唐末五代宋初敦煌社邑的幾個問題》，同刊2003年第1期刊出了我的《〈唐末五代宋初敦煌社邑的幾個問題〉商榷》（以下簡稱"商榷"），對該文涉及的一些重要問題提出了不同看法。現在，楊先生又撰寫了《唐末五代宋初敦煌社邑幾個問題的再商榷》（以下簡稱"再商榷"），指出了我的疏失，同時承認了曾將"別人的錯誤強加給被批評者"，但在基本問題上仍堅持原來的看法。筆者捧讀之餘，感覺楊先生的看法和論據仍有諸多疑點，現本著實事求是的精神，將這些疑點寫出來，仍望楊先生和關心這一課題的讀者不吝賜教。

一、再論巷社的性質

"再商榷"稱："郝春文先生斷言，敦煌資料中所見的巷社不是官社，不是各巷所有成員都參加，最主要的根據就是他所說的：'按照唐制：在邑居者爲坊，在田野者爲村，都是以百户爲行政單位。'並規定'其村居如滿十家，隸入大村。不須別置村正'。據此，郝先生認爲'敦煌地區作爲行政單位的巷，其民户也應在百户左右。准此，儒風坊西巷社的成員也就肯定不是該巷的全體居民了'。"

首先應該指出，以上表述不夠明確，很容易使人誤讀。楊先生提到了"商榷"一文中的兩個論斷，一是"巷社不是官社"，二是巷社"不是各巷所有成員都參加"，然後說"最主要的根據就是""敦煌地區作爲行政單位的'巷'，

297

其民户也應在百户左右。准此,儒風坊西巷社的成員也就肯定不是該巷的全體居民了"。從下文楊先生的具體論證來看,所謂"最主要的根據"實際對應的是第二個論斷,但由於作者有意或無意地不明確對應項,給人的印象是楊先生下文要批駁的是以上兩個論斷的"最主要的根據"。一旦證明儒風坊西巷社的成員包括該巷的全體居民,"巷社不是官社"和巷社"不是各巷所有成員都參加"兩個論斷都失去了最主要的依據。

這當然是錯誤的解讀。"巷社不是官社"是"商榷"一文的重要觀點,爲了論證這一看法,我列舉了一系列的證據。在這諸多依據中,巷社是否包括該巷全體居民,只是依據之一,既非最主要依據,甚至也不能説是主要依據。原文具在,可以復查,以楊先生之審慎,不會不知。我更願意相信楊先生是由於疏忽,話説得不夠嚴密。嚴密的表述應該是:"郝春文先生斷言,敦煌資料中所見的巷社不是官社,其依據之一是'不是各巷所有成員都參加'。而'不是各巷所有成員都參加的'最主要的根據就是……"如此,就不會使人産生誤解了。

其次應該承認,我把唐代的坊和村理解爲以百户爲單位的基層行政組織,確實不夠準確。實際情況如楊先生所言,唐制"以鄉里爲基層行政單位,每里百户左右"(按制度規定應該是百户——引者),確無百户爲村坊之説。但楊先生進而認爲"村"不是基層行政單位,只是居住聚落,似亦不妥。因爲楊先生所引大唐令明言:"在邑居者爲坊,別置正一人。掌坊門管鑰,督察奸非,並免其課役。在田野者爲村,別置村正一人,其村滿百家增置一人,掌同坊正"。可見,唐代社會最基層的建制,在城市是"里"和"坊",其行政長官分別是里正和坊正;在鄉村是"里"和"村",其行政長官則分別是里正和村正。里正"負責户籍田地,賦税徭役。坊正管理治安訴訟,民事糾紛"[1]。而村正"掌同坊正"。顯然,里、坊、村均屬基層行政機構,里正和坊正(村正)在職能上的區別也是很清楚的。"里"在原則上是以百户爲單位,坊和村則與户數之間没有一定的對應關係。只有少於十户的"村",纔不是基層行政單位("隸入大村",即編入附近的作爲基層行政單位的"村")。

至於敦煌的"巷"的性質,仍然是一個值得進一步探討的問題。我在"商權"一文中之所以把敦煌的"巷"看作以百户爲單位的基層行政單位。主要依據就是楊先生引用過的 Дx.2149《欠柴人名目》。該件是以"巷"爲單位記載各巷欠柴民户的姓名和原因,應爲官府徵收柴的檔案。該件前後殘缺,只保存了三個巷(社)的民户數字,其中"高住兒社(巷)八十二人","索留住巷一百六人","程弘員巷八十九人"。在這裏,各"巷"承擔的是上述"里"的職責(催驅賦役),所轄之户數也與"里"相近。據此推斷敦煌的"巷"是以百户爲單位的基層行政組織,不能説是毫無根據。

另一方面,在我們現知的巷社材料中,其成員人數均比現知敦煌"巷"的户數要少很多。如 S.2041 記載的儒風坊西巷社有成員 37 人,S.2472 背記載的巷社是 33 人,P.4044 記載的文坊巷社是 42 家和 48 人,而上舉《欠柴人名目》所記載的各"巷"分別是 82 人、106 人和 89 人。據此推斷敦煌的巷社不是由當巷全體居民組成,而只是當巷一部分成員自願組成,亦不能説是毫無根據。

當然,以上兩個論斷均屬推論,不能作爲巷社不是由當巷全體居民組成的主要依據。誠如楊先生所論:"郝春文先生斷言敦煌資料中所見的巷社不是各該巷成員都參加的社,但又不能明確舉證各該社有哪些户没入社,恐怕難以服人。"楊先生的反駁是有力的,只有找到某巷居民未參加該巷巷社的證據,纔能説服楊先生和廣大讀者。在這樣的情況下,楊先生認爲,"當時的一些社邑(包括儒風坊西巷'村鄰'所立的社邑)既以'巷社'爲名,論理就應以該巷全體人户組成爲是"。雖然這個論斷同樣没有明確舉出這些巷社成員就是該巷全體居民的證據,同樣屬於推論,但如果找不到楊先生所説的"證據",就不能否認楊先生推論的合理性。然而,S.2041《大中年間(公元847—860)儒風坊西巷社社條》中保存了楊先生要筆者提供的證據。這個社條的第 11 至 13 行有"後入社人:張安屯、張善善、樂寶岩、郭小通。後入七人,若身東西不在,口承人,張履屯、馬苟子、郭小通"。這些"後入社人"當然應該是儒風坊西巷的居民,所以,至少在張安屯等加入巷社之前,儒風坊西巷社並未包括該巷的全體居民。我在"商榷"一文中曾經指出,按照楊先生的説法,巷社是按地域組織,各户都要參加,而且這是官方的意圖,那麼敦煌儒風坊西巷的全體居民就都應該是社邑成員，當然也就不應該有所謂"後入社人"。只有那種自願結合、自願參加的私社，纔會有"後入社人"。這樣，楊先生之巷社"論理就應以該巷全體人户組成爲是"的推論也就失去了合理性。

我與楊先生的另一重要分歧是對社邑文書中之"税"字含義理解不同，而對"税"字的不同解釋也同樣關係到對巷社性質的確定。我在"商榷"一文中舉出四件社邑文書爲例，説明"税"字在社邑文書的語境中是指社人向社邑繳納的物品，並非指官府賦税。"再商榷"則將"税"字分爲動詞和名詞，認爲"'税'字作名詞用，即指賦税。作動詞用，多數指徵收賦税，但有時也用於一般含義的'徵集'、'徵斂'"。

應該指出，在唐代，"税"字作爲動詞，除楊先生上列義項外，還有一些其他用法，如作"租賃"、"釋放、解脱"、"以財物贈人"等，這些用法都可以在唐代典籍中找到例證。由於絶大多數唐代典籍已被製成電子文本，將其中之"税"字全部查出，分類研究其用法已非難事。在此，筆者不擬對"税"字的各種用法做繁瑣的舉證。只想説明，"税"字作爲名詞是本義，用作動詞是其引申義，多數情況下和最基本的用法是指徵收賦税。在這種情況下，"税"字既有"徵收"的含義，也還包含"税"字（賦税）的部分名詞特徵，不能簡單地僅將其解釋爲"徵收"。如《舊唐書》卷135中有"趙贊又請税間架、算除陌"[2]，其中之"請税間架"，就應該理解爲"又請徵收間架税"。又《舊唐書》卷134中："（馬）燧乃勸課農畝，總其户籍，歲一税之，州人以爲便。"[3] 其中之"歲一税之"，也只能理解爲"每年徵收一次税"。類似例證甚多，恕不備舉。同樣，楊先生在"再商榷"中所舉的兩例用作動詞的"税"，即"税天下浮屠錢"和"詔税百官錢"也有名詞性特徵。這兩例中所"税"的錢，雖不是正税，但仍是官府具有強制徵收性質的特别税。所以，至少楊先生提供的例證還不足以説明"税"字用作動詞，可以僅僅理解爲"徵收"，只有社邑文書中的例證可以作此理解。我在"商榷"中舉出四條社邑文書例證，其中之"税"字均指社人向社邑繳納物品，無一例是指賦税（即使"税"字用作動詞也不具備賦税的含義），這一點楊先生在"再商榷"中並未提出異議。而這一點恰恰證明社邑文書中的"稅"字的含義有自己特殊的語言環境,不能解釋爲賦稅。

楊先生還說,"郝春文所舉四例,'稅'字也恰好都是作爲動詞用"。而敦煌儒風坊西巷社社條中的"科稅之艱"、"所有科稅"等中之"稅"字是作名詞用的,於是楊先生斷定,此處之"稅"字與我在"商榷"一文中所舉的諸例迥然不同,"其爲賦役之意甚明"。應該承認,在唐代的記載中,"稅"字作名詞用,通常是指賦稅。但上文已經指出,由於"稅"字在社邑文書中作動詞用時,其含義與其他唐代記載不完全相同,不具有"稅"的名詞性特徵。所以,楊先生在不能明確舉證某社文書中之作爲名詞的"稅"字確指賦稅的情況下,將儒風坊西巷社之"科稅"認定爲賦役,恐怕也是難以服人的推論。其實,我在"商榷"一文中所舉的四例中,至少第四例不能解釋爲動詞。此條的原文是:"追凶逐吉,自有常規;輕重科丞,從來舊典。"此條中並無"稅"字,但其中之"科丞",其含義相當於"科稅",應無問題。楊先生的解釋是:"其中'科'字,也是動詞。"那麽,和"稅"字起相同作用的"丞"字當然就應該是名詞了。這條材料中的"科丞",所指也是社邑在"追凶逐吉"時社人應繳納的物品(此點楊先生亦未提出異議)。也就是説,筆者將社邑文書中作爲名詞的"稅"字解釋爲社人向社邑繳納的物品,依據均爲與其相類的社邑文書中的實證材料,楊先生雖試圖從不同角度進行解説,但並没有提供一條社邑文書中之作爲名詞的"稅"字是賦稅的直接證據,所以,這裏不再對楊先生有關此問題的諸多推測一一作答。

"再商榷"的另一駁論是:"郝春文斷言儒風坊西巷社等不是官社,又一理由是:'《大中九年(855)九月廿九日社長王武等再立條件》中稱:社長王武、社官張海清、録事唐神奴等爲城煌(隍)賊亂,破散田苗,社邑難營,不能行下。……既然私社的活動在吐蕃時期都難以維持,與吐蕃傳統毫無關係的官社祭祀遭到廢止也就在情理之中了。'我以爲,由大中年間一個私社的'社邑難營'就推論此前吐蕃時期官社祭祀'遭到廢止',不合邏輯。"上文已經提到,楊先生承認在《唐末五代宋初敦煌社邑的幾個問題》中曾出現過將自己設定的錯誤強加給被批評者,並曾爲此鄭重道歉,筆者深受感動。但筆者不得不遺憾地指出,楊先生在以上駁論中再次將自己設定的錯誤強加給了"商榷"一文。讀過"商榷"一文者應該知道,我在該文的第一部分討論的是巷社的性質,第二部分討論的是官社。而楊先生所說的"又一理由是"之下的文字的在第二部分,這一部分的所有論述均與巷社的性質無關,怎麼會成爲"斷言儒風坊西巷社等不是官社"的"又一理由",還望楊先生教我。其實,我通過一個私社的"社邑難營"推論吐蕃管轄敦煌時期的官社祭祀遭到廢止,還有一個重要的情況就是在吐蕃管轄敦煌前後均有官社的記載,唯獨這一時期出現記載空白。當然,即使具有這樣的背景,我的看法仍屬於推斷。但楊先生說的我推斷"不合邏輯",認爲吐蕃時期沒有禁止官社祭祀,也未提出任何證據,亦屬推斷。我雖然不敢說楊先生的推斷"不合邏輯",卻可以肯定地說將我的推斷與巷社的性質聯繫到一起是真的弄錯了。

我在"商榷"一文中論證巷社的性質時,除本文涉及的問題外,還提供了一些其他理由和證據,因楊先生在"再商榷"中未對這些理由和證據提出異議,這裏也就不再羅列。總起來看,"再商榷"並未能提出直接證據證明巷社是官社,所有的解說均屬推斷。而本文再次爲儒風坊西巷社沒有包括該巷全體居民和該社文書中之"稅"字所指並非賦稅提供了新的證據和解說。我提供的證據均屬直接的實證材料,依據這些材料和"商榷"一文中提出的證據和解說,似乎只能認爲唐末五代宋初敦煌的巷社是私社。

二、"里巷社"可否作爲官社的概稱

"再商榷"辯稱:"'里巷社'只是泛指基層社會組織(如里、村、坊、巷)的官社。並不是說有一種社本來就命名爲'里巷社'。""正如郝春文等先生將主要從事燃燈、行像、造佛像、修蘭若等活動的社邑概稱爲'佛社',把民間自願組織的各種社邑概稱爲'私社'並無不可一樣。如果硬要從敦煌出土文書中尋找本身即命名爲'佛社'、'私社'的社邑,恐怕也是很難找到的。"

以上論斷首先涉及的是爲"概稱"(實即歷史名詞中之屬概念)命名的原則。筆者認爲,"概稱"命名的前提必須是其所涵蓋的概念(種概念)具有相同的性質。在此前提下,概稱的選擇和確定可以用當時的名稱,也可以由研究者命名。但爲了增加史學論著的歷史感,在可能的情況下,最好選擇時人使用過的具有代表性的且能反映某類概念之實質的歷史名詞作爲概稱。依據這樣的原則,將"里巷社"作爲官社的概稱顯然不合適。里社和巷社雖然均屬歷史名詞,但里社自漢至唐均指官社,這一點楊先生並無異議。而上文論證表明,巷社是私社。至少目前沒有直接證據說明其爲官社。在這樣的情況下,恐怕還是用"里社"作爲官社的概稱比較穩妥。

至於筆者所使用的"佛社""私社"等概稱,與楊先生之"里巷社"不能相提並論。先説"佛社",那些主要從事燃燈、行像、造佛像、修蘭若等活動的社邑均是在信仰佛教的基礎上建立起來,所從事的也均爲佛教活動,將這類團體概稱爲佛社反映了這類團體的本質特徵。另外"佛社"一稱在出土文書中也並非"很難找到"。Дx.10269《便粟麥歷》中即有:"新佛社人便粟兩石五斗。"而"私社"一稱,首先是反映了這類由民衆自願組成的與官社對應的民間團體的本質特徵。而且這一概稱在唐代的文獻也有依據。如唐高宗《禁僭服色立私社詔》略云:"又春秋二社,本以祈農。如聞除此之外,別立當宗及邑義諸色等社,遠集人衆,別有聚斂,遞相繩糾,浪有徵求。"[4] 又唐玄宗《加應道尊號大赦文》(天寶七載)略云:"又閭閻之間,例有私社,皆殺生命,以資宴集。"[5] 唐玄宗《飭敬祀社稷詔》亦載:"至如百姓私社,宜與官社同日致祭。"[6]

楊先生還認爲:"出土文書的保存帶有很大的偶然性,如果僅從某一時期未見某種事物,就論定某一時期不存在某一事物,是很不可靠的。正如我們不能因爲中唐以前敦煌出土文書未見私社,就斷言中唐以前敦煌沒有私社一樣。"一般説來,這一論斷是可以成立的。問題是楊先生的上述論斷所批駁的是"郝春文先生還斷言:'自吐蕃佔領敦煌至五代時期的顯德五年(958),敦煌文獻中沒有發現任何有關官社的記載'"。請注意,我的"斷言"是"沒有發現任何有關官社的記載",並非"沒有官社存在"。所以,楊先生的駁論雖然正確,但卻不能説明我的"斷言"是錯的。只有在敦煌文獻中找到我所説的時段内關於官社的記載,纔能證明我的"斷言"是錯誤的。在這裏,楊先生再次把"沒有任何官社的記載"錯誤地解讀成了"沒有官社存在"。

303

三、關於是否存在按階級、階層結社的現象

關於這個問題，我的觀點是：敦煌的社邑是以各階級、階層混合結社爲主，但按階級、階層結社的現象也確實存在。請注意，我這裏所要論證的只是當時是否存在按階級、階層結社的現象，並未涉及參與階級、階層結社的人是否具有階級和階層的自我意識。要論證當時是否存在按階級、階層結社的現象，只要找到一條按階級、階層結社的材料就可以了。而敦煌文獻中所保存的這方面的材料有好幾件，我在"商榷"一文中僅舉證"官品社"（即由品官組成的社邑）一件，由官員和富人（庶民地主）組成的社邑一例（P.4975《辛未年三月八日沈家納贈歷》）及平民（農民階級）組成的社邑一例（P.2842$_1$《甲辰年八月九日郭保員弟身亡轉帖》）。孟憲實先生在《敦煌社邑的分佈》一文中也曾舉出幾件官人結社的例證[7]。

"再商榷"辯稱："'品官'也好，'夫人'也好，都只是'等級'，而不是'階級'。衆所周知，階級與階層、等級是完全不同的概念，不可等同視之。""品官的結社，與其説是按階層進行的結社，也倒不如説是按等級、按職業進行結社更合適。""就封建社會而言，最主要的階級關係就是地主階級與農民階級。封建社會，地主階級與農民階級的劃分雖然是客觀存在的，但是人們意識到這種階級劃分的存在，並自覺地按階級進行結社，卻是很晚的事。至少說在唐宋時期未見這種結社。"

以上論述首先是忽略了在古代社會，等級是階級的表現形式。楊先生爲了説明等級不是階級，搬出了列寧關於階級的定義，這當然是每個人文學者耳熟能詳的常識。但楊先生所引證的列寧的論斷主要指近代以來的階級。關於古代的階級，經典作家均認爲奴隸制和封建時代存在著"等級的階級"[8]，封建社會"階級的差別是用居民的等級的劃分而固定下來的"[9]。據此，"古代的階級是由等級來實現的"[10]，這也應該是每個古代史研究者耳熟能詳的常識。根據最新的研究，"階級是指在生産關係中由生産資料所有關

係所決定的社會集團,是以剝削勞動者爲其特徵的,因此屬於經濟的範疇;而等級則是指在社會分工和勞動組織中人們所佔的地位序列,是以權利和義務關係爲其特徵的,因而屬於社會和政治的範疇"。"從根本上説,古代國家中的等級具有階級屬性,等級是階級的特殊表現形式,反過來説,古代國家中的階級則是等級的階級而已。古代社會的等級問題,歸根結底,也就是階級問題。"[11]准此,品官既是唐五代時期的一個等級,同時也具有階級屬性,是地主階級的組成部分(也可以算是地主階級中的一個階層)。張澤咸先生在《唐代階級結構研究》一書中,將"品官"劃爲地主階級中之"貴族官僚地主"階層,是準確的。所以,敦煌的品官結社,既是等級結社,也是地主階級中的部分成員結成的社邑。楊先生只看到了品官具有等級屬性的一面,未能看到品官具有階級屬性的一面,是只知其一,不知其二。

其次是所謂階級的自我意識問題。如上所述,階級是一個近代以來纔出現的政治概念。我們古代史研究者是借用這個概念來分析歷史上的現象和問題,楊先生也承認在封建社會地主階級和農民階級是客觀存在的。我所要探討的是唐末五代宋初是否存在按階級、階層結社的現象,至於那些參與按階級、階層結社的人是否具有階級的自我意識,雖然也是一個值得探討的問題,但卻是另外一個問題。所以,楊先生以封建社會内部人們對階級的自我意識形成較晚(這一論斷也值得討論),來否認按階級、階層結社的現象,可以説是文不對題。

"再商榷"又用了很大篇幅解讀"達家夫人大社"、"小社",試圖説明我在"商榷"一文中的相關解釋是錯誤的。我在"商榷"一文中已經指出,關於"達家夫人大社"、"小社"的解釋,因爲材料所限,均屬推測。各種推測只要不犯簡單的邏輯錯誤,應該可以並存。而且,不論怎樣解讀"達家夫人大社"、"小社",對唐末五代宋初是否存在按階級、階層結社的現象都不會有很大影響。但楊先生的解讀確實是犯了簡單的邏輯錯誤,不得不辨。"再商榷"説:"如果像郝先生所主張的那樣,將'達家夫人大社'、'小社'解釋爲'由達家夫人組成的大社'和'由達家夫人組成的小社',那麼,同件文書出現的'孔庫官社'、'閻都衙社'、'都官社',豈不應理解爲'由孔姓庫官們組成的社'、'由閻姓都衙們組成的社'和'由都官們組成的社'。"按照楊先生的推理,我的推測確實荒唐可笑。但楊先生忽略了"達家夫人"一詞既可以是特指,也可以是泛指,如果是泛指,就有可能是複數;而"孔庫官"、"閻都衙"等卻只能是特指,因而也就不可能是複數。所以,我們可以將"達家夫人大社"解釋爲"由達家夫人組成的大社",卻不能將"孔庫官社"、"閻都衙社"解釋爲"由孔姓庫官們組成的社"和由"閻姓都衙們組成的社"。前者是合理的推斷,後者是違反邏輯常識的推斷。

四、關於量化研究的補充說明

我在"商榷"一文中對楊先生所用量化分析的方法提了兩條意見,一是使用的材料不夠完備,二是沒有區別社司轉帖中的實用文書和非實用文書。第一條爲楊先生所接受,並做了盡可能的彌補。第二條未被接受,楊先生仍然堅持時人隨手抄寫或習字時所寫的社司轉帖也和實用社司轉帖具有同等價值,"甚至還更有價值"。還認爲,"在實際操作上,我們其實也很難界定,哪些是習字者據實用轉帖的'抄',哪些是習字者憑自己記憶的隨手'抄'"。

筆者仍然認爲,對社司轉帖進行量化分析,以求瞭解當時社邑的實際活動情況,只能統計具有實用性質的社司轉帖。對具有實用性質的社司轉帖進行界定,雖然不太容易,但也不是完全沒有可能。所謂具有實用性質的社司轉帖,首先是指實用社司轉帖。這類文書多單爲一紙,且帖後附有社人姓名,不少實用社司轉帖在社人名旁還有"知"字或墨點等類標記,比較容易分辨。其次是稿,也比較容易區分。稿與實用文書格式內容相同,不過有塗抹修改痕跡。最後是具有實用性質的"抄",即依據實用文書抄寫的社司轉帖。這類文書有的比較容易分辨,比如那些完整抄錄了社邑成員姓名者,不管該件抄於何處,抄寫質量如何,都可以肯定它是依據實用文書抄錄的。但也有不少社司轉帖"抄"省略了轉帖後面的人名,這樣我們就很難判斷該文書是抄自實用文書,還是依據記憶隨手所寫。對於這類文書,區分的原則是:如果轉帖中有事主的姓名(如某某身亡或次至某某家等),轉帖尾部有發帖者

(多爲錄事)的姓名,就按具有實用性質的社司轉帖對待,如無以上兩項,則一律視爲不具有實用性質的社司轉帖。對於那些隨手所寫的社司轉帖"抄"和習字者所寫的社司轉帖"抄",也不難界定,因爲這類社司轉帖"抄"大多書法拙劣,且很多抄寫不完整,有的只抄寫一兩行。楊先生提到了量化分析必須遵循隨機性原則,筆者並無異議,但不管採用什麼原則,其前提必須是資料應該真實可靠。這就要求在量化統計前對資料的可靠性、真實性、有效性等進行鑒別,篩選掉哪些不可靠的、不真實的、沒有效力的資料。如果試圖利用各類社司轉帖數量來考察當時社邑的實際活動情況,又不將大量只書寫一兩行與社邑實際活動無關的非實用社司轉帖排除在外,即使遵循了量化分析的隨機性原則,其統計結果仍然不能反映當時社邑活動的實際情況。

楊先生還認爲他關於"文樣"、"實用轉帖"、"稿"、"抄"價值的看法,與我和寧可先生過去的提法"大同小異"。其依據是我們在《敦煌寫本社邑文書述略》一文中曾說過:"即使隨手書寫的'抄',雖不一定是依據某件實用文書抄錄,但也是社會現實的反映,對於我們研究當時的社會,當然也有參考價值。"以上論述只是一般性地說明社邑文書中"抄"的價值,而承認其價值與反對利用不具有實用性質的社司轉帖考察社邑的實際活動情況並不矛盾。

"再商榷"又稱:"兩先生又說其所見'身亡轉帖33件,複本兩件,實有31件。……春坐、秋坐、坐社等局席轉帖計70件,複本九件,實有61件。……不同事由社司轉帖數量的多寡可在一定程度上反映社邑各種活動的頻度和重要程度'。寧、郝二位先生在說明社司轉帖數量的多寡在一定程度上反映社邑各種活動的頻度和重要程度時,也都沒有把'文樣'、'稿'、'抄'等'非實用文書'排除在外。"

如果僅僅依據楊先生引述的文字,確實給人以我們在討論社邑活動時亦未考慮實用社司轉帖與非實用社司轉帖的區別。但讀者可能已經注意到,楊先生的引文有兩處使用了省略號,其中刪節了反映我們真實看法的重要論述。關於身亡轉帖和春坐、秋坐、坐社局席轉帖的論述,我們的原文是:"其中身亡轉帖33件,複本兩件,實有31件。喪葬互助活動是唐後期五代宋初敦煌社邑最重要的活動。通知社人參加此項活動的轉帖,就數量而言,保存下來的並不算多，但多爲實用轉帖。春坐、秋坐、坐社等局席轉帖計 70 件，複本九件，實有 61 件。這類轉帖是通知社人參加春秋二社等會聚、飲宴活動。春秋二社是一項傳統活動，由來已久。這類轉帖保存下來的較多，表明此項活動在人們的觀念中影響較深。但這類轉帖多爲不完整的抄件，說明它也許在實際生活中不如喪葬互助活動重要。"關於社司轉帖的數量與社邑活動的頻度和重要程度的論述，我們的原文是："社司轉帖在各類社邑文書中數量最多，分量也最重。從表面上看，這批文書格式相同，內容雷同，似乎價值不大。但不同事由社司轉帖的數量多寡在一定程度上可反映社邑活動的頻度和重要程度；不同時間、地點以及不同的人名也都包含著不同的學術信息。這些都是我們對社邑進行深入研究、細緻探討所必需的。"很清楚，當時我們已經注意到了"實用轉帖"和"不完整的抄件（當時沒有使用非實用社司轉帖的說法）"的區別，並意識到了不能僅憑某類社司轉帖的數量多寡來評價某種活動的重要程度。最後一段話的主旨是從整體上說明各類社司轉帖的價值，"不同事由社司轉帖的數量多寡在一定程度上可反映社邑活動的頻度和重要程度"是對社司轉帖某一方面價值的概括性敍述，它強調的是社司轉帖的數量和社邑的活動具有一定關係，聯繫到在具體討論身亡轉帖和春坐、秋坐、坐社轉帖時，已經指出過春坐、秋坐、坐社轉帖雖然數量多，但其活動在實際生活中並不一定比喪葬活動重要，在這樣的高度概括性敍述中就沒有必要也不可能細化到具體區分實用社司轉帖和非實用社司轉帖。只有在利用社司轉帖進行量化分析時，纔有必要做這種區分。而且，我們的概括也給區分實用社司轉帖和非實用社司轉帖留下了空間，即不同事由社司轉帖數量多寡僅僅是在"一定程度上"反映社邑活動的頻度和重要程度，換句話説，不同事由的社司轉帖數量不一定與社邑的實際活動成正對應關係。可見，楊先生說我們過去關於"文樣"、"實用轉帖"、"稿"、"抄"的看法，與他的看法"大同小異"，是經對我們的論述精心剪裁的結果，並不符合實際。

"再商榷"還指出，"實際上，郝先生在量化分析各種社邑活動的頻度時，也從未把'非實用文書'排除在外"。其例證是我早年發表的《敦煌遺書中

"春秋座局席"考》和《隋唐五代宋初傳統私社與寺院的關係》兩文。應該承認,我在上列論文中,在利用春秋坐局席轉帖探討春秋坐局席活動的重要程度時,確實未對實用轉帖和非實用轉帖加以區分。但我在統計春秋坐局席轉帖的數量時,特意注明了"包括文範等",當時的所謂"文範",指的就是"非實用轉帖"。而且,我當時的結論也是留有餘地的,雖然當時搜集到社司轉帖中,以春秋坐局席爲最多,但我的論斷卻是"足見春秋坐局席是敦煌私社的一項重要活動",而沒有説春秋坐局席是敦煌私社的最重要活動。在另一篇論文中,在利用社司轉帖考察社邑在寺院從事活動的次數時,也未將非實用轉帖排除在外。

上列我的兩篇論文一篇發表於 1989 年,一篇發表於 1991 年,這兩篇論文均屬我的碩士學位論文的組成部分,完成於 1986 年。也就是説,這兩篇論文均撰寫於 18 年前。在當時,很多敦煌文獻尚未公佈,我們搜集到的社邑文書也很不完備。以春秋坐局席社司轉帖爲例,當時僅搜集到 40 多件(包括非實用轉帖),而現在我們所知的這類轉帖已達 70 多件。其他各類社司轉帖的數量就更少,如通知社人商量事的社司轉帖只有 11 件,通知社人參加設齋活動的社司轉帖只有 15 件。因爲資料不夠完備,所以我在上列兩篇論文中都曾申明,我們當時的工作只是"初步整理"。由於當時搜集到的社司轉帖按事由統計各類與現在都相差很多,且各類中之非實用轉帖的數量並不平衡,所以,雖然當時對實用轉帖和非實用轉帖的區别已有所認識,但在做量化統計時,未將實用轉帖與非實用轉帖做單獨統計。之所以出現這種情況,除了資料的背景因素以外,還與我當時屬於初學,學識不夠有關。

現在我們所能見到社司轉帖已大大多於 18 年前,我們對社邑文書的認識也比 18 年前大大深化了。所以,我們在利用社司轉帖做量化分析時也不應該停留在 18 年前的認識水平,這就是我"一改初衷"的原因。

注釋:

注 1:參看齊東方《魏晉隋唐城市里坊制度——考古學的印證》,載《唐研究》第九卷,北京大學出版社 2003 年版,第 57 頁。

注 2:《舊唐書》,北京:中華書局 1975 年版,第 11 册第 3715 頁。

注3：《舊唐書》，第11冊第3690頁。
注4：《全唐文》卷13，上海古籍出版社1990年版，第1冊第64頁。
注5：《全唐文》卷39，第1冊第184頁。
注6：《全唐文》卷32，第1冊第150頁。
注7：參看孟憲實《敦煌社邑的分佈》，載郝春文主編《敦煌文獻論集》，瀋陽：遼寧人民出版社2001年版，第424—425頁。
注8：轉引自張澤咸《唐代階級結構研究》，鄭州：中州古籍出版社1996年版，第1頁。
注9：參看張澤咸《唐代階級結構研究》，第514頁。
注10：參看劉澤華《洗耳齋文稿》，北京：中華書局2003年版，"自序"第3頁。
注11：參看全國哲學社會科學規劃辦公室網站中徐建新等承擔的國家社科基金項目最終成果《古代國家的等級制度》主要內容摘編。

拾 《敦煌社邑文書輯校》補遺

筆者曾和寧可師合作編纂《敦煌社邑文書輯校》(南京：江蘇古籍出版社1997年版)。該書交稿後，筆者又陸續輯得一些社邑文書。這批社邑文書有的是從未公開刊佈的敦煌文獻中發現的[1]，有的是從新公佈的敦煌文獻圖版中搜集的[2]，也有幾件是原書漏收的。新輯得的社邑文書，有的是我們已輯錄的文書的復本或草稿。如Ф.263+Ф.326號文書中有一件《社齋文》，一件《社邑燃燈文》，分別與《敦煌社邑文書輯校》中之第267號《社文》、第302號《社邑燃燈文》內容全同；又如國圖BD9332(周字53)號中之《社祭文稿》，乃《敦煌社邑文書輯校》第323號《乙丑年正月十二日社老周說等祭曹氏文》之草稿；再如Ф.224背、Дx.937背、國圖BD2382(虞字82)號背、BD12517號和日本天理大學圖書館222—ィ47各有一兩件局席轉帖雜寫，均只是一兩行，未能提供新內容。另一部分是《敦煌社邑文書輯校》沒有收錄的文書。本文將後一部分文書按《敦煌社邑文書輯校》體例做了整理和說明，以供進一步研究。

一、Дx.11038《索望社案一道》抄

1　謹立索望社案一道　蓋聞人
2　須知宗約宗親以爲本，四
3　海一流之水，出於崐崙之峰。
4　萬木初是一根，分修(條)垂枝
5　引葉①。今有崙之索望骨

6　肉,敦煌極傳英豪,索　静
7　胤爲一派,漸漸異息爲房,見
8　此逐物意移,絶無尊卑之
9　禮,長幼各不忍見,恐辱先
10　代名宗。所有不律之辭,已信
11　後犯。　一　自立條後,或若社
12　户家長身亡,每家祭盤壹
13　個;巳(以)下小口②,兩家祭盤一
14　個。著孝准前。更有貧窮
15　無是(室)親男兄弟③,便須當自喫
16　食,一齊擎舉,不得踏高作
17　其形跡。如有不律之辭,罰濃
18　釅(臘)一筵④。　一　自立條後,或有
19　榮(營)凶逐吉,件若耳聞帖行,便
20　須本身應接,不得停滯,如有
21　停帖者,重罰一席。

二、社條抄

1　妄生拗拔(捩)⑤,開條儉(檢)案⑥,人各痛
2　決七棒,末名趂出其社,的無
3　容免。兼有放頑,不樂追社,如
4　言出社去者,責罰共麁豪
5　之人一般,更無別格。
6　一　更有社人枉遭橫事,社
7　哀愍而行佐助者,一任衆社
8　臨事裁斷行之,不可定准。
9　更有碎磨格式,偏條所録也。

10　衆巽(選)某甲上社官⑦,某專甲爲録
11　事,某甲充虞候。前件官並乃
（後缺）

説明：

上録兩件文書均在一號之中。此號是册子裝,現存 20 面,其内容依次爲"謹立索望社案一道"、"謹立遺書一道"、"謹立放妻書一道"、"謹立家僮放書一道"、"投社人某專甲"、"謹立遺書一道"、"社條一道"（擬題）。從内容看,最後一件社條前後均有缺失,説明這本小册子已非完秩。第一件雖稱"索望社案",但尾部並無社人簽名,後面的文書人名則用"某甲、某乙",遺書中處置家産的部分也未詳列家産名目,這些都表明這本小册子上的文書均係抄件,是當時人當作應用文範本用的。不過,本號的社文書中有兩件提到了敦煌,可知其爲敦煌地區流行的應用文範本。抄寫者水平不高,有的句子或有脱、漏,以致文意難通。

上録兩件文書爲我們研究敦煌的社邑提供了一些新的信息。一是宗族結社。在我們搜集到的社邑文書中,多爲異姓結社,而此號第一件即是索姓宗族成員結社的社案,此號中之投社狀中有"義重二陸,立珍宗而(之)約",似乎投社人想要加入的也是同宗之社。二是關於社人遭横事的佐助,爲其他社邑文書所未見。

三是爲我們完整、準確地認識社條的名稱提供了新材料。我們從過去搜集的材料中已經知道,類似社邑章程的社條又被稱爲"條"、"條件"、"條流"、"格"、"約"、"憑"等[3]。上録"謹立索望社案一道",其内容和我們發現的"社條"相類,説明社條還可以被稱爲"社案"。我們過去還曾指出,一些社將立社之初制定的社條稱爲"大條"或"祖條",大條或祖條平時"封印"保存,若不遇到衆社人難以決斷的大事,不能隨便開封。如果社邑在活動中遇到了既"不在開條之限"的事又不能無所遵循,於是只得在大條或祖條之外另制補充社約[4]。現在看來,這個"補充社約"在當時應該是被稱爲"偏條"。上録殘社條抄稱"更有碎磨格式,偏條所録也",雖然我們還不能確知"碎磨"的涵

義，但可以知道這個社邑有關"碎磨"的規定是記載在"偏條"中，那麼，這個殘社條就應該是"正條"了。其實，類似記載在我們過去搜集的材料中已經出現，但未引起注意，以致没有正確理解其涵義。如 S.6005 云："伏以社内先初合義之時，已立明條，封印訖。今緣或有後入社者，又未入名，兼録三馱名目。若件件開先條流，實則不便。若不抄録者，伏恐陋（漏）失，互相泥寬。遂衆商量，勒此偏案。""餘有格律，並在大條内。若社人忽有無端是非行事者，衆斷不得，即須開條。若小段事，不在開條之限。故立此約。"這個社邑將在大條之外新制定的補充規約稱爲"偏案"，很清楚，這裏的"偏案"就是上件文書中的"偏條"。但在過去整理這件文書時，我們没有認識到"偏案"和"偏條"真正涵義，所以，我們誤將"偏案"釋録成了"備案"。而將這件文書的名稱定爲"敦煌某社補充社約"，現在看來，此件的準確名稱應爲"敦煌某社偏案"。也有的社是在制定"大條"之前先制定"偏條"。如 P.3989 云："景福三年甲寅歲五月十五日，敦煌義族後代兒郎，雖（須）擇良賢，人以類聚，結交朋友，追凶逐吉。未及政（正）條，今且執（制）編（偏）條。"這裏的"政（正）條"，應該就是我們前面所説"大條"或"祖條"。但我們在過去整理這件文書時尚未認識到這一點，也未認識到社條有正條、偏條之分，因而也就未能發現上録文字中的"政"應該是"正"的通假字、"執編"應該是"制偏"的通假字。所以，錯誤地將該文書的標題定爲"景福三年五月十五日敦煌某社社條"。現在看來，這件文書的正確名稱應爲"景福三年五月十五日敦煌某社偏條"。

校記：

① "修"，當作"條"，據文義改。
② "已"，當作"以"，據文義改。
③ "是"，當作"室"，據文義改。
④ "酕"，當作"膩"，據文義改。
⑤ "拔"，當作"捩"，據文義改。
⑥ "儉"，當作"檢"，據文義改。
⑦ "巽"，當作"選"，據文義改。

三、BD14682（北新 882）博望坊巷女人社社條稿

1　丙申年四月廿日，博望坊巷女人因爲上窟燃燈，衆坐商儀（議）①。
2　一齊同發心，限三年
3　願滿。每年上窟所要
4　物色代（帶）到②，録事帖行，衆社齊來，停登税聚。
5　自從立條已後，便須齊齊鏘鏘，接
6　耗歌歡，上和下睦，識大敬小。三年滿後，任自取散，不許
7　録事三官把勒。衆社商量，各發好意，不壞先言，
8　抹破舊條，再立條。日往月來，此言不改。今聚集
（紙背）
9　得一十三人，具列名目已（於）後。（原文至此）

説明：

此件現藏中國國家圖書館，原件僅一紙，背面一行係接正面書寫。原件之文字有修改、塗抹痕跡，且最後未列社人名，應爲草稿。1991 年蕭新祺《佚名〈味青齋敦煌秘笈佚卷存目〉》（《敦煌研究》1991 年第 4 期）一文最早披露本件。但因此件在《味青齋藏書畫目》中原被擬題爲《博望巷女人發願文》，這個標題未能反映出本件是女人社社條的性質。蕭氏未見原件，也只能按原目所擬標題公佈。1995 年，李際寧發表《味青齋敦煌秘笈佚卷存目點勘及其價值》（《敦煌學輯刊》1995 年第 1 期），查實蕭文所公佈的敦煌文獻目録，其原件大部分都保存在中國國家圖書館善本部。中國國家圖書館對此件的擬名是《博望坊巷女社規約稿》，反映了此件的性質。但敦煌文獻中保存的其他同類文書一般都稱爲社條，且此件中之"衆社商量，各發好意，不壞先言，抹破舊條，再立條"，表明當事人亦稱此件爲"條"。所以，將此件定名爲《博望坊巷女人社社條稿》可能更好一些。李

際寧上引文著錄了此件的情況,稱"首全尾缺;紙長13.5釐米,寬26.5釐米,共一紙9行,行20餘字不等;麻紙,色黃,紙質粗厚堅韌;行楷,字體瘦長潦草,九世紀至十世紀初寫本"。李氏還指出此件是研究女社的重要的資料。可以對以上介紹稍作補充的是,從此件內容來看,此件尾部也不缺。李際寧的介紹引起了人們對這件社邑文書的注意。1996年,黃霞女士發表《北圖藏敦煌"女人社"規約一件》(《文獻》1996年第4期),公佈了此件的全部錄文,並進一步推斷本件的"丙寅"可能是乾符三年(876)或清泰三年(936)。筆者依據原件對黃霞的錄文進行了校訂,一些文字的釋讀與黃氏不同。

校記:
① "儀",當作"議",據文義改。
② "代",當作"帶",據文義改。

四、Дx.1413 某年七月十九日所立社條

1　□□□□□□□□□□□□□□□□□□□□
2　□□□□□□□□□□□□□罰一筵,准□□
3　□□□□□□□□□□陰欸律單　女一娘子　錄事□①
4　□□　□□□□　虞候潘布　新婦索二娘子　齊
5　□□　□□□□　虞員通　新婦一娘子　安孝順
6　□□□□□　□□子　新婦四娘子　康康三　新
7　□□□□□
8　□□□□親族互相勸勉,總要眷屬豐化禮儀,切
9　□□□□生之時,不令怠慢,如有憍(驕)逸②,不聽上下,
10　□□□□來者,錄事不准別格,事須重罰。如
11　□□□□上人逐情,放卻罰人,不存條案者,更須重

12　　□□□□世代不停，劫石不壞，用留後憑。
13　　　　　　　　　　七月十九日立條。

説明：

此件前、上部均缺，其釋文於 1995 年由土肥義和在《唐·宋間の"社"の組織形態に關する一考察》(《堀敏一先生古稀紀念——中國古代の國家と民衆》，東京：汲古書院 1995 年版)長文中刊佈。《俄藏敦煌文獻》第八册亦刊佈了此件的圖版。筆者依據圖版對土肥義和的釋文進行了校訂，個别文字的釋讀與土肥義和不同。此條與其他社條的不同之處是在社人名單中列有社人的新婦和女兒，似是以家庭爲單位組成的社邑。其他社邑互助的範圍雖也包括社人家屬，但家屬一般未被列爲社邑成員。

校記

① "事"，據文義補。
② "憍"，當作"驕"，據文義改。

五、Дx.3128　某社再立條件

(前缺)

1　□□□家衆(？)座(坐)商量再立條件名目①：
2　□□　長友　僧文千　□定
3　□曹三　□□　慢兒　善兒
4　□□□□□□　□□　保住

(後缺)

説明：

此件前後均缺，《俄藏敦煌文獻》編者擬名爲佛經，參考其他社邑文書，此件應爲某社參加再次制定社條的人的名單。在當時，一些社邑往往在經

317

過一個時期後要重新制定一次社條。所以要重新制定社條,原因是多方面的,或者是因戰亂造成社邑活動停頓,或者由於死亡、離散及新入社、退社等使社邑成員有了較大變動,或是隨著時間的推移使原有社條顯得不夠完備以致不能適應實際情況了。我們在《敦煌社邑文書輯校》中收錄的第 1 號 P. 3544《大中九年九月廿九日社張王武等再立條件》、第 2 號 S. 2041《大中年間儒風坊西巷社社條》、第 7 號 S. 527《顯德六年正月三日女人社再立條件》等均屬此類。按照慣例,參加制定社條的人均爲社邑成員,社條上要記有他們的名字。社人的名字有時寫在社條條文的前面,有時寫在條文的後面。上錄文書前後均缺,只保存了部分參加制定社條者的名字。

校記:
① "座",當作"坐",據文義改。

六、上圖 017(812388)　社條文樣抄

1　竊聞敦煌勝境,憑
2　三寶以爲基;風化
3　仁(人)倫①,藉明賢而共
4　佐。君臣道合,四海來
5　賓,五穀豐登,堅牢

(後缺)

說明:
此件首全尾缺,編者未擬名,所存內容與《敦煌社邑文書輯校》第 16 號《拾伍人結社文》(文樣)(S. 6537 背)的相關部分全同,但亦有校勘價值,該件之"君臣"之字形頗似"居白",我們雖然將"居白"校改成了"君臣",但實在沒有把握。此件之"君臣"則清楚無誤,證明我們的校改是正確的。另外,此件之"人倫",之"人"字,先寫作"人",後又在"人"字旁加注了廢除號,又在

拾 《敦煌社邑文書輯校》補遺

"人"字之下寫了"仁"字,根據上下文義,此處當以"人"字爲是。

校記:
① "仁",當作"人",據文義改。

七、Дx.10266　某社社條

(前缺)

1　七棒,更罰壹醵醯壹□□
2　低伏招過者,臨事□□
3　重造。

(後缺)

說明:
此件前、後、下均缺,從所存內容看應爲社條。

八、Дx.1388　請贈人名目

(前缺)

1　□□法□□□
2　　　　　王□大請一增(贈)①。　　　　周大妻一贈。
3　□□□請一贈。　　　　　　令狐興榮母一贈。
4　□□母一贈,尚痊一贈,三大(馱)了②。
5　　李子卿辛(新)婦一贈③。　李小胡母一贈,父一贈。董□□
6　　□□□父亡一贈。　子年六月起陰米□□□
7　身一贈,欠一贈。　□史□身亡請未贈。　四日□□□
8　□□老自身亡一贈。僧□□□
9　□□□三贈了。　陰勃□一贈,□□□□□三贈了。

319

10 □□□□ 張勝得母亡□□□□兩贈。 令□□□□

11 □□□父亡一贈。

（後缺）

説明：

此件前後均缺，上下殘，字跡較難辨認，似爲硬筆書寫，又用地支紀年，推測應在吐蕃時期，其内容爲社邑成員或其家屬身亡時向社邑請贈的記録。據 S. 6537 背《拾伍人結社社條》等文書，敦煌的一些社邑在幫助社人營葬方面有所謂"三馱名目"的規定，有關情況請參看筆者和寧可師合撰之《敦煌社邑的喪葬互助》(《首都師範大學學報》1995 年第 6 期)。據 S. 6005《敦煌某社徧案》，敦煌社邑有關社人請贈的記録是附在社條之後的，故將此件附於社條類。

校記：

① "增"，當作"贈"，據文義改。
② "大"，據 S. 6537 背中之"拾伍人結社社條"，當作"馱"。
③ "辛"，當作"新"，據文義改。

九、P. T. 1102　申年二月廿日索慶慶身亡轉帖

1　社司　　　　轉帖

2　右緣索慶慶身亡，准條合有贈送。各著麵一斗，

3　粟一斗，色物半足。帖至，並限今月廿二日卯

4　時於社官家送納足。如違時，欠少一色，罰酒

5　一角。其帖速遞相分付，不得停留；如有停

6　匿帖者，准前罰。帖周卻赴本司，用憑

7　告罰。　　　　申年二月廿日録事帖諮。

拾　《敦煌社邑文書輯校》補遺

```
             知       知       知       知       知
8  社官   杜閤子   杜倫子   杜安子   段卑子   李德子
         知       知       知       知
9  杜颸颯   杜應兒   曹苟苟   杜像奴   杜再晟
         知       知       知
10 常黑子   常君子   段小達   杜家阿婆
```

説明：

此件係用硬筆書寫，據高田時雄先生研究，此件背面是用藏文書寫的同一社有關此次營葬活動的納贈歷（見高田時雄《藏文社邑文書二三種》，載《敦煌吐魯番研究》第三卷，北京大學出版社1998年版，第183—190頁），則此件應在吐蕃管轄敦煌時期。

一〇、Дх.2162　庚子年八月十四日何子升女身亡轉帖

1　社司　轉帖
2　　　右緣何子升女身亡，准例合
3　　　有贈送。各人粟一斗①，并（餅）三十②，布
4　　　褐色〔物〕兩疋③。幸請諸公等，帖
5　　　至限今日卻（腳）下於蓮台寺
6　　　門前取齊④。捉二人後到，罰酒
7　　　一角；全不來，罰酒半甕。其帖各自示
8　　　名弟（遞）過者⑤。
9　　　　庚子年八月十四日錄事安帖。
10 安社官　樊團頭　唐團頭　安幸全
11 安鄉官　安判官　安了定　安住德　孔會
12 子　樊員久　氾流潤　樊黑午　樊願盈

13　樊過(?)兒　孔鸞阿　康清朵　張順興(?)
14　氾長子　孔團頭男

說明：

此件爲一整紙，一些人名旁有表示已知的墨點，應爲實用文書。此件圖版曾由邱古耶夫斯基公佈，但未能廣爲國內學者所知。《敦煌學輯刊》1996年第1期再度刊佈了此件圖版，同期所載陸慶夫、鄭炳林《俄藏敦煌寫本中九件轉帖初探》，刊佈了他們釋録的此件録文。陸、鄭還推測此件之"庚子"是天福五年（940），筆者亦有同感，但尚待證實。

校記：

① "各人"，其他同類社司轉帖一般作"人各"。
② "并"，當作"餅"，據文義改。
③ "物"，據文義補。
④ "卻"，當作"腳"，據文義和其他同類社司轉帖例改。
⑤ "弟"，當作"遞"，據文義改。

一一、S.5486　壬寅年六月九日劉宅官女身故轉帖

1　　社司　　轉帖
2　　右緣劉宅官女身故，准例合有弔酒一甕。
3　　人各粟一斗。帖至，限今月十日辰時並身及
4　　粟依辛蘭若門取齊。如有後到者，罰酒
5　　壹角；全不來，罰酒半甕。其帖速遞相分付，
6　　不得停滯；如滯帖者，准條科罰。帖周卻赴
7　　本司，用憑告罰。
8　　　　　　壬寅年六月九日録事押牙張像友帖。

拾　《敦煌社邑文書輯校》補遺

```
 9  曹虞候    歌郎博士    押牙姚時清    高孔目    張
10  宅官    押牙馬千進    翟後槽    朵押牙    義子郎君    張判官
11  陳判官    宋判官    閻勿成    吴勿昌    泊帳設
```

說明：

此件原爲一整紙，後被與寺院《入破歷》粘貼在一起，從其一些人名旁有表示已知的墨點來看，應爲實用文書。此件紀年爲"壬寅"，從其中有"押牙、宅官、判官"等官職來看，當在歸義軍時期。歸義軍時期有三個"壬寅"，即中和二年（882）、天福七年（942）和咸平五年（1002）。因敦煌文獻中屬於 11 世紀以後的文書甚少，故咸平五年似可排除。P.3627《漢八年楚滅漢興王陵變文一鋪》末題"天福四年八月十六日孔目官閻物成寫記"。此外，P.3272 中還保存了《丁卯年（967）正月廿四日甘州使頭閻物成去時書本》，表明閻物成活躍於 10 世紀中葉。上述兩件文書的年代均與天福七年相近，物、勿在當時亦可通假，這樣看來，似乎可以將上列閻物成與本件中的閻勿成比定爲同一人。問題是在天福四年已成爲孔目官的閻物成，到天福七年時最低仍應是孔目官，按本件的書寫慣例，應寫成閻孔目，不應直書其名。所以，依據以上材料只能説本件有可能在天福七年。

一二、Дx.4032　　□巳年七月九日梁進通身亡轉帖

1　社司　　　　轉帖①

2　右緣社内梁進通身亡②，准條合有贈送。人各餅貳拾。

3　柴壹束③，弘（紅）非（緋）色細褐布貳杖（丈）伍尺④。帖至限今月十日卯時

4　　　　　　　　取齊送納。如有後到者，罰酒壹角；全

5　不來者⑤,罰酒半甕⑥。其帖立遞速分付,如滯帖者,准條

6　科罰⑦,帖周卻付本司⑧,用憑告罰。

7　　　　　　　　　□巳年七月九日錄事楊延閏。

8　　　　　　　　　　　　呂虎子　氾員興　何阿崙子　□

9　　　　　　　　　　　兒　兵馬使王富定　呂□□

(後缺)

說明:

此件圖版、錄文的公佈情況與Дx.2162《庚子年八月十四日何子升女身亡轉帖》相同。其中之"巳年",陸、鄭上引文定在公元897年,理由是本此件中的"應兒"和"兵馬使王富定"見於S.4472《辛酉年十一月廿日張友子新婦身故聚贈歷》。陸、鄭上述定年的前提是將S.4472文書中之"辛酉"推定在公元901年,但筆者已考定此"辛酉"應爲公元961年(見下文)。此外,本件的"應兒"實際只存"兒"字,"應"字已殘大半,從殘筆劃不能斷定是否"應"字;S.4472中之"王兵馬使"也很難說就是此件中的"兵馬使王富定"。總之,依據現有材料,此件的年代和此件與S.4472文書的關係都很難確定。

校記:

① "社",據其他社司轉帖體例補。
② "右緣",據其他社司轉帖體例補。
③ "柴",據文義補。
④ "弘",當作"紅","非",當作"緋","杖",當作"丈",均據文義改。
⑤ "全不來者",據其他社司轉帖體例補。
⑥ "罰",據其他社司轉帖體例補。
⑦ "准條科罰",據其他社司轉帖體例補。
⑧ "帖周卻付",據其他社司轉帖體例補。

一三、Дx.2256 丙午年七月三日石□住男亡轉帖

1　親情社　　　轉帖①

2　右緣石□住男亡，准例合有吊酒②。人各者（粟）一斗③。帖至，限今日巳

3　時並身及粟解家店內送納。捉二人後到，罰酒一角；

4　全不來，罰酒半甕。其〔帖〕名（各）自署不（名）遞過者④。

5　　　　　　丙午年七月三日虞候龍意全帖。

6　錄事孟□□　社長龍□　龍□□　龍□□　龍安□

（後缺）

説明：

此件於1995年由土肥義和在《唐·宋間の「社」の組織形態に關する一考察》（《堀敏一先生古稀紀念——中國古代の國家と民衆》，東京：汲古書院1995年版）長文中刊佈。《俄藏敦煌文獻》第九册刊佈了此件的圖版。筆者依據圖版對土肥義和的釋文進行了校訂，個別文字的釋讀與土肥義和不同。

校記：

①"轉帖"，據其他社司轉帖例補。

② 據其他同類社司轉帖，此句應爲"准例合有吊酒一甕"。

③ "者"，當作"粟"，據其他社司轉帖例改；"一斗"，據其他社司轉帖例補。

④ "帖"，據文義補；"名"，當作"各"，據文義改；"不"，當作"名"，據文義改。此句土肥義和的錄文爲"其名自署，不遞過者"，據文義和其他同類社司轉帖例，應爲"其帖各自署名遞過者"。

一四、國圖 BD12304　丁卯年四月二日鄧南山母亡轉帖

1　□司　　轉帖
2　□緣鄧南山母亡，准例合有弔酒一甕，人各
3　粟壹斗。幸請諸公等，帖至限今月三日辰
4　時並身及粟□報恩寺角頭取齊。如有 後
5　到①，罰酒一角；全不來，罰酒半甕。其帖速遞相
6　分付，不得停滯；如有滯帖者，准條科罰。帖周卻付
7　本司，用憑告罰。
8　　　　　　丁卯年四月二日錄事□□帖。
9　□□□□

（後缺）

說明：
此件後缺，丁卯年所屬之具體年代有待考證。

校記：
① "後"，據文義補。

一五、Дx.1346　社人□緊子妻身亡轉帖

（前缺）

1　 右緣 □緊子妻身亡①，□
2　□五日□並身及粟顯得（德）寺②□
3　角；全不來罰酒半甕。其帖速遞□
4　者，准條科罰。帖周卻付本司，用□

5 　□□□　□□□　將再住　張□□　□□
6 　□□□　□□□　員子男　□□□　□□

（後缺）

說明：

此件前後缺、上下殘，從所存内容知其爲身亡社司轉帖。

校記：

① "右緣"，據文義及其他社司轉帖例補。
② "得"，當作"德"，據文義改。

一六、Дx.6063背　社人李富朵身亡轉帖抄

1　社司　　轉帖
2　　右緣李富朵身亡，合
3　有社准條贈送，人各粟
4　壹斗，并（餅）卅①，柴壹束。幸
5　請諸公等，帖至限今
6　月廿一日辰時於主人家送
7　納。捉二人後到，罰酒壹
8　角；全不來者，罰酒半
9　甕。其帖〔各〕〔自〕〔示〕〔名〕弟（遞）〔過〕者②。

說明：

此件係抄件，原件係自左向右書寫。

校記：

① "并"，當作"餅"，據文義改。

327

②"各自示名",據文義及其他社司轉帖例補;"弟",當作"遞",據文義改;"過",據文義及其他社司轉帖例補。

一七、國圖 BD15434(能字 34) 社人程富住阿耶身亡轉帖稿

1　社司　　轉帖
2　　　右緣程富住阿耶身亡,准條
3　　　合有僧(贈)送①。人各鮮淨色物三丈,
4　　　餅廿,燼柴壹束。帖至限今月十五日
5　　　卯時於普光寺內取齊。如有後〔到〕②,
6　　　罰〔酒〕壹角③;全〔不〕來④,罰酒半甕。其帖
7　　　立遞分(以下原缺文)

說明:

此件原未書完,似爲初稿。其後有另一種筆體書寫的"保通、保信、李郎"等人名,不能確定與此件有無關係。

校記:

①"僧",當作"贈",據文義及其他社司轉帖例改。

②"到",據文義及其他社司轉帖例補。

③"酒",據文義及其他社司轉帖例補。

④"不",據文義補。

一八、BD8781(國字 2 號) 社人閻羊絲身亡轉帖(雜寫)

1　社司　轉帖　右緣閻羊絲身亡,准例

2　合有曾(贈)關(送)①。人各麥壹斗,粟壹斗,
3　麵壹斤。(以下原缺文)

説明:
此件書於一《觀世音經》小册子的封面上,原未書完,人名頗似虛擬,疑爲隨手所寫,非實用文書或抄件。

校記:
①"曾",當作"贈";"關",當作"送";均據文義和其他社司轉帖例改。

一九、津藝061D背　春座局席轉帖抄

1　社司轉帖　右緣年支春座局席,次至索
2　家送納。捉二人後到,罰酒一角;全不來者,罰酒半
3　甕。其帖各自事(示)名遞過者①。帖者(周)卻付本司②,
4　用憑告罰。

校記:
①"事",當作"示",據文義改。
②"者",當作"周",據文義和其他社司轉帖例改。

二〇、津藝061D背　秋座局席轉帖抄

1　　　　社司轉帖　右緣年支秋座局
2　席,次至索通達家送納。捉(以下原缺文)

説明:
以上兩件係由同一人抄於一紙,第二件原未抄完。其圖版見《天津藝術

博物館藏敦煌文獻》（上海古籍出版社1996年版）第一册。

二一、國圖BD15434（能字34）背秋座局席轉帖抄

1　社司轉〔帖〕①　右緣年支秋座局席，幸請諸公等，
2　帖至限今月十七日卯時於三界寺門取齊。捉
3　二人後者，罰酒一角；全不來，罰酒半甕。其帖立遞
4　相分付，不得停滯；如滯帖者，□□□
（後缺）

說明：
此件抄於上錄國圖BD15434（能字34）《社人程富住阿耶身亡轉帖稿》背面，係抄件，非實用文書。

校記：
①"帖"，據文義及其他社司轉帖例補。

二二、國圖BD9341（周字62）某年閏四月三日設齋轉帖

1　社司　　轉帖
2　五月齋頭李俊
3　右前件人次當今月行齋，准
4　條人各合助麥一斗。請至
5　限五日已前送納。如違准條
6　科罰。其帖速遞送本司。閏四
7　月三日孔奕帖。

拾　《敦煌社邑文書輯校》補遺

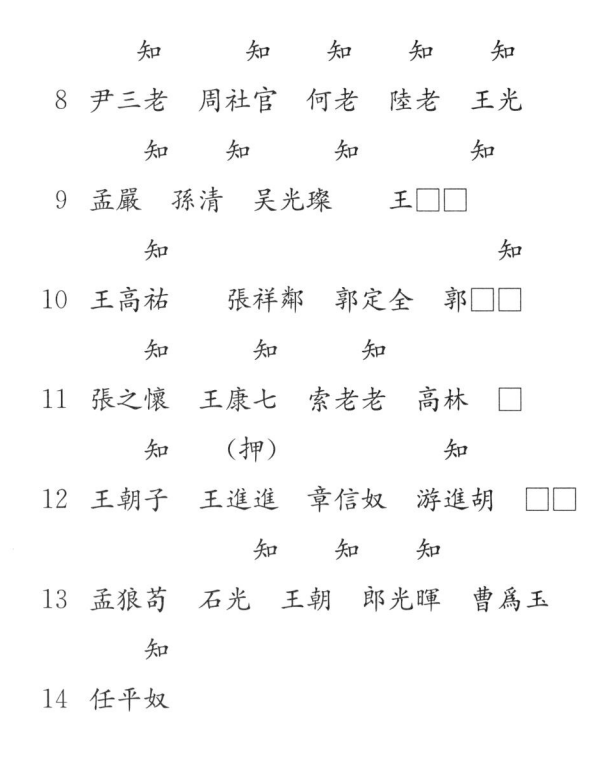

```
         知      知     知     知    知
8   尹三老   周社官  何老   陸老  王光
       知      知       知    知
9   孟嚴   孫清    吴光璨   王□□
      知                   知
10  王高祐    張祥鄰  郭定全  郭□□
       知      知     知
11  張之懷   王康七  索老老  高林  □
       知  （押）          知
12  王朝子   王進進  章信奴  游進胡  □□
              知    知    知
13  孟狼苟   石光   王朝   郎光暉  曹爲玉
       知
14  任平奴
```

說明：

此件許國霖《敦煌石室寫經題記與敦煌雜録》未收。"曹爲玉"見於國圖 BD9332（周字 53）號背。該號正面爲《己丑年正月十二日社老周説等祭曹氏文》，已收入《敦煌社邑文書輯校》，背面有文字兩行：

1　丑年正月十二日仁德妻亡，布一疋，四尺盤。
2　阿廿子　張進同　曹爲玉。

顯然，背面的仁德妻即正面的曹氏，正面所記爲該社祭曹氏之文，背面所記爲曹氏身亡社人納贈的物品。頗疑此件中之"周社官"即 BD9332（周字 53）號之"社老周説"，由社官領銜主祭符合社官在社邑中的地位。如是，此件與周字 53 號應爲同一社之物。"孔奕"見於國圖 BD9291（周字 12）號《寅年八月右一至右十將欠麻、綫、鐵等名目》和 BD9292（周字 13）號《寅年七月孔奕牒》，這兩件文書均在吐蕃時期，此件與這兩件文書筆體相同，似均爲孔奕所書。則與此件有關的一組文書都在吐蕃時期。吐蕃時期只有一個己丑年，即公元 809 年，《社老周説祭曹氏文》應在此年。經查，己丑年閏三月，如果考慮到敦煌地區的閏月比中原地區或早或晚一二月的因素，此件很可能也在己丑年，因件是閏四月，與中原的閏三月僅相差一個月。BD9291（周字 12）號、BD9292（周字 13）號中之寅年也很可能是與己丑年相近的庚寅年，即 810 年。

二三、Дx. 1440　乙巳年九月廿五日設齋轉帖

```
1  社司      轉帖
2   右緣年知(支)設齋造出①，幸請 諸公等 ②，
3  帖至限今月十六日巳時於□□□
4  門前取齊。捉二人後到，罰 酒一角 ③，全
5  不來者④，罰麥伍斗。其帖速 遞相分付 ⑤，
6  不得停滯，如滯帖者，准條 科罰 ⑥。帖周
7  卻付本司⑦，用憑告罰。
8       乙巳年九月廿五日録事□帖。
9  陰社長　劉社老　令狐□□　□□□
```
（後缺）

説明：

此件後缺、下殘，但下部所殘之字多可據文義及其他社司轉帖的體例補足。

校記：

① "知"，當作"支"，據文義及其他社司轉帖例改。

② "諸公等",據文義及其他社司轉帖例補。
③ "酒一角",據文義及其他社司轉帖例補。
④ "全",據文義及其他社司轉帖例補。
⑤ "遞相分付",據文義及其他社司轉帖例補。
⑥ "科罰",據文義及其他社司轉帖例補。
⑦ "帖周",據文義及其他社司轉帖例補。

二四、Дx.11073 社司轉帖

1　社司　　轉帖
2　　右緣□□建福壹日,人各鑪餅壹雙,粟一斗。
3　辛 請諸 公 等 ①, 帖至 限今月六日卯時於龍興
4　　門前取齊②。捉二人後到,罰酒壹角;全不 來罰
5　　半甕③。其 帖各自 示名遞過者④。
6　　　　正月五日錄事翟　　帖。
7　社長張　龍團頭　張闍梨　張團頭印　竹團頭 亡人化佛 □□□□
8　□□□　薛什德　張押牙　董流定　張員遂印
9　□□　□□定　張定祐　羅丑奴　羅菩提奴　宋
10　□□□□□□□定住　薛僧奴男

説明:
此件爲一整紙,爲實用文書,但中間、上沿和尾部上角均有殘缺,殘缺部分多可據其他社司轉帖補足。

校記:
① "請諸"、"等",據文義及其他社司轉帖例補。
② "帖至",據文義及其他社司轉帖例補。

③"來罰",據文義及其他社司轉帖例補。

④"帖各自",據文義及其他社司轉帖例補。

二五、Дx.11082背　社司轉帖抄

1　社司轉帖

2　□□□□設供,次至李醜子□,幸

3　請諸〔公〕等①,帖至並限今□□□

4　□□□□於普光寺門前取齊②。捉二人

5　後到者③,罰酒一角;全不來者④,罰

6　酒半甕⑤。其帖速遞相分付⑥,不得停

7　滯⑦,如滯帖者⑧,准條科罰⑨。

（後缺）

說明：

此見僅存一小片,Дx.11081背亦有此轉帖抄,其内容没有超出此件,未重出錄文。

校記：

①"幸請"、"公",據文義及其他社司轉帖例補。

②"前取齊",據文義及其他社司轉帖例補。

③"捉二人",據文義及其他社司轉帖例補。

④"全不來者",據文義及其他社司轉帖例補。

⑤"罰酒",據文義及其他社司轉帖例補。

⑥"遞相分付",據文義及其他社司轉帖例補。

⑦"不得停滯",據文義及其他社司轉帖例補。

⑧"者",據文義及其他社司轉帖例補。

⑨"准條科罰",據文義及其他社司轉帖例補。

二六、Дx.11093　社司轉帖

1　社司　　　轉帖
2　　右緣常例建□

（後缺）

說明：

此件僅存首部，從所存內容知爲建福轉帖。

二七、Дx.6016　兄弟社轉帖

1　[兄]弟社　轉帖①　　索闍梨　小索闍梨　員友押牙　丑子押牙索
2　定昌　索清子　張家女　願召新婦　　右緣有小事
3　商量。幸請諸公等，帖至限今月廿五日卯時於武家
4　蘭喏門前取齊。如有後〔到〕及全不〔來〕者②，罰酒壹甕。其帖
5　各自示名〔遞〕過者③。　安押牙帖。

說明：

此件單爲一紙，上端略殘，有的社人名旁有墨點，說明其爲實用文書。

校記：

①"兄"，據文義補。

②"到""來"，據文義及其他社司轉帖例補。

③"遞"，據文義及其他轉帖例補。

二八、Дx.10257背　社司轉帖抄

1　社司　　　　轉帖
2　　　右緣少事商量,幸請諸公等,帖至限今月某日依(於)
3　　　金光明寺門取齊①,捉二人後到,罰酒壹角。
4　　　趙住兒　陰富德　陳□盈　陳義盈　張醜奴
5　右 右緣少事
6　右緣少事商量,幸請諸公等帖
7　　　至限今月五日□時依(於)寶蓿蘭
8　　　□義　善盈　盈德　德□

説明:
以上兩件均爲抄件,均原未抄完,第二件係倒書。

校記:
①"依",當作"於",據文義改,以下同,不另出校。

二九、國圖BD9325(周字46)　某年七月十四日社司轉帖

(前缺)

1　　　　　　　　　　　　｜幸請｜
2　　　　　　　　　　｜捉二人後到,罰酒｜
3　　　　　　　　　　｜遞相分付,不得停滯。｜
4　　　　　　　　　　｜本司,用憑告罰。｜
5　　　　　　　　　　｜年七月十四日錄事索帖。
6　　　　　　　　　　｜張押衙　曹押衙　曹恩｜

7　友住　郭清奴　郭儒遠　郭糞子　郭富子　郭昇子　□□□
8　閆成　曹永興　楊虞候　唐平水　張幸千　張不□　□□□
9　陰隊頭　陰彥通　陰憨子　氾富德　石憨子　范衍子　孔□
10　通　氾富通　石富定　石友信　何吉員　王善昌　安兵馬使
11　左灰子　左保昇　趙員子　趙子通　張押衙　何安寧
12　陳萬昇　王闍梨

説明：

此件前缺，從所存部分知爲社司轉帖，事由已失。"石富定"見於國圖 BD9299（周字 20）號《社司納贈歷》。此件失紀年，其時代在 10 世紀後半葉，理由見下文國圖 BD9299（周字 20）號《社司納贈歷》説明。

三〇、Дx.11077　丑年五月社司轉帖

1　社司　　　轉帖①
2　右緣　　　　　　　　　　　社，人各粟一斗，幸
3　請諸公等，帖至限　　　　　日辰時於金光明
4　寺取齊。捉二人後到，罰酒一角；全不來，罰
5　酒半甕。其帖速遞相分付，不得停滯，如滯帖者，
6　准條科罰。帖周卻付本司，用憑告罰。
7　　　　　　　丑年五月　日錄事　帖。
8　康社官　泊(?)社長　令狐社老　□□□　□□住阿孃
9　□都□　□□□　□□□　□□□　□□□　　安家女　清□
10　□□□　□□□　□□□　員□　□□□　　□願男　□□

説明：

此件係用硬筆書寫，墨跡極淡，文字很難辨認，事由不明。

校記：

① "轉帖"，據文義及其他社司轉帖例補。

三一、Дх.2449＋Дх.5176С 某年十一月十九日社司轉帖

（前缺）

1 ☐者，准例科罰。帖周卻付本司，用憑
2 　　　　告罰。
3 　　　　　　十一月十九日錄事　　帖。
　　　　知　知　知　知　知　知
4 ☐法律　張法律　張法律　道嚴　智光　法乘☐
5 ☐圖閻法律　慶德　希友　海印　道彼　金☐
　　　　　　　　　知
6 ☐石寺主　慶寂　恩福嚴　信德　淨☐
7 ☐蓮台張上座　賢☐　普靈信　緣證
8 ☐乘員會　如真　員進　圓堅　證圓

（後缺）

說明：

此件前後均缺，從其所存社人名來看，這是一個以靈圖、報恩、蓮台、普光、大乘等寺僧人爲主體的社。其中"福嚴、信德"見於 S.2614 背《沙州諸寺僧尼名簿》和 P.6005《僧人分齋僞歷》，此二人在三件文書中均屬報恩寺，似可排除異時同名的可能性。如是，此件的年代當與其他兩件相近。S.2614 背《沙州諸寺僧尼名簿》筆者在《唐後期五代宋初敦煌僧尼的社會生活》（北京：中國社會科學出版社 1998 年版）一書第 30—31 頁考定其年代在 10 世紀初。則此件的時代亦當在 10 世紀初葉。

三二、Дx.5699 某年四月六日社司轉帖

（前缺）

1 ☐☐☐☐甕。其帖立便事(示)名弟(遞)過① ☐☐
2 ☐☐☐☐年四月六日錄事吳定戌帖。
3 ☐☐☐吳富盈 吳鐵子 吳富☐
4 ☐☐☐再德 吳加進 吳王七☐
5 ☐☐定 吳幸懷 令狐粉堆☐
6 ☐☐吳住奴 吳懷恩 張慶☐

（後缺）

說明：

此件前後均缺，"吳王七"見於 P.3636《丁酉年(997)社户吳懷實托兄吳王七承當社事憑據》；"令狐粉堆"見於 S.6003《壬申年(972)七月廿九日社人□晟新婦身故轉帖》；則此件很可能在 10 世紀晚期。

校記：

① "事"，當作"示"，"弟"，當作"遞"，均據文義改。

三三、Дx.18290 節義社轉帖

1 節義社　　　轉帖

2 秦俊請(?)知　曹真請(?)知　張尹知請(?)☐☐

（後缺）

説明：

此件尾缺下殘，僅存首部二殘行。所存社人名右上角有墨筆所劃符號，姓名旁有另筆所書"知"字和"請"字，當係表示該社人已知等事項，說明其爲實用文書。

三四、Дx.11084 某年七月十五日社司轉帖

（前缺）

1 齊，如有後到及全不來者，罰麥伍斗。其帖 各
2 自 示名遞過者①。七月十五日錄事鄧　帖。
　　　　　　　　　　　　　　　　浮并（餅）②
3 □上座　索法律　戒淨　戒會　勝盈　陰法師
4 □貞　住清　惠覺　戒昌　福員　戒信　判官
　　　　　　　　　　　　　　浮餅
5 □□三人　願成三人　願通二人　盈子二人　骨子
6 □□□三人　張長盈二人　陰定昌　長子　段長盈二人
　　　　　　　　　浮餅
7 □□□　陰會昌二人　□奴二人　□定六二人　鄧住
8 □□□　□□長員二　都□永存　孟員昌　米富昌
9 □□□　□山奴　順子　汜□□二人　再晟　索

（後缺）

說明：

此件前後均缺，從殘存内容可以看出是社司轉帖，事由不明，多數社人名旁有表示已知的墨點，知其爲實用文書。

校記：

①"各自"，據文義及其他轉帖例補。

② "并",當作"餅",據文義改。

三五、Дх.5475 社司轉帖

（前缺）

```
1  [____]     壹斗,油半升,幸請[__]
2  [____]     時於蘭喏內送納[__]
3  [____]     來者,罰酒半甕[__]
4  [____]     如滯帖者,准條[__]
5  [____]     告罰。
6  [____]     八日錄事張(?)米帖。
7  [____]   [□]興　閤家九娘子　[__]
8  [_____]         富員[__]
9  [____]         富進　□押衙[__]
10 [____]         子幸婆　米[__]
11 [____]             頭師兄[__]
12 [____]   婆　榮(?)子幸婆　迎[__]
13 [____]         □幸婆　氾章三[__]
14 [____]     □押衙　八娘子[__]
15 [____]         光晟押衙[__]
16 [____]       張押衙　兵馬使[__]
```

説明：
此件上下缺,僅存中間一窄條,從所存內容看爲社司轉帖,事由不明。

三六、Дх.6053背 社司轉帖抄

1　[____]　至於仍(?)祿魁家,人各麥壹斗。

2 ☐　　　　請諸公等，帖至今月廿日辰
3 ☐　　　　酒壹角；全不來，罰酒半甕。其帖
4 ☐　　　　如滯帖者，准條科罰。帖周卻
5 ☐

説明：

此件係抄件，上部已缺，從殘存內容可以看出是社司轉帖，事由不明。

三七、Дx.2449＋Дx.5176B　某年十一月社司轉帖

（前缺）

1 ☐　　　　於官樓蘭若門取齊☐
2 ☐　　　　不來者，罰酒半甕。其☐
3 ☐　　　　滯帖者，准條科罰。
4 　　　☐☐年十一月☐☐日錄事☐帖。
5 ☐　　　　通、宋郎、賀郎、住子、杜☐
6 ☐　　　　郎。

説明：

此件前缺，上下均殘，從所存內容看爲社司轉帖。

三八、Дx.894C＋Дx.4734　丁卯年八月十六日社司轉帖

（前缺）

1 ☐　　　　　　　　用憑☐☐用不☐☐☐
2 ☐　　　　　　　　丁卯年八月十六日錄事禪師。

3　▭▭▭▭▭▭▭▭▭▭▭▭▭▭▭□押牙　進進▭▭
4　▭▭▭▭▭▭▭▭▭▭▭▭▭▭▭友多　員空　▭▭▭
5　▭▭▭

說明：

此件前缺，上下均殘，從所存內容看爲社司轉帖。《俄藏敦煌文獻》編者擬名爲《丁卯年八月十七日錢某文書》，誤。

三九、Дх.894В＋Дх.4734
《社司轉帖抄》

（前缺）

1　▭▭▭▭▭▭▭全不來▭▭
2　▭▭▭▭▭遞相分付，不得停▭▭
3　▭▭▭▭▭周卻付本司，用憑告▭▭
4　▭▭▭▭▭今月十八日辰時▭▭
5　▭▭▭▭▭▭□□納如▭▭
6　▭▭▭▭不來者，罰酒半▭▭
7　▭▭▭示名遞過者。▭▭

（後缺）

說明：

上錄文字分別寫在兩張殘紙上，《俄藏敦煌文獻》第 7 册（上海古籍出版社 1996 年版）所刊圖版已將兩紙對接，似能拼合。但從保存的文字來看，兩紙的內容並不銜接。其中一件即 1—3 行爲一轉帖的尾部，另一件即 4—7 行則爲已失首部的又一件轉帖。

四〇、國圖 BD11822　己卯年正月三日社司轉帖

（前缺）

1　☐二人後到，罰酒☐
2　☐帖各自署名遞過，不得停
3　☐
4　　　　己卯年正月三日錄事陰☐

（中空1行）

5　☐義全　史發定　武海清

（後缺）

說明：

此件首尾均缺，上部亦殘，從所存內容看是社司轉帖。社人"史發定"名旁有一墨點，說明此件是實用文書。

四一、P.2023 P1　社司轉帖

（前缺）

1　☐相分付，不得☐
2　☐陰恒慶　陰流定☐
3　☐☐☐

（後缺）

說明：

此件僅存兩殘行，從其內容看是社司轉帖。

拾　《敦煌社邑文書輯校》補遺

四二、國圖 BD9095 背（陶字 16 背）
###　　社司轉帖

（前缺）

1 ▢▢▢▢▢▢▢▢▢▢罰。
2 ▢▢▢▢▢▢▢月七日録事釋門僧政弁捷（?）帖。
3 ▢▢▢開宋僧政　永翟僧政▢▢
4 ▢▢▢界▢僧政　蓮張法律▢▢
5 ▢▢▢雲李僧政　修張闍梨▢▢

説明：

此件前、上、下均缺，從所存內容看爲社司轉帖，而且很可能是一個以僧人爲主體的社的轉帖。《中國國家圖書館藏敦煌遺書》編者將此件定名爲"僧名籍"，非是。

四三、Дx.1286＋Дx.3424
###　　社司轉帖

（前缺）

1 ▢▢▢▢▢▢▢▢▢▢▢告報，社人齊集，▢若▢▢
2 社官　李卿（押）　　録事　齊豐晟（押）▢▢
3 僧張申成　　　　李子▢　▢▢
4 張智興　　　　　　　郭定金（押）▢▢
5 ▢▢已後偷色贈物，忽須自納，若▢▢▢
　　不送納底衣（依）調（條）罰①。　　周禄子　▢▢
6 ▢▢▢▢▢▢▢▢▢▢陰▢▢▢▢

説明：

此件前後缺，下殘，僅存社人題名部分，可能是社司轉帖，但也不能排除

345

是社條之題名部分，姑置於此。

校記：
①"衣"，當作"依"，"調"，當作"條"，均據文義改。

四四、Дx.11196背　某年十月九日渠人轉帖

1　渠人轉帖　目盈通　目願晟　目盈昌　目章三　安繼昌　安定昌　何願興
2　高儒通　李員住　李都頭　趙員進　郭八子　郭會興　郭願德　程醜子　唐僧正
3　吳法律　索醜定　索留奴　張流奴　張員昌　索會子　張保昌　張長友　張都頭
4　已上渠人平道及蓋都鄉橋，人各梩壹束，鍬钁一事，須得壯□。
5　帖至限今月十日卯時於沙河橋頭取齊。捉二人後到，決丈(杖)七
6　下①；全不來，有重罰。其帖各自示名遞過者。
7　　　　　　　十月九日錄事索醜奴帖　諮。

說明：

此件於1995年由土肥義和在《唐・宋間の"社"の組織形態に關する一考察》(《堀敏一先生古稀紀念——中國古代の國家と民衆》，東京：汲古書院1995年版)長文中刊佈。1996年《敦煌學輯刊》第1期刊佈了此件的圖版，陸慶夫、鄭炳林在同期發表的《俄藏敦煌寫本中九件轉帖初探》也釋錄了此件。《俄藏敦煌文獻》第15冊亦刊佈了此件的圖版。

關於此件的年代，土肥義和在上引文中指出"高儒通"見於S.6309《行人轉帖》(10世紀中葉)。而陸慶夫、鄭炳林在上引文中又進一步指出見於S.6309《行人轉帖》的還有"目幸成"，這一點並非土肥義和未能察覺，

而是他將本件中的"目幸成"釋讀爲"目章三"(依據圖版,當亦土肥義和的釋讀爲是)。陸、鄭還指出上録Дx.4032《□巳年七月九日梁進通身亡轉帖》中之"兵馬使王富定"見於 S.6309《行人轉帖》和 S.4472《辛酉年十一月廿日張友子新婦身故聚贈歷》(他們認爲此辛酉爲 901 年);此件中之"李員住"見於 S.4812《天福六年(941)算會兵馬使李員住等欠麥憑》,"索醜奴"見於 S.323《大順二年(891)四月十日團頭名目》。最後,陸、鄭將本件的年代確定在 9 世紀末至 10 世紀前半葉。據筆者掌握的資料,此件的年代似乎還可後移。陸、鄭定年的重要依據之一是 S.4472《辛酉年十一月廿日張友子新婦身故聚贈歷》,但他們將該件之"辛酉"定在 901 年並無確證,實際此前筆者早已考出該件之"辛酉"應是建隆二年(961)(見拙稿《敦煌社邑文書年代彙考》(三),《社科縱橫》1993 年第 5 期)。這樣,S.6309《行人轉帖》的年代也應相應後移。支持上述結論的另一依據是 S.6309《行人轉帖》中之"索保定、李醜奴"曾見於 P.3231 號保存的一組公元 973—976 年的文書。據上列材料,土肥義和將 S.6309《行人轉帖》的年代定在 10 世紀中葉可以説是自有其依據,實際這件文書的年代可能還要更晚一些。陸、鄭定年的另一依據是"李員住"見於公元 941 年文書,但這一證據距他們提供的另一證據相隔五十年,如果我們將本件的年代定在 10 世紀中葉,距 941 年的間隔不過十年左右。所以,陸、鄭的第二條證據對我們的定年或許更合適一些。現在,陸、鄭的定年只剩下"索醜奴"見於公元 891 年文書一條孤證。"醜奴"在當時是很流行的名字,同名的比率較高,如 P.4693《官齋歷》中即有另一"索醜奴"。因這件文書中的很多人名見於上列 P.3231 號文書,所以其年代亦應在十世紀後半葉。這個"索醜奴"與上列公元 891 年的"索醜奴"顯然不是同一個人,從時間上看,他與此件中的"索醜奴"倒很可能是同一個人。

此件的多數人名旁有墨點,説明其爲實用文書。人名中有僧正一人,法律一人,表明敦煌的僧人有承擔"渠河口作"的義務。土肥義和的釋文與陸、鄭的釋文不盡相同,筆者依據圖版對上述二家的釋文作了訂正。

校記：
① "丈"，當作"杖"，據文義改。

四五、Дx.11078　渠人轉帖

1　□□　轉帖　　張□□
2　□□□　孟醜奴　□□□　　□□胡　氾昌□
　　　　　　　　　　　　　　　　　　鑵
3　□□□　龍子成　□□□　□清奴　高守□
4　尹保定　董友□　□□□　尹安定　陰□□
　　　阿藍
5　翟緊子　□□□　□安通
6　已上□人官　　　宅，帖至限今□□□□
7　　　　佛當門取齊，捉二人後□，□□
8　□□；□不來，官有重罰。
9　　　　　　　　□月十□□

說明：
此件上下及中間均殘缺，從格式看應爲渠人轉帖。

四六、Дx.11200　渠人轉帖

（前缺）

1　□□□　□□□　□□□　□□□　兵馬使氾□□
2　□□子　王闍梨　李文子　李通侯　李懷德　□
3　□□　田盈順　桑盈君　　　　已上渠人今□□□
4　□□要通底河口，人各白刺一束，鍬一□□□
5　□□□月廿八日卯時於杜壩取齊，如若□□□

6 □□□全不來，重有責罰。其帖速遞
（後缺）

說明：
此件前後缺，上下殘，從所存內容知其爲渠人轉帖。

四七、Дx.11072　渠人轉帖

（前缺）
1 □□□□唐後得　陳小□　陳富君　陳
2 □□□　骨奴　□萬盈　趙富住　□□□　趙□□
3 □不籍奴　吳醜兒　楊□□　吳節□　□□□
4 已上渠人，官中處分，令□□□
5 □□□壹，褐底□□□□□，捉二人後到①，□□□
6 □□□□□全不來　　　②，其帖□□□□□
7 　　　　　　　　　　六日　□。

說明：
此件僅存一小塊，從其所存内容看係渠人轉帖。

校記：
① "捉"，據文義及其他轉帖例補。
② "來"，據文義及其他轉帖例補。

四八、Дx.6053背　渠人轉帖抄

1 □□□□唐再子、趙懷詠、唐潤子、令狐胡□
2 □□□□得欠少壹色。帖至限今月七日南門

3 ☐☐☐☐☐☐來者,官有處分,〔其〕帖各自署名遞①

4 ☐☐☐☐☐☐保住。

説明:

此件上缺,從其所存内容看係渠人轉帖抄。

校記:

① "其",據文義及其他渠人轉帖例補。

四九、Дx.2155＋Дx.1269＋Дx.2156
某弟身故納歷

(以下爲 Дx.2155＋Дx.1269)

1 ☐☐☐☐☐☐☐ 弟身故納歷

2 ☐☐☐☐☐☐☐ 一馱(?)粟(?)

3 ☐☐☐☐☐☐☐ 白氈一丈五尺,非(緋)直氈紫氈一丈一尺①。

4 ☐☐☐☐☐☐☐ 白氈内一接二丈七尺,付員☐。

5 ☐☐☐☐☐☐☐ 白緤白氈内接二丈七尺。

6 ☐☐☐☐☐☐☐ 非(緋)氈碧氈内接二丈三尺。

7 ☐☐☐☐☐☐☐ 白氈一丈二尺。

8 ☐☐☐　　粟　碧氈内接二丈五尺。

9 ☐☐☐　并(餅)粟　官布故非(緋)氈内接二丈三尺②。

10 ☐赤胡　并(餅)粟　黄斜氈一丈一尺,碧氈二丈。

11 ☐瘦兒　并(餅)粟　非(緋)氈二丈七尺。

12 宋富☐　并(餅)粟　白細氈二丈六尺,付瘦子(押)。

13 宋苟子　并(餅)粟　白氈二丈,又白氈一丈,付住奴。

14　宋骨子　并(餅)粟　白氀内接一丈八尺。

15　張富盈　并(餅)粟　白氀内接二丈。

16　張富昌　并(餅)粟　碧氀立機緤内接二丈。

17　□□長　并(餅)粟　碧氀故紫氀一丈五尺,白氀一丈三尺。

18　□保友　并(餅)粟　白氀二丈五尺。

19　□清兒　　　　　白氀三丈五尺。

20　□□灰　并(餅)粟　非(緋)氀一丈一尺,白氀二丈。

21　張弘定　并(餅)粟

22　□虞候　并(餅)粟

23　□□□　并(餅)粟　　□□

(後缺)

(以下爲 Дx.2156)

(前缺)

1　鄧闍梨　并(餅)粟　白氀二丈五尺。

2　令狐阿朶　并(餅)粟

3　令狐赤頭　并(餅)粟

4　令狐清息　麵粟　　非(緋)氀一丈六尺。

5　郭保員　并(餅)粟　非(緋)氀一丈八尺,白氀一丈。

6　□通兒　并(餅)粟

7　杜義盈　并(餅)粟　白氀一丈二尺,又白斜氀一丈五尺。

8　杜大眼　并(餅)粟

9　郭衍雞　并(餅)粟　淡碧氀二丈五尺,付通兒。

10　令狐慶達　并(餅)粟　白氀三丈四尺,付通兒。

11　令狐瘦兒　并(餅)粟　白細氀二丈三尺,付章友。

12　□宜受　并(餅)粟　白氀三丈六尺,付苟子。

13　□海保　并(餅)粟　白氀二丈五尺。

14 □□□ 并(餅)粟　　白氎三丈五尺,付判官。
15 □□□ 粟　　　　白氎二丈,又經布五尺,付通兒。
16 □□□ 粟　　　　淡斜氎丈六,付通兒。
17 □□□ □□　　　白氎二丈五尺。
18 □□□ □□　　　碧氎二丈一尺,黃氎七尺,付通兒③。
19 □□□ □□
20 □□□ □□
21 □□□ □□　　　□氎三丈二尺,付通兒。

(後缺)

(以下爲Дx.2156背)

1 □□□針四個,付張富盈并(餅)拾帖,又付并(餅)肆拾伍□
2 □麵三秤子,又付并(餅)一帖(押),又付并(餅)一帖,付大眼孃并(餅)一帖。
3 付粟伍碩壹斗(押)。

説明:

此件由Дx.2155、Дx.1269、Дx.2156三片組成,Дx.2155右上角和Дx.2156左上角殘缺,其中Дx.2155與Дx.1269可直接拼合,拼合後尾部仍缺,Дx.2156前後均缺,與前兩片不能直接拼合。Дx.2156背有三行支付納贈物品的記錄,亦附録於此件之後。此件失事主姓名,首部的幾個人名亦失,推測應爲社司納贈歷,原件在每人所納織物右上角有墨筆勘驗符號。

校記:

① "非",當作"緋",據文義改,以下同,不另出校。
② "并",當作"餅",據文義改,以下同,不另出校。
③ "兒",據文義補。

拾 《敦煌社邑文書輯校》補遺

五〇、國圖 BD9299(周字 20)
社司納贈歷

（前缺）

1 張衍雞 油粟餅柴 白斜褐一丈七尺 又七尺 又桃花斜褐碧昌褐內一妾(接)二丈①
2 梁流慶 油粟餅柴 碧褐二丈四尺
3 康妙力 油粟 柴 白細褐二丈
4 石富君 油粟 排(緋)麅褐二丈②
5 石富定 油粟 非(緋)麅褐白麅褐內妾(接)二丈四尺③
6 趙胡奴 油粟 □□白麅褐內一接二丈
7 郭富德 油粟餅柴欠 又油 淡非(緋)麅褐一丈一尺 白麅褐一丈五
8 楊延子 油粟餅柴 白斜褐一丈八尺 又白斜褐一丈

紙背

1 李幸得 油粟并(餅)柴④ 非(緋)麅褐一丈四尺 淡碧紬褐七尺
2 付主人石富定柴貳十捌束，又柴壹束，又壹束，又兩束。
3 付願盈油叄拾叄合，又壹合。
4 付富定粟兩碩柒斗，付餅陸百。

說明：

此件前缺，其格式、內容與《敦煌社邑文書輯校》所收錄之"社人身故納贈歷"相同。"主人石富定"見於前錄 BD9325(周字 46)號《社司轉帖》，但其他人名均不同。此件失紀年，"石富定、張衍雞"見於 P.3231《平康鄉官齋籍》，這組文書的時間在公元 973—976 年，則此件的時間當亦在 10 世紀後半葉。"石富定"還見於上録國圖 BD9325(周字 46)號《社司轉帖》,該件中之"氾富德"亦見於 P.3231《平康鄉官齋籍》,説明國圖 BD9325(周字 46)號《社司轉帖》的時代也應在 10 世紀後半叶。

校記：

① "妾",當作"接",據文義改,以下同,不另出校。
② "排",當作"緋",據文義改。
③ "非",當作"緋",據文義改,以下同,不另出校。
④ "并",當作"餅",據文義改。

五一、國圖 BD15405(能字 5)　納贈歷

(前缺)

1　　　　　　　　　　　粟柴
2　押牙索幸宗　　并(餅)粟柴①
3　索保定並(餅)
4　索保住并(餅)粟柴
5　索定奴并(餅)粟柴
6　張佛奴兵馬使并(餅)粟柴
7　馬保長並(并)粟柴
8　張買兒並(并)粟柴
9　張全子並(并)粟柴
10　張海清並(并)粟柴
11　武醜奴並(并)粟柴
12　令狐恩子並(并)粟柴
13　令狐醜胡並(并)粟柴
14　　　　　　　　粟柴

(後缺)

拾　《敦煌社邑文書輯校》補遺

説明：

此件前後均缺，上部亦缺。原件分爲上下兩列書寫，今上列已失，僅存一"柴"字。此件之格式、内容與一些社司納贈歷相同，但從所存内容不能確定其是否《社司納贈歷》。此件人名下的"餅粟柴"筆體、墨色與人名不同，説明不是和人名一起書寫的，人名應是先寫的，"餅粟柴"則是後添加的。透露出納贈的人員是固定的，預知的，這一跡象表明此件即使不是《社司贈贈歷》，亦應屬於也是比較固定的民間團體。

校記：

① "并"，當作"餅"，據文義改，以下同，不另出校。

五二、國圖 BD9298（周字 19）　納贈歷

（前缺）

1　□□□□□□□□又三尺□□

2　□歸頭　油餅粟柴　炎碧褐一丈六尺　白麁褐二丈

3　張懷滿　油粟并（餅）柴①　　白斜褐一丈六尺　又白斜褐一丈二尺

4　張胡兒　油粟并（餅）柴　白麁褐二丈

5　張再盈　粟油并（餅）柴　白麁褐二丈一尺　付張盈榮

6　張再住　油粟并（餅）柴　故破碧褐白褐内一接三丈

7　□□□□　并（餅）柴　白斜〔褐〕故破一丈三尺②　非（緋）斜褐一丈三尺③

8　□□□□□□□□□□十七尺

9　□□□□□□□□□□官布一丈八尺

説明：

此件從殘存的内容看是《納贈歷》，但不能確定是否《社司納贈歷》，姑附

355

於《社司納贈歷》類，以供參考。

校記：
① "并"，當作"餅"，據文義改，以下同，不另出校。
② "褐"，據文義補。
③ "非"，當作"緋"，據文義改。

五三、國圖 BD9319（周字 40） 納贈歷

（前缺）
1 ☐☐☐絹二丈
2 ☐☐☐油麵夾纈九尺紫綾☐☐
3 信惠
4 法達 油麵 緋羅半疋
5 ☐☐☐油麵 綠絹半疋
6 ☐☐興 油麵 白絹三段 青羅一段
7 ☐☐☐油麵 青綾六尺 白絹八尺 又故破白絹七尺內接
8 ☐☐☐油麵 生紬二丈
9 ☐☐☐麵 紫絁一段 紫羅一段 羅帔子一
（後缺）

說明：
此件從殘存的內容看是《納贈歷》，但不能確定是否《社司納贈歷》，姑附於《社司納贈歷》類，以供參考。

五四、S.782 背 納贈歷

1 陳閏利(梨)粟一斗①，熟布一疋，柴。陳興晟麵，粟柴，生紬二丈六尺。

拾 《敦煌社邑文書輯校》補遺

2 陳小骨粟麵,牒(緤)一段②,柴。陰闍利(梨)麵粟,牒(緤)一段,又生布一段。

3 劉賢者麵粟,生布共接一疋,柴。鄧恩子麵粟,牒(緤)一疋。

4 鄧再清粟麵。　　　　　　閻讚力粟麵,生布一疋。

5 令狐安乇,麵。　　　　　　陳讚讚麵粟。

6 張讚讚麵粟,生布一疋。　　張國通麵粟。

7 索通通粟麵,^{生布兩段,共接一疋,}　　鄧章青(?)粟,生布一疋。

8 陰青乇奴麵粟柴,生布、熟〔布〕共接三丈③。

9 閻又信麵粟,生布一疋。

10 張安六麵粟,生布一疋。

11 唐小小麵粟。

12 鄧子剛生布一疋,麵粟。

13 鄧接子麵粟,熟布一疋。

14 鄧文銑麵粟,生布一疋。

（中空二行）

15 鄧進進麵粟柴,生布三丈。

16 張道宗粟,生布一段,熟布一段。

17 苟苟粟柴,熟布二丈。

18 董賢者麵粟,熟布一疋。

19 氾勝勝麵粟,緤一段,柴。

（後缺）

說明：

此件係用硬筆書寫於《論語集解》背面,從所存内容看,與敦煌社邑成員向社司繳納助葬物品的記録——《納贈歷》類同,但不能確定此件是否社司《納贈歷》。此件中之陳興晟見於S.1453號背《唐光啓二年(886)十月座社局席轉帖抄》。此件部分人名和所納物品名稱的上部和右側有"⌐"符號,當爲記録者所做的勘驗符號。

357

校記：

①"利"，當作"梨"，據文義改，以下同，不另出校。

②"牒"，當作"緤"，據文義改，以下同，不另出校。

③"布"，據文義補。

五五、Дx.10275　納贈歷

（前缺）

1　□□□□□□　　　□□□并(餅)粟①
2　□□通并(餅)粟　　索定光粟足
3　□員繼并(餅)粟　　小索定光□員繼并(餅)粟
4　□□□并(餅)粟　　李定子并(餅)粟
5　□□成并(餅)粟　　氾闍梨
6　□□□并(餅)　　　氾富盈并(餅)粟
7　□□□　　　　　　李□子并(餅)粟

（後缺）

説明：

此件前後缺、上殘，從所存內容看係納贈歷，但不能確定是否社司納贈歷。

校記：

①"并"，當作"餅"，據文義改，以下同，不另出校。

五六、Дx11726　納贈歷

（前缺）

1　□□□□□　　　安清忽并(餅)□①
2　□□□□□　　　□定昌并(餅)□

拾 《敦煌社邑文書輯校》補遺

3 □□□□　　　□女昌并(餅)□
4 □□□□　　　段願長□□
5 □□□□　　　□安子并(餅)□
6 □□□□　　　馬萬□并(餅)□
7 □□□□　　　張再定并(餅)□
8 索□□并(餅)粟　張□友□□
9 索章三并(餅)粟　張保昌□□
10 陰押牙并(餅)粟　張苟奴□□
11 石醜定并(餅)粟　陰二得□□
12 石友成并(餅)粟　董保定□□
13 馬醜□并(餅)粟　□惠光□□

(後缺)

說明：
此件前後缺、下殘，從所存内容看係納贈歷，但不能確定是否社司納贈歷。

校記：
① "并"，當作"餅"，據文義改，以下同，不另出校。

五七、Дx.1277背　納贈歷

(前缺)

1 宋醜子　　　　麵
2 游阿朶
3 安章通　　　　麵粟
4 張留通　　　　并(餅)粟①
5 押衙張醜子　　并(餅)粟

6　張義全　　　　并(餅)粟

7　張胡僧

8　左定奴　　　　并(餅)粟

9　康名子

10　康苟奴　　　　并(餅)粟

11　張虞候

12　董押衙　　油　并(餅)粟柴

13　唐富通　　油　并(餅)粟

14　宋押衙

15　張祐子　　　　粟

16　張再昇

17　陳留晟　　油并(餅)粟

18　李萬祐

19　吳阿朵

20　陳富長

21　張四娘

22　張善盈　　　　并(餅)粟

(中缺)

23　□富進　　油粟麵

24　□阿朵　　　　　　　　談(淡)②□

25　□再昌　　油　并(餅)粟　帛□

26　□章七　　油　　　　　　帛□

27　□糞子　　　并(餅)粟　　帛□

28　□仁者　　油　　粟　　　談(淡)□

29　□水住　　　　并(餅)　　帛□

30　□醜仁　　　　　　粟柴

31　醜奴

(後缺)

拾　《敦煌社邑文書輯校》補遺

説明：

此件已成爲兩片，兩片前後及下部均缺，兩片内容亦不連續，從字體看應爲一件。第一片下部雖缺，但似無文字，第二片下部缺失部分記録織物的文字。《俄藏敦煌文獻》將此件定名爲《宋醜子等油麵歷》，誤，將此件所存之内容與我們搜集到的《納贈歷》進行比勘，可以確定此件爲納贈歷，但不能確定是否社司納贈歷。此件之空白處有後人書寫的其他文字，因與此件無關，未録。

校記：

①"并"，當作"餅"，據文義改，以下同，不另出校。
② "談"，當作"淡"，據文義改，以下同，不另出校。

五八、Дx10281＋Дx11060　納贈歷

（前缺）

1　席利德 白紬共四妾（接）一丈九尺①，青紬共一妾（接）六尺，又故破青絁内兩妾（接）一丈
2　王霄魁 黄綾一疋
3　□孝順 故白練半福（幅）五尺②，又故破白綾五尺，又青綾共兩妾（接）九尺，白綾共〔一〕妾（接）五尺③，紫繡三尺，又白練七尺。
4　□□子 生絹一疋
5　□□□ 白練□□□□□□□□□□□□□□□□□□□□
6　□□□ □□□□□□□尺
7　□□□ □□□丈二尺白紬共三妾（接）一丈三尺，又半福（幅）白

（後缺）

説明：

此件前後均缺，從所存内容看係納贈歷，但不能確定是否社司納贈歷。

校記：

①"妾"，當作"接"，據文義改，以下同，不另出校。

361

② "福",當作"幅",據文義改,以下同,不另出校。
③ "一",據文義補。

五九、Дx.5092＋Дx.11088 背 納贈歷

（前缺）

1 　　　　　　　　　一疋
2 　　　　　　　　　白縑一段。
3 　　　　　　内一接,土絹一丈五尺,又生絹卅五尺。
4 　　　　　　　　　三尺。
5 　　　　　　　　　名。
6 　　　　　　　　　布一疋。
7 　　　　　　　　　褐一十六尺。
8 　　　　　一段,有□□,又縑一段,又縑一段。
9 　　　　　一疋,□絹一丈五,内三接。
10 　　　　　　　　　　　土絹半疋。

（後缺）

説明：

此件前後缺、上下殘,從所存内容看爲納贈歷,而其背面有送葬不到人和全不來人記録,可以斷定爲社司納贈歷。

六〇、Дx.5092 社邑活動後到、全不來人名録

1 送葬後到人：常披。城。
2 全不來：胡太平。城。

說明：

此件的另一面爲《納贈歷》，上錄兩行文字記錄此次營葬活動的後到人和全不來者，以備處罰。"常掖"和"胡太平"名下各有一"城"字，疑爲記錄者之簽名。

六一、S.4660背　兄弟社欠色物、入麥及罰筵席等歷

1　緊奴欠色物一丈三尺，　長慶都頭欠二丈，　憨多欠一丈，
2　緊子欠一丈，　憨奴欠一丈，　□□□□一丈三尺，
3　小都知欠二丈，　都牙□□□□□□欠二丈□□，
4　都知欠二丈，　作防(坊)欠二丈①，　善子都頭欠二丈，
5　員受欠一丈，　員長欠五尺，　定奴欠二丈，　福昌欠一
6　丈，繼松欠八尺　再富欠八尺　願長欠一丈　保弘法
7　律欠二丈　奴子欠二丈　張都頭欠二丈　善子押牙欠
8　四尺　南山欠一丈五尺　盈宗欠一丈
（中空一行）
9　還綿幡賈(價)衆兄弟出一分②，當團一分。
10　和尚墓(募)入麥拾碩③，富員墓(募)入麥七石，大阿父
11　墓(募)麥拾肆碩。
（中空一行）
12　小都知、作防(坊)二人不送葬，罰釀䤃(臘)一筵④，永興
13　都頭不送阿姑，罰釀䤃(臘)一筵，帳設罰釀䤃(臘)一筵。

說明：

此件墨跡甚淡，不少文字的墨跡已脫落，極難辨識。從現已釋讀出的文字來看，本件可分爲三部分，1—8行爲社人欠色物歷，9—11行爲還綿幡價、入麥抄，12—13行爲罰筵席歷。因其正面是《戊子年(988)六月廿六日安定

阿姊師身亡轉帖》，且兩件人名多同，故知此件亦爲正面"兄弟社"之物，且很可能三部分内容均與安定阿姊師身亡有關。第一部分記載的當是社司爲安定阿姊師營葬時部分社人欠納色物的情況。雖然正面社司轉帖僅規定每個社人要納粟一斗，並未規定要納色物。但參照其他社邑文書，關於社人在助葬時需納物品的種類和數量，有的是在社條中已有明確規定(P.3544等)，有的則是"臨事商量"(P.3989)。臨事商量者自然需要在社司轉帖中寫明每個社人需要交納的物品的種類和數量，社條已有明確規定者則無此必要。此件所屬之兄弟社當係按社條規定交納色物者。在敦煌社邑文書中，記錄社人交納助葬物品的文書稱"納贈歷"或"聚贈歷"。現知敦煌文獻中保存的這類社邑文書有30多件。從這些"納贈歷"來看，每個社人實際交納的物品的種類和色物的數量並不一樣。兹錄S.4472背《辛酉年(961)十一月廿日張友子新婦身故聚贈歷》中之數行以見一斑：

1　辛酉年十一月廿日張友子新婦身故聚贈歷
2　張錄事　油麵粟柴
3　高社官
4　李僧政　粟油柴餅
5　趙法律　粟餅柴　白粗褐二丈
6　李法律　柴粟麵油　白粗褐二丈
（下略）

上列粟餅油麵柴等如按規定交納，在多數"納贈歷"中均不書數量，不足者則注明。但紡織品即色物則一般要寫明每人交納的物品名稱和數量。從現存"納贈歷"記錄的情況來看，同一社邑同一次助葬活動每個社人所納色物的種類和數量都不完全一樣。以上引《聚贈歷》而言，有的未納色物；納色物者有的僅納數尺，有的則達數丈；色物的品種也多達數種。此件第一部分"社人欠色物歷"表明，社邑在營葬過程中除用"納贈歷"記錄社人交納物品的情況以外，還用另一紙同時記錄社人欠納物品的情況。社司既然將社人的欠納情況記録在案,意味著社人遲早要補納這些欠納的色物。

此件第二部分中之還綿幡價抄,透露出敦煌地區送葬不僅用紙幡,也有綿幡。而且綿幡是買的,説明敦煌城内有專門製作這類物品者。此社的綿幡價被分爲兩份,全體社人均攤一份,當團負擔一份。在敦煌,有的人數較多的社邑一社内又分若干團(S.2472背)。本件中的"當團一分"表明在助葬時當團社人的負擔要比普通社人重。第二部分中之入麥抄所記收入的麥子似非都用於營葬。從正面《兄弟社轉帖》可知此社成員近40人,每人粟一斗合計近4碩,似已夠營葬所需。10—11行計入麥30餘碩,都用於一次營葬似數量太大。但入麥抄與身亡轉帖等合記於一紙也很難説是巧合,所入麥的一部分用於營葬是完全有可能的。

此件第三部分所記爲社人因未參加送葬而被罰筵席的情況。

此件的年代當與正面文書同時,即公元988年。

校記:
① "防",當作"坊",據文義改,以下同,不另出校。
② "賈",當作"價",據文義改。
③ "墓",當作"募",據文義改,以下同,不另出校。
④ "䶩",當作"膩",據文義改,以下同,不另出校。

六二、Дx.11201 壬戌年二月一日社人便黄麻歷

1 壬戌年二月一日吳☐☐
2 社官　便黄麻壹斗☐☐
3 録事　便黄麻叁☐☐
12 潤成
13 王三　便黄麻肆斗☐☐
14 醜兒☐☐

（後缺）

說明：
此件僅存起首部右上角。

六三、Дx.11201背　社歷

（上缺）

1　氾通子　　粟□
2　氾員子　　粟□
3　王三　　　粟□
4　氾盈達　　粟□

說明：
此件書於Дx.11201《壬戌年二月一日社人便黃麻歷》卷背，"王三"見於正面之社文書，且二件筆跡相似，推測亦當爲該社之文書。此件從所殘存之内容的格式看，似爲便物歷或納贈歷。

六四、Дx.2166　某社三官破觓斗歷

（前缺）

1　喫用。粟貳斗，社官濤麥頓定用。粟壹斗，三官王富昌店破
2　用。又粟貳斗，看薛頭、米判官用。麥兩碩、黃麻壹碩，五月齋料
3　用。麥貳斗、粟三斗，□斗用。又粟貳斗，三官就馬住兒店喫用。
4　四月十二日粟貳〔斗〕①，三官就馬住兒店破用。黃麻壹斗，付社官用。王
5　富昌店三官兩件破粟四斗。之(知)見②。廿日就安家喫酒伍升。
6　五月二日三官就宋住子家喫酒，破粟三斗。　　六月十日看

7　索通定沽酒用粟三斗。麥兩碩、粟兩碩,三官買巷家牛

8　肉用。八月一日麥三斗,三官就菜家店破用。〔八〕月二日麥

9　一斗③,社官就康家店破用。嘗(償)申買羊麥粟伍石④。沽酒用

10　□七石肆斗。買胡并(餅)麥肆斗⑤。十日菜家店三官麥一斗。

11　□□□□□□□後用麥一斗,令狐家店。　安法律、錄事

12　□□□一斗。九月十二日三官就悲田院破一斗。廿三日麥三斗

13　□□□三官及兩團頭破用。

說明:

此件前缺,尾部左上角殘。此件雖殘,卻是以前未曾見過的社司三官使用社邑斛斗的文書。從此件看,三官幾乎每月都要破用社邑的斛斗,而社邑存糧的數量也很大。

校記:

① "斗",據文義補。

② "之",當作"知",據文義改。

③ "八",據文義補。

④ "嘗",當作"償",據文義改。

⑤ "并",當作"餅",據文義改。

六五、國圖 BD9339(周字 60)背
　　麥油等歷

(前缺)

1　□□守真　二月三日祭禮油二升,八月十日□□□飯□一石二斗。

2　□光俊　四月一日氈一領,八月十日送女麥一石。

3　滔光　八月十日麥一石。

4 □升雲□□一石。

（後缺）

説明：

此件在《社祭文》稿背面，除人名外均爲朱書，極難辨識。人名下記有麥油等及數量，從數量看不是納贈歷。因納贈歷納麥的數量一般是一斗，而此件則多爲麥一石。推測其爲破除歷或領物歷。此件中有"祭禮油二升"，時間在二月，當與祭社有關。還有三項破麥或領麥時間在八月，頗疑此件是記錄社邑祭祀活動支出情況的文書。

六六、國圖 BD17 背（地 17 背）
社齋文

1 社齋文　　頂禮佛足裏（禮）世尊①，於無量劫賀衆苦，煩惱已盡習

2 亦除②，梵釋龍神咸恭敬。是知諸佛功德無量無邊，恒沙劫中，讚揚

3 難盡。然今即席坐前齋主合邑人等，妙因宿殖，善芽發

4 於今生，業果先淳，道心堅於此日；即知四大而無主，識五蘊之皆

5 空。遂乃共結良緣，同崇邑義，故能年三不闕，月六無虧，

6 建豎壇那，常修法會。於是幡華布地，梵響陵天。爐燒

7 六殊，餐資百味。以一食施三寶，滅三毒，去三災，崇百味，供十方，價（解）

8 十纏而資十力③。以此功德，廣大善緣，奉用莊嚴合邑人等，惟願災

9 殃殄滅，是福咸〔臻〕④，天仙降靈，神祇校（效）恥⑤，菩提種〔子〕⑥，配佛日（性）已（以）開芽⑦；煩

10　惱稠林,惠風飄而葉落。此持亦用莊嚴齋主⑧,合門居眷,遠近親

11　因(姻)⑨,大小休宜,咸蒙吉慶。然後上通三界,傍亘十方,並出邪途,咸

12　登覺道。

說明:

此件首尾完整,有原題,但每有脫漏,其中部分文字與《敦煌社邑文書輯校》第271號(P.2058)"邑文"、第290號(P.3363)"邑文"(文樣)相同。

校記:

① "裹",當作"禮",據文義改。

② 此句疑有脫文。

③ "價",當作"解",據文義及《敦煌社邑文書輯校》第271號(P.2058背)"邑文"、第290號(P.3363)"邑文"(文樣)改。

④ "臻",據文義及《敦煌社邑文書輯校》第271號(P.2058背)"邑文"、第290號(P.3363)"邑文"(文樣)補。

⑤ "校",當作"劾",據文義改。

⑥ "子",據文義及《敦煌社邑文書輯校》第271號(P.2058背)"邑文"、第290號(P.3363)"邑文"(文樣)補。

⑦ "日",當作"性","已",當作"以",均據文義及《敦煌社邑文書輯校》第271號(P.2058背)"邑文"、第290號(P.3363)"邑文"(文樣)改。

⑧ 此句疑有脫文。

⑨ "因",當作"姻",據文義改。

六七、Дx.11070　社齋文

1　社齋文　夫大覺能仁,處六而不

2 著塵①；吉祥調禦，越三界〔以〕居尊②；濟

3 五趣而燈（證）圓明③，截四流而超彼

4 岸；不生不滅，無去無來，神力難思，言

5 不測者矣。厥今坐前施主設齋

6 所申意者，奉爲三長邑義保願功

7 德之嘉會也。惟三官社〔衆〕乃並是

8 高門上族④，五郡名家，玉葉瓊枝，蘭

9 芬桂馥，加以傾心三寶，攝念無生，

10 越愛網於稠林，悟莫（真）如之境

11 界⑤。遂乃共結良緣，同增勝福。

（後缺）

説明：

此件首全尾缺，其内容與《敦煌社邑文書輯校》中之第266號(S.5573)"社齋文"、267號(P.3765)"社文"略同，但有些文句不同。Дx.7179亦有一件殘社齋文，所保存的内容没有超出此件，不再重出釋文。

校記：

① 據《敦煌社邑文書輯校》中之第266號(S.5573)"社齋文"、267號(P.3765)"社文"，此句應作"處六塵而不著"。

② "以"，據《敦煌社邑文書輯校》中之第266號(S.5573)"社齋文"、267號(P.3765)"社文"補。

③ "燈"，當作"證"，據《敦煌社邑文書輯校》中之第266號(S.5573)"社齋文"、267號(P.3765)"社文"改。

④ "衆"，據文義及《敦煌社邑文書輯校》中之第266號(S.5573)"社齋文"、267號(P.3765)"社文"補。

⑤ "莫"，當作"真"，據《敦煌社邑文書輯校》中之第262號(P.3545)"社齋文"改。

六八、上圖 060(812479)
亡考並社邑文

1　亡考並社邑　　　然今齋主　公虔跪捧爐所申 意

2　者①。一則奉爲先考諱辰追薦,二爲鄉閭邑義之所建薰修。有斯二端。□□□

3　會。惟亡考可謂雅量宏遠,清風稟(凜)然②,懷溫良恭儉之規,負仁義

4　禮智之節,理應常居人表,永陰(蔭)子孫③。何圖大夜俄侵,奄辭白日,居

5　諸奄謝(歲)④,遠諱俄臨。至孝等公,以思親義切,罔極情深,思訓育而摧

6　心,想幽明而雨淚。爰於是日,建此清齋。　然邑義諸公等並是三危

7　秀傑,八族名家,追朋十室之間,佶(結)交四海之內⑤。況知身若幻,慕善如流。

8　捨難捨之資財,爲有爲之勝福。欲使禎祥不絕,家國人寧,地久天長,保宜休

9　吉。是日也,飾庭宇,儼尊容,金爐焚海岸之香,玉饌下天廚之味。總斯多

10　善,無疆勝因,先用莊嚴亡考所生魂路,惟願度一切苦厄,遊十方淨刹,覲

11　百千諸佛,聞十二部經,逍遙常樂之階,偃禦生死之境。又持是福,即用

12　莊嚴合邑諸公等,惟願災殃解散,若高雲之卷白雲;業障逍(消)除⑥,等

13　炎陽而鑠輕雪。又用功德,莊嚴齋主公云云。

371

説明：

筆者在《敦煌寫本齋文及其樣式的分類與定名》（《北京師範學院學報》1990年第3期）指出敦煌寫本齋文（包括社齋文）實際分爲供起草齋文參考的齋儀和供實用的齋文文本。筆者在《關於敦煌寫本齋儀的幾個問題》（《首都師範大學學報》1996年第2期）一文中進一步指出，一篇完整的齋文文本應分爲號頭（頌揚佛的功德法力）、嘆德（説明齋會事由，讚嘆被追福、祈福者或齋主、施主的美德）、齋意（敍述設齋的緣由與目的）、道場（描繪齋會的盛況）和莊嚴（表達對佛的種種祈求）。此件無號頭，莊嚴部分亦不完整，應爲《齋儀》中"亡考並社邑文"文樣。

在我們搜集到的社齋文中，像此件這樣將爲亡考追福與爲社邑祈福合并爲一齋的例子不多，只有《敦煌社邑文書輯校》第256號（P.2341背）"亡考文兼社邑文"和第287號（P.3722背）"遠忌文並邑文"兩件。此件之文字與上列兩件不同。

校記：
① "意"，據文義及其他齋文例補。
② "禀"，當作"凜"，據文義改。
③ "陰"，當作"蔭"，據文義改。
④ "謝"，當作"夯"，據文義改。
⑤ "佶"，當作"結"，據文義改。
⑥ "逍"，當作"消"，據文義改。

六九、P.3129　社齋文

1　☐☐會齋文卅六　　聞齊心整身曰戒齋，防非止惡曰戒，戒是出家世之梯。

2　☐☐之資糧，非福無以置歡娛，非智無以斷煩惱。所以如來福圓智滿。

拾　《敦煌社邑文書輯校》補遺

3　☐　盡習除稱三界主。是知福不可不積，智不可不增。若非洞曉斷

4　☐　可以亡情世路，勵志空門。爲雞園百代之楷模，作像教一方之祥瑞。

5　☐　和尚當之矣。和尚以罄捐之後，大會之餘，不化不求，旋得旋施。時開一

6　☐　備香湯，齋營品饌，莫不全由道力，悉自心誠。操心既契於聖賢，

7　☐　土地。若不然者，曷得千門禮足，萬衆虔心。朝朝而競覓歸依，日日而

8　☐　社衆弟子等因師化道，叅自迴心，擺脱塵襟，驟張愛網，發言即應。

9　☐　憑般若之舡，周趣菩提之路。和尚今乃盛會，亦有私誠，先願國界安寧，兵戈

10　☐　同慶，户口無虞，四州之災害不生，千里之禍亂不作。上憑諸佛，下托衆僧

11　☐　若續千秋之義。伏願和尚道樹當途，永蔭疲羸之者；福河横路，長

12　☐　將戒月俱懸，龜鏡與鵝珠競耀。色身堅固，法壽延長。所願所修，

13　☐　之彌勒，普願相逢，人八萬歲，歲歲慈尊，咸皆值過。

説明：

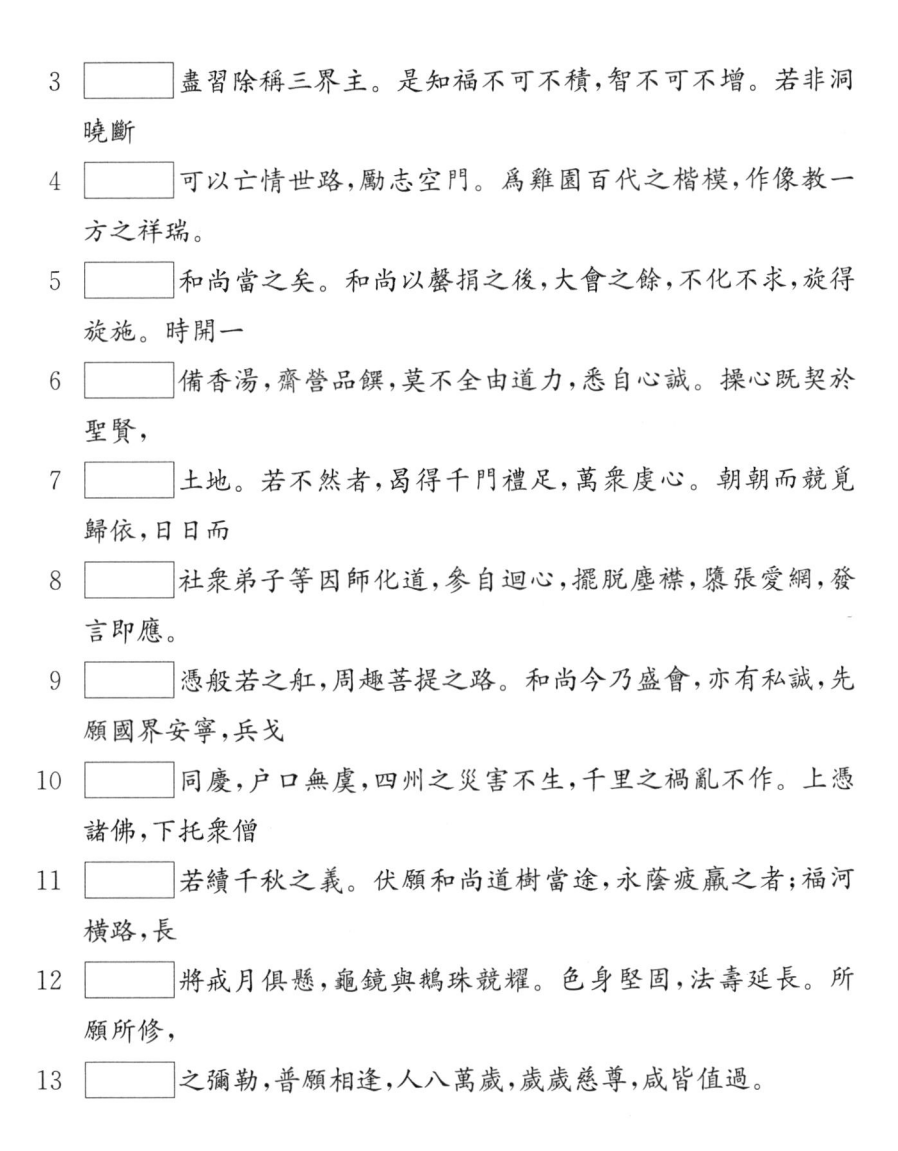

此卷是京右街副僧録内殿三教首座光道大師賜紫仁貴所撰齋文集之卷下，因全卷上端已殘，故原題僅存"卷下"兩字。原題後有目録，列各種齋文目録38篇，今僅存37篇，包括此件和《社衆造佛涅槃文》一篇。《敦煌遺書總目索引》云此齋文集"爲適用於陝西邠州一帶者"。此件原題僅存"會齋文卅六"，據其内容，參照其他同類社文書，知其爲社邑所設齋會上宣讀的《社

齋文》。《社齋文》中有"因師化道"，表明此社是受僧人勸化纔從事設齋活動的。

七〇、國圖 BD9442（發字 63）
社邑燃燈文

1 □□毫騰想(相)①，超十地以孤遊；金色流□□
2 出；權機妙用，振(拔)朽宅之迷途②。□□
3 昏衢之或侶。歸依者，苦原以□□
4 其身。大哉法王，名言所不惻(測)者③。□□
5 上津，肇啓嘉辰，建淨轉(輪)依(於)寶坊④，蕩□
6 有誰施之，時則有官錄爲合邑諸□□
7 □安之所施也。惟合邑人等並是流□□
8 賽(塞)英猶(猷)⑤，獻信義於鄉閭，意氣超於羣黨。
9 知世營(榮)之〔若〕電了⑥，人我之皆空。嘆百年之須臾，
10 念無常之悠忽。於是人人禮敬，各各率心，共建
11 燈願求加護。其燈乃神燈破闇，保(寶)囑(燭)除昏⑦，諸
12 佛爲此法身，上(尚)自燃臂⑧。遂使千燈普照，百炎(焰)明⑨，
    賢聖
13 遙瞻，隨燈而集鐵圍山內。賴此光明，黑暗城中，蒙
14 思(斯)光照⑩。是以二萬億　佛，同號燃燈，三千定光，皆同
15 一字。前時悟道，由設會於燃燈，今欲捨凡亦皆如是。以斯
16 燃燈旋繞功德，先用莊嚴龍天八部，惟願威光熾
17 盛，福力無邊，興運慈悲，救人護國。復持此福，次用莊
18 嚴合邑諸公等，惟〔願〕蕩千災⑪，憎(增)萬福⑫，善業障(長)⑬，
    惠牙
19 開，同種智之圓明，等法身之堅固。然後四方
20 晏靜，五稼豐登，疫癘消除，普天同樂。

說明：

此件許國霖《敦煌石寫經題記與敦煌雜錄》未收，書寫者水平不高，每有漏、誤。

校記：

① "想"，當作"相"，據文義及 P.3521《社齋文》改。
② "振"，當作"拔"，據文義及 P.3521《社齋文》改。
③ "恻"，當作"測"，據文義改。
④ "轉"，當作"輪"，據文義及 P.3765《社邑燃燈文》改；"依"，當作"於"，據文義改。
⑤ "賽"，當作"塞"，據文義改；"猶"，當作"猷"，據文義改。
⑥ "營"，當作"榮"，據文義改；"若"，據文義及 P.3122《三長邑義設齋文》補。
⑦ "保"，當作"寶"，據文義改；"囑"，當作"燭"，據文義和 P.3765《社邑燃燈文》改。
⑧ "上"，當作"尚"，據文義改。據其他《社邑燃燈文》，此句應爲"諸佛爲之剡身，菩薩尚自燃臂"。
⑨ "炎"，當作"焰"，據文義改。據 P.3765 等《社邑燃燈文》，此句應爲"百焰俱明"。
⑩ "思"，當作"斯"，據文義改。
⑪ "願"，據文義及 P.3765《社邑燃燈文》補。
⑫ "憎"，當作"增"，據文義及 P.3765《社邑燃燈文》改。
⑬ "障"，當作"長"，據文義改。

七一、Дx.1008　社邑燃燈文

1　☐夫仰啓蓮花藏
2　界①，清淨法身②，百益（億）如來③，恒

3　沙化佛④。清涼山頂，大聖文
4　殊⑤；難足巖中⑥，得道羅漢；
5　龍宮秘曲(典)⑦，就(鷲)嶺微言⑧；道
6　眼他心，一切賢聖。惟願發神
7　足⑨，運悲心⑩，降臨道場。證盟(明)
8　功德⑪。赫弈難名，傾哉，罕測
9　□□□厥今則有三官諸社
10　衆等乃於新年上律，肇
11　啓嘉晨，建淨輪於寶坊⑫，
12　燃惠燈〔於〕金地者⑬，則有三官
13　□□□平安諸(之)福會也⑭。惟三
14　官乃天生俊骨⑮，神假英靈，
15　文武雙全⑯，忠孝謙(兼)備⑰，須(雖)
16　居欲網之內⑱，心攀正覺之書⑲，
17　但以清歲推(摧)人⑳，白駒過隙㉑，
18　未免三途之苦㉒。宏開月殿，
19　曁曉燈轉(輪)㉓，建慈力之誓
20　蹤㉔，契四弘之滿願㉕。其燈乃神
21　光破闇㉖，寶焰除皆(昏)㉗，諸佛
22　爲之剗身㉘，菩薩上(尚)自燃臂㉙。
23　遂使千燈普照，萬焰俱
24　明㉚，賢聖遙觀，隨燈而集
25　鐵圍山內㉛，賴斯光照㉜，黑
26　闇城中㉝，蒙斯光照㉞，是〔以〕二萬㉟

拾　《敦煌社邑文書輯校》補遺

（後缺）

説明：

此件爲册葉裝，《俄藏敦煌文獻》第七册刊佈的圖版次序已亂，推測原件已散。兹據其内容重新排列各葉次序，即《俄藏敦煌文獻》第七册 Дx.1008 圖版 16-11 爲第 1 頁（録文 1—2 行），圖版 16-4 爲第 2 頁（録文 3—8 行），圖版 16-3 爲第 3 頁（録文 9—14 行），圖版 16-7 爲第四頁（録文 15—20 行），圖版 16-8 爲第 5 頁（録文 21—26 行）。參照《敦煌社邑文書輯校》中所收之 P.2058 背、P.3765、P.3282 背等《社邑燃燈文》，此件首部不缺，上下略殘，尾部缺失 1—2 頁。本號其餘各葉次序亦亂，有待重新排列次序。

校記：

① "界"，據 P.2058 背《社邑燃燈文》補。
② "清淨"，據 P.2058 背《社邑燃燈文》補。
③ "益"，當作"億"，據文義改。
④ "沙化"，據 P.2058 背《社邑燃燈文》補。
⑤ "殊"，據 P.2058 背《社邑燃燈文》補。
⑥ "雞足"，據 P.2058 背《社邑燃燈文》補。
⑦ "曲"，當作"典"，據文義及 P.2058 背《社邑燃燈文》改。
⑧ "就"，當作"鷲"，據文義改。
⑨ "足"，據 P.2058 背《社邑燃燈文》補。
⑩ "運"，據 P.2058 背《社邑燃燈文》補。
⑪ "盟"，當作"明"，據文義改；"功德"，據 P.2058 背《社邑燃燈文》補。
⑫ "輪"，據 P.2058 背《社邑燃燈文》補。
⑬ "燃""於"，據 P.2058 背《社邑燃燈文》補。
⑭ "諸"，當作"之"，據文義改。
⑮ "官乃"，據 S.5957《社邑燃燈文》補。
⑯ "文武雙全"，據 S.5957《社邑燃燈文》補。

⑰ "忠孝",據 S.5957《社邑燃燈文》補;"謙",當作"兼",據文義及 S.5957 等《社邑燃燈文》改。

⑱ "須",當作"雖",據文義改;"居欲網之內",據 S.5957《社邑燃燈文》補。

⑲ "心攀正",據 S.5957《社邑燃燈文》補。

⑳ "但",據 S.5957《社邑燃燈文》補;"推",當作"摧",據文義及 P.3765《社邑燃燈文》改。

㉑ "白",據 S.5957《社邑燃燈文》補。

㉒ 據 S.5957《社邑燃燈文》,此句下有脫文。

㉓ "曉",據 S.5957《社邑燃燈文》補;"轉",當作"輪",據文義及 P.3765《社邑燃燈文》改。

㉔ "蹤",據 S.5957《社邑燃燈文》補。

㉕ "契",據 S.5957《社邑燃燈文》補。

㉖ "光破",據 S.5957《社邑燃燈文》補。

㉗ "皆",當作"昏",據文義及 P.3765《社邑燃燈文》改。

㉘ "之剡",據 S.5957《社邑燃燈文》補。

㉙ "上",當作"尚",據文義改。

㉚ "明",據 S.5957《社邑燃燈文》補。

㉛ "鐵圍山內",據 S.5957《社邑燃燈文》補。

㉜ "賴斯",據 S.5957《社邑燃燈文》補。

㉝ "闇城中",據 S.5957《社邑燃燈文》補。

㉞ "蒙斯光",據 S.5957《社邑燃燈文》補。

㉟ "以",據 S.5957《社邑燃燈文》補。

七二、Дx.2664 社邑燃燈文

(前缺)

1　又持勝福,次用莊嚴持爐三官等,一□

拾　《敦煌社邑文書輯校》補遺

2　之憂，衆社官寮皆承(?)快樂，以斯燃☐☐
3　因，上界四王，下方八部，伏願威光轉盛，☐☐
4　悲，救人護國。更願合城僧俗☐☐
5　祥，竸殄三災之勵。上通☐☐
7　霑勝益。

說明：

此件前、下部缺，從所存內容看當爲社邑燃燈文，其文字與我們以往所搜集到的社邑燃燈文有所不同。《俄藏敦煌文獻》編者將此件定名爲"祈願文"。

七三、P.3129　社衆造佛涅槃文

1　☐☐社衆造佛涅槃文卅五
2　☐☐雲圓寂。圓謂體含三德，不減不增；寂謂相離十非，無垢無染。長拋
3　☐☐喧囂。是安閒寂靜之方，乃歸本還元之所。名雖四種，得者七人。
4　☐☐示現，爲破執常之想。令詮糾裏之心表，無相以無常。明有爲而終。
5　☐☐座視金河，遍遊三昧之門，將復一真之性。或逆入順入，全超半超，依四禪
6　☐☐之圓寂。於是枕肱累足，北首面西，中春夜半子時，寂然告滅。是時
7　☐☐狩。哀號飄風，驟雲山吼，水波逆支。聞緣覺形，摧枯木之容。
8　☐☐現奢萃之血。然後案輪王之古式，方俟葬儀，慕(募)力士以捧持①，競

379

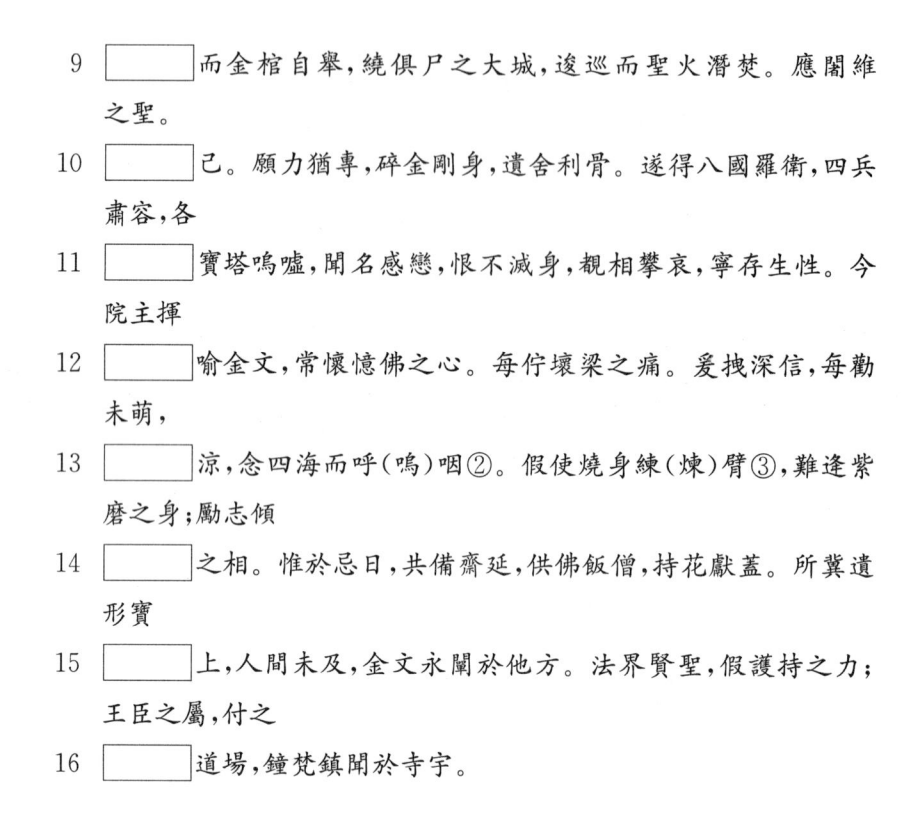

9　□而金棺自舉,繞俱尸之大城,逡巡而聖火潛焚。應闍維之聖。

10　□已。願力猶專,碎金剛身,遺舍利骨。遂得八國羅衛,四兵肅容,各

11　□寶塔鳴噓,聞名感戀,恨不滅身,覯相攀哀,寧存生性。今院主揮

12　□喻金文,常懷憶佛之心。每佇壞梁之痛。爰拽深信,每勸未萌,

13　□涼,念四海而呼(鳴)咽②。假使燒身練(煉)臂③,難逢紫磨之身;勵志傾

14　□之相。惟於忌日,共備齋延,供佛飯僧,持花獻蓋。所冀遺形寶

15　□上,人間未及,金文永闡於他方。法界賢聖,假護持之力;王臣之屬,付之

16　□道場,鐘梵鎮聞於寺宇。

說明:

此件與前錄《社齋文》同在一卷,原題雖亦殘數字,但所存文字尚能反映其性質。關於此件所在文書的情況參看上錄《社齋文》說明。

校記:

① "慕",當作"募",據文義改。
② "呼",當作"鳴",據文義改。
③ "練",當作"煉",據文義改。

七四、北大 D.202＋北大 D.195＋P.3984 社官董海等廿三人重修唐家佛堂功德記

(前缺)

拾 《敦煌社邑文書輯校》補遺

1 ☐☐☐☐☐☐☐☐☐☐☐☐☐☐☐☐苦。然☐☐☐門，惟人所☐☐

2 也。斯乃慈悲救溺，般若舟航，橫截愛河，返邪歸正者，其惟

3 大覺。無量壽智，隆極樂之國。阿彌陀佛，開淨土之因，一心向

4 面而必生，十念歸誠而悉應。厥有社長陰公諱光進，鄉閭高

5 義，謙讓低心，決定良緣，意防三毒，尋師味法，口慎六齋。勸

6 朋侶而就福田，割私財先鳴導首。亦乃一鄉耆壽，兩社司存。未

7 遂崇修，強緣有預。豈圖西山奄隙，淚落瓊瑰；東水流魂，身同

8 埋玉。其事未遂寄（即）死①，後人則有社官董公海，顧樣思人，繼
  跡斷腸者也。然　即錄事陰

9 等廿三人，並以克己晨耕，利豐屯聚，獲田旰食，廩實盈儲。九等之

10 稅頗充，十一之租已備。行歌李逕，嗟白髮以催年；避跡桃園，嘆狂花而

11 不久。頑囂嗜怢，像糞滔天。荷校滅耳責其愆，攫髮不足續其

12 罪。怛怩省已，盡然寸心。須訪有智而棄麻，忌應憎而投杼。相將

13 攜手，同啓桑門，欲造勝因，未知所措。時有☐☐☐

14 居名坊上里，性寂不二之門，為兩社導師，久住☐☐☐

15 在念十善誘人。每開甘露之門，勸濟塵牢之苦。納諸衷告，☐☐

（以下為北大 D.195）

1 引説儻言。使加積善之修業，就無涯之固。答曰：育☐☐☐

2 施園有為之能，其功上遠。此坊有唐家佛堂，院五鄰禮懺，常

3 住年深，桑海遷訛，陵谷星變，刹心摧壞，徘徊毀殘。起意造

4 新，何如修古。揣當來志，僉議允從。一夏未終，四壁再立。
  簾浮

5 天際，屋起雲心。五土香泥，飾資表裏。百功汗力，築砌高隆。
  一院

6 合修，兩壁分半。爰乃董公等社，修西方，圖淨土，望惠眼，傾凡

7 心。寶地芳延，珍庭廣布。是以輕毫粉壁，重貿良工，彩聖蓮池，

381

8　圖真水境，靈猶儷翼，影緑樹而調八音②，極樂化生，沐香風而
9　而開九品③。銀鉤懸曜，金面流輝④。法星臨玉質之堂，兔月
　　皎珠
10　簾之外⑤。劃照淨土，幢蓋華而更新。宛爾雙林，妙果繁而
11　秀實。花台吐聖，運佇來神，灌頂流洪，滌除穢質，承因獲
12　福。　　聖主祥明，積小成功，咸登覺路。余輒墨沼汪，
13　無功潤筆，儒林楚楚，恥誚狂文。俛俛三思，敢題此
14　述，其詞曰：
15　聖諦除奢　癡心懶惰　沉溺三途　都由立我　請神歸正　白業
　　返邪
16　當生淨土　往見彌陀　竹馬時年　鶴髮思舊　願效福田　相呼
　　攜手
17　大哉法教　細行真僧　十念齋至　九品方登　寶地深基
18　金光肩曜　極樂花台　雙林果報　積善積因　願助明君

説明：

此件係劉屹綴合，第二片與第三片可直接拼合，第一片與第二片不能直接拼合。此件之釋文亦先由劉屹釋録，筆者據原件圖版作了校訂。本件記述一"性寂不二之門"的僧人爲"兩社導師"，這裏的"導師"應爲社邑在佛教方面的指導者，類似於南北朝邑義中之"邑師"。

校記：
① "寄"，當作"即"，據文義改。
② "樹"字之上存於北大 D.195，之下存於 P.3984。
③ "而"字之上存於 P.3984，之下存於北大 D.195。第二個"而"字衍，據文義當删。
④ "輝"字之上存於北大 D.195，之下存於 P.3984。
⑤ "珠"字之上和"簾之"二字以外均存於 P.3984。

七五、Дx.12012　清泰二年三月投社人王粉子狀抄

1　投社人王粉子
2　右粉子貧門生長，不識禮議（儀）①，
3　在於家中，無人侍訓，情願事奉
4　三官。所有追凶逐吉，奉帖如（而）行②。
5　伏望三官社衆，特賜收名。
6　應有入社之格，續便排備。
7　牒，件狀如前，謹牒。
8　　　　　清泰二年三月　日。　　　　王粉子狀上。

說明：

此號爲册子裝，其内容依次爲"清泰貳年正月百姓張富深領養外孫何進成爲男契抄"、"慈父與男行深書抄"、"清泰二年三月投社人王粉子狀抄"、"分書樣（兩通）"、"丙申年正月十日赤心鄉百姓宋多胡雇洪池鄉百姓馬少住男契抄"。時人將這些文書抄在一起，是爲了起草同類文書時參考之用。

校記：
① "議"，當作"儀"，據文義改。
② "如"，當作"而"，據文義改。

七六、Дx.11038　投社人狀抄

1　投社人某專甲
2　右某甲，敦煌極西清塞，托鴻沙
3　盛族，平張結號，父子之鄉，布

4　義貞松守節。某乙卯台之歲,早
5　憂恩愛之情。驅烏之年,實
6　舉意深戀劫(切)①。某乙今聞貴社
7　衆會忽臨,華翰之芳異累,
8　不辟土奇誕質,義重二陸,立
9　珍宗而(之)約③,於時斷決(絕)三章②,兢
10　竹清而其語蓮襟,絕代不違
11　向化之心。家順弟恭,實抱陳
12　重之泰;忠父慈親,不妄高
13　柴之幸。六親痛熱,驟騎
14　檢愛而奔星,澄難扶頃(傾)④,尋
15　聲救危扶嶺,草人中微,少稟
16　宗飼笋之因。既摯高仁,懇
17　修傳劫。社長晚習周吻,未
18　披成曉,徹半千善業,醫方
19　置　神街,立向自差。若投貴
20　社,甚劣難陳告狀,伏望
21　三官衆社等,特賜收名入案。

説明:
此件與我們以往搜集到的投社狀相比,內容最豐富,文字也最多,但抄寫者水平不高,有的句子文義不明,疑有脱誤。關於此號文書的情況,請參看前録 Дx.11038《索望社案一道》説明。

校記:
①"劫",當作"切",據文義改。
②"決",當作"絕",據文義改。
③"而",當作"之",據文義改。

④ "頃",當作"傾",據文義改。

七七、Дx.11697　社人寫《般若波羅蜜多心經》一卷題記

1　弟子社人康　國清奉爲先亡神生淨土,見存家眷無病
2　長壽,書寫受持,生生不絶。

與社邑有關文書的有關部分:

一、Дx.11195　斛斗破歷

第五行:

五月三日納行婆娘子社麥壹石壹甕(?),黃麻三斗三升。

注釋:

注1:1997年春夏間,筆者承方廣錩、李際寧二先生和黃霞女士之助,積數月之功,查閲國圖所藏敦煌文獻。在此期間,我幾乎遍閱了國圖未公佈的敦煌文獻的全部,從中搜集了一些社邑文書。

注2:現在,《俄藏敦煌文獻》全17册已經出齊,《上海圖書館藏敦煌吐魯番文獻》第1—4册(上海古籍出版社1999年版)、《甘肅藏敦煌文獻》第1—6卷(蘭州:甘肅人民出版社1999年版)、《浙藏敦煌文獻》全一册(杭州:浙江教育出版社2000年版)亦相繼出版。這些新刊佈的敦煌文獻圖版中,尤其是在《俄藏敦煌文獻》中,有若干件筆者前所未見的社邑文書。

注3:寧可、郝春文《敦煌社邑文書輯校》,南京:江蘇古籍出版社1997年版,第9頁。

注4:寧可、郝春文《敦煌社邑文書輯校》,第10—11頁。

附録

附錄一　敦煌寫本齋文及其樣式的分類與定名

在敦煌遺書中，保存了數以千計的用於各類佛教齋會的齋文和供起草齋文者參考的齋文樣式。這些文書有的僅存單篇或兩三篇，更多的則保存了數篇、十幾篇乃至幾十篇。從內容上看，這些文書幾乎包羅了當時人們對佛的所有祈求。因爲現存《大藏經》內很少有這類文獻（僅《廣弘明集》中保存了數篇願文），所以這些文書爲我們研究古代佛教史和社會生活史提供了豐富的材料。但是，由於以往學術界對這類文書注意得不多，特別是沒有把它們作爲一個整體來考察，以致它們在現存目錄中定名十分混亂。如在《敦煌遺書總目索引》中[1]，對齋文及齋文樣式有如下定名：書儀、釋氏書儀、實用文範、應用文範、禮佛文式、釋門應用文範、齋文程式、諸雜齋文程式、釋子文範；雜齋文、諸雜齋文、釋子文、禮佛雜文、釋子禮佛文、禮懺文、釋門雜文、釋子祈禱文[2]；等等。由於"總目"出版於1962年5月，距今已二十多年，這期間敦煌學的研究有了巨大的進展。限於當時敦煌學的研究狀況，"總目"對這批文書的定名中存在的問題應該說是難免的。1986年9月，臺灣出版了黃永武博士主編的《敦煌遺書最新目錄》[3]。該書吸收了自"總目"出版以來海內外敦煌學界新的研究成果，在文書的定名特別是對佛經的定名比"總目"前進了一大步。但對齋文及其樣式的定名，卻沒有取得多少進展，基本沿襲了"總目"的種種定名。"新目"中有關這類文書所定名稱有：書儀、釋門書儀、釋門應用文範、釋門文範、釋門範文、禮佛文式、諸雜齋文程式；諸雜齋文、釋子禮佛文、釋門雜文、雜齋文、佛教設會文[4]；等等。"新目"與"總目"相比，名目雖然少了一些，但定名的隨意性仍然很強，名目混亂的狀況也依然如故。所以，如果不對齋文及其樣式進行科學的分類，並將其名稱混亂的狀況統一起來，對這批文書的研究就無法深入。本文擬在這方面略作探討，不當之處，敬請讀者指正。

細心的讀者可能已經注意到，上列"總目"、"新目"有關齋文及其樣式的定名大致可歸納爲兩類。第一類是前舉"總目"17個名稱的前9個和"新目"12個名稱的前7個。這一類雖然名目不少，但書儀、文範、文式、程式、範文等名目都有説明定名者認爲這些文書不是實用文書，而是供起草實用文書的人參考的樣式。餘下的名目爲第二類。諸雜齋文、釋門雜文、釋子禮佛文、禮懺文等名目又説明定名者認爲這一類是實用文書。上述認識雖然不够準確，而且這些認識又被繁雜的名稱掩蓋了起來。但它仍然是我們進一步探索的基礎。在此基礎上，我們要做的第一步工作就是把這些文書明確劃分爲齋文和齋文樣式兩大類；第二步工作是給這兩類文書分別確定統一的符合實際的名稱，並對它們各自的性質分別加以探討。

我們先來看齋文樣式。這類文書與書儀一樣，不是實用文書，而是供起草齋文的人參考用的。它們大多是以書的形式出現的，一般包括序、目錄和正文三部分。這類文書可以 P.2940《齋琬文一卷並序》爲代表[5]，這卷文書保存了齋文樣式的序、目錄和部分正文。如前所列，現存目錄中關於齋文樣式的名稱有近十個。那麽，我們用一個什麽名稱把這些名目統一起來呢？P.2940《齋琬文一卷並序》中的序略云："但爲代移正象，人變澆淳。或藉名教以尋真，或假聲光而悟道。所以爲設善權之術，旁施誘進之端。示其級（汲）引之方，援以隨宜之說。故乃遠代高德，先已刊製'齋儀'。庶陳獎道（導）之規，冀啓津梁之軌。雖並詞驚擲地，辯架譚天。然載世事之未周，語俗緣而尚缺。致使來學者，未受瞳（童）蒙。外無繩準之規，内乏隨機之巧，擢令唱道（導），多捲舌於宏筵；推任宣揚，竟緘唇於清衆。豈直近招譏謗，擬亦遠墜玄猶；沉聖跡之威光，缺生靈之企望者。但緇林朽孽，寂路輕埃，學關未聞，才亦不敏。課兹螺累，偶木成□，狂簡斐然，裁爲嘆佛文一部。爰自和宣聖德，終乎庇佑羣靈。於中兼俗兼真，半文半質。耳目之所歷，竊形跡之所經，應有所祈者，並此詳載。總有八十餘條，撮一十等，類所製舊例，獻替前規。分上中下目,用傳末葉。"從上引材料可知,這一卷"齋琬文",又可稱爲嘆佛文。但從內容上說,它不過是對"遠代高德"所刊製的"齋儀"的修訂與補充。這裏的遠代高德,大概指的是南北朝時期的某位高僧。《高僧傳》卷13"唱導""論"曰:"昔佛法初傳,於時齋集,止宣唱佛名,依文致禮。至中宵疲極,事資啓悟,乃別請宿德,昇座說法。或雜序因緣,或傍引譬喻。其後廬山釋慧遠,道業貞華,風才秀發。每至齋集,輒自昇高座,躬爲導首。先明三世因果,卻辯一齋大意。後代傳受,遂成永則。"[6]這說明在東晉名僧慧遠之前尚無"齋儀",而慧遠所創的"先明三世因果,卻辯一齋大意"正是後世齋文的基本內容(見下文所引齋文文本)。但當時因事屬初創,可能比較簡單,且是以師徒傳授的方式流傳,並未形成文字。另《法苑珠林》卷55《受請篇》中所云東晉衛士度"善有文辭,作八關懺文,晉末齋者尚用之"[7]。衛士度所作之齋文被當時人們作爲樣式使用,說明直到東晉末還未有"齋儀"。《續高僧傳》卷1《釋寶唱傳》云:"天監四年,(釋寶唱)便還都下,乃敕爲新安寺主。(梁武)帝以時會雲雷,遠近清晏,風雨調暢,百穀年登,豈非上資三寶,中賴四天,下藉神龍,幽靈叶讚,方乃福被黔黎,歆茲厚德。但文散羣部,難可備尋,下敕令唱總撰集錄,以擬時要。或建福禳災、或禮懺除障、或饗接神鬼、或祭祀龍王,部類區分,近將百卷。八部神名,以爲三卷。包括幽奧,詳略古今。"[8]這個"集錄",內容龐雜,但其中"建福禳災,禮懺除障"等內容當是供人們設佛教齋會起草齋文參考用的,這一部分內容也就可以算是"齋儀"的前身了。另梁僧祐所撰《出三藏記集》卷12中有"禮佛文2卷",因原文已佚,其內容已不可知了。但上引《齋琬文》又稱"嘆佛文",則"禮佛文"也很有可能是"齋儀"之類。《續高僧傳》卷6、卷17中分別記載梁武帝與陳永明王伯智曾"手製願文",可能都是參照以前的範文("齋儀")撰寫的。總之,我們雖不能確定上引文中的"遠代高德"是誰,但南北朝時已經有供人們起草齋文時參考的"齋儀",似乎問題不大。"齋儀"一詞的由來,應與書儀有關。供士庶撰寫世俗書劄時參考用的書儀,早在西晉時就已出現。南北朝時期,各種書儀已十分流行[9]。而當時學僧對屬於"外書"的世俗書籍大都頗爲留意。所以,這些"高德"們在刊製齋儀時不免要受到日常習見的"書儀"一名的影響,於是把他們刊製的與書儀性質相同的文書稱之爲"齋儀"。至於齋儀又稱爲齋琬文或嘆佛文,與唐人《月儀帖》又稱《十二月友朋相聞書》一樣[10],不過是異稱而已。

到了唐代,佛教齋會的種類與名目都有發展。南北時期刊製的"齋儀"已顯得"載世事之未周,語俗緣而尚缺",不能完全適應實際需要了。於是"齋琬文"的作者就對它加以補充,使之"爰自和宣聖德,終乎庇佑羣靈","應有所祈者,並此詳載"。所以"齋琬文"實際是取代舊"齋儀"的新"齋儀"。準此,敦煌遺書中作爲齋文樣式的文書,也應是"齋儀"之類或其修訂本,故我們應該把現存目錄中有關齋文樣式的諸多名稱統一起來,一律稱之爲"齋儀"。

第二類即齋文,是指那些用於僧人在各類齋會上宣讀的各種齋文,或由這些文書組成的齋文集。這類文書一般都將篇名(如臨壙文、俗患文、社齋文、印沙佛文等)列於篇首[11],也有的不標篇名[12]。它們既可以獨立成篇,也可以由數篇、十幾篇乃至數十篇組成齋文集。但由這些文書組成的齋文集只是篇數的組合,一般沒有序和目錄,各篇之間也無必然聯繫。這類文書在"總目""新目"中,凡僅存一兩篇的,多以其篇名爲題。如保存的篇數較多,除個別的多立子目,各以其篇名爲題外[13],多數則總稱爲"雜齋文"、"釋門雜文"等。如前所列,名目也有八九種。

關於這類文書,現存目錄中存在的不僅僅是將各式各樣的名稱統一起來的問題,"雜齋文"、"釋門雜文"等名稱還會使人認爲這類文書就是實用文書。其實,這類文書具有實用文書與"齋儀"的雙重性質。它的實用性體現在可以直接拿到其所適用的齋會上去宣讀。當某個僧人拿著某篇齋文到其所適用的齋會上去宣讀時,這篇齋文也就成了實用文書。而"齋儀"須經過加工之後纔能拿到齋會上去宣讀(下詳)。齋文所具有的"齋儀"的某些特點是指每篇齋文對與其同類的每個齋會都適用,如其中的"社齋文",既適用於甲社所設的齋會,也適用於乙社所設的齋會,還適用於丙社所設的齋會,等等。所以我們在給這類文書確定名稱時,應考慮到它所特具的這種雙重性質。

從日本僧人圓仁《人唐求法巡禮行記》中的記載來看，唐代把齋嘆文、臨壙文、俗患文、社齋文、印沙佛文等文字通稱爲齋文[14]。那麼，由數篇以上齋文組成的集子也就應該稱爲齋文集了。但這個名稱和現存目録中的種種名稱一樣，也不能反映出這類文書所具有的雙重性質。而敦煌遺書中保存的這類文書的題記卻爲我們確定它們的名稱提供了綫索。如在 S.6417 號中保存的齋文中，有 7 篇有金光明寺僧戒榮的題記。第一篇"三長邑義設齋文"尾題"貞明陸年庚辰歲二月十、廿日金光寺僧戒榮裏白轉念"。其他六篇後都題有"戒榮文本"或"戒榮文一本"。這些題記特別是後兩種題記説明這些本子歸戒榮所有。若有人相邀，他就拿著這卷文書赴會；如果是設臨壙齋（不管是張家還是李家），就讀臨壙文；只須把文中的"某"换成具體的人或團體名就行了。所以，"戒榮文本"一名很能反映這批文書既有實用性又有齋儀特點的性質。據我們所知，在敦煌書中保存的齋文和齋文集，像"戒榮文本"這樣歸僧人所有或保存在僧人手中的並不算少。所以我們可以把這一類文書統一稱爲"齋文文本"；由這類文書組成的集可稱爲齋文文本集[15]。

在我們把兩類文書的名稱分別統一爲"齋儀"和"齋文文本"並對它們各自的性質分別作了闡述以後，問題並没有完全解決。由於敦煌文書多數已非完璧，"齋儀"與"齋文文本"亦多殘缺。"齋儀"像 P.2940《齋琬文一卷並序》那樣保存了序和目録的並不多（此卷的正文亦不全）。所以，多數"齋儀"也和"齋文文本集"一樣，只剩下其中正文部分的一篇篇齋文樣式，這就使它極易和齋文文本集相混。這種相混的現象在現存目録中也確實存在。如 P.3765 中保存的社齋文文本，在 S.5957 和 P.3276 背中都有相同寫本。但在"總目"和"新目"中，這幾件内容完全相同、實際上是一篇的齋文文本，在以上各卷中的名稱卻不一樣。P.3765"總目"定名爲"諸雜齋文"，未立子目，"新目"在此號子目中有"社文"一目；S.5957"總目"定名爲"釋門應用文範"，未立子目，"新目"因之；P.3276 背"總目"定名爲"雜齋文"，"新目"定名爲"社齋文"。同一篇文書，在甲卷中被定名爲文範，在乙卷中又被看作是實用文書。這説明只有對"齋儀"中的齋文樣式與齋文文本的區别作進一步考察，纔能夠避免人們把這兩類文書相混。

爲便於説明問題，我們先引P.3545"齋文文本集"中之"社齋文"如下：

1　社齋文　蓋聞光暉（輝）鷲嶺，弘佛大覺以深慈；敷演龍
2　宮，契天明之勝福。廣開方便大門，靡顯律（津）梁之路。歸依者有障
3　必除，迴向者無災不殄。故知諸佛威力，其大矣哉！厥今坐前齋主，
4　捧爐啓願所申意者，奉爲三長邑儀（義）保願功德之嘉會也。
5　惟諸社衆乃並是高門勝族，百郡名家；玉葉瓊枝，蘭芬桂
6　馥。出忠於國，人孝於家；靈（令）譽播於寰中，秀雅文（聞）〔於〕手（宇）内。加以傾心
7　三寶，攝念無生；越憂（愛）染於稠林，悟真如之境界；替（體）榮華之非
8　實，攬（覽）人事之虚無；志在歸依，情存彼岸。遂乃共結良緣，
9　同增勝福，會齋凡聖，蓮坐花臺，崇敬三尊，希求勝
10　福。故能年三不闕，月六無虧。建豎壇那，聿修法會。是
11　日也，開月殿，啓金感（函），轉天（大）乘，敷錦席；廚饌純陀之供，爐
12　焚淨土之香；幡花散滿〔於〕亭中，鐘梵啾流于法席。以資（此）設
13　齋功德，無限勝因，先用莊嚴上界四王、下方八部，
14　伏願威光熾盛，護國求（救）人，使主千秋，年豐歲稔。伏持勝
15　善，次用莊嚴諸賢社即體，惟願災殃殄滅，是福咸臻；
16　天仙降靈，神祇效恥。菩提種子，配佛〔性〕以開牙（芽）；煩惱稠林，
17　惠風飄而葉落。又持勝福，次用莊嚴持爐施主即體，
18　惟願福同春卉，吐葉生花，罪等浮雲，隨風變滅。然後
19　三界六趣，有刑（形）無刑（形），俱休（沐）勝因，齊成佛果。摩訶般若。

這是一個比較典型的社齋文文本。這類齋文文本是在齋儀基礎上加工

而成的。如 P.2058 背齋文文本集中的社齋文,就是在 P.3678 背"齋儀"中的"社邑"基礎上加工而成的。爲了使讀者清楚瞭解"齋儀"中的齋文樣式與齋文文本的區別,並進一步認識二者之間的關係,此再引這兩件文書全文如下:

A. P.2058 背齋文文本集中之"社齋文"[16]

1　邑文　夫西方有聖,號釋迦焉。金輪滴(嫡)孫,淨飯王子;
2　應蓮花劫,續昔(息)千苗,影現三千(身),心明四智。魔軍鎮(陣)
3　動,擊法鼓而消形;獨龍應潛,覩慈光而遍(變)質。梵
4　王持蓋,帝釋嚴花;下三道之寶皆(階),開九重之帝綱。
5　高玄(懸)法界(鏡),廣照倉(蒼)生,爲(唯)我大師威神者也。厥今即
6　有座前〔合〕邑諸公等乃妙因宿殖,善牙(芽)發於金(今)生;業果
7　先淳,道心堅於此日。知四大而無主,〔識〕五蘊而皆空。遂
8　乃共結良緣,同崇邑義。故能年三不缺,月六
9　無虧;建豎壇那,聿修法會。於是幡花布地,梵向(響)
10　陵(凌)天;爐焚六殊,餐資百味。以一食,施三寶;滅三毒,去三
11　災;崇白(百)味,供十方;解十纏而資十力。與(以)此設齋功德,迴向
12　福因,盡用莊嚴,惟願災殃殄滅,萬福咸臻;天仙降靈
13　神祇效恥。菩提種子,配佛〔性〕以開芽;煩惱稠林,惠風
14　飄而葉落。妙因多劫,殖果金(今)生;須(雖)處愛河,常遊
15　法海;知身如幻,非(飛)電不堅。故得預豎良因,崇斯福
16　會;傾心寶刹,虔念僧祇;屈請聖凡,翹心供養。惟願
17　三千垢累,沐法水以雲消;八萬塵勞,拂慈光而永散。
18　功德寶聚,念念兹繁;福智善牙(芽),運運增長;上通
19　三界,傍活十方;人及非人,齊登覺路。摩訶。

B. P.3678 背"齋儀"中之"社邑"

395

1　社邑　乃妙因宿殖,善牙(芽)發於今生;業果先淳,道心堅於此
2　日;知四大而無主,識五蘊而皆空。遂乃共結良緣,同崇
3　邑義。故能年三不缺,月六無虧;建豎壇那,崇修法會。
4　於是幡花布地,梵響淩天;爐焚六殊,餐資百味。以一食
5　施三寶,滅三毒,去三災,崇白(百)味,供十方;解十纏而資十力
　　云云。
6　惟願災殃殄滅,是福咸臻,天仙降靈,神祇效恥;菩提種子,
7　配佛性以開牙(芽),煩惱稠林,惠風飄而葉落。

以上釋文表明,A是在B的基礎上添加頭尾而成。類似例子還有一些,如S.6114中之社齋文文本是以P.2767背"齋儀"中的"課邑"爲基礎加工而成的。P.3122中之社齋文文本是以P.4062"齋儀"中之"邑德"爲基礎加工而成的。這都說明文本是依據"齋儀"起草的。

依據上引材料,參照其他"齋儀"與齋文文本,我們大致可把"齋儀"中之齋文樣式與齋文文本的區別歸納爲以下幾點:

第一,齋儀是一部書。它的正文部分雖然也分若干子目[17],但子目中的每一篇都是整體的一部分。與文本相比,子目每篇的内容也不完備,須經過加工、改造、添加内容,纔能成爲獨立的文章,方可拿到齋會上去宣讀。而齋文文本每篇都是獨立的文章。它們雖然常由數篇以上組成齋文文本集,但各篇之間無須相互依存。

第二,齋儀的子目標題一般只以事由爲題,如"社邑、課邑、燃燈願、祈雨、皇王"等等[18];而文本的標題在事由下一般要加一"文"字,如"燃燈文,社齋文、願齋文、四門轉經文、入宅文、臨壙文"等[19]。

第三,齋文文本在每篇開頭一定有一段引語,頌揚佛的功德,説明某公或某團體設齋,所設爲何齋等,但齋儀子目中的每篇齋文樣式開頭一般没有頌揚佛德的内容,而是開篇就叙述設齋者的身份或設齋緣由。如前引P.2058背中的社齋文文本就比其所依據的"齋儀"中之"社邑"多了五行引語。此類例證甚多,不備引。需要説明的是,"齋儀"子目中的每篇齋文樣式

並非沒有引語,只是這引語放在全書的開頭。如前所述,"齋儀"是一個整體,這類放在任何齋文前面都可以的頌揚佛德的引語,只在書的開頭寫一遍就夠了。如我們前面提到的 P.2940《齋琬文一卷並序》正文第一篇云:"竊以寶相凝空,隨緣以呈妙色。法身湛寂,應物感而播羣形。幽顯冀其津梁,人天資其級(汲)引。自祥開道樹,變現之跡觀量;捧駕王城,神化之規叵測。加以發願鹿野,覺海浮浪於三千;光照鶴林,知炬潛輝於百億。府運善權之力,廣開方便之門。邈矣,能仁,遐哉,覺者也。"這段話與我們前面引用的兩篇齋文文本的引語異曲同工,放在哪一篇齋文前面作引語都行。《齋琬文一卷並序》的作者把這段話列在正文之首,參照《齋琬文》起草齋文文本的人自會參看,沒有必要也不應該在《齋琬文》的80餘條子目的每篇開頭把這段話都抄寫一遍,那樣就太重複,太囉嗦了。齋文文本就不同了,它隨時有可能就拿到齋會上去宣讀,所以每篇都必須把引語寫好,各篇的引語重複也不要緊,因為每篇所適用的齋會不同。

第四,齋儀子目中的齋文樣式每篇中間都有一處或幾處書有"云云",而齋文文本除結尾外,中間一般沒有"云云",它需要把齋儀中的"云云"換成具體的內容。如上引齋儀中的"社邑"第五行有"解十纏而資十力云云"。在由其發展而來的文本,即上引 P.2058 背中之"社齋文"文本中就把"資十力"後邊的"云云",換成了"以此設齋功德,迴向福因,盡用莊嚴"。這就把齋儀由於避免重複而省略的地方補足了[20]。

第五,如文中所引三例所示,在結尾部分,"齋儀"子目中的各篇一般只籠統地寫幾句祈福語言。而文本不但祈福語言詳細、具體、分出不同的層次,且最後一般都有"齊登佛果","摩訶般若,利樂無邊","大眾虔誠,一切普誦"等套語[21]。

應該指出,以上所述"齋儀"子目中的各篇齋文樣式與齋文文本的區別,只是指一般情況。由於敦煌寫本的情況十分複雜,並非"齋儀"中的每篇齋文樣式與齋文文本都具備上列各點。因此,在具體判斷某件文書是"齋儀"還是齋文文本時,應參照上述各點綜合考察,不宜執著於某一點。

在敦煌寫本中,齋文文本的數量多於"齋儀"。這大概是因為當時社會上對齋文文本的需求大於"齋儀"，還因爲一個齋儀可以衍生出幾種齋文文本。如P.3545、P.3765、S.5573、S.6923等幾個齋文文本集中的"社齋文"的主要部分大體相同，只是引語和結尾或有不同。這幾個文本就很可能是出自一個齋儀中的"社邑"。由於這些文本的完成不是出自於一個僧人之手（他們所在門派、寺院可能也不同），故那些在"齋儀"基礎上增加的内容也就不會完全一樣了。當然，"齋儀"也並非只有一種。據我們所知，不同"齋儀"中保存的"社邑"樣式就有7種，它們分别存於P.2767背、P.4536背，P.3678背、P.3362背、P.4062、P.2497、P.2820等號中。由於還有不少社齋文所依據的"齋儀"没有找到，所以，上列七種並不是全部。

另外值得一提的是"齋儀"和齋文文本還有中原本和敦煌地方本之分。無論"齋儀"還是齋文文本，最早大約都是由中原流傳去的。如P.2940《齋琬文一卷並序》就是中原流傳去的本子[22]。這類文書在敦煌流行一個時期以後，便出現了具有敦煌地方特色的"齋儀"和齋文文本。如P.3122"社齋文"文本中有"惟合邑諸公等並是流沙望族，〔玉〕塞英猶"，顯然，這是一個只能在敦煌地區行用的文本。這些具有地方特色的"齋儀"和文本都是在中原流傳去的本子的基礎上改寫而成的。如P.3362背"齋儀"中的"社邑"的大部分與P.3678背"齋儀"的"社邑"完全相同，但在尾部增加了"並是流沙士子，塞下賢豪"等一段。又如P.3765中的"社齋文"文本與S.5573中的"社齋文"文本是從同一齋儀演變而來的。但前者有關社人身份的叙述是"高門君子，百郡名家"，而後者卻改爲"高門君子，塞下賢禮資身"。這樣，就把能在全國通用的"齋儀"或文本改造成具有地方特色的，只能在敦煌或邊塞行用的"齋儀"或文本。

不同時期的"齋儀"和齋文文本，也往往會留下時代的印記。如P.3806背"齋儀"中有爲"贊普"祈福之語，這個齋儀當流行於吐蕃管轄敦煌時期；又如P.4012"齋儀"中有爲"司徒、尚書"等祈福之語，在敦煌，司徒、尚書並存，只在歸義軍張氏時期出現過兩次；又S.5573"社齋文"文本中有"國主千秋，萬年豐歲"，我們知道，自唐至宋初，只有張承奉曾在敦煌建立西漢金山國（905—914）；又P.3276背社邑印沙佛文文本中有爲"令公"祈福之語，而敦煌只在歸義軍曹氏時期纔有人被稱爲"令公",等等。這些留下時代印記的"齋儀"和文本,不僅帶有敦煌地方特色,還爲我們確定這些寫本的流行時代提供了綫索。

上述具有地方特色的齋儀和齋文文本,大致出現於唐中葉以後。在唐中葉以前,敦煌流行的主要是中原本的"齋儀"和齋文文本。自吐蕃管轄敦煌以後,纔出現了具有地方、時代特色的齋儀和齋文文本。其後,歸義軍張氏、曹氏時期,都有自己時代的"齋儀"和齋文文本,這一點已爲上引材料所證實。

綜上所述,我們可以得出以下結論:敦煌遺書中的齋文及其樣式,按其性質可分爲"齋儀"和齋文文本兩大類。"齋儀"與書儀性質相同,是供起草齋文參考用的文書;齋文文本是僧人在各類齋會上宣讀的文書,它既有實用性,又保存了"齋儀"的一些特點。爲了避免因名稱混亂而影響人們對這批文書性質的認識,在將來出版的敦煌遺書目錄中,應把關於齋文樣式的諸多名稱統一爲"齋儀"(當然這項工作應在具體考察每件文書的基礎上進行)。保存完整或仍具全書輪廓的齋文樣式固應稱爲"齋儀";首尾殘缺,只存正文部分一篇或數篇者,也應稱爲殘"齋儀"。如果殘"齋儀"保存的子目篇數較多(十幾篇或數十篇),可在"齋儀"或殘"齋儀"目下注明其所保存的篇名。至於齋文文本,如果保存的篇數在數篇以上,可總稱爲齋文文本集,以取代現存目錄中有關的它諸多名稱;但在齋文文本集這個部稱下應立子目,詳列各篇篇名,如1.亡齋文、2.臨壙文,等等;如果僅存一兩篇,可徑以其篇名立目,而在括弧中注明其爲文本。

注釋:

注1:以下簡稱《敦煌遺書總目索引》爲"總目"。

注2:請分別參見"總目"中對 P. 2547、P. 2497、P. 2767 背、S. 5561、P. 3806、S. 5957、P. 3678 背、P. 4062、P. 2820、P. 3545、P. 3128、P. 3276、P. 3765、P. 3566、P. 3122、P. 3491、P. 4536 背、P. 2226 背、P. 3980、P. 2580 背、P. 2588、S. 1173 等號文書的定名。

注3:以下簡稱《敦煌遺書最新目錄》爲"新目"。

注4:請分別參見"新目"中對 P. 2547、P. 2497、P. 3362 背、S. 5957、P. 3767 背、P. 3806 背、P. 4062、P. 3545、P. 2588、S. 1173、P. 3980 等號文書的定名。

注5：這卷文書只保存了序、目錄和部分正文，但其他卷子中還有若干此書的寫本殘卷。
注6：釋慧皎撰、湯用彤校注《高僧傳》，北京：中華書局1992年版，第521頁。
注7：釋道世撰《法苑珠林》，揚州：江蘇廣陵古籍刻印社1990年版，第664頁。
注8：《大正新脩大藏經》第50卷，第426頁。
注9：參見周一良《敦煌寫本書儀考》，載北京大學中國中古史研究中心編《敦煌吐魯番文獻研究論集》第一輯，北京：中華書局1982年版，第17—18頁。
注10：參見趙和平《敦煌寫本書儀略論》，載中國敦煌吐魯番學會編《敦煌吐魯番研究論文集》，上海漢語大詞典出版社1990年版，第561頁。
注11：參見P.3276背、S.6417、S.5561、P.3545、P.2331背、S.5573等號中的齋文。
注12：如S.5924號中之"燃燈文"、S.4458號中的"印沙佛文"等。
注13：參見"總目"S.6417號目錄。
注14：參見白化文、李鼎霞、許德楠校注《入唐求法巡禮行記校注》，石家莊：花山文藝出版社1992年版，第70—71頁。
注15："文本"一名的確定，係採納了趙和平兄的建議，特此說明，並致謝意。
注16：這個社齋文文本在敦煌遺書中保存了三個寫本，分存於P.2058背、P.3566、P.2588三個齋文文集中，此釋文以P.2058背中的社齋文文本爲底本，用其他二本參校。
注17：如P.2940《齋琬文一卷序》，正文部分八十餘目。
注18：參見P.3678背、P.2767背、P.3362背、P.2497等號中的"齋儀"。
注19：參見P.3545、P.3765、S.5573、S.6923等卷中的齋文文本。
注20：參看注18、注19所列之文書。
注21：同上注。
注22：這卷文書的目錄中有"四夷奉命"等條目。

附錄二　關於敦煌寫本齋文的幾個問題

在敦煌文獻中，保存了數以千計的在各種佛教齋會上宣讀的齋文和供起草齋文者參考的齋文樣式。這類文書對研究唐五代宋初佛教史和社會生活史都具有重要參考價值。數年前，筆者曾撰《敦煌寫本齋文及其樣式的分類與定名》一文[1]，對齋文及其樣式的性質、區別與定名等問題進行了初步探討，以期引起學術界對這類文書的重視。近年，引用、校錄、研究敦煌寫本齋文的學者漸多，如王書慶先生編著的《敦煌佛學·佛事篇》，即校錄了數十篇齋文。黃徵先生等編校的《敦煌願文集》，雖未以齋文爲名，但從作者發表的文章看[2]，所收錄的文書應以齋文爲主體。本文擬對敦煌寫本齋文的名稱、結構、範圍等問題再陳淺見，不當之處，敬請批評指正。

一、齋文及其合集的名稱

齋文是在佛教徒組織的齋會上宣讀的開場白。其內容一般是先頌揚佛的功德、法力，次述齋會的事由，再述齋主的高貴出身（多爲吹捧）、美好品德及對佛教的虔誠等，最後是對佛的祈求。我在上引論文中將上述文體定名爲齋文文本，主要是考慮到齋文所具有的文範和實用文書的雙重性質。現在看來，還是將齋文作爲這類文書的通稱更符合時人的原意。理由如下：其一，這類文書中有一部分的原題即標爲齋文。如社齋文（S.5561、S.5548、P.3276背、P.3545、P.2588）、亡齋文（S.5573、P.2058背）、願齋文（P.3545、S.4507、P.3566、P.2058背）、大齋文（P.3405）等。P.3163背保存了一篇陽都衙爲其故兄大祥所設的追福齋會上宣讀的文字，其原題亦爲"陽都衙齋文"。其二，敦煌文獻中保存的齋文，有不少是單篇或兩三篇，但更多的是由數篇、十幾篇乃至數十篇組成的合集。這些齋文合集多數因殘缺已失總標題或者原來就没有總題，但也有的留下了總題，如 P. 2915 原題"諸雜齋文壹卷"保存了 10 篇齋文；S. 3875 原題爲"諸雜齋文一本"，S. 9479 原題亦爲"諸雜齋文"，前者原未抄完，只抄了兩篇齋文，後者已殘缺，只存一篇亡齋文。另 S. 5638 原題爲"諸雜文一本"，保存數篇齋文，"諸雜文"應是"諸雜齋文"的略稱。材料雖不多，似可説明齋文的合集常被時人稱爲"諸雜齋文"。如是，"諸雜齋文"内的各篇自應稱之爲齋文了。齋文合集亦有可能被徑稱爲"齋文一部"，S. 8583 背即保存了卷題《齋文一部》。筆者以前主張將齋文合集稱爲"齋文文本集"，現在看來應尊重原題，稱"諸雜齋文"。其三，齋文一稱，並非敦煌人的獨創，在當時内地，亦將這類文獻稱爲齋文。日本僧人圓仁在《入唐求法巡禮行記》中，就曾記載唐代内地設齋時，也要讀"齋文"[3]。

　　但是，上面已經提到，敦煌文獻中保存的多數齋文合集即"諸雜齋文"，或者已因殘缺失去總標題，或者原來就没有總標題。大多只是一篇接一篇書寫在一起的齋文。這些接連書寫的齋文有相當部分在每篇的篇首原有標題，也有不少原來就没有標題或因殘缺已失去標題。而且，有標題者多數不稱爲齋文，明確標爲某齋文只是其中一小部分。這就極易使人發生誤會，以致有時用其他名稱作爲這類文書的通稱。

　　現存有標題的齋文所以未標爲某齋文，主要有以下幾種情況：一是略稱。如亡齋文被略稱爲"亡文"（P. 3825、P. 2854、P. 3362 背），社齋文被略稱爲"社文"（P. 2226 背、P. 2331 背、P. 3765），願齋文被略稱爲"願文"（P. 2255 背、P. 2358 背、P. 3541、P. 3806、P. 2915、P. 3491、S. 6417），患齋文略稱爲"患文"（P. 2237 背、P. 3825）等等。二是異稱。如社齋文又被稱爲"社邑文"（S. 5957）、邑文（P. 3122、P. 3566）、社邑（P. 3362 背）。三是如果齋會的事由需用兩個字來表述，這種齋會的齋文一般以"某某文"爲題，不標爲某某齋文。如亡考文（P. 2915）、亡妣文（P. 2915）、亡婦文（P. 2237 背）、亡兄弟文（P. 2237 背）、亡男文（P. 3722 背）、亡女文（P. 2237 背）、入宅文（P. 3765）、難月文（P.3765）、脫服文（P.3765）、丈夫患文（S.5561）、僧患文（S.5561）、尼患文（S.5561），等等。這樣，每篇齋文的具體名稱在敦煌文獻中就表現出複雜多樣的現象。但如將由於上述幾種原因未標明其爲齋文的文書與原題爲齋文的文書進行比較，就會發現它們在結構上完全一致，應屬於同一類文體。每篇文中均有"座前齋主捧爐啓願所申意者"、"敬設清齋"、"保願功德之福會"、"設供之福會"之類的文字。同一事由的齋文雖然名稱不同，內容則有的完全相同，有的基本相同。如 P.3276 號中之"社齋文"，在 P.3765 號中稱"社文"，在 S.5957 號中稱"邑文"，但内容完全相同。又如 P.2588 號中之"社齋文"，在 P.2058 背和 P.3566 中均稱"邑文"，三篇的內容亦完全相同。由於敦煌文獻中保存的齋文數量很大，既有重複，也有交叉，同一事由的齋文往往不止一種，如社齋文就不少於十種。在這種情況下，不少同一事由的齋文的內容只是基本相同，也有的文字出入較大，只是事由和文體結構相同。

對於上述那些原有標題但卻未反映出齋文性質的文書，我們在對它們進行整理、研究時，沒有必要改動其名稱，但應依據其性質將它們歸入齋文類，這樣纔能透過其標題混亂，複雜的表象，看清這類文獻的實質。對於那些原未有篇名和因殘缺已失篇名齋文，只要持之與同事由的有原題的齋文比勘，看其文體結構是否相同，內容是否相近，也就不難考出它的名稱。

二、齋文的文體結構

探索齋文的文體結構，不僅對研究齋文的文體具有意義，對於確定失題、無題或原標題未反映出其性質的齋文也具有重要意義。

S.2832 號中的一篇"脫服文"（Дx.1285 背有此件複本）樣式爲我們考察齋文的結構提供了依據。茲具引如下：

1　夫嘆齋分爲段。爰夫金烏旦上，逼夕幕而藏
2　輝；玉兔宵明，臨曙光而匪曜。春秋互立，冬夏遞遷，觀陰

3　陽上(尚)有施謝之期，況人倫豈免去留者[4]。則今晨某乙公
4　所陳意者何？奉爲[5]考妣大祥之所設也。惟靈天資沖
5　邈，秀氣英靈，禮讓謙和，忠孝俱備^{已上嘆德}者，爲巨椿
6　比壽，龜鶴齊年。何期皇天罔佑，掩降斯禍。日居月諸，
7　大祥俄屆。公乃奉爲先賢之則，終服三年。素衣霸(罷)於
8　今晨，淡服仍於旬日。爰於此晨，崇齋奉福^{齋意6}。
9　是日也，嚴清甲弟(第)，素幕橫舒，像瞻金容，延僧
10　白足，經開貝葉，梵奏魚山，珍羞具陳，爐香芬馥^{道場}。
11　如上功德，奉用莊嚴亡靈，願騰神妙境，生上品之蓮
12　臺；寶殿樓前，聞真淨之正法^{莊嚴}。

這篇"脱服文"被分爲幾個部分(段)，即"嘆德"、"齋意"、"道場"和"莊嚴"。關於齋文樣式的性質與特徵，筆者在前引文中已作過考察，此不贅述。這裏僅依據筆者上文的研究成果對本文所引"脱服文"樣式略作説明。首先，在齋文中，一篇"脱服文"不能同時適用於考妣，因爲男女在"嘆德"部分應有所區別。如果共用一篇，就要分別敍述"考德"和"妣德"。在齋會上，如果施主是爲亡考大祥設齋就讀"考德"，如果爲亡妣大祥設齋，就讀"妣德"。其次，齋文各部分(段)的内容也要比上引樣式豐富。如上引樣式第一段並無頌揚佛的功德和法力的内容，而齋文大多在第一段要有這些内容。又如"莊嚴"部分，文字簡略，而齋文的這一部分通常内容較多，往往是分出層次，依次"莊嚴"。爲説明問題，下引一篇 Φ.263＋Φ.326 號中保存的"脱服文"：

1　脱服文　　夫色空不可以定質，起誠理而自相遷；鐵
2　圍之山，畢主於灰燼；金剛之際，棄(豈)免於煙蕪。惟我大覺
3　世尊，運津梁於不死之地；真乘志教，開解脱於無漏之
4　林。至矣，難名，在於斯矣。(以上爲第一段——引者)厥今坐前施
　　主捧爐虔跪設
5　齋所申意者，奉爲亡考大祥追福之嘉會也。惟亡考乃

6　天假神姿，智雄英傑，謀能克獲，長算濟時，用

7　武不下於田單，習文亦超於子貢。（以上爲嘆考德——引者）是妣即云：高門盛族，

8　美德精萃，女軌常明，孤標獨秀。（以上爲嘆妣德——引者）理應久居人代[7]，育子

9　謀孫，何圖業運難排，掩（奄）從風燭。至孝等攀號靡

10　及，雖地而無追，欲報何階，異上罔極。但以四時遷易

11　俄屆大祥，律庚（更）星環，三周斯畢。意欲終身至

12　孝，禮制奈何。恥受吉衣，哀離凶服。今者空頓，

13　遣以止哭泣之聲；堂宇寂寥，永絕號〔哭〕之響。故於

14　是日，以建齋筵，屈請聖凡，就此家庭，奉資靈識。（以上爲齋意——引者）於

15　是，開月殿，辟皇宮，龍象雲臻，駕鶩霧集，建

16　齋逾美德，設供越於純陀。爐焚淨〔土〕之香，饌列天廚

17　之味。（以上爲"道場"——引者）以斯設齋功德，迴向福因，盡用資薰亡靈所生魂

18　路，惟願隨彌勒而生淨土，逐彌勒而再會閻浮，聞

19　政（正）法頓悟無生，遇諸佛同登妙果；又持勝福，次用莊嚴

20　齋主即體，惟願菩提日長，功德時增，法水洗而罪垢

21　除，福力資而壽命遠。然後一乘十力之有，普施福於

22　含靈，八難六趣之途，賴此同超彼岸云云。

這是一篇亡考、亡妣可以通用的"脫服文"。故在述"考德"之後，有一段"是妣即云"等等的"妣德"。如上所述，敦煌文獻中保存的同一事由的齋文樣式和齋文通常不止一種。上引的"脫服文"就不是依據本文所引的"脫服文"樣式起草的。故二者雖事由、結構相同，但文字出入較大。如果依據同一事由的同一種樣式作的齋文，文字上的出入就會小一些[8]。

上引"脫服文"樣式雖與"脫服文"有一些區別，但二者的基本結構相同。

所以，這篇齋文樣式對齋文結構的分析和對各段的命名可以作爲我們探索齋文結構的基礎。這篇齋文樣式將齋文分爲六段。第一段和第二段沒有名稱。第三段稱"嘆德"，第四段稱"齋意"，第五段稱"道場"，第六段稱"莊嚴"。參照上引"脫服文"和其他齋文，我們可以將齋文分爲五個部分。第一部分就是齋文樣式的第一段。這一部分實際上是整篇齋文的引言。由於這段引言不涉及齋會的事由、事主的身份、品德等具體情況，所以，同一小類齋文的引言往往可以通用。如"亡齋文"的引言，既可用於亡考文，又可用於亡妣文，還可用於亡婦女、亡兄文、亡弟文，等等。有時不同種類的齋文之引言也可通用。這段引言在當時被稱爲"號頭"或"號"[9]。在齋文樣式中，同一小類的齋文有時只書一篇號頭，與以後的各篇通用。如 S.1441 背"亡男文"樣式，"亡男^{號同前}：厥今有座前齋主設齋所申意者，爲亡男某七追福之嘉會也（下略）"。這篇"亡男文"樣式注明"號同前"，即從第二段開始。它的前面有一篇亡父母文，有號頭。所謂號同前就是"亡男文"的"號頭"與"亡父母文"的號頭一樣。而此篇"亡父母文"與上引"脫服文"一樣，是父母通用。與"脫服文"不同的是，"亡父母文"的"亡妣德"寫在"莊嚴"部分的後面，並云"一切頭尾時候共丈夫文同用"。也就是說，在爲亡母設齋時只要將"亡父母文"中的"嘆考德"換成"亡妣德"就可以了。一切頭尾同用，又説明"號頭"可簡稱爲"頭"。"尾"在北京大學圖書館藏敦煌遺書第 192 號《諸文要集》中被稱爲"號尾"，"號尾"似指"莊嚴"部分。S.4992"亡優婆文"樣式，亦是無號頭，且無"道場"、"莊嚴"部分，只云"但是頭尾時氣，其前亡母文不別通用"。"號頭"又有可能被稱爲"小序"。S.5573"亡齋文一道"，原題有"小序"二字，這裏的"小序"，似應指"號頭"。

　　齋文的第二部分稱"嘆德"。這一部分在前引"脫服文"樣式中被分爲兩段。綜合其他齋文的情況，"嘆德"包括兩項内容。一項是説明齋會的事由，即上引"脫服文"中"厥今坐前施主捧爐虔跪所申意者，奉爲亡考大祥之嘉會也"一段。另一項是這一部分的主要内容，讚嘆被追福、祈福者或齋主的美德。第三部分稱"齋意"，敘述設齋的緣由與目的。第四部分稱"道場"，描繪齋會的盛況。第五部分也就是最後一部分稱"莊嚴"，表達對佛的種種祈求。

後兩部分亦多爲套語，在很多情況下，可以通用。如上所述，第五部分又被稱爲"尾"或"號尾"，在齋文樣式中，"號尾"與"號頭"一樣，常被省略。

三、願文是齋文的一種

討論敦煌文獻中的"願文"，必須以有原題的文書爲依據。如果按照這個標準去考察，應該承認，"願文"僅僅是各種齋文中的一種。在敦煌文獻中保存的齋文合集中，"願文"往往是齋文的一個子目。如P.2226背保存的齋文有"亡考文"、"燃燈文"、"社文"、"願文"、"散經文"、"施捨文"，P.2237背有"脱服文"、"願齋文"、"患文"、"二月八日文"、"印沙佛文"、"安傘文"、"燃燈文"、"亡女文"、"亡婦文"、"亡兄弟文"、"遠行文"，P.2331背有"社文"、"願文"、"施捨文"，P.2358背有"亡尼文"、"願文"等，P.3545有"燃燈文"、"社齋文"、"願齋文"、"亡馬本"、"亡牛文"，P.3566有"願齋文"、"二月八日逾城文"、"患文"、"亡齋文"、"邑文"、"僧亡文"等，P.3806背有"嘆燈文"、"願文"、"轉經文"、"行城文"、"社文"等，P.3722背有"死亡文"、"遠忌並邑文"、"亡男文"、"生男女滿月文"、"雜願文"等，P.3282背有"願文"、"臨壙文"、"患文"、"燃燈文"，P.3491有"亡妣文"、"願文"、"亡考文"、"滿月文"、"臨壙文"，P.3494有"嘆像文"、"慶經文"、"造幡文"、"開經文"、"散經文"、"願文"、"四門轉經文"等。但也有例外的情況，如P.2313背有"亡考文"、"嘆施主文"、"願男子文"、"願女子文"、"願亡人文"等，而且"願文"的事由和目的也不一樣，有還願者，有報願平安者，有希求勝願者。這表明"願文"似乎不僅僅是齋文是一個子目，可能和患文、亡齋文一樣，是一種類型的齋文。如同患文有不同身份的人設患齋，亡文有不同身份的人設亡齋一樣，"願文"也有形形色色的願齋。上引P.3722背中有"雜願文"一稱，似乎也透露出這樣的信息，但不管怎樣，"願文"應該包括在齋文之中，它没有資格和齋文並列，更不能涵蓋齋文。P.2915"諸雜齋文"的子目中有"願文"一目就是最有力的證據。

但是，在目前的一些論著中，願文的範圍被擴大了。不少没有標題或失題的齋文被定名爲"願文",甚至出現了把齋文作爲"願文"的組成部分的現象。出現上述現象的原因可能是因爲齋文的"莊嚴"部分,往往也有"惟願"之類的語句,實際這裏的"願"字與願文"願"不是一回事,因爲願文本身也有其"莊嚴"部分。

四、發願文與齋文的關係

在敦煌文獻中,保存的有原題的"發願文",據筆者所見,只有如下10餘篇。即 P. 2189"東都發願文"、P. 3183"天台智者大師發願文"、S. 4318"尸陀林發願文"(S. 6577 號有此文複本)、S. 522"消滅交(教)念往生發願文"、S. 3427"結壇散食發願文"(S. 5232 號亦有此件起首部分)、Φ. 166 "發願文"(S. 5699 及 S. 5646 號中均有複本)、P. 2854"星流發願文"、P. 3770"捨施發願文"等[10]。從這些發願文的内容來看,它們雖亦爲佛事應用文,但多與齋文的結構完全不同。爲便於討論,現引 S. 522"消滅交(教)念往生發願文"如下:

1 消滅交(教)念往生發願文　南無彌勒如來,應正等覺,願我含識,
2 速奉慈顏。南無彌勒如來,助居内衆,願捨命已後,得生其中。
3 南無彌勒如來,應正等覺,願隨彌勒佛,下生閻浮龍花三會。直
4 至命終已後,但交(教)口念一切佛。骨肉不得哭泣,吸(及)或亂病人,心生顛倒,
5 但知與念諸佛名號。一日已後,哭吸(泣)即得,莫交(教)骨肉男女妻兒
6 近前,病人心生受(愛)變(戀),難捨命根也。

P. 3183"天台智者大師發願文",起首爲"弟子某甲今日此讀經念佛種種功德,迴施四恩三有法界衆生,迴向無上菩提",以下亦如上引,以"願"字爲首,依次表達願心。S. 4318 與 S. 6577 中的"尸陀林發願文"起首爲"十方三世諸佛,當證知弟子某甲",以下也是願"如何如何"、又願"如何如何"、復願

"如何如何"等,依次表達發願者的願心。P.2189"東都發願文"首缺,所存部分的結構與"尸陀林發願文"完全一樣。以上幾篇反映了發願文的一般結構。但Φ.166等號中的"發願文"與上述結構不同。現引全文如下:

1　　　　發願文
2　稽首三界尊,十方無量佛,我今發弘願,
3　持此金剛經。上報四重恩,下濟三塗苦,
4　若有見聞者,悉發菩提心,盡此一報身,
5　同生極樂國。

以下是《金剛般若波羅蜜經》。這是一篇奉持《金剛經》的發願文,此文在三號中均寫在《金剛經》前。其中Φ.166和S.5699號中的兩篇文字全同;S.5646略異,僅"十方無量佛"爲"歸依十方佛"。這種發願文全文雖只有一個"願"字,但亦明言是發弘願,與齋文"莊嚴"部分的"願"、"惟願"等有所不同,二者的結構也完全不同。類似發願文在上海博物館藏敦煌文獻48(41379)號中也有一件,其内容除"持此金剛經"爲"除(持)此尊勝經,誦此藥師咒"外,其餘完全相同。此件是寫在《金光明最勝王經》《藥師經心咒》《佛說八陽心咒》之後,雖無原題,參照上引奉持《金剛經》的發願文,可以肯定是奉持以上經咒的發願文。則奉持佛教經咒的發願文是與上述一般結構不同的另一種類型的發願文。S.3427"結壇散食發願文"的結構比較複雜,但亦與齋文完全不同,只是其中有部分發願内容與齋文的"莊嚴"部分相似。P.2854"星流發願文"起首和尾部類似齋文的"號頭"與"莊嚴",但無"嘆德"、"齋意"與"道場"。從其内容來看,似爲在禳災齋會上宣讀的"禳災文"(内容不完整),其標題亦非原題,而係後來添加,用小字書於行間。只有P.3770"捨施發願文"與本文所述齋文的結構完全相同,可作爲特例看待。

由上可見,多數發願文與齋文文體結構不同。如果我們不注意它們之間的區別,就有可能混淆這兩類文書的界限,現在一些論著中被稱爲"發願文"的文書,有不少實際上是無題或失題的齋文。在敦煌文獻中,"發願文"

的數量並不大。我們在確定無題或失題的文書是否發願文時，應以有原題的文書爲依據。

五、諸雜齋文的種類與結構

據筆者粗略的統計，敦煌文獻中保存的不同種類的齋文有：慶窟文、慶寺文、佛堂文、二月八日文、行城文、慶佛文、嘆像文（造像文）、四天王文、天王文、慶經文、開經文、轉經文、四門轉經文、行軍轉經文、散經文、繪丹青文、施捨文、堅幢傘文、安傘文（置傘文）、慶幡文、啓請文、結壇文；禳災文、國爲災癘文、水旱文、兵賊侵擾文；患文、法師患文、僧患文、尼患文、俗患文、俗丈夫患文（丈夫患文）、婦患文、難月文、重病文；亡齋文（通亡文、死亡文）、願亡人文、亡僧尼文、亡僧文（僧亡文、亡和尚文）、亡闍梨尼文、亡尼文、亡考文、亡妣文、亡丈夫文（亡夫文）、亡婦文（亡夫人文）、亡兄弟文、亡弟文、亡姊文、亡男文、亡女文、亡孩子文、脫服文、遠忌並邑文、國忌日行香文、先聖皇帝遠忌文、臨壙文；雜願文、願齋文（願文）、願男文、願女文、賽願平安文、遠行文、社齋文（社邑文、社文、邑文）、燃燈文、嘆燈文、印沙佛文、滿月文、娘子文、生男女文、奴婢文、入宅文；逆修文、亡馬文、亡牛文。上列名目尚不完備。這不僅因爲筆者的統計可能會有遺漏，即使沒有遺漏，我們也難斷言敦煌文獻中保存的諸種齋文就是唐宋時敦煌所流行的齋文的全部。

但我們還可以從另一個角度來考察這個問題。P.2940"齋琬文一卷"是一卷齋文樣式[11]，這件文書雖不完整，但序和目錄是完整的。目錄中保存的齋文樣式名目對我們瞭解齋文的種類具有重要參考價值，現校錄如下：

一、嘆佛德　　王宫誕質　踰城出家　傳妙法輪　示歸寂滅

二、慶皇猷　　鼎祚遐降　嘉祥薦祉　四夷奉命　五穀豐登

三、序臨官　　刺史　長史　司馬　六曹　縣令　縣丞　主簿　縣尉　折衝

四、隅受職　　文武

五、酬慶願　　僧尼　道士　女官

六、報行道	被使	東西南北	征討	東西南北					
七、悼亡靈	僧尼	法師	律師	禪師	俗人考	妣	男	婦	女
八、述功德	造繡像	織成	鑢石	彩畫	雕檀				
	金銅	造幡	造經	造堂	造浮圖				
九、賽祈讚	祈雨	賽雨	賽雪	滿月	生日	散學	闐字	藏鉤	
	散講	三長平安邑義	脱難	患差	受戒	賽入宅			
十、佑諸畜	放生	贖生	馬死	牛死	駝死	驢死	羊死	犬死	豬死

這個目録中的齋文名目與敦煌文獻中實際保存的齋文名目有一些出入，可補以上統計之不足。但樣式終究不是實用文書，也可能有一些名目在當時並没有人使用。不管怎麽説，以上兩方面的材料大致反映出了唐五代宋初敦煌所流行的齋文的概貌。

從以上所羅列的雜齋文的名目我們看到，"諸雜齋文"這個概念所包括的似乎不僅僅是齋文，還包括一些在佛事活動中宣讀的文書。當時人很可能把在佛教齋會、法會、佛事活動中宣讀的文書統稱爲"諸雜齋文"。如"燃燈文"、"轉經文"、"印沙佛文"等文體結構雖與齋文相同，但印沙佛、燃燈、轉經均屬佛事活動，這類活動一般不稱齋會（有時稱"福會"），舉行這些活動的人一般也不稱"齋主"而稱"施主"。此外還有一些與齋文結構不同的文書有時也被置於"諸雜齋文"中。如 S. 3875 原題"諸雜齋文一本"，下有"啓請文"、"結壇文"（原未抄完）兩個子目，"啓請文"的內容是奉請諸佛諸神，中間雜有發願的內容，與前面提 S. 3427"結壇散食發願文"結構相似。如果按照這個標準，上文討論的發願文似乎也應包括在"諸雜齋文"中，屬於"諸雜齋文"的一種類型。P. 2854"星流發願文"確實是與"國忌日行香文"、"亡文"、"燃燈文"等寫在一起，但多數有原題的"發願文"未與齋文同卷。P. 3770"捨施發願文"是與《十戒經》、豎幢文、禳災文、慶寺文、俗講慶嚴迴向文和數篇齋文抄在一起。但在該背面尾部有題記云："此卷內蕃漢二代表嘆皇帝及吐蕃贊普諸官史迴向發願及戒懺諸雜齋文等一卷。"則至少在此位題記者眼中，迴向、發願、戒懺等文字未被包括在諸雜齋文中。可見，這個問題還有待進一步研究。

從敦煌文獻中保存的"諸雜齋文"的實際情況來看，其結構即各種齋文的排列次序似乎並不固定。這主要是因爲不少"諸雜齋文"原是歸某個僧人所有。如 S.6417 號保存的齋文中,有七篇原有金光明寺僧戒榮的題記,第一篇尾題"貞明陸年庚辰歲二月十、廿日金光明寺僧戒榮裏白轉念",其他六篇都題有"戒榮文本"或"戒榮文一本"。僧人保存的這些"諸雜齋文"是預備有人邀請其參加齋會、佛事活動時拿去宣讀,有的齋文是在接到邀請以後根據活動的需要仿照齋文樣式臨時撰寫的,這樣,保存下來的諸雜齋文各篇的排列次序往往帶有隨機性,很不固定。而且,各種齋文保存的數量也受到實際需要的影響,當時比較流行的齋會,保存下來的齋文就多,反之,保存的就少。

　　齋文樣式因是爲撰寫齋文者參考的,它必須照顧到不同佛事活動的需要,因而反映的情況也就比較全面。它的排列次序對我們整理"諸雜齋文"應該具有參考價值。但敦煌文獻中保存的齋文樣式不止一種。前引"齋琬文"目錄將齋文分爲 10 類,70 多種。S.1441 背和 P.3819、P.3825 則提供了另一種排列方式,即慶陽文第一,包括慶佛堂、讚幡;讚功德文第二,包括開經、嘆像、慶經;禳災文第三;患文第四;亡文第五。S.5637 則又有"諸雜篇第六、諸色篇第七"。本節開頭所列雜齋文的排列次序,即參考了上述幾種齋文樣式的結構,是否合理,尚待同行判定。

注釋：

注 1：《北京師範學院學報》1990 年第 3 期,第 91—97 頁。又可見本書之"附錄"一。

注 2：參看黄征《敦煌願文散校》,《敦煌研究》1994 年第 3 期,第 128—133 頁。

注 3：參看白化文、李鼎霞、許德楠校注：《入唐求法巡禮行記校注》,石家莊：花山文藝出版社 1992 年版,第 71 頁。

注 4："者"字後原有一大墨點,表示以上爲一段。

注 5："爲"字後原亦有一大墨點,表示"爲"字至"者"字中間另爲一段。

注 6："意"字後亦有大墨點,其意同上注。

注 7："代"應爲"世",當係避唐諱所致。

注 8：參看《北京師範學院學報》1990 年第 3 期,第 91—97 頁。又可見本書之"附錄"一。

注 9：白化文、李鼎霞先生在《〈諸文要集〉殘卷校錄》(載《中國文化》第二期)一文中最早刊佈了保存在《諸文要集》中的數篇"號頭"和"頭尾"。黄征先生在上引《敦煌願文

附錄二　關於敦煌寫本齋文的幾個問題

　　散校》中首先指出"願文的號頭(敦煌寫本中稱文章開頭一段爲號頭)多可套用"。王書慶先生《敦煌寺廟號頭文略説》(《社科縱横》1994年第4期,第45—47頁)對"號頭"進行了考察。同作者《敦煌佛學·佛事篇》(蘭州：甘肅民族出版社1995年版)亦輯録了作者認爲是"號頭"的九篇文書。作者認爲"號頭"是一種文體,稱"號頭文",但作者輯録的"號頭文"中,有數篇是完整的齋文,並非齋文的"號頭"。

注10：王書慶《敦煌佛學·佛事篇》輯録了數篇"發願文",但編者自擬題目的幾篇似均非"發願文"。此外,臺灣《"國立中央"圖書館藏敦煌卷子》第136號和國圖新1173號亦爲"結壇散食迴向發願文"。

注11：此卷之目録最早由那波利貞先生刊佈(《關於按照佛教信仰組織起來的中晚唐五代時期的社邑》)(上),《史林》第24卷第3號,1939年,第547頁,後收入《唐代社會文化史研究》,東京：創文社1974年版),後陳祚龍先生又刊佈了該寫本的全文(《敦煌學海探珠》,臺北1979年版,第322—332頁)。近年,梅弘理先生又對此卷進行了研究,並正在對《齋琬文》進行復原工作。但"齋琬文"的"琬"字很不好解釋,筆者認爲,有可能是"嘆"字之假借。如在《入唐求法巡禮行記》中,圓仁就曾將齋文稱爲"齋嘆文"(《入唐求法巡禮行記校注》,第70頁)。敦煌文獻中的齋文篇名也有"嘆佛文"、"嘆像文"、"嘆燈文"等名目。另"齋琬文"在敦煌文獻中只出現一次,其内容雖説爲齋文樣式,但將其作爲齋文樣式的通稱,似還有待進一步證明,不少齋文樣式的子目及排列次序與"齋琬文"並不一致。顯然,在敦煌文獻中,齋文樣式不止一種。筆者認爲,還是將這類文獻稱爲"齋儀"爲好。

後　　記

　　此書是我關於中古時期社邑研究相關成果的結集，2006 年由臺灣新文豐出版公司出版，得到學術界的好評，並於 2008 年獲得北京市哲學社會科學優秀成果一等獎。雖説現在兩岸圖書的交流尚稱便利，但對多數大陸讀者來説，購買臺版書籍仍時感不便。鑒於此書在大陸流傳不廣，常有青年學者抱怨看不到此書。所以，出版此書的大陸版是我多年的願望。2017 年，在上海古籍出版社工作的門人曾曉紅建議我在該社重印此書，經她代爲申報，被列入出版計劃，感謝上海古籍出版社了卻了我多年的夙願。

　　此書雖然出版於 2006 年，實際編纂修訂完成於 2003 年。至今已近 15 年了，這中間相關研究資料特別是石刻資料又披露了很多，相關研究也取得了很大的進步。值得欣慰的是，新的資料和新的研究並未對我原來涉及的論題形成太大的挑戰，雖然有個別提法或判斷需要調整，但我的主要看法都經受住了時間的考驗。所以，這一版只是對新文豐版的一些文字錯誤做了訂正，對近年的研究資料和研究信息都没有進行更新。

　　因此書的修訂工作是在 2003 年 9 月至 12 月在香港中文大學完成的，所以書中引用的材料多數用該校的藏書核對過，其中一些版本不是大陸所常用，尚請讀者見諒。

　　另外，本書的下篇實際上是由陸續發表的論文修訂而成，修訂過程中雖儘量統一體例，但或有疏漏，特向讀者致歉！

　　趙貞、游自勇、戴曉雲、陳麗萍、董大學、宋雪春、武紹衛諸君分別幫我審讀校樣、重新核對材料，訂正了一些錯誤。謹此致謝！

郝春文
2019 年 3 月 10 日於北京

圖書在版編目（CIP）數據

中古時期社邑研究 / 郝春文著. —上海：上海古籍出版社，2019.4
ISBN 978-7-5325-9142-8

Ⅰ.①中… Ⅱ.①郝… Ⅲ.①佛教－活動－研究②敦煌學－研究 Ⅳ.①B949.2②K870.64

中國版本圖書館 CIP 數據核字（2019）第 044128 號

中古時期社邑研究
郝春文 著

上海古籍出版社出版發行

（上海瑞金二路 272 號　郵政編碼 200020）

（1）網址：www.guji.com.cn
（2）E-mail: guji1@guji.com.cn
（3）易文網網址：www.ewen.co

常熟市人民印刷廠印刷

開本 700×1000　1/16　印張 26.25　插頁 5　字數 377,000
2019 年 4 月第 1 版　2019 年 4 月第 1 次印刷
ISBN 978-7-5325-9142-8
K·2610　定價：128.00 元

如有質量問題，請與承印公司聯繫